上海市锦天城律师事务所
华东政法大学经济法律研究院 | 合作编写

COMPANY LAW REVIEW

公司法律评论

顾功耘　主编

2022
第1卷
总第23卷

法律出版社 LAW PRESS・CHINA
北京

图书在版编目(CIP)数据

公司法律评论.2022.第1卷:总第23卷/顾功耘主编. --北京:法律出版社,2022
ISBN 978-7-5197-7181-2

Ⅰ.①公… Ⅱ.①顾… Ⅲ.①公司法-研究-中国-2022 Ⅳ.①D922.291.914

中国版本图书馆CIP数据核字(2022)第200231号

公司法律评论2022第1卷(总第23卷)
GONGSI FALÜ PINGLUN 2022 DI-1 JUAN
(ZONG DI-23 JUAN)

顾功耘 主编

策划编辑 薛 晗 田 浩
责任编辑 薛 晗 田 浩
装帧设计 臧晓飞

出版发行 法律出版社
编辑统筹 法商出版分社
责任校对 王 丰 李景美
责任印制 胡晓雅
经 销 新华书店

开本 787毫米×1092毫米 1/16
印张 22.75 **字数** 473千
版本 2022年11月第1版
印次 2022年11月第1次印刷
印刷 三河市龙大印装有限公司

地址:北京市丰台区莲花池西里7号(100073)
网址:www.lawpress.com.cn
投稿邮箱:info@lawpress.com.cn
举报盗版邮箱:jbwq@lawpress.com.cn

销售电话:010-83938349
客服电话:010-83938350
咨询电话:010-63939796

书号:ISBN 978-7-5197-7181-2
定价:92.00元

凡购买本社图书,如有印装错误,我社负责退换。电话:010-83938349

锦天城律师事务所简介

锦天城律师事务所成立于1999年，是一家提供一站式法律服务的大型综合性律师事务所，在核心业务领域（如资本市场、金融与信托、公司并购与重组、破产与清算、基础设施建设与房地产、国际贸易、跨境投资、反垄断反倾销、诉讼与仲裁、知识产权以及海事海商等）具备专业优势或行业领先优势。现有注册律师3000余名。

发轫于中国上海的锦天城，已在中国内地23个城市（北京、杭州、深圳、苏州、南京、成都、重庆、太原、青岛、厦门、天津、济南、合肥、郑州、福州、南昌、西安、广州、长春、武汉、乌鲁木齐、海南海口、长沙）及中国香港、英国伦敦、美国西雅图、新加坡、日本东京开设分所，并与香港史蒂文生黄律师事务所联营，与国际律师事务所鸿鹄（Bird & Bird LLP）建立战略合作关系。

华东政法大学经济法律研究院简介

华东政法大学经济法律研究院是由华东政法大学独立设立，集理论研究、科研成果转化与人才培养、社会服务于一体的科研机构。研究院以经济法律研究为特色，旨在突破单一专业瓶颈，实现法学与经济学、管理学的融合，密切联系政、产、学、研，强调理论研究的应用性、实践性与前瞻性，是一流的学术研究与交流平台、高层次的经济法律人才培养基地以及经济立法、政府决策、企业咨询的专业性法律智库。经多年建设，研究院先后被认定为上海市法学会重点研究基地、上海市普通高校人文社会科学重点研究基地。

研究院自成立以来，先后组织、策划、出版了“经济法文库”“经济法文集”“商事法文库”以及《经济法前沿问题》《中国商法评论》《公司法律评论》《金融法律评论》等系列性学术著作或年度刊物，创办了“经济法律高峰论坛”“公司法律论坛”“国资法律论坛”“能源法治论坛”等系列性品牌论坛，在学界和实务界具有广泛的影响力。

本出版物受上海市高水平地方高校（学科）建设项目资助

卷首语

2021年，我国证券市场注册制试点平稳运行，证券发行制度纵深化改革有序推进；深圳证券交易所主板与中小企业板合并、北京证券交易所开市更是标志着我国多层次证券市场效能不断提升；与此同时，债券市场基础性规则不断夯实、公募与私募基金制度不断完善，都为我国资本市场的可持续稳定发展提供了强有力的制度支撑。本卷的“年度法制报告”将为读者就2021年我国资本市场的法制发展进行全面、系统、深入的解读。

面对新一轮《公司法》修订工作的开展，本卷“公司法制”栏目特别邀请我国知名公司法学者就此次《公司法》修改的理念、价值机理进行深度剖析，为我国下一步修法工作提供方向性指导。除宏观层面的探讨外，本栏目还就公司决议行为性质及对公司相关诉讼的影响、慈善组织受赠公司股权的制度规则等做了专题研究；对美国近年来发展迅速的“低利润有限公司”制度进行了比较法视阈下的解读，以拓展读者的研究视野。

在“证券法制”栏目，学者们针对市场广为关注的上市公司股份代持问题、利用信息优势操纵市场的新型违法行为认定问题、债券发行中承销商的义务与责任问题展开了研究，相信这些研究成果一定能为相关争议解决提供清晰的思路，也给读者带来一定的启发。此外，针对数字经济时代面临的新问题，本栏目邀请金融法学者就数字代币发行的监管路径进行专门研究，以应对数字经济时代对金融监管带来的新挑战。

本卷“破产法制”栏目特别关注破产程序中担保权益的清偿顺位问题，并邀请学者分别就理论界和实务界非常关心的担保债权与税收债权、劳动债权、侵权债权的关系进行逐一分析，以公平保护破产中各类债权人的合法权益，保障破产程序中债权竞争与谈判的理性化。

法律的生命力在于实践。通过实践能够检验法律的有效性并及时发现制度存在的问题。本卷“律师实务”栏目邀请具有丰富商法实践经验的资深律师就执业过程中遇到的政府投资基金退出问题、对赌协议履行问题进行交流，以期推进我国相关制度的不断完善。

“域外法制”栏目精心挑选了“欧盟金融服务领域监管数据战略”、“公司治理改进和投资者保护法案”以及“有效破产及债权人/债务人制度准则”进行翻译，希望这些规则能够为国内学界和实务界及时了解域外国家和地区商事法律的最新发展有所助益。

2021 年的资本市场仍然出现了很多值得关注的代表性案件，如康美药业财务造假案中独立董事天价责任引发的独董辞职潮、疫情背景下公司收购引发的股权交易纠纷、通道类信托中法律关系性质的争议及各方权利义务责任的认定，等等。本卷“案件聚焦”栏目就这些典型案件所引发或折射的问题进行深入剖析，期望能引起读者们的共同思考。

本卷《公司法律评论》的出版依旧得到华东政法大学和上海市锦天城律师事务所的共同资助，也得到法律出版社的大力支持！感谢各位专家学者不吝赐稿，感谢各位编辑的辛勤努力，正是因为你们的付出，才使得本卷《公司法律评论》能够如期与广大读者见面！

顾功耘

2022 年 9 月于华政园

目　录 CONTENTS

年度法制报告

年度法制报告

2021 年中国证券市场法制研究报告

陈鑫淼 *

2021 年 12 月 8 日，中央经济工作会议于北京召开。会议指出，要抓好要素市场化配置综合改革试点，全面实行股票发行注册制。在过去的一年中，注册制试点运转平稳，从科创板到创业板、到新设北京证券交易所（以下简称北交所）、再到全市场的“四步走”改革布局顺利完成了前三步。一方面，深圳证券交易所（以下简称深交所）主板与中小板合并、北交所开市标志我国多层次证券市场效能不断提升。截至 2021 年 12 月 31 日，上证指数全年涨幅为 4.8%，深证成指全年涨幅为 2.67%，创业板指数全年涨幅为 12.02%，均连涨三年。A 股市场共有 4685 家上市公司，总市值约 96.50 万亿元，全年增加 11.90 万亿元，增幅超过 14%。北交所开市以来，82 家公司总市值达 2541.53 亿元。[1]另一方面，证券市场法治供给蹄疾步稳。从全国首例特别代表人诉讼案一审判决，到中共中央办公厅、国务院办公厅印发《关于依法从严打击证券违法活动的意见》等制度建构，证券市场步入“共建共治共享”治理新阶段。可以说，以全面注册制改革为引领，我国证券市场的基础制度体系正在稳步发展。

一、2021 年中国证券市场法制概况

在法律层面，2021 年 10 月 23 日，全国人大常委会公布《期货和衍生品法

---

* 陈鑫淼，华东政法大学经济法专业博士研究生。

〔1〕 罗逸姝：《2021年 A 股市场多项指标刷新纪录》，载《经济参考报》2022 年 1 月 4 日，A03 版。

（草案二次审议稿）》并向社会公开征求意见。该草案二次审议稿将期货和衍生品并列，增加和明确了相关定义，完善了对衍生品交易的监管，同时为更多期货服务机构参与期货和衍生品市场创造了良好的市场环境，在风险监控上、防范化解系统性风险方面也提供了更坚实的保障。

在中央行政规范性文件层面，中共中央办公厅、国务院办公厅于7月6日印发了《关于依法从严打击证券违法活动的意见》，为加快建设规范的资本市场提供了有力支撑。该意见坚持市场化、法治化方向，坚持“建制度、不干预、零容忍”，加强资本市场基础制度建设，健全依法从严打击证券违法活动体制机制，提高执法司法效能，并有效防范化解重大风险。此外，国务院还公布了《证券期货行政执法当事人承诺制度实施办法》，对行政执法当事人承诺制度作了具体规定，充分发挥了行政执法当事人承诺的制度价值。这对提高执法效率、及时赔偿投资者损失、尽快恢复市场秩序等方面具有重要意义。[1]

在部门规章层面，为进一步落实现行《证券法》，证监会对《上市公司信息披露管理办法》《公司债券发行与交易管理办法》《证券市场资信评级业务管理办法》《关于完善全国中小企业股份转让系统终止挂牌制度的指导意见》《关于注册制下督促证券公司从事投行业务归位尽责的指导意见》《证券公司股权管理规定》等相关制度进行了修订，并废止了《关于改革完善并严格实施上市公司退市制度的若干意见》。根据国务院“放管服”改革有关要求，证监会对有关证券期货制度文件进行了清理，先后修改了《期货公司董事、监事和高级管理人员任职资格管理办法》《期货交易所管理办法》《客户交易结算资金管理办法》；为进一步完善科创板、创业板相关业务规则，证监会对《科创属性评价指引（试行）》《创业板首次公开发行证券发行与承销特别规定》以及交易所相关审核规则进行修改；为进一步规范相关辅导工作，提高上市公司质量，证监会研究制定了《首次公开发行股票并上市辅导监管规定》；为贯彻落实《证券期货行政执法当事人承诺制度实施办法》，证监会制定了《证券期货行政执法当事人承诺制度实施规定》，并与财政部联合发布了《证券期货行政执法当事人承诺金管理办法》；为进一步打击资本市场违法违规行为，证监会修订了《证券市场禁入规定》，明确市场禁入类型、市场禁入对象和适用情形、交易类禁入规则等内容；为有效保护投资者合法权益，完善证券期货纠纷多元化解机制，证监会会同司法部制定了《关于依法开展证券期货行业仲裁试点的意见》；为规范证监会及其派出机构的行政处罚工作，证监会根据相关法律法规起草了《行政处罚委员会组织规则》《证券期货违法行为行政处罚办法》，明确了立案程序和执法权限、行刑衔接程序，规范调查取证行为，完善审查机制，以加强对当事人的权利保障和对执法人员的监督；为配合北交所设立、规范北交所试点注册制公开发

〔1〕《为完善资本市场基础制度建设提供法治保障——司法部、证监会负责人就〈证券期货行政执法当事人承诺制度实施办法〉有关问题答记者问》，载 http：//www. csrc. gov. cn/csrc/c100028/c1598150/content. shtml，最后访问日期：2021年2月24日。

行相关活动，证监会发布了《北京证券交易所向不特定合格投资者公开发行股票注册管理办法（试行）》《北京证券交易所上市公司证券发行注册管理办法（试行）》《北京证券交易所上市公司持续监管办法（试行）》，并对《非上市公众公司信息披露管理办法》《证券交易所管理办法》作出修订；在继续推进资本市场信息化建设方面，证监会编制了《证券期货业数据模型》《挂牌公司信息披露电子化规范》等系列标准，以及《证券期货业网络安全等级保护基本要求》《证券期货业网络安全等级保护测评要求》《证券期货业结算参与机构编码》等金融行业标准。

在自律规则层面，中国证券业协会发布了《公开募集基础设施证券投资基金网下投资者管理细则》《公司债券承销报价内部约束指引》《证券基金期货经营机构投资者投诉处理工作指引（试行）》《证券公司投资者权益保护工作规范》《注册制下首次公开发行股票承销规范》《注册制下首次公开发行股票网下投资者管理规则》等十余部自律规则，并对《中国证券业协会自律规则制定办法》《中国证券业协会专业委员会管理办法》《证券公司合规管理有效性评估指引》等规则作出修订，进一步强化了对证券公司及其从业人员的自律规范要求。上海证券交易所（以下简称上交所）发布了《上海证券交易所科创板发行上市审核规则适用指引》系列文件、《全国中小企业股份转让系统挂牌公司向上海证券交易所科创板转板上市办法（试行）》《上海证券交易所主板股票上市和终止上市审核实施细则》等文件，修改了《上海证券交易所章程（2021 年修订）》《上海证券交易所科创板企业发行上市申报及推荐暂行规定（2021 年 4 月修订）》《上海证券交易所科创板上市委员会管理办法（2021 年修订）》《上海证券交易所科创板上市公司重大资产重组审核规则（2021 年修订）》《上海证券交易所科创板股票发行与承销实施办法（2021 年修订）》等规则。深交所发布了《深圳证券交易所股票发行与承销业务指南》《深圳证券交易所公开募集基础设施证券投资基金业务指南》《深圳证券交易所股票期权试点做市商业务指南（2021 年修订）》等文件，修改了《深圳证券交易所交易规则》等规则文件。北交所发布了《北京证券交易所发行上市保荐业务管理细则》《北京证券交易所证券发行与承销管理细则》《北京证券交易所上市公司证券发行上市审核规则（试行）》《北京证券交易所股票上市规则（试行）》《北京证券交易所上市公司持续监管指引》《北京证券交易所交易规则（试行）》等一系列规则文件。这些规定更加细致地规范了市场主体在参与证券活动中的业务准则，有效地提高了上位法的可操作性，促进了证券市场上自律管理机制的有效形成，为完善我国证券资本市场提供了必要的制度保障。

二、上市公司的制度规范

（一）信息披露制度的进一步优化

信息披露一直以来都是股票发行注册制改革的核心，信息披露监管是上市公司监管工作的重心。证监会早于 2007 年发布《上市公司信息披露管理办法》（以下简称《信披办法》）完善上市公司信息披露制度建设。随着市场的改革发展，上市公司信息披露监管出现了一些新情况、新问题，同时，为衔接新《证券法》（2020 年修订）对信息披露作出的专章规定，证监会在认真总结信息披露监管经验基础上，对《信披办法》进行了修订，并于 2021 年 3 月 19 日发布。

新《信披办法》对上市公司信息披露工作提出了更为全面、细致、严谨的要求。[1] 首先，新《信披办法》在新《证券法》第 78 条信披义务人范围界定的基础上，细化了信息披露义务人规则。根据新规，信披义务人不仅包括上市公司及其董监高，还包括上市公司股东、实控人，收购人，重大资产重组、再融资、重大交易有关各方主体，以及破产管理人及其成员等；同时，新《信披办法》还新增了“内幕信息知情人登记管理制度”，与证监会发布的《关于上市公司内幕信息知情人登记管理制度的规定》相对应。其次，新《信披办法》要求披露信息应以简明易懂同时又不影响真实的方式公开，从而实质性地保障投资者知情权。若信息披露义务人披露的信息未达到“简明清晰、通俗易懂”的标准，则可能构成新《证券法》第 197 条所述“未按照本法规定履行信息披露义务”，继而受到行政处罚。此外，新《信披办法》还衔接新《证券法》第 84 条之规定，对自愿披露行为进行了专门规制，要求自愿披露不得与依法披露的信息相冲突，不得误导投资者，并且应当保持信息披露的持续性和一致性，不得选择性披露。再次，新《信披办法》调整了需披露的定期报告的范围，删除了原《信披办法》里有关季度报告的相关规定，明确了定期报告仅包括年度报告和中期报告。同时，新《信披办法》还完善了董监高对定期报告的异议声明制度：第一，明确了未经董事会审议通过的定期报告不得披露；第二，董事、监事无法保证定期报告内容的真实性、准确性、完整性或者有异议的，应当在董事会或者监事会审议定期报告时投反对票或弃权票；第三，董监高无法保证定期报告内容的真实性、准确性、完整性或者有异议的，应当在书面确认意见中发表意见并陈述理由，发表意见应遵循审慎原则。最后，新《信披办法》完善了监督管理措施类型，针对滥用异议声明，明确证监会可以对相关人员给予警告并处罚款，情节严重的，可采取证券市场禁入的措施。

虽然新《信披办法》相较之前的规则有了诸多优化，但对董监高异议声明制度仍待完善。董监高异议制度早在 2001 年《公开发行证券的公司信息披露内容与格式准则第 2 号（年度报告的内容与格式）》中第 15 条就已首次出现。在注册制下，董监高异议制度更应发挥其违规信息披露的预警功能。然而，由于董监高异议制度缺乏激励机制，且对于陈述理由

---

[1] 参见黄江东、施蕾：《信披新规关于“重大事件”条款之修订评析》，载 https://mp.weixin.qq.com/s/A1EDhz24Os01gVcJoQJZgw，最后访问日期：2022 年 2 月 15 日。

的环节缺乏重视，该制度始终未能完全发挥作用。[1]为完善董监高异议制度，首先应积极构建正向激励机制，即明确董监高正确行使异议声明后，可以适当减轻或免除其相应责任。同时，董监高异议制度能否有效地发挥其功能，还需完善异议规则的表达方式。从董监高异议规则的发展沿革来看，该规则实施基于证监会制定的定期报告的具体标准。结合这些定期报告准则可以发现，董监高对异议声明进行解释的陈述理由环节才是异议规则的核心。只有董监高如实、详细地陈述提出异议声明的具体理由，监管机构和证券市场才能够有效地收到董监高发出的预警信号，各方才能够对可能产生的风险作出适当的应对。因此，完善董监高异议声明制度，应当建立起对"陈述理由"的实质性审查机制，根据陈述理由的类型加以区分，并以此作为董监高是否勤勉尽责的重要判断标准。

此外，自愿性信息披露制度亦有待进一步完善。首先，依法披露中的重大性标准往往采用一事一议的标准，在具体案件中进行判断。因此，自愿披露与依法披露之间的边界模糊。[2]在界定依法披露和自愿披露时，应具备一定的灵活性，以动态的眼光判断。其次，从事前监管的角度看，应当借助市场化信息中介力量，明确标注信息披露的自愿性属性，明确区分自愿性披露和依法披露的信息，并通过监管互动等方式不断规范信息分类方式，为动态确定自愿性披露和依法披露界限提供基础信息支持。最后，从事后监管的角度来说，我国证券监管机构应继续采用鼓励和监管并重的态度，通过事后监管方式确认披露信息的依法或自愿属性，通过司法实践进一步梳理自愿性披露需要遵循的正面要求，进而逐步提炼自愿性披露需要遵守的禁止性规定。

（二）公开征集上市公司股东权利的规范

为进一步规范公开征集上市公司股东权利活动，提升上市公司治理水平，保护投资者合法权益，证监会于 2021 年发布并实施了《公开征集上市公司股东权利管理暂行规定》（以下简称《暂行规定》）。所谓公开征集上市公司股东权利，是指符合征集人资格的主体公开请求上市公司股东委托其代为出席股东大会，并代为行使表决权、提案权等股东权利的行为。《暂行规定》旨在以信息披露为主线，细化公开征集程序，厘清各方主体责任，其内容主要包括：规定公开征集的总体要求、明确相关信息披露的规则、规范公开征集活动和强化对征集活动的监管四个方面。

上市公司公开征集的权利包括提案权和表决权两种。在《暂行规定》发布之前，中小股东难以有效行使自己的提案权和表决权。对于提案权而言，若上市公司股东持股比例低于 3%，则并不拥有向公司股东大会提出临时提案的权利。对于表决权而言，虽然持股股东均可参加股东大会并表决，但中小投资者往往因持股比例低而怠于行使表决权。因此，公开征

---

〔1〕 张梁：《上市公司董监高信息披露异议制度何去何从——以新〈证券法〉第 82 条第四款为视角》，载《法学评论》2022 年第 3 期。

〔2〕 北京大学法学院课题组、唐应茂：《自愿性信息披露制度比较研究》，载《证券法苑》2021 年第 3 期。

集上市公司股东权利制度的出现，一定程度上可以克服上述中小股东“集体行动困境”的问题，有利于中小投资者充分行使权利、完善上市公司治理。[1]

然而，我国公开征集上市公司股东权利规范仍有待进一步细化。在我国，更可能的应用场景是非对抗性征集（non – contested proxy solicitation）和控制权争夺（contest）的对抗性征集两种情况。[2]在非对抗性征集的语境下，董事会或外部股东征集权利仅用于反对某些股东会议案的通过。而在控制权争夺的对抗性征集语境下，外部股东更多的是通过股东权利征集与现有董事会争夺上市公司的控制权。因此，在细化我国公开征集上市公司股东权利规范时，应当进一步考虑该征集行为是否涉及上市公司的控制权争夺。在非对抗性语境下，征集人主要通过征集文件以寻求被征集人的支持，因此征集的信息披露与反欺诈是规制重心。考虑到监管成本等因素，可以对此种征集行为采取“备案制”的监管模式，合理界定征集行为的界限，并建立合理的披露豁免规则。在对抗性语境下，董事会与外部竞争股东的公平竞争是股东权利征集制度有效运行的关键。为防止现有董事会避免自身被撤换而阻碍外部竞争股东的权利征集行为，监管机构应当限制董事会对征集人资格的审核权利，并合理规范上市公司的配合义务。

三、证券公司的制度发展

（一）证券公司股权监管强化

为进一步加强证券公司股权监管，规范证券公司股东行为，提升监管效能，证监会发布《证券公司股权管理规定》（以下简称《股权规定》）及《关于实施〈证券公司股权管理规定〉有关问题的规定》，并重启内资证券公司设立审批。《股权规定》修订前，出于金融监管的要求，对证券公司大股东的限制比较多，包括身份、资质、注册资金的规模等。很多公司即便有意向入股证券公司，也很难实现。

为解决上述问题，本次《股权规定》的修订主要是降低对证券公司大股东身份的要求，并关注证券公司的长期发展。修订内容主要涉及以下方面：一是将证券公司主要股东从“持有证券公司25%以上股权的股东或者持有5%以上股权的第一大股东”调整为“持有证券公司5%以上股权的股东”；二是适当降低证券公司主要股东资质要求，取消主要股东具有持续盈利能力的要求；将主要股东净资产从不低于2亿元调整为不低于5000万元等；三是落实新

---

〔1〕 王勋非、孙佳琪：《如何公开征集上市公司股东权利——〈公开征集上市公司股东权利管理暂行规定〉浅析》，载 https：//mp. weixin. qq. com/s? src = 11&timestamp = 1646385116&ver = 3656&signature = wM8mwFois4EGogoxMsZPu59zWSouA7yriFHrV5Zlmb1rME5xlL0yZTrgfl – B8rLEivYMXPwzdst7PlymjcH5thG33H0jLd * 3xEF8kW8Q8wl – wzPs19Img8JO314938AN&new = 1，最后访问日期：2022 年 2 月 15 日。

〔2〕 李俊琪：《股东权利征集制度研究——基于非对抗与对抗性语境的阐释》，载《清华金融法律评论》第 6 辑。

《证券法》，调整证券公司变更注册资本、变更5%以上股权的实际控制人相关审批事项；四是对新问题予以规制，为新情况留出空间。包括禁止证券公司股权相关的“对赌协议”等。

在证监会积极推动打造航母级头部券商的背景下，未来证券行业兼并重组的趋势比较大，通过降低主要股东的资质要求，或将引入更大的金融机构或者实体、企业来设立、入股证券公司，从而来提高证券公司的实力。《股权规定》修订相当于降低了股东层面入门注册资金的门槛，使得更多符合条件的企业能够公平、平等地参与入股证券公司，让证券公司股权逐步趋于多元化，尤其有利于中小型证券公司的进一步发展。[1]

（二）证券公司归位尽责

注册制试点以来，虽然证券公司内控水平和投行业务执业质量总体有所提升，但是也暴露出一些问题。部分证券公司尚未真正具备与注册制相匹配的理念、组织和能力，项目遴选不审慎，核查把关不严格，内部控制不完善，影响了上市公司质量和行业形象。为此，证监会于2021年公布了《关于注册制下督促证券公司从事投行业务归位尽责的指导意见》（以下简称《指导意见》），督促证券公司在从事投行业务时归位尽责，充分发挥中介机构特别是证券公司的资本市场“看门人”作用。

《指导意见》的核心在于加强投行业务管理：一是强调制度和规则的重要性；二是进一步关注券商的首位责任；三是加强专项检查与处罚追责力度。[2]《指导意见》规定的主要工作任务包括以下五个方面：一是建立健全工作机制，提升监管合力。证监会建立由会机关部门、证监局、自律组织共同参与的投行业务监管联席会议机制，加强投行业务监管统筹协调，完善机构监管与业务监管、行政监管与自律监管、日常监管与稽查执法的协作配合，提升监管合力和监管效能。二是完善制度规则，提升监管和执业的规范化水平。按照“尊重注册制基本内涵、借鉴国际最佳实践、体现中国特色和发展阶段特征”的三原则，强化投行执业标准体系建设，完善信息披露、尽职调查、工作底稿等投行业务监管规则。坚持重要性原则，完善首发企业辅导验收、现场检查和现场督导等监管制度，建立债券审核注册环节现场检查制度。三是全面强化立体追责，净化市场生态。扩大现场检查和督导面，坚持“申报即担责”的原则，对收到现场检查或督导通知后撤回的项目，应依法组织核查，坚决杜绝“带病闯关”的行为。建立投行业务违规问题台账，重点对项目撤否率高、公司债券违约比例高、执业质量评价低、市场反映问题较多的证券公司开展专项检查。前移问责关口，交易所对违规行为及时采取自律措施。加大行政监管力度，机构罚与个人罚并重，用好“资格罚”等硬措施，强化“经济罚”，并用好行政处罚、刑事追责、民事赔偿等手段。四是做实“三道防线”，强化机构内部控制。压实证券公司主要负责人、高管的管理责任。落实对投行业

---

〔1〕 周尚伃:《未来证券行业股权变更、并购重组有望更活跃》，载《证券日报》2021年3月23日。

〔2〕 孟珂:《证监会新规督促证券公司归位尽责五大要求压实“看门人”责任》，载《证券日报》2021年7月10日。

务各环节责任人员穿透式监管和全链条问责。强化内控部门对业务部门的制衡，建立内控部门对业务人员的质量评价机制。严禁业务人员薪酬与项目收入直接挂钩。五是完善激励约束机制，促进证券公司主动归位尽责。推动建立证券公司执业质量评价机制，对证券公司业务开展、质量控制和公司治理情况进行综合评价。

四、多层次证券市场体系的健全

（一）深交所主板与中小板合并

1. 板块功能定位进一步明确

中小板在设立之初即被赋予了探索的使命。2000年年初，深市主板暂停新股发行。2004年5月，深交所在主板内设立中小板，旨在拓宽中小企业直接融资渠道、分步推进创业板建设。多年来，中小板不辱使命，为中小企业进入资本市场开辟了新渠道，在规范运作、信息披露、投资者保护、退市等制度建设方面探索创新，为创业板顺利推出创造了条件，积累了经验，对优化经济结构、转换增长动能、建设现代化经济体系发挥了重要作用。

但是，深市主板和中小板在发展中也出现一些问题，如板块同质化等。深交所方面表示，中小板自设立起，便定位于主板内设的板块，在主板制度框架下运行。经过17年的发展，中小板上市公司总体不断发展壮大，在市值规模、业绩表现、交易特征等方面与主板趋同。两板合并是顺应市场发展规律的自然选择，也是构建简明清晰市场体系的内在要求。合并之后主板和创业板的定位和分工更为明确。深市主板定位于支持相对成熟的企业融资发展，创业板主要服务于成长型创新创业企业，共同为处在不同发展阶段、不同类型的企业提供融资服务。

2. 两板合并对市场影响有限

主板与中小板发展趋同，也意味着两板合并涉及的规则变动、技术调整、监管变化程度及难度较小，对市场整体影响有限。在规则制度层面，中小板自设立以来所遵循的法律法规、部门规章等与主板总体一致，本次合并不涉及相关法律法规、部门规章等的实质性修订。2021年3月31日，深交所进一步明确，在两板合并业务规则整合过程中，深交所对交易规则、融资融券交易实施细则、高送转指引等7件规则进行了适应性修订，并废止了《关于在部分保荐机构试行持续督导专员制度的通知》等2个文件，主要涉及删除中小板相关表述、统一高送转定义、调整相关交易指标计算基准指数、取消持续督导专员制度等。

具体到业务层面，本次合并对固收类、期货期权类产品和深港通业务基本没有影响，涉及中小板的相关指数须进行适应性调整。中证指数公司于2021年3月17日作出相应调整，即中证创业成长指数、中证创业价值指数的指数样本空间中“中小板”调整为“原中小板”，中华交易服务指数系列的指数样本空间中删除“中小企业板”表述，编制方案其余部分保持不变。

（二）北交所的设立

深化新三板改革，设立北交所，是资本市场更好支持中小企业发展壮大的内在需要，是新形势下全面深化资本市场改革的重要举措。在北交所设立之前，我国已有上交所、深交所，以及作为重要补充的全国股份转让系统（以下简称新三板）。

上交所、深交所的上市公司一般规模较大，对于净利润、营业收入、合规性等方面的要求较高。其中，上交所的科创板强调企业的科创属性，科创板明确重点接纳六大行业领域。随着注册制的深入推广及科创板定位的进一步明确，企业的“硬科技”属性已成为申报科创板最受关注的问题之一。深交所的创业板集中服务于成长型创新创业企业，要求“三创四新”，除农业、采矿业等列入负面清单的12大行业外，只要符合高新技术产业企业和战略性新兴产业企业的定位，均可以申报。而相对于上述沪深交易所，北交所在定位上具有两个明显特征：一是服务对象“更早、更小、更新”。北交所定位于服务创新型中小企业，聚焦“专精特新”中小企业，为中小企业融资提供便利的渠道。因此，北交所对企业的收入、利润、市值等关键指标要求较低，对企业发展成熟度要求也更低，将会给一些在某一细分领域有自身特色的中小型企业更多发展的机会。二是服务对象范围更宽泛。不同于科创板定位于六大行业领域及“硬科技”属性的高要求和创业板存在的行业负面清单，北交所除了禁止房地产开发、类金融行业等外，对企业的行业领域并无特别要求。虽然北交所强调企业的创新性、“专精特新”等特点或属性，但上市指标总体要求并不高。因此，就上市门槛而言，北交所较上交所、深交所具有更强的包容性。

由于北交所的前身是新三板的精选层，因此北交所在发行上市条件、交易制度等诸多方面基本延续了新三板精选层的规则和做法。同时，北交所又吸收借鉴了科创板、创业板的注册制试点成果，使北交所在吸引中小企业方面具有以下优势：

1. 实行注册制

与新三板精选层挂牌须先由全国股转公司完成自律审查再由证监会审查核准不同，北交所受理申请文件并审核通过后，直接报证监会履行注册程序即可。同时，根据证监会发布的《向不特定合格投资者公开发行股票并在北京证券交易所上市申请文件》，和上交所、深交所相比，北交所首次公开发行（以下简称IPO）的申请文件数量大幅减少。北交所IPO申请文件只有29项，相对于创业板IPO减少了行业定位、纳税及原始财务报表相关财务资料、产权和特许经营权证书、重要合同、设立相关的文件等32项内容，也将有利于减少申报的工作量。另外，北交所自受理注册申请文件之日起2个月内形成审核意见，证监会在20个工作日内作出同意注册或不予注册的决定。一方面，明确审核时限有利于提高注册申请及审核的效率，增强北交所上市的可预期性；另一方面，和上交所、深交所相比，北交所的审核时限也更短，符合条件的企业也可更快完成上市。

2. 降低投资者门槛，采取连续竞价交易

相比于新三板其他层级，北交所降低了投资者准入门槛。2019 年年底，新三板精选层、创新层和基础层的资金要求分别为 100 万元、150 万元和 200 万元。而北交所个人投资者的资金要求是 50 万元，与新三板相比投资者准入门槛明显下降。此外，北交所沿用了新三板精选层灵活的交易制度，实行以连续竞价为核心的交易制度，有利于增加市场的活跃度和弹性，提高上市公司的估值水平。

3. 具备上市公司地位，融资更为便利

由新三板精选层升格为北交所，最明显的变化即是原有公司由挂牌转变为上市，可以面向不特定投资者发行股份。在新三板时期，公司于新三板挂牌后并不能公开发行股份募集资金，挂牌公司只能通过存量股份转让或者定向增发的方式募集资金。2020 年，虽然新三板精选层实行改革，允许精选层的公司向不特定合格投资者公开发行，增强了新三板公司的融资能力，但是仍然无法和 IPO 的融资能力相比。

当然，北交所也面临着一些挑战。与上交所、深交所相比，北交所尚未形成规模，在发行条件、交易模式、治理机制等方面，还需要扩大与科创板、创业板的差异化程度。因此，在北交所发展初期应积极推出具备创新型中小企业发展特色的制度安排，在投资者适当性管理、长期持续监管、分红制度等方面设置差异化制度，尽快渡过迅速扩容阶段。北交所应坚定自身服务于创新性中小企业的市场定位，以持续督导为主要监管方式，以培育优质企业为主要目标。对于未达北交所上市标准，仍处于新三板创新层、基础层的创新型企业，北交所可以在区分不同成长阶段的基础上对其进行培训。北交所也应当持续优化审核程序，适度放宽对公司治理等方面的要求，尽量降低北交所上市企业的发行成本，解决中小企业融资难题。此外，北交所还可以积极完善转板规则，深化与沪、深两交易所互联互通，同时完善退市机制，促进证券市场优胜劣汰。

五、债券发行与交易制度的完善

（一）债券市场基础制度建设

为贯彻修订后的《证券法》和国务院在《关于贯彻实施修订后的证券法有关工作的通知》中明确公开发行公司债券实施注册制的要求，证监会于 2021 年发布修订后的《公司债券发行与交易管理办法》（以下简称《管理办法》）。《管理办法》修订内容主要涉及以下几个方面：

1. 落实公开发行公司债券注册制

首先，《管理办法》明确了公开发行公司债券的三项积极条件：（1）发行人应当具备健全且运行良好的组织机构；（2）最近三年平均可分配利润足以支付公司债券一年的利息；

（3）具有合理的资产负债结构和正常的现金流量。同时，《管理办法》还规定了公开发行公司债券的发行人不得存在处于继续状态的债务违约情形，也不得擅自改变募集资金用途。

其次，《管理办法》参照科创板、创业板注册制的规定，设专节明确了注册程序，明确公开发行公司债券由证券交易所受理、审核，并报证监会注册，同时，对注册程序、注册期限、期后事项、信息公开、中止审查和终止审查等相关内容作出具体规定。此外，按照“申报即纳入监管”的原则，规定了相关机构和人员责任；证券交易所报送审核意见后，对于需要进一步说明或者落实的项目，证监会可以问询或者要求证券交易所进一步问询，对于证券交易所审核意见依据不充分的项目，证监会可以退回证券交易所补充审核。

最后，《管理办法》建立了证监会对证券交易场所公司债券业务情况的监督检查工作机制，规定了证券交易场所的定期报告义务。证券交易场所违反《管理办法》相关规定的，由证监会责令其整改；情节严重的，追究直接责任人员相关责任。

2. 涉及《证券法》的适应性修订

针对《证券法》对证券服务机构备案要求、受托管理人相关规定、区域性股权市场管理、公司债券募集资金用途等方面的修订，《管理办法》作出了如下修订：一是取消了相关证券服务机构应当具有从事证券服务业务资格的要求，明确债券募集说明书及其他信息披露文件所引用的审计报告、法律意见书、评级报告及资产评估报告等，应当由符合《证券法》规定的证券服务机构出具；二是要求公开发行公司债券的发行人应当为债券持有人聘请受托管理人，同时对非公开发行公司债券的，要求发行人通过在募集说明书中约定的方式明确聘请受托管理人事项；三是删除了“在区域性股权交易市场非公开发行与转让公司债券的管理办法，由证监会另行规定”的条款；四是规定了非公开发行公司债券募集资金改变用途的，应当履行募集说明书约定的程序。另外，《管理办法》还对取消承销团强制承销、界定重大事件、公开承诺的披露义务、信息披露渠道、区分专业投资者和普通投资者等规则进行了相应修订。

3. 加强事中事后监管，压实发行人和中介机构责任

《管理办法》强化发行人及其控股股东、实际控制人相关义务，压实主承销商和证券服务机构的责任，严禁逃废债，限制公司债券发行人自融，并增加了有关条款和罚则。除了明确发行人信息披露义务外，《管理办法》规定发行人及其控股股东、实际控制人及发行人的董事、监事、高级管理人员不得怠于履行偿债义务或者通过财产转移、关联交易等方式逃废债务，蓄意损害债券持有人权益；同时，强调发行人及其控股股东、实际控制人应当配合中介机构工作。根据《证券法》《全国法院审理债券纠纷案件座谈会纪要》确定的相关原则，总结监管实践经验，《管理办法》明确了主承销商对公司债券发行文件真实性、准确性和完整性的审慎核查责任；主承销商对公司债券发行文件中证券服务机构出具专业意见的重要内容存在合理怀疑时的审慎核查和复核责任；同时规定了证券服务机构对公司债券发行文件中

与其专业职责有关内容及其出具文件的真实性、准确性、完整性负责，同时，还应配合主承销商的复核工作。此外，在发行人和承销机构不得操纵发行定价、不得向投资者提供财务资助等规定的基础上，《管理办法》还规定发行人不得在发行环节直接或间接认购其发行的公司债券，并要求应当披露关联方认购、交易或转让其发行的公司债券情况，防范结构化融资形成市场风险。

根据债券市场发展需要，《管理办法》还修订了规章的部分内容，包括调整公司债券交易场所、取消在 12 个月内完成首期发行的强制性规定、取消公开发行公司债券强制评级的规定，以及强调发行公司债券应当符合地方政府性债务管理的相关规定等。

（二）债券市场制度统一

2021 年 8 月 18 日，中国人民银行、国家发展和改革委员会、财政部、银保监会、证监会和国家外汇管理局联合发布了《关于推动公司信用类债券市场改革开放高质量发展的指导意见》（以下简称《指导意见》）。作为多部门联合发布的文件，《指导意见》的重要意义在于推动“债券制度统一”，就包括定价、发行、存续期管理、投资和违约风险处置等在内的诸多方面作出规定，涉及发行人、中介机构、投资者和监管部门等各市场参与方。

我国债券市场监管体制分割是长久以来存在的问题。公司信用类债券可分为金融债、企业债和公司债券，分别适用《企业债券管理条例》、《非金融企业债务融资工具管理办法》和《公司债券发行与交易管理办法》及各自配套的自律性规则。[1]因此，三种公司信用类债券在市场准入条件、信息披露规则、投资者保护机制、信用评级规则等方面都存在明显差异。[2]同时，债券主要交易市场是由沪交所、深交所和银行间债券市场组成的二分格局。前者由证监会监管和两交易所自律监管，后者则由交易商协会自律监管。两个市场在交易参与主体范围、债券品种、交易方式、登记托管结算上均存在差异。个人和机构投资者均可参与交易所债券市场，但是银行间债券市场对参与主体有限制，主要包括银行类机构和保险、基金、券商、信托、财务公司等非银行业金融机构；机构成员实施市场准入制，并需具备一定的交易结算条件才能入市交易。交易品种方面，除国债和企业债可以选择同时跨银行间和交易所两个市场发行外，由中国人民银行主导的央票、金融机构债券、短期融资券和中期票据等只能在由其监管的银行间市场发行，而由证监会管辖的公司债和可转债只能由其监管的交易所市场发行。[3]交易方式方面，银行间企业债券交易通过全国同业拆借中心进行一对一询价或做市商双边报价的方式成交，而交易所企业债交易方式则是通过交易所电子交易系统的

[1] 庞红学、金永军、刘源：《美国债券市场监管体系研究及启示》，载《上海金融》2013 年第 9 期。

[2] 洪艳蓉：《债券注册制终于落地，市场与监管重塑新格局》，载 https：//mp. weixin. qq. com/s? src = 11&timestamp = 1659295749&ver = 3954&signature = tcTfe2FAQhFatb2ThGQlP8NyI5o1Wx - 6AnMP2 * KsB * BoHIElFlKRBf9aCXrF - kW - 456hFRddQhIiwUJ * bDDc * P1p * - jKKETIxP1 * ZSV96vNjvjo7GaaSiTJwU7YF1ZSO&new =1，最后访问日期：2022 年 6 月 15 日。

[3] 邢梅：《债券监管框架下的公司债发行审核制度反思》，载《证券法苑》2016 年第 1 期。

集中撮合成交。[1]

基于前述问题，《指导意见》明确提出推动完善债券市场法制建设，巩固公司信用类债券的上位法基础，进一步推动债券市场统一管理。《指导意见》明确了债券市场法制的相关要求，明确了“《公司法》和《证券法》是公司信用类债券市场的基础法律”，表示“推动民商事审判工作对企业债券、非金融企业债务融资工具、公司债券适用相同的法律标准”，为交易所和银行间市场各方面的统一规范奠定基础。

《指导意见》进一步明确了债券相关制度和监管要求的统一性，要求“按照分类趋同原则，促进公司信用类债券市场发行、交易、信息披露、投资者保护等各项规则标准逐步统一”。在注册和发行阶段，《指导意见》提出统一规范发行注册的相关标准，明确“限制高杠杆企业过度发债，强化对债券募集资金的管理，禁止结构化发债行为”。在债券交易方面，《指导意见》实现交易管理与发行管理有效衔接，禁止出借债券账户以及任何形式的利益输送、内幕交易、规避内控或监管，禁止为他人规避内控或监管提供便利等违法违规行为；建立公司信用类债券市场交易报告制度；逐步统一债券发行交易编码规则，将便利跨市场交易流通。

同时，《指导意见》强调了信息披露、评级机构监管、压实中介责任和统一执法等要求。在信息披露方面，《指导意见》要求“按照公开发行、非公开发行分类趋同的原则，统一公司信用类债券发行和存续期间的信息披露要求，包括披露要件、披露频率、披露时点及重大事项等方面。”对评级机构，《指导意见》要求其“在银行间债券市场、交易所债券市场等同时开展信用评级业务的，应当统一评级标准”，“构建以违约率为核心的评级质量验证方法体系，推动形成有区分度的评级标准体系”。对于券商、会计师事务所等其他中介机构，《指导意见》强调了将“加强债券市场监管和统一执法”，要求“压实中介机构责任，切实发挥专业把关作用。”

（三）沪深两所促进债券市场高质量发展的举措

1. 深交所健全公司债券投资者权益保护机制

2021 年深交所发布了《公司债券发行上市审核业务指南第 2 号——投资者权益保护（参考文本）》（以下简称《投保指南》），为起草募集说明书中投资者权益保护相关章节内容提供参考指南。《投保指南》遵循市场化、法治化原则，结合公司债券违约风险处置实践，推动实现募集说明书涉及投资者保护的内容更加体系化、规范化，强化对发行人事先约束力度，提高投资者保护相关条款的有效性、可操作性。具体包括以下三个特点：[2]

一是构建科学完备体系，提升条款规范性。《投保指南》进一步规范特殊发行条款、增

---

〔1〕 李敏：《我国债券市场监管分割及统一路径》，载《中国政法大学学报》2021 年第 2 期。

〔2〕《健全投资者权益保护机制促进债券市场高质量发展——深交所发布公司债券投资者权益保护参考文本》，载 http：//www. szse. cn/aboutus/trends/news/t20210813_587753. html，最后访问日期：2022 年 2 月 27 日。

信机制、投资者保护条款、违约事项及纠纷解决机制四个方面内容，明确适用范畴，理顺处理程序，厘清发行人、担保人、受托管理人及投资者各方权利义务边界，进一步完善多举措、全方位的投资者保护体系。

二是聚焦市场主体关切，突出条款针对性。在特殊发行条款方面，细化票面利率调整方式，明确回售申报期变更程序及信息披露要求，着力解决选择权条款适用时可能涉及的争议问题。在增信机制方面，根据《民法典》及相关司法解释，梳理完善保证、抵质押担保等传统债券担保方式中各方权利义务安排，并纳入债务加入、第三方收购承诺等创新增信机制。在投资者保护条款方面，针对市场高度关注的发行人现金流紧张、债务杠杆率高、低于合理价格转让资产、重要子公司进入破产程序、非标产品违约等严重影响偿债能力的问题，针对性地设置了发行人偿债保障措施承诺、财务承诺、行为限制承诺、资信维持承诺和交叉保护承诺，加强对发行人事先约束。在违约事项及纠纷解决机制方面，明确违约的六种类型，梳理承担违约责任的六种方式，避免出现因条款约定不明导致投资者求偿困难的情形。

三是兼顾参与各方权益，保留条款灵活性。《投保指南》通过限定发行人行为，防范债券违约风险，既严格规范了发行人行为底线，也有效保护了投资者利益。一方面，将《投保指南》定位为参考文本，发行人可以结合自身实际情况或与意向投资者沟通情况，自主选择适用《投保指南》中提供的各项“工具包”，并参照本文范例拟定募集说明书相关内容；另一方面，在为投资者提供保护和救济措施时，引入宽限期和豁免机制，推动提升发行人消除负面情形、恢复资信水平和偿债能力的积极性。

2. 上交所债券交易系统独立运行

2021年上交所新债券集中竞价交易平台正式上线，债券现券竞价交易和质押式回购交易顺利由原竞价撮合平台迁移至新平台。至此，上交所股票和债券交易系统实现了相互独立，沪市债券集中竞价交易、协议类交易、质押式回购交易等业务均在新债券交易系统独立运行，顺利完成交易系统“股债分离”。新平台具有以下特点：[1]

一是实现“股债分离”，消除股债“强耦合”。上交所原有交易系统是集股票、债券等交易为一体的综合性竞价撮合平台。随着资本市场的蓬勃发展，股票和债券市场发展逐渐呈现不同特点。上交所新债券交易系统的建设，为债券交易市场改革提供技术基础，避免两个系统互相干扰。

二是便利债券交易参与人，提升市场服务水平。相较于股票交易，债券交易具有大额、低频、多元等特点。新债券交易系统遵循债券市场规律，为债券交易参与人提供符合债券产品特性的交易方式和交易平台，在业务申报、交易撮合及数据分发等环节为交易参与人提供

---

〔1〕《上交所新债券交易系统上线平稳实现交易系统“股债分离”》，载 http：//www. sse. com. cn/aboutus/mediacenter/hotandd/c/c_20211223_5666377. shtml，最后访问日期：2022年2月27日。

更高效的技术服务。

三是丰富债券交易产品，深化债券二级市场建设。流动性是债券二级市场的生命力。依托新债券交易系统的上线，上交所以“提升市场流动性、改善交易效率”为核心，努力补齐债券交易短板，拓展债券交易参与人，有效推进机制优化与创新产品落地实施，如启动债券做市机制探索、推进债券质押式回购优化等，进一步提高二级市流动性。

六、基金法律制度的发展

（一）公募基础设施领域不动产投资信托基金制度日益完善

2021年1月21日，国家发展和改革委员会办公厅印发了《关于建立全国基础设施领域不动产投资信托基金（REITs）试点项目库的通知》。随后，沪深交易所发布《公开募集基础设施证券投资基金业务办法（试行）》、《公开募集基础设施证券投资基金（REITs）规则适用指引第1号——审核关注事项（试行）》、《公开募集基础设施证券投资基金（REITs）规则适用指引第2号——发售业务（试行）》，简化了申请文件，优化了交易相关安排，完善了新购入基础设施项目的信息披露，强化了多原始权益人情形下的自持要求、优化了基金收购及份额权益变动的有关规定；就基础设施项目运营时间和历史现金流要求、现金流测算应考虑的因素、重要现金流提供方的定义和尽职调范围等进行了完善；明确了扩募发售方式，调整了网下投资者参与询价的限制安排和报价个数限制以及延长募集期限等。2021年7月2日，国家发展和改革委员会办公厅公布了《关于进一步做好基础设施领域不动产投资信托基金（REITs）试点工作的通知》（以下简称958号文）针对2020年发布的《关于做好基础设施领域不动产投资信托基金（REITs）试点项目申报工作的通知》（发改办投资〔2020〕586号）做了总结和更新。此外，2021年11月17日，银保监会发布了《关于保险资金投资公开募集基础设施证券投资基金有关事项的通知》，允许保险资金投资基础设施公募REITs，从制度层面明确投资规范和监管规则，进一步建立健全保险资金投资基础设施公募REITs的长效机制，防范相关业务风险。

尽管上述制度对于公募REITs进行了诸多完善，但仍面临如下问题需要进一步解决：

1. 如何应对“控制权集中”问题

除了在项目申报阶段严格把关外，在公募REITs运营阶段有效保护投资者利益也十分重要。根据证监会发布的《公开募集基础设施证券投资基金指引（试行）》中第24条之规定，扣除战略配售部分后，公募REITs向网下投资者发售比例低于本次公开发售数量的70%。考虑到公募REITs的初步发展现状，其表决权结构难免会形成不同程度的“控制权集中”。然而，“控制权集中”并非一定会造成损害投资者利益的负面效果。当大小投资者之间存在不对称的流动性分布，非流动性会降低消极决策的惰性，激发积极监督的动力，适当的“控制权集中”反而是避免决策权倾轧和兼顾经济效益的较优安排。[1]因此，如何妥善应对公募REITs运营中的“控制权集中”是有效保护投资者利益的关键。

在内部机制构建方面，可以探索在基金持有人大会成员选举时采用累积投票制度，通过允许投票权的集中使用防范大投资者垄断候选人提名权。同时，可以考虑通过赋予投资者在合理时限内对专项信息披露的请求权、完善特殊情形下小投资者召集权、便利表决权的行使方式等方法提升小投资者的参与度。在外部制度供给方面，可以考虑适当放宽权益变动和要约收购的门槛，在保障REITs份额持有人权益的同时，尽可能减小二级市场的交易阻力、提升流动性，以提升大小投资者监督公募REITs运营的积极性。[2]

2. 组织载体的发展方向

目前，我国公募REITs多采用“公募基金+资产支持计划”的模式，由公募基金、资产支持计划和项目公司三层架构组成。该多层架构看似以最小成本破除目前法律障碍，实际上给公募REITs参与各方造成沉重的成本负担。首先，多管理人会造成管理人之间权责划分不清；形成多重委托代理关系，增加公募REITs运营成本。其次，一旦公募REITs出现问题，多层架构形成的风险隔离将对投资者求偿造成巨大障碍。最后，由于多层架构有风险传导效应，多层架构会导致一定程度的监管成本增加。[3]

结合域外实践经验和我国先行法律体系等因素，今后应积极探索采用更丰富的基础设施REITs组织载体形式。在法律结构上，遵循透明化和简洁化的要求，应尽量减少基础设施REITs的内部层级及嵌套，允许基金直接或间接通过项目公司持有基础设施项目，构建高效的法律结构。此外，除给予税收优惠政策外，还应当对原始权益人的诚信义务，基金管理人“投资者利益最大化”原则，原始权益人与基金管理人的外部监督等问题作出针对性的规定。[4]

（二）私募基金制度完善

2021年1月8日，证监会发布了《关于加强私募投资基金监管的若干规定》（以下简称《私募监管规定》）。《私募监管规定》共14条，主要包括规范私募基金管理人名称、经营范围和业务范围；优化集团化私募基金管理人监管；重申并细化非公开募集和合格投资者要求；明确私募基金财产投资要求；强化私募基金管理人及从业人员等主体规范要求；明确法律责任和过渡期安排等六个方面的内容。《私募监管规定》力求推动私募行业回归“私募”和“投资”的本源，针对私募基金领域风险事件的发生特点和处置经验，重申和细化了私募

[1] 温建利：《投资者保护视野下的公募REITs“控制权集中”初探》，载《证券法苑》2021年第31卷。
[2] 单于家：《公募REITs控制权集中度的法理基础、规范逻辑和制度建议》，载《证券法苑》2021年第31卷。
[3] 刘海隆：《中国公募REITs的组织形式选择》，载《证券法苑》2021年第31卷。
[4] 洪艳蓉：《基础设施REITs的法律解构与风险规则》，载《证券法苑》2021年第31卷。

基金监管的底线要求，其中既包括对既存的行业自律规范的重点归纳，以提高其监管层级，也包括在既存规则基础上深化提炼的新要求新规范。

不难看出，《私募监管规定》聚焦加强私募基金监管，严控增量风险和稳妥化解存量风险，提升行业规范发展水平，从而保护投资者合法权益。但是，就近年私募基金频发的暴雷事件而言，仅依靠行政监管可能无法达到预期效果。从完善私募基金监管机制的角度来看，加强对投资者行使知情权、监督权的保障，完善对私募基金事中事后规制，或可进一步提高监管效率。一方面，投资者行使知情权能够缓解监管机构压力，将过程监管交给协会自律核查及投资者本身；另一方面，提高投资者监督私募基金组织实体合规经营的积极性与专业性，可以促进私募基金市场形成良性竞争秩序。

在完善私募基金投资者知情权时，可以采用实体与程序并进的方式。在实体方面，首先应当明确投资者对私募基金基于《基金法》或《信托法》的知情权诉权。其次，为避免过高的信披义务给私募基金管理人造成过高成本，可以将披露范围分为主动披露与被动披露。最后，应当基于信义义务确认私募基金投资者的知情内容。在程序方面，应当明确私募基金投资者的查阅复制权，对基金财产管理运用等情况的质询权，以及临时指定无利害关系的专业人士对私募基金特定事务进行调查权利。[1]

七、多元化纠纷解决机制不断健全

（一）证券期货行业仲裁试点

为贯彻落实《关于依法从严打击证券违法活动的意见》中“开展证券行业仲裁制度试点”的任务要求、完善证券期货纠纷多元化解机制、有效保护资本市场投资者，证监会会同司法部充分研究、沟通，广泛征求相关各方意见，根据仲裁领域和资本市场的法律制度规定和中央文件内容，制定了《关于依法开展证券期货行业仲裁试点的意见》（以下简称《试点意见》）。

随着资本市场的创新发展和全面深化改革的推进，市场的多层次性、证券期货业务和产品的复杂性和专业性、交易方式和机制的丰富性、市场主体的多种类以及投资者的数量增多、维权意识提高等发生了重大变化。相应地，证券期货纠纷日益呈现案情复杂、专业性强、涉及主体众多、行业特点明显、解决难度大等特征。其中，证券期货民事赔偿纠纷通常还具有涉案金额巨大、当事人请求事项较为集中、涉及众多投资者合法权益的保护甚至市场秩序的平稳运行等特征。因此，提高证券期货纠纷和争议解决的专业性、公平性、公正性、高效性和权威性，是维护市场主体合法权益，保障证券期货行业健康发展的重要体现和迫切

[1] 李建伟、李欢：《私募投资者知情权的路径、内容与完善建议》，载《经贸法律评论》2022年第2期。

要求。仲裁具有专业性强、一裁终局、程序灵活、经济高效、注重保密性、裁决具有强制执行力等优势，符合证券期货纠纷的特点和行业发展的需要，是促进资本市场法治化和专业化的重要渠道。有必要开展证券期货行业仲裁试点，依法化解证券期货矛盾纠纷，切实维护投资者的合法权益。

《试点意见》主要内容如下：一是建立专门的证券期货仲裁机构，制定符合证券期货行业特点的仲裁规则，提升仲裁从业人员的证券期货专业水平，保障纠纷解决的公平公正和高效便捷。为加强对投资者合法权益的保护，要求在仲裁规则中设立注重调解、先行赔付、纠纷速裁、互联网仲裁专门条款。二是支持、推动在证券期货业务活跃的北京、上海、深圳三地的仲裁机构内部试点组建证券期货仲裁院（中心），适用专门的仲裁规则，专门处理资本市场产生的证券期货纠纷。三是界定仲裁院（中心）的仲裁范围。仲裁范围包括证券期货合同纠纷和其他财产权益纠纷，并明确将证券期货民事赔偿纠纷纳入仲裁范畴。四是对证券期货民事赔偿纠纷和资本市场自律组织会员纠纷的仲裁作出专门规定。五是规定仲裁员的选聘机制、提升仲裁员的证券期货专业水平，明确选聘条件，要求建立专门的证券期货专业仲裁员名册，证券期货行业协会和证券交易场所提出符合条件的专业仲裁员推荐名单等。六是对试点仲裁委员会与资本市场监管机构、自律组织之间的合作，完善证券期货纠纷仲裁与调解、诉讼的有效衔接，证券期货行业仲裁试点工作的指导和监督作出规定。

（二）投资基金纠纷调解规则的完善

自2014年9月中国证券投资基金业协会首次制定并发布《中国证券投资基金业协会投资基金纠纷调解规则》（以下简称《调解规则》）以来，中国证券投资基金业协会通过组织调解或者促成当事人和解等方式，帮助投资者挽回经济损失共44.82亿元。[1]2021年12月30日，协会公布了修改后的《调解规则》。修改后的《调解规则》共分五章，主要修改内容如下：

一是规范调解工作程序，提升调解协议效力。《调解规则》进一步明确调解委员会与调解工作部门的职责分工，为调解工作顺利开展提供组织保障；明确调解案件受理范围及不予受理情形；明确调解协议效力确认途径，通过司法、公证、仲裁等方式提升调解协议效力，保障调解协议有效履行；对于存在不履行生效调解协议等失信行为的自律管理对象记入诚信记录，树立行业诚信经营理念。

二是丰富多元解纷手段，拓宽纠纷解决渠道。《调解规则》新增基金业协会与人民法院、仲裁机构、信访部门、公证机构以及投资者保护机构等建立沟通对接机制，丰富多渠道救济措施；进一步明确纠纷调解方式，除基金业协会自行组织调解外，可以委托第三方专业机构

〔1〕《关于发布〈中国证券投资基金业协会投资基金纠纷调解规则〉的公告》，载 https://www.amac.org.cn/governmentrules/czxgf/zlgz/zlgz_hygl/202112/t20211230_13225.html，最后访问日期：2022年6月24日。

调解，或者进行联合调解，提高行业纠纷解决专业性。

三是引入小额速调机制，提高小额纠纷处理效率。吸收“小额速裁”“小额速调”等制度优势，借鉴其他调解组织经验，《调解规则》中新增小额速调机制，行业机构可以基于自愿原则与基金业协会事先签订协议，承诺在一定金额内无条件接受基金业协会提出的调解建议方案，便利行业小额纠纷快速解决，进一步提高纠纷解决效率。

四是增加“示范判决+委托调解”，推动化解群体性纠纷。对于系列性或群体性纠纷，《调解规则》规定，人民法院作出生效示范判决后，基金业协会可以接受人民法院委托，参照生效判决文件进行集中调解，促进“同案同判”，降低投资者维权成本，推动群体性纠纷及时化解。

五是确立无争议事实记录，强化诉讼与非诉讼联动。《调解规则》规定，对于当事人未达成调解协议的，在征得当事人同意后，基金业协会可以书面形式将调解过程中当事人无争议事实进行记录，在诉讼过程中，除涉及国家利益、社会公共利益和他人合法权益的外，当事人无须对调解过程中确认的无争议事实举证。进一步促进诉讼与非诉讼程序联动。

（三）投资者投诉渠道不断完善

中国证券业协会、中国期货业协会、中国证券投资基金业协会会同中国证券投资者保护基金有限责任公司联合制定并于2021年发布了《证券基金期货经营机构投资者投诉处理工作指引（试行）》（以下简称《投诉指引》）。《投诉指引》主要明确了投诉的主体和方式、投诉处理的流程以及要求经营机构建立投资者投诉处理工作制度。

随后，中国证券投资基金业协会于2021年12月30日修订了《中国证券投资基金业协会投诉处理办法》（以下简称《投诉办法》）。首先，《投诉办法》依据金融监管部门规定并结合《投诉指引》有关内容，明确将投诉定义为“投资者在基金投资活动或接受相关服务过程中，与基金业协会自律管理对象之间产生的民事纠纷，要求解决纠纷的行为。”并通过列举方式说明不属于投诉的范畴，将投诉与举报、咨询等进一步区分，使基金业协会投诉受理范围更加明晰，突出了保护投资者合法权益的工作目标和根本宗旨。其次，《投诉办法》明确了基金业协会的投诉受理标准、来访投诉要求、投诉办理方式等内容，完善了投诉处理时效要求。在投诉处理方式上，充分吸收《投诉指引》有关规定以及金融监管部门实践经验，探索建立投诉转办制度。考虑到基金业协会自律管理对象类型较多，不同类型行业机构之间在实际办理投诉的能力以及现实条件等方面存在差异，为了切实维护投资者合法权益，《投诉办法》规定，对于被投诉机构存在经营异常等特定情形的，基金业协会可以决定自行办理投诉。再次，《投诉办法》要求行业机构建立投诉处理工作制度，明确内部投诉处理流程、职责分工、考核评价等事项，遵守对于投诉人相关信息的保密义务，向协会报备并及时更新本机构投诉处理工作负责人员，结合投诉信息定期分析总结经验，遵守投诉办理时效要求，妥善保管投诉办理材料，对于重大投诉风险及时向基金业协会及相关主管部门报告。最后，

《投诉办法》规定，在投诉办理过程中，基金业协会可以通过组织调解或者促进当事人自行和解等方式办理投诉，加强投诉处理与调解程序有效衔接；投诉处理过程中，发现投诉对象涉嫌违反自律规则的，基金业协会按照自律管理程序处理；涉嫌严重违法违规的，向证监会报告。

八、2021 年证券市场执法与司法情况

（一）行政执法情况

2021 年 1 月 22 日，十三届全国人大常委会第二十五次会议修订通过《行政处罚法》，自 2021 年 7 月 15 日起施行。新修订的《行政处罚法》明确了行政处罚性质，扩充了行政处罚种类，完善了行政处罚程序，强化了行政执法责任，体现和巩固了近年来行政执法领域取得的重大改革成果，回应了当前的执法实践需要。结合中共中央办公厅、国务院办公厅发布的《关于依法从严打击证券违法活动的意见》的精神，证监会进一步规范执法行为、提高执法水平、提升执法效能，切实加大对重大违法案件的查处惩治力度，为建设规范、透明、开放、有活力、有韧性的资本市场提供更加坚实的法治保障。

2021 年证监会全年共办理案件 609 起，其中重大案件 163 起，涉及财务造假、资金占用、以市值管理名义操纵市场、恶性内幕交易及中介机构未勤勉尽责等典型违法行为。依法向公安机关移送涉嫌犯罪案件（线索）177 起，同比增长 53%，会同公安部、最高人民检察院联合部署专项执法行动，证券执法司法合力进一步加强。具体执法情况如下：[1]

虚假陈述类案件处罚 163 起。部分案件涉及金额大、周期长，市场影响恶劣。约 60% 财务造假案件情节严重涉嫌犯罪，超过 30% 的案件连续 3 年以上造假。在这些虚假陈述案件中，违法手段逐渐演变升级，尤其是刻意利用新业态、新模式掩盖造假。除通过伪造合同、虚开发票等惯用手法有组织、系统性造假外，部分上市公司还通过提前确认收入、少计资产减值等方式粉饰业绩。部分上市公司借供应链金融、商业保理业务之名，虚构利润。此外，违法占用资金、非法担保仍有发生，大股东通过多种方式套取公司资金。

操纵市场类案件处罚 110 起。从操纵动机看，有的操纵团伙以连续交易、虚假申报、对倒、蛊惑等多种手段，引诱市场跟风，谋取不当利益；有的上市公司实际控制人为实现高位减持、避免质押股票爆仓等目的，通过控制信息披露内容、节奏，配合市场机构操纵自家股票。从操纵主体看，涉案主体多、链条长，形成非法利益网络。从操纵模式看，长线“坐庄”和“快进快出”相结合，资金优势和信息优势相交互，在目标选择、资金筹备、建仓洗

〔1〕 参见《证监会通报 2021 年案件办理情况》，载 http：//www. csrc. gov. cn/csrc/c100028/c1921138/content. shtml，最后访问日期：2022 年 2 月 25 日。

盘、拉升出货等环节形成相对固定的操纵模式和流程。诸多案件的违法者被追究了行政责任，乃至刑事责任。

内幕交易类案件处罚 201 起。从案发领域看，涉及并购重组、新股发行、控制权变更等重大资本运作信息的内幕交易案较多，占比约 64%。从案件类型看，避损型内幕交易案连续发生。从案发主体看，法定信息知情人内幕交易、泄露内幕信息约占 60%，案发比例仍然较高。

重点领域案件类型共处罚 60 起。其中，办理私募机构违法案件 20 起，违法行为涉及登记备案、基金销售、资金募集等多个环节；办理债券市场违法案件 10 起，主要表现为虚构利润欺诈发行、为取得企业债发行核准报送虚假材料等；办理老鼠仓案件 9 起，涉案主体向市场机构的后台管理和技术服务人员延伸；办理期货领域违法案件 5 起，涉及操纵多个商品期货合约；办理从业人员违规买卖股票案件 16 起，涉案人数达 90 余人。

中介机构违法案件立案调查 39 起。其中，涉及会计师事务所 28 起、证券公司 4 起、资产评估机构 3 起、律师事务所 2 起、银行承销商和评级机构各 1 起，涵盖首次公开发行、年报审计、并购重组、债券发行、精选层转板等业务环节，并首次对银行间债券市场承销银行、评级公司立案调查。年报审计仍为案发集中领域，共有 16 家会计师事务所在 20 余家公司的年报审计中涉嫌未勤勉尽责。

总体来看，证券市场执法重点更加突出，虚假陈述、内幕交易、操纵市场、中介机构违法案件数量占比超过 80%。

（二）证券市场司法保障情况

设立金融法院是服务保障国家金融战略实施、营造良好金融法治环境、促进经济健康发展的重要举措。继上海金融法院成立后，北京金融法院于 2021 年 3 月 18 日正式成立。2021 年全年，北京金融法院共立案 4743 件。其中，民商事案件新收 3400 件，标的额累计 1534.58 亿元；执行类案件新收 772 件，申请执行标的金额 940.3 亿元。[1]同时，北京金融法院通过“一站式”金融多元解纷机制，成功化解了一起标的额超 2.2 亿元的金融借款合同纠纷，积极探索便民、高效、规范、符合金融法院受理案件特点的北京金融法院多元解纷机制平台。

作为全国首家金融法院，上海金融法院也于 2021 年 8 月迎来成立三周年。上海金融法院充分发挥金融审判职能作用，推进“专业化、国际化、智能化”世界一流金融法院建设，努力为上海经济社会高质量发展提供有力司法服务和保障。截至 12 月 31 日，上海金融法院共

---

〔1〕《数说 | 一图读懂北京金融法院的 2021》，载 https：//bjfc. bjcourt. gov. cn/cac/1643249086616. html，最后访问日期：2022 年 2 月 26 日。

受理各类金融案件23 456件，审结22 033件。[1]在提升金融司法核心竞争力方面，上海金融法院加大对具有规则创设意义案件的审理力度，优化涉外金融审判机制，积极行使涉外金融案件管辖权，扩大中国金融司法的国际影响力。在服务国家战略方面，上海金融法院构建中小投资者司法保护体系，防范化解金融风险，维护金融稳定安全。在满足多元金融司法需求方面，上海金融法院打造智汇多元解纷系统，构建金融财产执行新模式，加快建设智慧金融法院。

除设立金融法院外，在民事证券纠纷解决中，集体诉讼对保护在证券市场处于弱势地位的投资者极为重要。《证券法》除规定全面实施注册制之外，另一重大制度创新就是规定了中国特色的证券集体诉讼制度，即规定了普通代表人诉讼和特别代表人诉讼制度。[2]普通代表人诉讼和特别代表人诉讼的主要区别在于：第一，前者提起诉讼的代表人由受损失的投资者在其中推举产生，而后者则由投资者保护机构接受投资者委托作为代表人提起诉讼。第二，普通代表人诉讼是“加入制”的代表人诉讼，而特别代表人诉讼是“退出制”的代表人诉讼。后者制度创新在于其采用“默示加入，声明退出”的集体诉讼模式。自代表人诉讼制度确立后一年左右的时间，全国首例证券纠纷特别代表人诉讼案[3]和普通代表人诉讼案[4]即实践了中国特色代表人诉讼制度。

然而，在特别代表人诉讼制度中，中小投资者保护中心（以下简称投服中心）作为关键角色仍然面临许多问题：第一，投服中心财力、人力有限，无法应对“退出制”集体诉讼下每个案件动辄数十万的投资者。第二，投服中心财政预算固定，缺乏激励制度。即便投服中心为投资者争取到了赔偿，该行为并不会对投服中心的固定预算产生影响，可能会逐渐降低其提起诉讼的积极性。第三，在特别代表人诉讼制度中，由于集体性诉讼案件无法实行风险

---

〔1〕《上海金融法院审判工作情况通报（2018－2021）》，载 http：//www. shjrfy. gov. cn/jrfy/gweb/details. jsp? pa＝aaWQ9NjU0OAPdcssPdcssz&bt＝%25E4%25B8%258A%25E6%25B5%25B7%25E9%2587%2591%25E8%259E%258D%25E6%25B3%2595%25E9%2599%25A2%25E5%25AE%25A1%25E5%2588%25A4%25E5%25B7%25A5%25E4%25BD%259C%25E6%2583%2585%25E5%2586%25B5%25E9%2580%259A%25E6%258A%25A5%25EF%25BC%25882018－2021%25EF%25BC%2589&lmdm＝lm019&lmmc＝%25E6%25B3%2595%25E9%2599%25A2%25E5%258A%25A8%25E6%2580%2581，最后访问日期：2022年7月15日。

〔2〕《证券法》第95条第1款规定：“投资者提起虚假陈述等证券民事赔偿诉讼时，诉讼标的是同一种类，且当事人一方人数众多的，可以依法推选代表人进行诉讼。”第3款规定：“投资者保护机构受五十名以上投资者委托，可以作为代表人参加诉讼，并为经证券登记结算机构确认的权利人依照前款规定向人民法院登记，但投资者明确表示不愿意参加该诉讼的除外。”

〔3〕参见顾华骏、刘淑君等11名投资者诉康美药业股份有限公司证券虚假陈述责任纠纷特别代表人诉讼案，（2020）粤01民初2171号。

〔4〕全国首例证券纠纷普通代表人诉讼案——丁某等诉上海飞乐音响股份有限公司证券虚假陈述责任纠纷案，载 http：//www. shjrfy. gov. cn/jrfy/gweb/xx_view. jsp? pa＝aaWQ9NjM2OQPdcssPdcssz，最后访问日期：2022年6月29日。

代理收费，[1] 投服中心会委托公益律师作为诉讼代理人。在此过程中，投服中心仍会面临公益律师人数少和委托公益律师程序模糊等问题。[2] 基于前述问题，特别代表人诉讼制度在后续运作中仍需进一步完善。就投服中心而言，后续可以为其设计有效的激励制度，将其考核指标与提起证券集体诉讼的数量与质量挂钩，激励其积极主动履行特别代表人职责。就公益律师制度而言，也可以为公益律师设计激励机制，建立普通代表人诉讼律师与特别代表人诉讼律师之间的衔接机制，建议投服中心在普通代表人诉讼的委托律师中选任特别代表人诉讼的代理律师。同时，也应对委托律师的选任程序和胜诉酬金进行一定的审查。

九、结语

面对百年变局和世纪疫情，2021 年我国证券市场法律制度发展稳中求进。具体而言，上市公司治理制度规范不断完善、多层次证券市场格局更加清晰、债券市场基础制度和统一监管执法不断推进、公募 REITs 与私募基金监管不断发展、多元化证券纠纷解决机制不断健全、证券执法与司法水平日益提高。但是，我们也应当注意到还有诸多问题有待解决。上市公司信息披露与股东权利征集等制度规范均有待细化，证券公司及其他中介机构的尽责标准仍需明确，北交所需进一步明确定位、突出特色，公募 REITs 配套支持政策仍待完善，等等。总之，我国证券市场法律制度建设仍然任重道远。只有不断完善证券市场法律制度规范体系，加强证券市场基础制度建设，才能够依法推进证券市场长期稳定健康发展。

---

〔1〕《律师服务收费管理办法》第 12 条规定："禁止刑事诉讼案件、行政诉讼案件、国家赔偿案件以及群体性诉讼案件实行风险代理收费。"

〔2〕 沈伟、林大山：《激励约束视角下的特别代表人诉讼制度——以新〈证券法〉为背景》，载《证券法苑》2021 年第 31 卷。

公司法制

从“国家功能”向“社会功能”转型的公司法理念

——兼论中国公司法修订的价值取向

范　健*

目　次

一、引言：中国公司法修订面临的“国家功能主义”理念抉择

新一轮中国《公司法》修订已经开启[1]，实务界和学术界从不同角度提出了

---

* 范健，南京大学教授、澳门科技大学法学院教授、博士生导师。本文为范健主持的国家社科基金重大招标项目“18VHJ002”、国家社科基金课题“17BFX008”的阶段性研究成果。

〔1〕 按照2018年9月公布的《十三届全国人大常委会立法规划》，《公司法》被列入第二类需要抓紧工作、条件成熟时提请审议的法律草案，载 http：//www. npc. gov. cn/npc/c30834/201809/f9bff485a57f498e8d5e22e0b56740f6. shtml，最后访问日期：2022年8月20日。

修法建议,〔1〕综观这些建议和意见，部分是近年公司实践中暴露出的新问题需要在立法上予以关注，更多问题则是从公司法创立之初就已经出现或提出，在前几次修法中都曾不同程度争议过，但基于种种原因没有能实现修订的。其实，无论立法还是修法，哪些条款或规范需要增加、减少、修改，很大程度是由立法理念决定的，立法理念决定了条款、规范的设定目的和取舍标准。每一条修法建议都不同程度具有微观上的合理性，也同样存在规则变更的风险。如果我们的理念不清晰，就不能从宏观上把握修法的方向，结果则意味着一个新的制度性风险的酝酿。

中国公司法修订，首先需要形成既有现实性又具有前瞻性的修法理念，既要正视现实问题，更要清晰未来走向。笔者认为，综观近30年的实践，中国公司法既有促进经济体制改革的贡献，更充满着为适应体制转型的短期思维而固守的功利性色彩；既有规则设置解决现实问题的灵活性和特殊性，更有规则的非普遍性和非公正性。回顾和总结中国公司和公司法发展的历程，最大的缺憾是：在促进和完成了中国经济体制从计划经济向市场经济、从全民所有制向混合所有制、从单一产权向二权分离、从企业财产向产业资本的转型这一改革使命的过程中，没有能实现和完成自身的变革，没有能使其成为一部真正适应现代市场经济制度需求、适应当代科技和资本变革需求、构建现代企业制度的成熟的法律。新一轮中国公司法修订，需要在整体上客观冷静地总结和评价以往的成就与不足，清晰思考当下面临的国内和国际问题，准确理解中国特色社会主义理论精神，谨慎把握中国企业制度的未来发展方向。具体而言，需要正视当下中国公司法基本理念的不可持续性和现行公司发展模式的历史局限性，正视中国公司制度面临的全球企业治理模式的挑战和融入全球企业治理体系的难度，认真反思我国现行公司制度中已经形成诸多异化现象导致的公司发展困境，如投资经营的计划性与市场性的双轨制；国有企业部分高管选聘的任命制；国有股东源源不断的股本来源；行政权力主导之下的部分企业垄断和国有产权、经营权不分；法治体系上不完全平等保护措施；企业生存与发展对行政权力和行政资源的依赖远远高于对市场竞争和创新的依赖；欺诈造假、唯利是图、诚信丧失已成为一些公司的生存常态等。

上述公司异化现象显现出一个更严峻的事实：党的政策在经济改革实践中落实的难度。我们能够清晰看到，当下中国公司的实践结果不同程度上与改革开放以来一以贯之的社会主义市场经济政策相左，与党的一系列改革方针和国家改革目标渐行渐远，甚至背道而驰：如中央政策中始终强调建立市场经济下的公平竞争机制，以市场要素配置资源，实现各类企业

---

〔1〕 如强化监管与公司自治、公司机关与实际控制人的关系、公司资本与公司信用、公司决议与公司行为效力、公司集团与公司法人人格等，参见范健：《公司法改革中的泛民法化风险——兼谈〈民法总则〉颁布后的〈公司法〉修订》，载《环球法律评论》2019年第4期；周游：《公司法语境下决议与协议之界分》，载《政法论坛》2019年第5期；邹海林：《关于公司法修改的几点思考》，载《法律适用》2020年第1期；吴飞飞：《论中国公司法的供给侧结构性改革——兼论中国公司法的“服务型”转向》，载《北方法学》2020年第2期；蒋大兴：《公司法改革的“社会主义（公共主义）逻辑”》，载《中国流通经济》2020年第7期。

的充分竞争和公平竞争；推进国有企业改革，国家从管资产转向管资本，真正实现公司治理中的两权分离，落实经营责任制、提高经营效益；按照市场规律建立企业人才竞争机制，培育中国经理人市场；打破所有制的界限，推动混合所有制的建立，促进多元股权投资企业的繁荣；改革的方向应适应经济全球化趋势，更好地与世界接轨等。但是，中央提出深化国有企业改革，公司实践的结果却是国进民退、民营经济日渐萎缩；中央提出要引导金融资本投向实体产业，公司实践的结果却是实体产业融资越来越困难，大批实体企业一次次陷入高利贷、三角债的旋涡不能自拔；中央提出企业应以创新为主导，提升科技竞争力，但大量的公司以融资为主导，仅仅成为一个资本获利的平台。近年来，我国公司治理的重心在国有企业，国家的各类资源都集中在国有企业的治理方面，而对各类新型的民营高科技企业，尤其逐渐形成垄断地位的民营高科技企业，缺少现代治理的关注。由此导致的后果是高科技企业、国有企业、金融企业的垄断迅速加剧，因垄断导致的社会财富快速向少数人转移和集聚，大面积的社会相对贫困正逐渐形成，这种由企业行为异化导致的结果正在酝酿更大的社会风险。凡此种种，公司法基本理念的不可持续性和现行公司发展模式的历史局限性已经日益显现，中国特色社会主义市场经济体制的根基正面临着可持续发展的严峻挑战。

导致公司实践结果与企业制度改革目标相去甚远的根本原因是有一条无形的“鸿沟”横亘在经济改革战略目标与公司规则的具体落实之间，它使建立社会主义市场经济体制的政策方针在向公司规则落实的过程中，遭受了有意或无意的阻碍。这条鸿沟表面上在公司法的条文中，实质在公司法的理念中，是长期以来指导中国公司立法和实践的观念和思想，它是历史的惯性对改革的阻力在中国公司实践中的显现。它不是短期内形成的，而是由中国的历史传统和现实意识形态及文化环境铸成的观念。它的影响是无形的、不自觉的，甚至是无意识和潜移默化的，并且获得了社会广泛的默认。这就是公司法理念上的“国家功能主义”。

“国家功能主义”源于公司制度引进中的实用主义指导思想。我们是在没有能够深刻理解和认识公司制度的商业本质特征、功能价值和发展规律的情形下引进了这一制度，实用主义理念解决了经济发展的阶段性问题，但不具有制度上的持续性发展推动力。公司是商人制度自然延伸的产物，是现代社会的经济主体现象，具有极强的社会功能和社会依赖，但是在实用主义思潮之下，公司仅仅是国家在一定时期实现一定目的的工具。“国家功能主义”公司法理念固守着传统的理论和原则，固守着传统的公司与国家之间关系的观念和思想，它使改革开放以来逐渐形成的市场经济理论没有能真正融入公司制度之中，具体而言，市场经济下的公司组织社会功能价值取向没有能取代传统计划经济体制下的企业组织国家功能价值取向。正是这种“国家功能主义”理念导致公司立法的偏颇，造成了社会经济主体的分裂和对抗，成为多年来困扰中国公司法良性发展的束缚，是导致中国公司法规则冲突和公司治理陷入困境的主要根源，更是新时期国家治理和社会发展的一个障碍。

二、“国家功能主义”公司法理念的历史成因与制度风险

（一）国家功能主义公司法理念的内涵与表现

所谓“国家功能主义”公司法理念，是指将国家意志和取向作为公司法的基本立法理念，并以其对国家所发挥的作用和影响作为评判公司法是否正当的标准。具体而言，就是将国家的利益、价值和目标深刻地融入公司法的立法过程中，以实现国家利益最大化为基本的立法思路，并在具体的规则设置和法律适用中贯穿这一理念。这一理念的认知基础是将国家与社会等同、将国家与社会组织等同、将国家与全体民众等同，尤其强调国家利益就是全体人民和全体社会组织利益。这一理念曾经在一定时期被演变成否定私人利益、社会团体利益、社会经济组织利益在现实社会存在的正当性与合法性的依据，演变成彻底消灭私有制的理论基础。这一理念的致命缺陷是将国家观念狭隘或片面地植入公司法理念，扭曲了公司法自身的价值导向。正是囿于传统理念和改革初期特定环境的制约，当中国在坚持社会主义道路的基础之上提出改革开放，发展市场经济，建立混合所有制体制时，在经济主体领域便出现了国家与私人组织的不平等地位，形成了双轨制。在计划经济体制下，由于企业形态单一，国家功能主义理念实现了国营集体企业之下的企业理念的统一，但在市场经济体制下，这一理念则造成多元企业形态下企业理念实质上的分裂和对抗。无论是国有企业与民营企业在组织法领域的规则区分，还是公司法的体例安排，以及公司法的配套立法和法律适用都鲜明地体现着这一特征。

我国《公司法》的国家功能主义理念主要体现在以下几个方面：其一，公司法创立的动因和首要目的是解决国有企业的经营困境；其二，公司制度设计上的双轨制，即国有企业与民营企业的规则分立；其三，公司规则上的国有企业特权待遇和特别保护；其四，责任设置上对国有企业实行特殊严格责任保护和分权加重责任原则，并为此增加了大量的配套法规；其五，调整方法上大量引入强制性规定，排斥自律性规则；其六，实施的手段主要借助于国家行政干预和行政监管。

中国公司制度的引进是中华人民共和国成立后的近四十年，其中包括改革开放后的近十年中全民所有制企业实践探索失败后作出的对现代企业制度的借鉴举措。在计划经济时期，我国并不存在现代意义上的公司，经济组织都是以统购统销的国营企业模式存在的。直至1984年，国家体改委在江苏常州召开的城市经济体制改革试点工作座谈会上首次提到了“股份制”的问题，提出允许职工入股，年终分红。上海飞乐音响有限公司率先发行股票，成为中国股份制改革的先锋。[1] 1992年，在总结了中华人民共和国成立以来，尤其改革开放以来

〔1〕 参见邵宁主编：《国有企业改革实录》，经济科学出版社2014年版，第29页。

企业发展的经验教训之后，党的十四大报告明确提出，转换国有企业的经营机制，把国有企业推向市场，这是社会主义市场经济建设的中心环节。此后，以1993年《公司法》的颁布为标志，中国开始在全国范围内建立起现代企业制度，并在1994年率先确定了一百家企业进行现代企业制度试点，推动传统国有企业全面和根本性的改革。借助现代公司组织框架，原有的国有企业开始逐步转变为自主经营、自负盈亏的法人组织，依靠市场化的运作模式进行生产。但是，由于《公司法》的出台是为国有企业改革服务的，《公司法》立法伊始就没有形成企业主体地位平等的理念，没有设定国有企业与民营企业规则平等的目标，反而形成了二者差异化的规则适用。1993年颁布的《公司法》，不仅明确提出国有企业改建为公司的步骤〔1〕，更提出了“国有独资公司”这一新概念。紧接着，1997年《刑法》又出现了“国有公司”的表述。此后，随着原《物权法》、《企业国有资产法》等法律的出台，“国家出资的企业”“国有资本控股公司”“国有资本参股公司”“国有资产”等一系列法律概念相继出现，与地方国有企业相区分的“中央企业”一词也一直在法律规范中广泛使用。〔2〕

中国公司法创立伊始，为适应经济体制的转型和企业形态的变革，创造性地提出了国有公司的概念和制度，其与转轨时期中国经济体制的改革步骤相适应，有其基于特定历史原因的合理性。但是，双轨制与特权本身就意味着不公平，本身就背离了法律的价值，它可以成为特定时期为解决特定问题的权宜之计，但不具有制度的可持续性。中国公司法在完成国有企业改革历史使命之后，没有能完全按照市场经济法制的规律、遵循法的基本原则及时完善自己的制度体系，相反，在市场经济条件下，这种“区别对待”的思路正日益演变为巨大的制度成本，成为市场分割和主体地位不平等的根源。因此，我们可以认为，固有的国家功能主义理念，在作出了有益的贡献，完成了特定时期的历史任务之后，开始走向它的反面，开始演变成为妨碍新时期社会主义企业制度转型的思想和观念障碍。不转变这一理念，我们难以实现中国公司法修订的时代目标。

（二）我国公司法国家功能主义理念的历史源流

从公司法的历史源流来看，“国家功能主义”导向始终是中国公司制度建立的主导价值选择。中国现代公司制度是由西方移植而来的，与西方在商人制度成熟、商业实践逐步发展并最终为法律所确认的过程不同，中国的公司制度是一种“由上而下”的引进，从某种意义上讲，它是政治家和法学家共同的“创造品”〔3〕，更是国家特定时期为了解决困境而被迫选择的一种有用之器物或工具。中国公司的实践开始于洋务运动时期，凭借以实用主义赶超西

---

〔1〕 1993年《公司法》第7条规定，国有企业改建为公司，必须依照法律、行政法规规定的条件和要求，转换经营机制，有步骤地清产核资、界定产权，清理债权债务，评估资产，建立规范的内部管理机构。

〔2〕 从1986年颁布的《中央企业财政驻厂员经费管理暂行办法》到2018年颁布的《中央企业违规经营投资责任追究实施办法（试行）》“中央企业”这一概念一直在大量法律规范中出现。

〔3〕 参见范健：《制度竞争下的中国公司法改革》，载《法治研究》2019年第3期。

方的朴素理念，公司法的制定也开始逐步成为国家层面的选择。在当时的学人看来，“论历史以我国为最古，论文化以我国为最先，论气候以我国为最宜，论领土以我国为最广，论出产以我国为最丰，论人民以我国为最众，然一考彼此现状，相去不啻天渊，其故何也？一言以蔽之曰，商战之消长，有以使之然耳”。[1]维新派代表人物梁启超也提出：“是故今国中人士所奔走呼号以言振兴实业者，质而言之，则振兴新式之企业而已……今日欲振兴实业，非先求股份有限公司之成立发达不可。”[2]当时的工商界普遍认为，“商法、公司律一日不定，则商人一日无所适从”。[3]在此背景下，出于推广实业富强国家的需要，清政府于 1904 年颁布了《钦定大清商律》，包括《商人通例》第 9 条和《公司律》第 131 条。[4]《公司律》的出台是清政府在民族危亡背景下所作出的一次自救尝试，其主要目的是借鉴西方先进的组织制度发展实业，该法首次在法律层面确立了合资公司、合资有限公司、股份公司、股份有限公司的基本类型和内部组织的基本框架，公司是一种可以自由设立的商业组织这一概念也开始被大众所接受，这也是中国历史上最早的一部公司法。这部法律产生的基础、背景、指导思想等都体现了清末的法律移植中的“国家功能主义”的导向。

首先是公司法从商法典中的脱离。清政府最初引进公司法律制度时，《公司律》是作为《钦定大清商律》的一部分而存在的，但到北洋政府重修商法时，《公司律》则与《商人通例》相分离，走上了单独立法的道路。在清政府《修改公司律草案》的基础上，北洋政府颁行了单行的《公司条例》。时任农商总长张謇提出：“因为急需应用起见，拟急用为工商部现行条例，该商律总则为商人通例、公司律为公司条例。”[5]在当时的社会环境下，法制上的滞后已经成为影响发展的重要因素，为尽快出台公司法调整工商业活动，北洋政府选择了一种因应时需的立法体例，改变了清末以来编纂《商法典》的立法构想，转而以国家的现实需求作为公司法立法的体例选择标准，由此形成了公司法从商法典中的脱离，形成了中国没有商法规则基础和商法理念，更没有商法环境的公司法，这在现代各国公司法发展史上也是独一无二的，体现出鲜明的“功能主义”目的导向。

到了民国时期，公司法所承载的国家功能主义更加凸显，特别是南京国民政府成立后，通过公司法实现国家经济政策的立法价值最为显著。中华民国成立三年后（1914 年），国民政府在对清政府《公司律》修订的基础上，颁行了中华民国第一部公司法《公司条例》。这一部法律出台之时恰逢第一次世界大战期间民族工商业大繁荣时期，虽然沿袭了清政府自强

---

〔1〕 李宗汉：《公司律概要》，载陈志武、李玉主编：《制度寻踪：公司制度卷》，上海财经大学出版社 2009 年版，第 43 页。

〔2〕 梁启超：《敬告国中之谈实业者》，载陈志武、李玉主编：《制度寻踪：公司制度卷》，上海财经大学出版社 2009 年版，第 190 页。

〔3〕 张忠民：《艰难的变迁：近代中国公司制度研究》，上海社会科学院出版社 2002 年版，第 64 页。

〔4〕 参见何勤华等：《法律名词的起源》（下），北京大学出版社 2009 年版，第 763 页。

〔5〕 参见季立刚：《民国商事立法研究》，复旦大学出版社 2006 年版，第 70 页。

求富的理念，但该法保障民族工商业自由发展的理念更为突出。当时掌管工商部的张赛的思想特色之一就是主张把工商企业与国家政权相分离，打破几千年中国社会经济治理政企不分的传统，借鉴现代西方社会治理经验，实现政企分离，希望政府能够容许私人资本自由发展，并尽量促使他们走向繁荣。在他看来：“光复而后，国体改革，以为自治中一切实业、教育之障碍，渐可解除。”[1]但在南京国民政府时期，这一理念发生了转变。受社会本位思潮的影响，当时的立法者胡汉民针对中国历经长期战乱、生产落后、不重视社会公共福利的现状，将谋社会之安定作为立法的首要方针。[2]具体到立法层面，不仅改变了清末民初既定的民商分立方案，实施民商合一的立法模式，在《公司法》制定过程中，也体现出国家层面“节制资本”的经济思想。国民党政府为了实现其“重点发展国有经济，奖励及保护民营事业”双管齐下的经济政策，于1929年出台了《公司法》。该法是在对《公司条例》进行修改的基础上出台的，首次通过引入“公司参与制”为经济集中和国家资本控制私人社会提供了保障，使国民政府节制私人资本的理念得以完成，[3]开创了中国公司立法民营和国营双轨制的先河。不过从实质上来看，在公司法领域贯彻国家本位的立法思想，更深层次的原因在于这种立法思想正好符合稳固和加强这一时期国民党政府统治的需要。[4]

自20世纪70年代末改革开放以来，我国开始进行经济体制的改革，特别是1992年以后，在建设社会主义市场经济的指导方针下，《公司法》成为国家推动市场经济建设和国有企业改革的重要制度支撑。中国当代的诸多商法制度都带有其特定的国家动因，如个体工商户制度[5]、企业承包经营制度，1993年公司法的出台同样如此，它与国有企业改制紧密相联。公司法的立法从1983年就开始了，最早的动因便是理顺公司与国有企业的关系，当时争议的焦点在制定一部什么性质的公司法。考虑到当时的公司主要是国有公司，有学者认为应当独立设章规定国有公司，不然公司法将会失去普适性。也有人主张应当制定一部股份制的公司法，以同国际通行规则接轨。[6]1993年出台的《公司法》是在原体改委《有限责任公司规范意见》和《股份有限公司规范意见》的基础上形成的，而这两个文件出台则是应国企改革之需，虽然公司法在制定之时，曾力图减少这一烙印，但从其体例和条文来看，仍未脱离国企改制的色彩。[7]当时企业的问题是缺乏经营自主权，经营效率极其低下，需要寻找一个能够调动经营者和劳动者积极性和创造性的制度，当时普遍的观点认为需要责任制，而

---

〔1〕参见季立刚：《民国商事立法研究》，复旦大学出版社2006年版，第58~59页。

〔2〕参见赵金康：《胡汉民立法思想述论》，载《史学月刊》2002年第12期。

〔3〕参见魏淑君：《历史的智识：中国百年公司法史的解读与启迪》，载《山东师范大学学报》2008年第3期。

〔4〕参见何勤华、李秀清：《外国法与中国法——20世纪中国移植外国法反思》，中国政法大学出版社2003年版，第254页。

〔5〕参见［美］傅高义：《邓小平时代》，冯克利译，生活·读书·新知三联出版社2013年版，第436页。

〔6〕参见江平：《八十自述：沉浮与枯荣》，法律出版社2010年版，第397~398页。

〔7〕参见江平：《八十自述：沉浮与枯荣》，法律出版社2010年版，第400页。

责任制与自主权不可分离。没有经营自主权就没有经营责任。而经营自主权又一定程度依赖于经营财产所有权。在公有制下，国家享有出资财产所有权，也享有经营财产所有权，所有者与经营者合二为一，由于国家身份的抽象性，只能选择代理人代为经营，代理人与财产所有权的分离导致代理人与经营责任的分离，无责任即无经营。《公司法》的出台是国有企业改革和市场经济改革双重动因的结果，在 1992 年确立市场经济目标的一年后，一部强调企业经营自主的《公司法》顺利出台。尽管不能否认当时大量存在的公司亟待法律规范和调整，但在法制定的过程中，国家层面的价值导向无疑是更为深层的原因。

（三）国家功能主义公司法价值导向的制度风险

国家需要参与经济，但如何恰当地参与却始终是争议的问题。国家功能主义的公司法立法理念可以在短期内缓解或化解国家在经济领域面临的一些现实问题，但从长远来看，却隐含了新的制度性风险。国家发展中的短期政策与长远制度构建之间的关系其实是国家可持续发展理论中的一个深层次问题。首先，国家功能主义会导致商法本质功能的错位，背离商业社会的治理规律，使公司失去现代商事发展中制度效率的价值。公司法是商法的一个组成部分，其原则、理念、价值追求与商法一致。商法的本质功能在于通过建立公平竞争秩序促进商事交易的创新和高效便捷，商法源于商事交易的需要，其发展主要得益于商业贸易的发展和国内统一市场的形成。[1] 统一的贸易规则对于降低交易成本非常重要，因而，从商法诞生起，保障商事交易在竞争与创新基础之上的高效运行是其最主要的功能。美国学者伯尔曼曾认为，商法按照秩序和正义的新概念为各种商事关系制度化和系统化提供了一种架构，如果没有诸如流通汇票和有限合伙等法律设计，就不会有欧洲中世纪后的经济复兴。其次，国家功能主义会导致商法的价值功能错位，使公司失去平衡商业风险的制度功能。公司法作为商法的一个组成部分，其风险防范的制度功能始终与商法一致。商法的核心功能在于保障商事交易的高效进行，但过度追求高效则会带来诸多的不安全因素，反过来影响交易的效率。因此，商法需要建立整体上的安全制度，以防范整个商事领域可能发生的风险，而仅仅维系特殊主体的风险防范则会导致整个社会风险的加剧，完全背离商法制度的社会功能。最后，“国家功能主义”会引发国有垄断的政策误导。国有企业作为国有经济最直接的承载主体，在国家功能主义的立法导向下天然地处于优势地位。国有企业改革长期坚持所有制标准的划分，不仅在国际社会引起异议，而且在国内遭致质疑。从国有企业的改革历程来看，去除计划经济的色彩，将国有企业改造为独立的市场主体一直是改革的一个方向。国有企业能够扭亏为盈，克服原有的激励不足、生产方式滞后等缺陷很大程度上亦是依赖于市场手段的加入，而市场经济最为核心的就是公平的竞争地位。但在国家功能主义导向下，国有垄断、政企不分早已成为挥之不去的顽疾，其特权地位从根本上否定了市场经济的主体平等规则。而

---

〔1〕 参见赵万一：《商法独立与独立的商法——商法精神与商法制度管窥》，法律出版社 2013 年版，第 26 页。

不平等意味着不公平，在任何一个社会，任何一个领域，不公平是最终导致社会动荡的根源。

在漫长的中国历史上，国家对商业的控制和干预从西周就开始了。《国语·晋语》记载：“公食贡，大夫食邑，士食田，庶人食力，工商食官。”[1]当时的工商业就是以服务于奴隶主贵族为存在价值的，商业牢牢掌握在官府手中。在管仲开创“盐铁专营”之后，国家层面直接参与商业经营更是成为历朝历代共同遵循的先例。在强大的官商面前，民间商人始终未能成长起来。这也导致了中国的商业发展总是处于政府的干预和控制之下，商业的繁荣虽然有过短暂的昙花一现，但在世界商业发展史上始终未能留下精彩的脚印。今天部分国有企业中行政权力的膨胀也与历史上所形成的这种文化惯性相关。中国传统社会商人的生存理念不是依赖生产产品获取市场给予的利润，而是想方设法向官府谋取获利的机会或特权。[2]这已经构成当代中国企业生存的制度性风险。在“官商”体制下，经商本身是一种特权。对于民间工商业者而言，大量生活品只能由官府直接经营，而禁榷制度以外商品的经营也往往需要得到官府的许可，只能通过向官府缴纳一定钱款的方式获取经营的权利。过分依靠行政权力治理的弊端显而易见，经济缺乏活力、特权思想泛滥，都曾给社会带来了沉重的灾难。作为国有企业的出资人，行政权力与国有企业之间的关系是必然联系的，但我们仍需要通过制度设计，让行政权这只手远一点，让社会主义的市场经济体制真正发挥市场公平竞争的制度性优势。相比公权所能带来的效率，市场化的发展方式可能更为重要。经济合作与发展组织成员国的经验说明，市场化导向的发展方式是改善国有企业治理的有效范本。[3]这意味着我们必须在立法理念层面作出改变。

三、从“国家功能”走向“社会功能”的公司法理念变革

（一）公司“社会性”的再发现

公司本质是什么？这是公司法发展理论中始终难以回避的一个问题，受各自学术流派和法律观念的影响，大陆法系和英美法系在这一问题上也形成了截然不同的观点和学说，主要形成了公司契约论、公司社团论等，其中公司契约论是当下的主流观点。我国理论界长期将公司视为社团法人，这是受传统大陆法系，尤其德国民法的影响。德国民法在理论和立法上完善了拟制人格的理论，而德国民法诞生于从古罗马以来农业和手工业、制造业为基础的以

---

〔1〕 参见斯维至：《论“工商食官”制度及新兴工商业的作用》，载《陕西师范大学学报》1979年第4期。

〔2〕 参见［美］费正清：《美国与中国》，张理京译，世界知识出版社1999年版，第46页。

〔3〕 参见 *OECD Guidelines on Corporate Governance of State-Owned Enterprises*（2015），载 https：//read.oecd-ilibrary.org/governance/oecd-guidelines-on-corporate-governance-of-state-owned-enterprises-2015_9789264244160-en#page13，最后访问日期：2022年8月20日。

自然人单一人格为标志的时代，其与此后世界出现的以金融业为主导的复合权利结构下的人格理论存在显著区别。与大陆法系不同，在英美法系学者（伊斯特布鲁克）看来，公司作为“法人人格”仅仅是为了方便起见，公司是由生产者、管理者、权益投资者、债权投资者、担保债权人等众多角色构成的，这些人员的设定通常是依据合同法和成文法，而非仅仅依据公司法或因法人资格而享有的法律地位，将公司当作法人的说法往往会掩盖其交易的本质。〔1〕在法经济学所确立的基本逻辑下，公司这样一种组织是为了降低交易成本而出现的，公司只是一系列复杂要素构成的契约关系。而公司法也仅仅是为公司交易的参与者们提供一种更加节约交易成本的遵循规则。按照契约理论的思路，政府不能对私人商业活动进行干预，亦不应该通过制定法的形式将执行规范强加于公司或者当事人，这与显性的或者隐性的契约关系是相违背的。〔2〕不过，这一理论虽为公司取得自治权限提供了重要的理论支撑，但却没有回应公司与社会的联系。

传统公司法理论将公司本质视为契约或社团，并以此为基础构建公司法的制度内容和规则边界。但是，契约理论无法彻底回应公司法中强制性规则的正当性问题，而社团理论则存在将法人制度简单对应，难以准确体现公司根本特征和规范重心的问题。有学者认为，法律人格、有限责任、股份自由转让、董事会结构下的集中经营管理以及出资者共有所有权是现代商业公司公认的五个核心的结构性特征。〔3〕从这些特征来看，公司本质上是一种风险化的社会组织，公司源于社会对商业风险的容忍，而公司同时亦对社会负担一定的义务，并且随着广泛的公众持股和信息时代公司寡头化和垄断趋势的加强，公司的社会性也日益凸显。

具体而言，首先公司源于风险分配的社会容忍。无论是法律人格的引入还是有限责任的责任特权都有鲜明的特权色彩，是一种通过容忍商人特权推进社会创新的理念。早期有限责任仅仅是航海贸易中的一项特殊规则，由于海上贸易普遍路途遥远，在货物出海之后，投资人基本很难做到对货物的管理和控制，因此康曼达的投资人也更乐于以放弃对货物的控制权换取有限责任。但有限责任被普遍确立之后，这样的特殊安排就成为一项普遍的规则，而其中的风险便被转移至债权人。法人人格同样如此，相比于陆上贸易的稳定性，早期的航海贸易冒险色彩浓重，在赚一笔就终结的情况下，组织体对法人人格的需求并不强烈。直至航海贸易常态化，商人发现这种频繁的清算对于经商来说既麻烦又低效，才有了 1623 年荷兰给予它的东印度公司永久存续权，这同样是为了商业便利在一定程度上容忍商业风险所作出的特殊安排。〔4〕从这一过程可以发现，最初公司的出现不是基于单一的人格，而是基于具有一

〔1〕［美］弗兰克·伊斯特布鲁克、丹尼尔·费希尔：《公司法的经济结构》，罗培新、张建伟译，北京大学出版社 2014 年版，第 12 页。

〔2〕施天涛：《公司法论》，法律出版社 2014 年版，第 19 页。

〔3〕参见［美］莱纳·科拉曼、亨利·汉斯曼：《公司法剖析：比较与功能的视角》，罗培新译，法律出版社 2012 年版，第 6 页。

〔4〕参见朱锦清：《公司法学》，清华大学出版社 2017 年版，第 11 页。

定社会性的一组合同的约定。其次，公司存续于社会化的运营。公司的诞生本就是为了更大可能的获取社会资金的支持。早期最典型的康曼达只有两个合伙人，一个只负责出资的消极投资者和一个专门负责具体航海事务的商人。[1]公司诞生之后，如何融资也始终是公司法上的核心问题，对于今天的公司而言，公司发行新股的情形颇多，有一般现金增资发行新股、可转换公司债、可转换特别股、附认股权特别股、附认股权公司债等多种类型，[2]离开了社会资本的支持，公司将直接"失血"。不仅如此，公司的生产经营以及组织管理本身也是通过社会联系来实现的，无论是公司的产品或者服务销售抑或控制权市场、经理人市场，都体现出社会的影子，不夸张地说，公司存续始终是社会化的。最后，公司还具有终极的社会归属。尽管就财产的角度而言，公司的股权是归属于股东的，国际上也存在"资产分割理论"的解读，认为公司（企业）存在的目的主要是将股东与其设立的组织体的财产相分离，实现类似"防火墙"功能。[3]但从存续的角度来看，公司的存在则不仅仅是私人的事务了。公司通过为社会提供就业、税收等途径深入地参与到公共资源之中，存续目标的多元性也正在成为公司法理论发展的新方向。[4]并且，随着社会化持股时代的来临，这一特征也在不断加深。

（二）被工具化的"公司"

我们应该如何认识"公司"这样一种组织，可以说是一个由来已久的命题。从主体的角度来看，公司作为拟制的"人"，具有独立的人格、独立的财产，可以独立承担责任，毫无疑问是一个法律上的主体。但从客体的角度来看，公司本身又是一项财产，这笔归属于全体股东的财产，本身可以转让和交易，与自然人呈现出截然不同的特征。公司的人格化是资本集中的结果，分散的财产权通过集中由"物"变成法律上的主体，这一集中的财产权可以投资、交易以及存放，其实质就是资本的人格化。[5]值得注意的是，当这笔财产具有了人格之后，便与股东本身的财产区别开来了，公司法上设置的资本制度、组织架构以及治理结构等也很大程度上在于保障这个财产（公司）的独立性，即保障公司的独立人格。与现代公司相比，在近代公司中，并没有完善的公司治理结构，一般只含有两个层级，股东既是管理者，又是决策层，职工是执行层。在这种模式下，公司的经营权和所有权紧密结合，公司虽然具有独立的人格，由于股东实际参与公司经营，股东在决策时是以股东自己的利益为出发点，股东利益至上是普遍的选择，公司也更加类似于一部带有"人格"的营利机器。但是19世纪晚期以来，随着公司所有权与经营权开始分离，非股东的公司管理人员逐渐掌握了对公司

---

〔1〕 参见朱锦清：《公司法学》，清华大学出版社2017年版，第8～10页。

〔2〕 参见曾宛如：《公司法制：基础理论之再建构》，台北，元照出版有限公司2017年版，第211页。

〔3〕 参见刘斌、雷兴虎：《现代公司法总则的功能变迁与体系发展》，载《法学评论》2014年第3期。

〔4〕 参见［英］迈克尔·雅各布斯、玛丽安娜·马祖卡托编著：《重思资本主义——实现持续性、包容性增长的经济与政策》，李磊等译，中信集团出版社2017年版，第24页。

〔5〕 参见陈醇：《商法原理重述》，法律出版社2010年版，第259页。

的控制权。在两权未分离时，股东掌握公司的控制权，股东价值最大，但两权分离后，公司管理人的作用变得更加重要，公司价值不再是以股东利益为最大，因此公司的存续性价值更加受到重视，公司更为独立。不过，这种情形并未持续太久，随着资本时代的来临，公司与资本的结合成为新的模式。在"资本利润"的刺激下，对资本经营的好坏决定了公司的命运。众多公司将主要的精力从做产品转向做资本，即依靠金融市场营利，对其本身的治理结构却不是很关注，于是出现了诸多公司主体地位弱化，沦为资本运营的工具的现象。各式皮包公司、空壳公司、概念公司的泛滥就是公司主体地位弱化、被资本工具化的体现。[1]

在公司仅仅归属于股东的时代，公司本身的社会性并未得到足够的关注，但当公司的规模不断扩展，日益成长为庞大的商业帝国时，公司的社会性就再也难以忽视了。公司的出现固然可以促进经济的增长，但与此同时也使个人不得不屈从于众人意志，特别是在公司规模逐渐庞大，对社会政治经济影响力越发增强时，民众的此种忧虑愈加深刻。[2]在我国，国家功能主义导向下的公司法立法模式，加剧了公司的工具化这一问题。这在造成公司与社会和民众冲突的同时，加速了公司与国家的冲突。在引进公司制度的一百多年时间里，由于公司制度始终与特定时期的经济目标联系在一起，公司的工具化已经在事实层面不可避免，维护公司的独立人格地位从来不是立法考量的重点内容。另外，国家主导下的公司法治并未形成完整的控制权市场、经理人市场等内容，这种制度层面的不完善也加剧了公司的"工具化"。

（三）走向社会功能的公司法

在法律经济学的理论框架下，公司法可以视为合同法在公司理论的延伸，公司中复杂的关系也往往被解释为自愿的契约关系。[3]不过，法经济理论虽为公司自治提供了必要支撑，但过度强调"效率"上的含义却也暗含了社会层面的断裂。正如学者对波斯纳教授观点所反思的那样，顺着这种"谁出钱最多就给谁权利"的简单逻辑，波斯纳法官已经把法律改写为刺激财富最大化的代价体系，改写了几乎所有部门法中的权利义务体系。[4]在多元的法律价值面前，效率并非是唯一的要素，即便是在以"营利性"著称商法领域，对经济利益的过分追逐同样是不恰当的。事实上，随着社会生产模式的变革，今天的公司法也将不可避免地走向社会化。社会化是人类进化与存续的本质，原始社会时期，尽管当时并不存在法律，但群体协作与利益共享则是普遍的生存法则。近代法国大革命以后，随着个体解放时代的来临，保护个人意志与个人财产成为主流的价值选择，但随着工业革命的推动，人与人再一次以新的社会化方式联系了起来，这就是大机器时代的分工与合作。

---

〔1〕 参见范健：《资本泛滥时期的公司治理与金融监管》，载《法学杂志》2019 年第 2 期。

〔2〕 参见林少伟：《美国公司法联邦主义的历史演变及其启示》，载《政法论丛》2019 年第 1 期。

〔3〕 参见［美］弗兰克·伊斯特布鲁克、丹尼尔·费希尔：《公司法的经济结构》，罗培新、张建伟译，北京大学出版社 2014 年版，第 7 页。

〔4〕 柯岚：《罗纳德·科斯的法律经济学——兼谈理查德·波斯纳与非其所愿的中国法律实用主义》，载《东方法学》2013 年第 3 期。

“人们只有以一定的方式共同活动和相互交换其活动，才能进行生产，为了进行生产，人们之间便发生一定的联系和关系。[1]”在这一背景下，社会连带理论应运而生。社会连带主义法学的开创者狄骥认为，社会连带关系是一切人类社会广泛存在的事实，人们为了生存，就必然要建立一种关系，通过相互之间的帮助满足共同的需要。[2]这一理论也深刻影响到了法律领域，多元的利益保护成为当代法学发展的一个重要趋势，公司法不仅有义务造福股东和债权人，而且肩负着关心消费者、劳动者、社区利益、环境利益和社会公共利益的责任。[3]传统公司法与社会的链接主要是通过企业的社会责任来实现的。一般认为，企业要素的空间分化和组合使产业链由聚集走向分散，涉及更多的利益相关者和责任承担者，由此逐渐形成了公司企业法中的利益相关方理论，在这一理念基础上，企业的社会责任由股东扩展至消费者、内部员工、商业合作者、周边社区人员等。[4]在国际层面，越来越多有关社会责任的国际规则被制定，例如联合国全球契约会议所制定的十项准则。在国内层面也出现了越来越多的立法和规范。[5]我国公司法亦规定了宣示性的条款和有关职工保护的内容。从世界范围来看，在德国、瑞典、日本等地已经出现了部分公司在对股东和公司员工负责的基础上，将企业存在目标设定为促进长期生产并获得长期利润的情况。[6]但这是远远不够的，公司的社会性不仅仅体现在社会责任一个方面，考虑到未来的发展预期，如何在公司法中系统地彰显公司的社会属性，仍然是我国公司法所面临的现实问题。

四、“商人自治”规律与公司法社会功能再认识

（一）从商人到公司企业的商事组织形式本质

我们要了解公司的现在和未来，就需要了解商人，了解公司的过去；离开了对商人的起源和商人发展的了解，缺乏对商人本质的理解，我们很难真正领悟公司的本质和发展的规律。公司由商人发展而来，是商人的一种高级形态。在世界商业发展史上，商人的内涵发生了由个人向组织的转变。在早期简单的商品交换中，商人是以个人的身份出现的，经商也往往是以家庭为主要形态的。随着商业规模的扩展，逐步发展成了商人团体、行会等组织，但这仍然没有改变“商人”的基本形态，这种组织的联系是比较微弱的。直至合作社、法人等

---

〔1〕《马克思恩格斯文集》（第一卷），人民出版社 2009 年版，第 724 页。

〔2〕参见［美］E. 博登海默：《法理学·法律哲学与法律方法》，邓正来译，中国政法大学出版社 2004 年版，第 147、194 页。

〔3〕参见刘俊海：《现代公司法》（第 3 版），法律出版社 2015 年版，第 5 页。

〔4〕参见杨力：《企业社会责任的制度化》，载《法学研究》2014 年第 5 期。

〔5〕参见张宪初：《全球视角下的企业社会责任及对中国的启示》，载《中外法学》2008 年第 1 期。

〔6〕参见［英］迈克尔·雅各布斯、玛丽安娜·马祖卡托编著：《重思资本主义——实现持续性、包容性增长的经济与政策》，李磊等译，中信集团出版社 2017 年版，第 24 页。

商业组织出现以后，组织才真正取代了个人成为商人的主流形态和主导模式。在今天的商法理论上，商人已经成为囊括商个人、商合伙、商法人等多种形式的一个集合概念。[1]滥觞于中世纪的商法，因商业复兴与新兴商业阶层的产生而出现。[2]11 世纪末，商人为了维护自己的利益组成行会，制定了一系列行会规则形成了中世纪商人法的轴心，[3]商人资格及公示规则、商事合伙、代理等商事主体制度的内容都是当时商法的重要内容。与自然意义上的人不同，商人的概念从头到尾都是法律拟制的，商人法律地位的获得并不是基于自然现实，早期是基于国王或者行会的特许，后期则是基于法律的授权。

对于今天而言，实力雄厚的商人都是以公司的形态出现的。公司是法律上的人，由于人格是法律上权利义务的归属点，无论是在大陆法系国家还是在英美法系国家，法人的人格都越来越为法律所确认，而这种确认就是商法的创造。在凯尔森看来，“自然人就是人”的看法是不正确的，自然人的法律概念不过是法律规范的人格化，自然人并不是自然现实，所谓自然人其实是一种法人。[4]无论商人的存在样态如何变化，商人都是法律所拟制的。商人虽为法律所拟制，但其却有一项共同的特征——营利性。商人活动以营利为根本目的，如果说民事主体的交易是为了满足日常生活的话，商人的活动则完全是以获取利润为目标了。商人从诞生到消亡，营利始终贯穿其中。

与营利相伴随的便是商业活动的技术性和风险性，一方面，并非所有的人都适合成为商人，如医生、教师等的经商会带来社会伦理水平的减损。我国亦通过禁止性规定确定了不得经商的主体，如《法官法》《检察官法》《公务员法》《人民警察法》《预备役军官法》等。[5]另一方面，商业活动也存在其本身的技术性，普通人并非容易完全无障碍地运用这些内容，对于其中的风险也无法充分应对和掌握。因此，尽管商人的形态已经发生了变革，但对其进行法律规范的基础仍然存在稳固持续的部分，营利性所衍生的专业性和风险性仍然是商人自治的内在根基。受历史原因的影响，我国的商人类型国家因素较为突出，形成了国有控股企业、国有独资企业、个体工商户、农村承包经营户等特殊的组织形式。而与之相对的则是商人的内在动力不足，自治属性不够突出，整体上造成了商人社会性的脱节，这也成为我国商法发展中需要解决的一个问题。

（二）商法发展中的商人参与

欧洲三十年战争以后，以平等、主权为核心的威斯特伐利亚体系建立，宗教大一统的局面开始被民族国家所取代，而曾经与宗教法并存的商人法也逐步走向了民族化、国家化的过

---

〔1〕 参见徐强胜：《商主体的类型化思考》，载《当代法学》2008 年第 4 期。

〔2〕 参见何勤华：《法律名词的起源》（下），北京大学出版社 2009 年版，第 728 页。

〔3〕 参见赵中孚主编：《商法通论》，中国人民大学出版社 2017 年版，第 14 页。

〔4〕 参见［奥］凯尔森：《法与国家的一般理论》，沈宗灵译，中国大百科全书出版社 1996 年版，第 108 ~ 123 页。

〔5〕 参见范健、王建文：《商法基础理论专题研究》，高等教育出版社 2005 年版，第 169 页。

程。从17世纪开始，商人法逐步加入了民族意志和国家意志，成为国家制定法的一部分。[1]不过相比于民法，商法中商人参与的色彩要浓重的多。《法国民法典》是《人权宣言》在法律形式上的体现，其目的也是贯彻大革命后自由、平等、博爱的自由思想和人权思想，[2]但商法典却是反映商人意志。民法典本质上是地主资产阶级的法典，是从城市土地和农村土地中获得收入的阶级（包括幸存的以及新形成的地主贵族）的法典，民法典不知企业、只知所有权，特别是不动产的所有权。而保障商业资产阶级以及新兴的工业资产阶级的法典则是商法典，先是在法国、后来是在欧洲大陆，私法都被分成两部法典，其反映的便是资产阶级内部的划分以及其背后经济基础的差异。[3]

商法早期是一种商人自治法，随着商法纳入国家制定法，这一属性有所减弱，[4]但客观来讲，欧洲大陆各国早期的商事成文法实际上仅仅是对中世纪商人习惯的确认，这一时期的商事成文法也打上了深刻的商人法烙印。无论是法国、德国还是同处欧洲的英国和其他欧陆国家，在制定商法时，主要也是通过认可商人习惯法的形式形成的。[5]法国在制定《商事敕令》和《海事敕令》时，商人代表直接参与起草，甚至《商法典》的制定时，国会中的第三等级更主要是由新型的工商阶层组成。[6]英国于1215年颁布了著名《大宪章》，其第41条明确对既有的商业习惯予以了认可：“一切商人，除在战时并为敌国人之外，均需遵循陆道或水道安全出入、逗留或经过英国以及经营商业，并得到免缴一些苛捐杂税，唯需遵循旧时正当之习惯。”[7]不仅如此，不同于其他法律部门，在国家制定法之外，各种交易所、行业协会等也纷纷制定了大量的交易规则和标准合同等，商业习惯的大量出现也使商法呈现商人广泛参与的独特风貌。作为最具代表性的商事法律，公司法同样是在中世纪商事实践上为国家所确认的，从15世纪开始早期的公司形态就获得了普遍发展，但直至19世纪末，公司制度才得以确立。[8]从整个商法的历史演变来看，公司法与其说是国王或法律特许的产物，不如说是商人自我创新或自我革新的成果，是由商人的个体性走向社会性、由封闭的商人团体演变为社会的公共团体，商人获得社会普遍认同的成果。

（三）“商人自治”与公司自治

近代以来，伴随资本主义模式的发展，经济领域所暴露出的贫富差距、滥用垄断等问题日益突出。而主权国家也纷纷通过反垄断法，强调企业的社会责任等问题对商业秩序进行矫

〔1〕 参见徐学鹿主编：《商法学》，中国人民大学出版社2015年版，第43页。
〔2〕 参见谢怀栻：《外国民商法精要》，程啸增订，法律出版社2014年版，第55~56页。
〔3〕 参见［意］卡尔卡诺：《商法史》，贾婉婷译，商务印书馆2017年版，第84~85页。
〔4〕 参见顾功耘、吴弘主编：《商法学概论》，上海人民出版社2013年版，第19页。
〔5〕 参见赵中孚主编：《商法通论》，中国人民大学出版社2017年版，第15页。
〔6〕 参见任先行：《商法原论》，知识产权出版社2015年版，第582页。
〔7〕 参见任先行：《商法原论》，知识产权出版社2015年版，第590页。
〔8〕 参见范健、王建文：《公司法》，法律出版社2011年版，第33页。

正。但尽管如此，在公司法层面的商人主义仍然是一个重要的特征。一方面，借助公司契约理论，商人强调公司法上的自治因素，将公司章程作为附随公司管理目标的自治契约，并在已有的法律框架下拓展自治模式。另一方面，商人群体仍是立法中不可忽视的重要力量，尽管在国家的权力架构中已经难以成为立法的主导力量，但其仍然发挥着不可替代的引领作用。在主流契约论所确立的基本逻辑下，公司这种组织是为了降低交易成本而出现的，公司只是一系列复杂要素构成的契约关系。而公司法也仅仅是为公司交易的参与者们提供一种更加节约交易成本的遵循规则。按照契约理论的思路，政府不能对私人商业活动进行干预，亦不应该通过制定法的形式将执行规范强加于公司或者当事人，这与显性的或者隐性的契约关系是相违背的。[1]这一理论为公司取得自治权限提供了重要的理论支撑。另外，从欧洲中世纪到自由资本主义再到垄断资本主义时代，商人在经济、社会、政治上的力量不断壮大，同时也有越来越多的利益相关者通过民主立法程序参与到公司法立法中来，公司法立法中的“商人模式”看似逐渐式微。[2]不过，这种“弱化”只是表面的现象，商人对公司法立法的影响可能只是发生了转变，而不是真正的弱化。对于今天的公司法而言，商人的影子仍然无处不在，甚至在很大程度上仍然引导着商法规范的创制与变迁。由以往主导作用转型为引导力量，由原先公司法立法的主导者转变为引导者。[3]

相比西方国家，我国在公司法的立法过程中，商人的参与并不充分，在国家功能主义的理念下，政策导向的现象是比较突出的。一个比较有代表性的例子是2018年《公司法》的修正。2018年10月，全国人大常委会以“决定”的方式，从增加股份回购情形、完善股份回购决策程序、提高允许公司持有的本公司股份的数额并延长持股期限、对上市公司回购股份的方式进行补充规定这四个方面对公司法关于股份回购规则进行了修订。[4]其修法缘由，学界众说纷纭，有学者认为，主要目的在于舒缓2018年股票市场低迷局面，提振股票市场信心。[5]也有学者认为，这样解读过分突出了此次修法的政策性和应景性，容易引起对此次修法正当性和科学性的误解。[6]不过，不能否认的是，2018年的股市低迷与《公司法》修正新增“上市公司可以为维护公司整体价值及广大中小投资者股东权益进行股份回购”的回购类型确实具有一定的联系，而增加这一条款无疑与政策因素是密切相关的。公司回购本公司股份往往容易与内幕交易、操纵市场等联系在一起，在政策主导下推出的这一回购规则可能有利于解决当下股市发展中的一个问题，但从长远来看，是否又给经济发展埋下了新的风险却是有待检验的。此一修法实例反映了中国公司立法、司法的一个生存常态：国家功能主

〔1〕 参见施天涛：《公司法论》，法律出版社2014年版，第19页。
〔2〕 参见曾宏伟：《公司法变迁中的商人角色》，载《中外法学》2011年第4期。
〔3〕 参见林少伟：《美国公司法联邦主义的历史演变及其启示》，载《政法论丛》2019年第1期。
〔4〕 参见张永健：《股份回购制度的完善与司法应对》，载《法律适用》2019年第1期。
〔5〕 参见皮海洲：《上市公司股份回购行为需进一步规范》，载《证券时报》2018年11月1日。
〔6〕 参见叶林：《股份有限公司回购股份的规则评析》，载《法律适用》2019年第1期。

义主导下的政策一时之需常常会导致公司法制整体社会平衡上的顾此失彼。发展社会主义市场经济需要强调市场在资源配置中的决定性作用，鼓励减少国家不恰当的干预，用法律规则预设市场行为的基础轨道，制约国家行政行为的随意变道，市场主体可以决定的领域由其自主决定，对国家功能主义的立法传统的反思也是与这一精神相契合的。如何在立法中更加强调公司本身的话语权，更加尊重商事法制的基本规律，这不仅是调动市场主体积极性的要求，更是推进社会创新，实现制度构建的必然结果。

五、以“社会功能”价值导向反思中国公司法修订

公司法的发展应当适应公司的要求，而不是要求公司去适应公司法的规定。过去在国家功能主义理念导向下，公司更多的是以“适应者”的角色出现的，公司实践中的制度需求以及自我管理等并未充分地得到回应，因此，在新一轮公司法的改革过程中，修法理念应回归公司的社会属性。

要促使公司法修订的价值导向从国家功能回归社会属性，首先需要明确公司的商事组织法本质属性，明确市场经济体制下商事组织的市场主体核心地位。其次需要明确商事活动的社会属性，明确商行为的社会化是经济发展的基本规律，在此基础上正确认识国家、社会、商人的关系。保障和推动社会整体发展的公司制度才能真正维护和促进国家的稳定。由此，在坚持市场化路径的前提下，充分尊重商事规律，发挥商法的立法功能，显得非常重要。

（一）坚持公司法改革的市场化目标

公司法调整的是公司设立及组织活动等内容，并围绕着公司的经营活动展开，而不同公司之间的交往更需要一套大家均接受的准则。为了便于本国公司更好地参与到经济活动中去，不同国家之间也往往相互借鉴公司制度，以期待在一定的范围内达成共识。从目标上来看，公司法具有调整营利性关系法的特点，要想取得更大的竞争力，效率就显得非常重要。如何发挥制度的优势，使本国公司在同样的竞争条件下提高效率，借鉴他国先进制度就成为一条捷径。从各国的经验来看，坚持公司法的市场化目标是各国共同的价值选择，产生于市场机制、依赖市场机制运行、信赖市场机制的资源分配方式是发达经济体重要的共同点。这点在公司法的改革中应当得到明确和坚持。

就我国现实而言，公司法市场化目标的实现核心在于解决国有企业与公司法的衔接问题，如何将在中国经济中的至关重要的国有企业纳入公司法的组织体系中来，是我国公司法不能回避的一个问题。有学者主张，应当将公司立法与国有企业的改革立法分别进行。在《公司法》中尽可能地仅规定公司应遵循的共同规则，而将有关国有企业改革方面的特殊制度规定在诸如《国有资产法》《国有企业改制法》之中，从而还原公司法的私法性与中立

性。[1]这一观点比较早地已经提出，尽管其可行性值得商榷，但是多年来理论和实务界对公司法中国有公司的特别条款，一直抱有质疑。公司法应当尽可能回归组织性和私法性，在组织法层面实现不同所有制类型企业的平等一直是学界和实务界的呼声。

具体而言，首先必须改变组织法层面国有企业与民营企业的“双轨制”。改革开放初期，我国基本上按照所有制类型安排企业立法，但随着经济转型的深入，原有的所有制划分日益显得僵化，国家出台了《公司法》《合伙企业法》《个人独资企业法》等法律规范，由此形成了我国当下所有制标准和企业组织标准立法并存的现状。[2]可以说，今天的国有企业在一定程度上仍然是游离于《公司法》之外的，这种组织法层面的分割一定程度上加剧了国有企业与民营企业地位的不平等。其次，借助公司法层面的出资人制度、监管人制度改革以及职业经理人市场等推动国有企业实现市场化的运营。凡有代理关系，必有代理人的道德风险与代理成本。[3]谁是代理人、谁是所有人，每一层级的代理权限如何设划定，均需要相关的制度考量。在确定了出资人权利的行使主体之后，则必须按照市场的逻辑行事，以股东身份而不是“上级主管部门”参与企业的决策和经营，并借助职业经理市场改变行政任命的传统方式。最后，在公司制度层面全面贯彻落实中央国企改革的战略方针政策。只有将国有公司全面纳入公司法调整，才能真正实现中央多次提出的“管资本与管资产分离”的目标，真正推进和实现国有企业的市场化改革。此外，将各类型投资主体出资组建的公司统一纳入公司法调整，可以将国有企业治理中已经建立起来的良好制度，如防止国有资产流失制度等，有效借鉴或直接引入公司法，使其成为所有公司共同遵守的规则，使这些良好制度不仅成为国有企业的制度特色，更成为整个中国公司治理的制度特色，推动全社会公司治理水平的提高和规则的完善。

（二）重视公司法改革中的商人因素，强化公司自律，改革国家监管

公司制度作为一国商业制度的一部分，其本身是与商业自身的运行规律相联系的，商业活动孕育了公司制度的形成，但在特定时期特殊政策导向之下，商业规律本身所具有的内生性、稳定性和差异性不可避免地被弱化甚至消失，从而为整个公司制度的稳定发展埋下了隐患。回顾公司的发展轨迹，不难发现其是与市场经济的发展紧密联系在一起的，公司从诞生之初就带有浓厚的创新性和自我管理性。在计划经济时代，所有生产消费均由国家指令计划，无须个人发挥生产积极性，自然也不会存在公司的生存土壤。所谓市场经济，核心便是由千百万的企业和个人取代中央决策者，通过每一个个体的经济决策来实现资源配置的目

[1] 参见彭真明、常健：《盲目照搬还是尊重国情——对当前公司法修改中几个问题的反思》，载《法商研究》2005年第4期。

[2] 参见李欢、范健：《“民营企业”法律主体地位辨析》，载《扬州大学学报》2019年第5期。

[3] 参见刘俊海：《深化国有企业公司制改革的法学思考》，载《中共中央党校学报》2013年第6期。

标。[1]但在政策导向的规则模式下，过分强调政府在经济中的决策作用，市场主体的自我创新被忽视了。商业规律强调发展的差异性，但政策导向则强调规范的同一性；商业规律强调环境的预期性，但政策导向则往往具有阶段性；商业创新强调内生性，但政策导向下“创新”却时常带有投机性等，立法专家和国家的经济管理机构代表市场作出的立法决策，也势必难以应对这些固有的矛盾。

从世界发展的历史来看，商人的创新无疑发挥了巨大的作用。美国学者戈德斯通在其著作中提出，企业家的资助和企业家、科学家、工程师与手艺工人之间紧密的社会关系是欧洲崛起的一大原因。[2]无论是中世纪后期商人对于商业模式的改进，还是近代资本主义崛起过程中，商人群体的重要价值都证明了商人的创造对于社会进步的重要作用。公司这一形式本身就是商人的创造，是商人在陆上、海上的贸易交往中逐步探索了公司制度的基本框架，而非天才法学家完成的奇思妙想。因此，对于我国公司法的改革而言，重视商人因素应当是一个极为重要的理念，这不仅仅是听取商人的意见，而是从唯物主义的角度充分审视商人的在公司立法中的作用和功能，充分重视商人在创立和运营公司中形成的惯例、习惯和自治规则。首先，要尊重商人在实践中的创造和诉求，充分了解现代商人所需要的是怎样的一部公司法？在传统的生产、贸易商业模式下，代理理论在分析股份公司问题时，对其股东采取了一种以理性利己为特征的“经济人”模型，即认为股份公司股东虽然为数众多，但股东之间具有人性同质、利益同质的“同质化”特征，因而可以被简单视为抽象无差异资本的载体。[3]但当科技与资本结合，科创型企业兴起后，平台价值、信用价值、人力资源要素的价值都需要被重新评估。越来越多的“创始人”“金头脑”在公司管理中所发挥功能的可替代性正在不断降低，在公司发展的过程中如何将人力资源与资金要素结合考虑也成为公司法制度发展的一个重要方向。[4]而我国《公司法》在类别股的问题至今没有作出突破，这种与商业脱节的现象应当引起警惕。类似的还有现行《公司法》禁止劳务出资、信用出资、数据出资等。现行公司制度基本上是一百年前德国人在自然人人格、社团人格、资本人格的民商法理念之下创造的一种制度，伴随金融信用和大数据、区块链、商用人工智能时代的到来，随着授权资本制的普及和平台经营模式的常态化，商事人格正在发生重大变革，遵循商事发展规律探索公司法的规则及制度创新，是高科技时代公司法改革必需回应的课题。

其次，公司法应该留有一定的商人弹性空间，这是商事创新的制度需求。具体到公司法层面就是如何落实商人的自治权利。“私法自治”原则是近代民商法确立的一项基本原则，

---

〔1〕 参见［美］曼昆：《经济学原理》，梁小民、梁砾译，北京大学出版社2015年版，第11页。

〔2〕 参见［美］杰克·戈德斯通：《为什么是欧洲——世界史视角下的西方崛起》，浙江大学出版社2010年版，第59页。

〔3〕 参见汪青松：《基于投资偏好差异的股份公司股东类别化分析》，载《政法论丛》2011年第4期。

〔4〕 参见李欢：《资合性标准的转向——上市公司章程限制股份转让效力判断》，载《烟台大学学报》2020年第6期。

是指在私人生活领域原则上由个人自主决定，国家应该消极地确认而不应妄自干涉。私法自治主要包括两方面的内容。第一，个人自主参与，自主选择，按照自己的意愿去从事相应的活动。第二，个人活动的结果由个人自主承担，自己对自己负责。这也是商法的基本价值之一。商法领域的私法自治所强调的商人自治、经营自由，与自然人权利下的自由存在一定的差异。商人的权利与自由都是按照商法所设定的法定权利和自由，此外，还有商人相互之间建立在长期交易基础之上已经默认的交易习惯和惯例。商法天然存在一个假设，那就是人可以凭借理性实现自主参与和自我管理。相信商人或商行为人可以凭借其理性作出最有利的选择。当一个人以商主体的身份愿意通过出资成立公司，通过商行为参与到经济竞争中去的时候，我们首先认为他是一个理性的人，是认同了商法规则的人，已经完成了对各项利弊的分析，除非有相反的证据证明他是一个无商事行为能力人或者限制商事行为能力人。而公司法要做的便是不过度干预，留给商人群体足够的创新弹性。公司是由一定的人员和资产按照一定规则组织和运营的营利性组织，而这些规范绝大多数是由公司本身决定的。〔1〕

（三）推进组织法领域的规则分层

在公司组织形式方面，传统英美法系和大陆法系有着不同的划分方式。英美法系国家，公司主要分为开放型公司、封闭型公司以及有限保证责任型公司。而大陆法系国家则一般划分为无限公司、两合公司、股份两合公司、有限责任公司和股份有限公司。〔2〕尽管学理上存在信用基础、公司规模等多种划分标准，但从立法来看，我国《公司法》采取的是股份有限公司与有限责任公司两分的方式。但这种划分是不周延的，股份有限公司内部差异巨大，发起设立的股份有限公司和募集设立的股份有限公司已经很难单纯用股份有限公司概念涵盖。不仅如此，大型有限责任公司的出现，也使股份有限公司与有限责任公司的边界模糊化，中国证监会也于2012年9月审议通过了《非上市公众公司监督管理办法》，在监管层面提出了非上市公众公司的概念。因此，公司法的改革必须从尊重实际的角度对公司的分类进行改革。

首先，将股份有限公司中私人属性更为明显的类型剥离，与传统有限责任公司重组为类似封闭公司的类型，将上市公司、非上市公众公司等公共色彩浓厚的公司整合为类似开放式公司的类型。通过借鉴英美法思路，按照公众性不同重新分类，不仅实现了一种逻辑上的周延，更可以使原有有限责任公司和股份有限公司的制度功能重新发掘，是一种比较理想的改革思路。其次，强化营利性的划分标准，协调非营利组织的制度需求。营利性是商法上一个非常重要的概念，也是得到最多公认的商法特征。〔3〕其不仅是商人的根本的价值追求，更是

---

〔1〕 See Melvin Aron Eisenberg, *The Structure of Corporation Law*, 89 Colum. L. Rev. 1461, 1461 -1462 (1989).

〔2〕 参见范健、王建文：《公司法》，法律出版社2014年版，第87页。

〔3〕 参见郭瑜：《商法学》，北京大学出版社2006年版，第16页。

判断商与非商的标准。商法意义上的营利包括三个内容，即以增大收益为目的、对外活动产生利润和在成员中分配利润。[1]营利性可以分为三个层次，在主观目的上，经营活动的根本目的在于获取利润；在行为方式上，通过经营的进行来产生利润。最后，在利润产生后，需要进行分配。营利性的主要内容是经济主体通过经营活动获取经济利益，[2]这意味着对于营利性企业来说，获取经济利益将是其最重要的价值追求，而对于非营利性企业来说，其甚至不能从事营利活动。这样的划分从根本上杜绝了全民经商的可能性，更能起到使不同类型的公司各司其职的制度功能。

信息高科技时代的公司法需要的是全社会的信息共享，固有的国有垄断将会导致由信息社会化需求产生的巨大社会冲突，并会带来社会大规模的经济动荡。中国公司法能否以社会功能为导向，突破现行国有民营双轨的类型划分，按照资本金融信息人工智能时代公司社会化的制度需求探寻新时代公司的分层类型，它是真正的保守性关系与先进生产力之间的一场新的较量或博弈。

六、结语

公司法的发展是一个不断进步的过程，谁的制度对经济变革和社会变革时代的适应能力强，谁就能在社会历史的变革中抢占优势地位，并转化为制度竞争力，这对于今天正在走向世界舞台中央的中国来说尤为重要。在过去的一百多年时间里，我们已经从自强、求富等视角回答了为什么要引进公司制度这样一个命题，但对今天公司法改革来说，我们则必须回应这样一个问题：怎样才能建立适合中国未来长久稳定发展的好的公司制度？

国家功能主义导向的公司法在我国有其特定的历史渊源和文化背景，但从发展的角度来看，未来我们需要的更多是一部社会性的公司法，这不仅要求企业社会责任的落实，更需要在立法过程中，破除国企民企的双轨制、尊重商人创新，使国有资本和社会公共资本投资的公司真正成为市场公平竞争的主体，成为社会营利性商事活动的平等参与者，从而发挥公司法的内生动力。公司制度的发展不能仅体现国家意志，更要彰显社会价值。

---

〔1〕 参见郑曙光、胡新建：《现代商法：理论基点与规范体系》，中国人民大学出版社2013年版，第19页。

〔2〕 参见范健、王建文：《商法基础理论专题研究》，高等教育出版社2005年版，第32页。

《公司法》修订的价值机理

蔡　治　甘培忠 *

目　次

一、引言

2021年12月24日，全国人大常委会发布了《公司法》的修订草案及其说明（以下简称《草案》）。《草案》新增和修改约70个条文，先后作出章节变动，如新增公司登记专章，新增国家出资公司的特别规定专章，删除一人有限公司与国有独资公司专节；新增部分制度与规定，如一人股份公司制度，股份有限公司可采行授权资本制度、发行无面额股；文字修改，如取消股东大会称谓一律称为股东会等。整体上，《草案》虽确有新增制度，却并不充分，未对诸多现实问题作出

* 蔡治，北京大学经济法学博士研究生；甘培忠，原北京大学法学院教授、博士生导师、中国商业法研究会会长。

回应。[1]一定程度上，《草案》是对2013年认缴制改革的后续适应，未能充分发挥《公司法》更积极的作用。不过《草案》也起到了指向性的、类型化的引导作用，使下一阶段的讨论得以更加有的放矢，因此有必要对学界观点及理念进行梳理厘清，以期对后续调整提供思路。

二、绘事后素——《公司法》修订的基底

（一）修法"瓶颈"

由于立法修法节奏缓慢，一门法律列入立法规划将是学界未来几年甚至十几年的生息所系，学界不免趁难得机会将所期待的制度于该部门法律内作发挥或嫁接，尤其在商事经济法律中这种因利乘便、借机补白[2]的现象更为明显，只因民事商事经济法律之间联系较为紧密，这种现象的负面影响短期内并不昭彰。相伴的是对特定法律制度背后逻辑与理念的一致性则有意无意地漠视。例如2005年《证券法》修订时，立法者将《公司法》中的公司债券规则移入其中以结束两法调整公司债券的分割状态，2019年修订的《证券法》更是忽视公司法与证券法分别作为组织法与交易法的功能差异，将债券持有人会议与受托管理人两项组织法规范定于其中；再如《民法典》制订时，立法者忽略民法上的法人制度与商经法中组织制度逻辑上的不同，直接将《公司法》规则加以整理纳入其中。然而当《公司法》修订时，相应规则自然又需要移回。这种僵化的立法模式造成仅迁就眼前立法任务而忽视长远规划与各部门法律之间的协同联动，结果不仅导致各法律部门之间缺乏配合，单一部门法内由于功能的局限性制约了规则的充分展开，也限制规则的进化能力。[3]此次《草案》便明显没有试图在对公司的本质认识上达成一致再进行规则创造，而是采取了财产与实体的混合认知模式。同时，缓慢的修法节奏也给实务工作者积累起过重的重新适应负担，此次修订讨论中便有法官反映希望学者多考虑基层法官繁重的工作量与新法新规的学习成本。因此，即便学界对新《公司法》的理念蓝图作了较为饱满的设计，《草案》的实际面貌仍难尽如人意。

（二）难以并轨的规则构造

《公司法》不仅对市场私主体提供组织指南，也肩负一定程度的公共职能。1993年《公

---

〔1〕 参见邓峰：《修订公司法，不如退而结网》，载《财经》2022年1月10日。

〔2〕《公司法》这一功能定位和规则设计虽然在2005年《公司法》修订时有所调整，但立法体系和逻辑结构并未发生根本改变。正是这一安排为《公司法》后续发展埋下了巨大隐患。最直接的后果就是，作为现代公司治理中心的股份公司的治理结构和并购重组制度严重供给不足，巨大的制度空白难以支撑市场的良性发展。随着资本市场的发展，股东委托投票、表决权征集与表决权信托、公司财务公开与信息披露、债券持有人大会职权与会议规则、股东大会会议规则、交叉持股与关联企业等原本应由《公司法》调整的内容，不得不交由《证券法》补白。冯果：《整体主义视角下公司法的理念调适与体系重塑》，载《中国法学》2021年第2期。

〔3〕 参见蔡治、甘培忠：《完善〈公司法〉中公司债券规则的基本思路》，载《北京理工大学学报（社会科学版）》（录用定稿），中国知网2022年5月26日首发。

司法》带有脱胎自1979年《中外合资经营法》的观念底色，又承担着服务于国企改革的任务，使《公司法》规则安排不仅依循公司组织形式，亦需根据资本来源呈现双轨式的构造面貌——针对国有资产，在《公司法》之外还需《企业国有资产法》作专项规定；针对外资，《公司法》也未作充分回应。时至今日，针对国有公司作特殊制度安排仍然是《公司法》的显著组成部分，虽然较之于《公司法》初创时已有结构性改革到功能性改革的转向，〔1〕但仍须遵从行政部门领导，而不遵守严格意义上的现代企业组织治理；相应地，外国资本在《公司法》中亦存在特别定位，从合营实践之初便以合同为基础，属于不同性质的公司，〔2〕二者都与一般意义上的内资公司治理达不到并轨合辙的程度，因而《公司法》的规则体系无法一以贯之地坚持逻辑的对称性，在严整之外存留松散空间，无法实现统一适用。

（三）关于理论知识与观念意识层面的演进承继

学界总有强烈的归纳范式、整理脉络的规整偏好与使命意识，期待将观念真实世界塑造得秩序井然，但往往又囿于现实操作而不得已向实用主义妥协。我国《公司法》目前仍处于规则的比较移植阶段，更多秉承“拿来主义”，对制度背后的理论、知识往往是忽视的，因而时常造成规则内在逻辑的龃龉。〔3〕然而域外经验的形成是依赖长期商事司法实践对环境的营造以及思维意识的浸润，并非后来者可以简单复制一蹴而就，这决定了《公司法》规则供给须探寻特殊形态。

（四）既定内容版图的认知惯性

自1993年以来，《公司法》的章节安排与高校常用公司法学教材的通行体例，可以归纳成以下板块：公司设立（包括公司登记、公司发起人、公司章程等），公司组织形式，公司资本制度，公司治理制度（包括权力机构设置、权力分配、股东董监高权利义务等），公司股份（股份类型及其发行、转让、回购），公司债（包括广义的公司债权人以及公司债券，或者将股债统合于“公司融资”一项中），公司财务会计制度，公司利益相关者保护（包括公司的社会责任），公司变更（包括公司组织形式变更、公司重组、公司合并、公司分立、公司增资和减资等），公司解散清算。这些板块在《公司法》发展过程中处于相对稳定的状态，具体规则往往在此体例基础上进行对号入座。这也导致当修法基于功能主义导向试图进行分筋错骨式地重构时，会因既定的类型化认知惯性被拉回原地。

在上述基底上，《公司法》修订所涉之问题依视角差异可分为微观、中观、宏观三个部分：微观层面着眼于解决现实需要，关注各板块内具体制度规则应如何设计完善；中观层面回答在实践发展与认知迭代的历程里，各内容板块间应遵照何种逻辑实现有机衔接；宏观层面力图追求超越性、终极性视野，叩问是否有必要以及如何对既有版图进行编码，进而实现

〔1〕 参见陈甦：《我国公司立法的理念变迁与建构面向》，载《中国法律评论》2022年第3期。
〔2〕 参见邓峰：《公司法修订面临挑战时刻》，载《财经》2019年11月17日。
〔3〕 参见邓峰：《中国公司理论的演变和制度变革方向》，载《清华法学》2022年第2期。

解构与重构。三个部分之间，具体问题背后是既定价值偏好或者正义理念在进行根源性指引——宏观理念构成微观意见的底层范式，上位价值构成下位规则的方向牵引。因此，从重要性以及思考顺序上，修法应首先思考的问题是对于立法价值偏好的选择。价值偏好在整个公司法体系中扮演着公理角色，担当确信为真的前提，从价值偏好中能自然发展出公司法所应遵循的标准与逻辑线索，最终将其蕴含的思维延伸至各项具体制度安排与规则设计上。

三、公司法价值偏好的选择机理

对于立法个体而言，价值偏好寓于先天性格与后天经历中，对于立法的集体行为而言，价值偏好具体化为立法策略或路径选择。在公司法学中，路径的形成既可以源自公司天然的差异，也可以源自政策有意的塑造，粗略梳理大概有以下几组：

第一组所谓“公司天然的差异”，即公司属性的差异。如人合性与资合性、封闭性与公众性、营利性与非营利性，私营性与国营性，私人所有与国家所有、集体所有，还包括行业生态的差异等。直观表现为公司类型的不同，或者相同类型下组织形式的不同，相同组织形式下规模的不同，进而决定特定类型公司对规则的不同需要。这关涉立法应如何对待公司的分类问题。

第二组差异来自公司内部关系与外部关系的区别。公司作为法律拟制的独立人格主体，其经营管理和商事往来如同自然人对于自己的身心照料以及与人交际一样，内外因果会相辅相成——良好的个人状态会在一定程度上与友善的外部环境相互影响和成就——公司的良善治理与科学合理的制度供给、市场环境、社会文化心理之间也会共同构成一个健康有机的生态。因此决定了公司内部治理规则会一定程度上释放外溢效应（下文所说的“外部性”侧重负外部性）；反之，公司外部的制度供给与环境塑造也会一定程度制约公司内部运行状况。法律的作用主要在后者，但法律订立过程中也必须关注前者，原因是在时间、信息与资源有限的情况下，内部利益与外部利益之间良性互动的情形更难发生，更大概率是内外利益关系之间发生矛盾，因此法律必须关注公司内部治理，防止其负外部性对公司外部人与外部环境（债权人、市场、社会、生态环境等）造成戕害。

第三组差异可以认为是对外部性因应态度的差异，即对公司功能定位的差异——《公司法》作为商事法律，性质上更多属于私法，却同时包含很多涉及公共利益的内容；《公司法》是组织法，但又兼具一些交易法规范。组织特性与交易特性、私益与公益在公司身上存在耦合，盖由于公司可同时以主体和工具两种视角。从主体视角观之，多人意志通过民主代议制度实现联合决策，使集体意志的产出源于每人又独立于每人；多人财产注于一池，脱离于单人之任意掌控的同时也成就了单人所不能实现之能力规模，是以公司具有拟制的独立人格。从工具视角观之，公司作为多人签订之长期、稳固的契约网络所构成之组织，其主要目的在于背后股东的融资营利与风险隔绝需要。视角差异决定关注重点的差异，主体视角更关注组织内部权力机构的设置，以期通过对权力的合理配置与制衡妥善解决代理问题，实现各方权益的有效保障；工具视角更关注公司作为一个资金流中继站与孵化器，外界资金的流入、内部资金的流出，沟通用益，以期实现价值创造与增长，使股东获益，宏观上助益经济增长。当然，后者更关乎商业经营，仰赖商人的智慧，法律无力指挥，法律关注的是这种工具在使用过程中的外部性。

三组差异可以提炼成公司的涉众性与外部性的强弱差异，这里的“众”既可以理解为公司的投资者人数，也可以是指公司事业所涉的公共利益规模。显然，公司涉众性越强则外部性越强。而外部性达到一定程度，《公司法》作为商事组织法便不再能仅仅将商业问题交给商人自行处理，而应当积极进行干预，在成全商事主体任意性所实现的效率之外，向安全、稳定的价值取向作更多倾斜。因此可以认为：公司涉众性越强，则越需要法律提供强有力的安全保障；而公司涉众性弱时，则可以更多地通过任意性规范赋予公司自治的空间以保障组织运营的效率。这一推论可以将上述三组差异进行统合，是立法价值偏好的选择机理，也是《公司法》各制度设计时应当遵循的原则。公司作为法人主体强调其科学的内部治理，而当公司更体现为向社会大众融资的工具时则更强调对其外部权益的保障。这决定了《公司法》最重要的两部分内容——公司治理制度与公司资本制度（包含公司财务会计制度），也决定了公司治理中股东会中心主义与董事会中心主义的分野，以及在公司资本制度的前端便利公司设立与后端保障债权人权益这一衡平设计。

（一）分别立法与统合立法的调和——选择型的制度供给

价值偏好选择的具体呈现是立法策略在技术面的选择。在金融创新的背景下，以股东异质化、双层股权结构为典型，《公司法》已然偏离投资者同质化的前提假设，进入差异化安排的阶段。[1] 从社会学角度看，以经济分层为中心，高度流动性的社会产生了新型社会结构，不同主体的差异化需求得以较大程度的彰显，相比于填空型公司法，选择型公司法是发展的必然。[2] 因此学者普遍主张应针对不同类型、不同组织形式、不同规模的公司提供不同规则，采取各类公司单独立法的方式，摒弃统合式的公司法思路。《公司法》中仅有的两类公司组织形式远不能满足现实中不同公司类型的个性化需要，但将每个单独类型的企业都单独立法将实际造成对公司法这一法律文件形式上的消解，或者仅将公司法作为商事组织法总则看待，过分放大了不同类型公司在治理理念上的差异，造成不必要的立法资源浪费，某种意义上还会造成实际上将此次修法最难啃的“硬骨头”留待未来单独立法再作攻克以及协调，容易错失修法良机，而且更难保证不同法律在适用上的一致性和简明性。

---

〔1〕 参见冯果：《股东异质化视角下的双层股权结构》，载《政法论坛》2016 年第 34 卷第 4 期。
〔2〕 周游：《公司法的功能嬗变——从填空到选择》，法律出版社 2022 年版，第 52 页。

仅就不同组织形式而言，分别立法还是统合立法只是一种文本体例上的选择问题，较容易通过内容编排予以解决，即便各自单独制定，在指称“公司法”时，观念上仍然是将几部不同法律统合起来作为一整本法律汇编看待，但无论在适用上还是教学研究上都徒增不便。因此针对特定组织形式的公司不需要单独立法，在同一部公司法中通过设立不同章节的方式也能实现差异化、针对性的制度供给，同时保持形式外观的统一简明，方便援引适用。

承接前文双轨式规则构造，现阶段比较明确应当单独立法的类型是国有企业和公共企业。由于我国国有企业运行与改革的历史与现状，以及所有制上的差异相对于组织形式和规模差异而言应另当别论，更何况国有企业内党建工作完全是在商事组织经营之外的另一条制度运作轨道。从这点上看，应当对国有独资公司、国有控股公司予以单独规制。而非营利属性、公益属性、宏观调控功能与公共产品服务提供功能凌驾于营利性之上的公共企业，其涉众性强，更是政府义务的履行，因此有必要从以营利性为主要特征的法人企业中进行剥离，单独立法。

（二）以公众公司还是封闭公司作为立法模板——实用主义兼顾理想主义

《公司法》中有限责任公司与股份有限公司二元立法的模式早已丧失实质意义，即便保留现有体例，规则设计上以一种公司组织形式作为立法重点或者规则模板将更有效率，对于其他类型公司则可采取专章规定或者在相关条款中作差异化规定。从历史上看，公司自英美国家诞生之初便是出于融资目的，因此市场化、资本化程度自始较高，涉众性较强；但近几年随着小公司、封闭型公司的大量出现，域外立法又发生转向。但如前面所总结的，公司类型的差异究其根本来自涉众性的差异，涉众性的由弱到强即封闭公司到公众公司，两者分别可看作公司涉众性演变即外部性演变光谱的两端。是要以公众公司这种更强调公司的融资功能、涉众性更高，因此须配套更高的信息披露和治理要求的公司类型为模板，“举复杂以明简单”，还是以封闭公司这种中国实践中更广泛存在的公司组织形式作为重点，“举简单以承复杂”？学者意见大多见于前者，即以公众公司、上市公司作为规制重心，仅于封闭公司时作简化处理的立法模式，[1]也有立足“在我国占压倒性数量优势的是封闭性的小公司且其对推动国民经济发展起到关键作用”这一现状而主张后者。[2]本文认为立法模板的优劣皆明显，难以量化比较，仅就实用主义的角度而言，二者皆可，区别的实质在于对公司法功能的期待是否存在理想主义期待。

所谓实用主义，是指着眼当下，遵守公司问题的大数法则；所谓理想主义（在此语境下也可称作目标主义），是指《公司法》在解决现实需要之外，还应保持为实现特定目标的指向性，承担一些塑造和引导我国商事环境的功能。具言之，确然我国公司大多为私营小公司，封闭公司，整体市场环境亦属于股权集中，相比于发达资本主义国家还有很大发展空

---

〔1〕 参见邓峰：《展望〈公司法〉修订：定位、原则和蓝图》，载《财经》2018 年 11 月 19 日。

〔2〕 参见钱玉林：《我国〈公司法〉体系的重构》，载《社会科学文摘》2021 年第 3 期。

间。若采实用主义，则《公司法》立法应更多照顾到现实中广泛存在的小公司类型；若采理想主义，则希冀为中国未来经济发展塑造更为成熟的资本市场文化生态，令《公司法》不仅局限于实践中的大数问题，还应未雨绸缪，为较少发生或尚未发生但预期必定发生的问题——尤其是当有些问题需要我们主动试错——作前瞻性的铺垫、引导、教化。换言之，公司法的功能是什么？本文认为，在以经济建设为中心的国策保持不变的前提下，公司法的功能无非是“激发市场主体活力、促进国家经济发展”。这意味着公司法应当对市场主体从生到死全过程（公司设立、公司融资、公司经营、公司消灭）提供便利和保障。所谓“生的顺利、死的干净、活的踏实”。这里的“踏实”既指公司经营管理有明确规则得以依托也指公司对外交易过程里安全稳健。

按照前文所述，不同组织形式的公司仍应统摄于单一公司法下，设专章解决类型差异，以提供选择型的制度供给，因此实用主义和理想主义问题也可以在同一法律文本中用不同板块的规则分别予以实现。所以，不妨以公众公司、上市公司为《公司法》规制的蓝本。对于适应新《公司法》的社会大众而言，这是一次观念更新的良机，可借此为未来更为成熟的商事信用文化生态打好基础；对于公司法律的学习者、执业者、研究者、教学者来说，在初始认知里确立更为立体的公司印象也更加有益。

（三）章程的个性化设计

规则须在相对较长时间内稳定提供定分止争的标准，因此首要追求明确性、一致性、可适用性，甚至某些情境下也需要有泾渭分明的“一刀切”式的机械性，这背后亦涉及制度创造与执行中的成本收益权衡。因此无论从法律的功能属性上还是立法的现实考量上，都不可能在细枝末节处过分追求，更应侧重在现象共性上作原则化把握，让具体问题、具体分析仰赖法律授权的个性化处理以及实务工作者的智慧。

在科技金融领域的创新成果层出不穷、市场业态百花齐放、信息技术革命和新型产业浪潮汹涌的大背景下，企业融资模式、公众投资渠道、市场环境与商事组织形态都愈加多元化，这对商事法的专业适用性与灵活性都提出了重大挑战。我国《公司法》相较于域外公司法而言，无论从法条数量还是规则的精细化程度上都显得粗疏，因此更需要积极因应复杂多元的现状，提供更多个性化的制度供给。

公司和自然人一样，在同样是双目四肢的基本特征外呈现千人千面的差异，因此立法上需要厘清的是：哪些是《公司法》应当规定的基本问题，即应当以立法强制的方式规定那些无法或者不适宜通过合同解决的事项；哪些是《公司法》应当授权个性化处理的细节问题，即可以不予规定的事项或者授权性规定、任意性规定。对于后者，应当允许公司在理性自治的原则下自由选择治理结构和规则，[1]明确授权交由公司自行在章程中予以设计或者相关主

〔1〕 参见刘俊海：《基于公司理性自治的公司法规范重塑》，载《法学评论》2021年第5期。

体通过协议进行解决。

四、债权人保护下的公司资本制度问题

《草案》第97条、第164条允许股份有限公司采行授权资本制，值得肯定，却也存在两个问题：第一，并无充分理由将授权资本制的选择权仅仅授予股份有限公司；第二，授权资本制与认缴制是两套逻辑，授权公司选择适用并不对认缴制的遗留问题有所补救，只会引发新的问题，因此仍需要对于认缴制的后续处理作述明。

（一）处理公司资本制度前端的遗留问题

公司资本制度分为前端与后端，[1]或资本流入与流出环节。其中流出环节是指公司利润分配以及其他公司资本或者权益流向股东或者流向外部的情形。本文将公司资本或资产在公司经营过程中的维持状态称作资本制度的“中端”。2013年公司法定资本制度被取消后，股东对于公司资本流入环节的负担不复存在，致使这一环节原本的对外部性问题——公司资本对于债权人的风险缓释与利益保护问题——的应对功能大打折扣，现实中屡见认缴资本数额虚高与缴纳期限漫长的荒谬现象，成为资本制度前端的遗留问题。在不颠覆2013年修法改革的前提下，修法思路是在资本运作的中端与后端对该遗留问题作出弥补，以达成此消彼长的整体平衡。

合理的制度配套应当是在取消法定资本制同时，对公司资本数额和认缴期限作限制性规定。例如，资本数额不得不合理的虚高，认缴期限不得超过5年等。与之配套的，《公司法》应明确将公司设立日期、认缴期限、每年缴纳情形规定予以公开披露。在配套制度的作用下，虽然法定资本制被取消，但注册资本对外部人判断公司信用风险的参考价值与实际风险缓释意义在公司资本一定程度上实际缴纳到位以及外部人能及时掌握公司资本信息的基础上仍然能得到一定程度上的发挥，并且这种修法并非变相回到法定资本制时代。认缴期限的限制仅仅是对于公司经营者勤勉尽责的鞭策，防止其在公司创设后短期内迅速融资自肥，致债权人于不顾。强制性的按期缴纳要求也会逼迫发起人在填写注册资本数额时更加谨慎，避免虚高。

对此，《草案》第48条明确规定了公司罹于破产时注册资本加速到期制度，应予肯定，后续操作应注意与企业破产法的联动修改。

（二）如何看待偿债能力测试

对于资本制度的中端与后端，近年学界多将资本维持制度与偿债能力测试并列讨论。[2]

---

〔1〕 参见朱慈蕴：《中国公司资本制度体系化再造之思考》，载《法律科学（西北政法大学学报）》2021年第3期。

〔2〕 如中国法学会商法学研究会“公司法修改巡回论坛”第一场“公司资本制度与公司法修改：公司资本维持VS. 偿债能力测试”。

资本维持原则主要针对公司资本的流出行为是否公平，即如何设置相应的公司资本流向外部的合法条件。按照大分配理念，所涉情形包括公司利润分配、对外投资、对外担保、捐赠、股份回购、股东的股本回赎、公司融资中的对赌协议执行等。同时在资本制度的中、后端，公司信用更在于其日常经营，偿债能力测试所针对的即公司运行状态是否正常，只要董事会认为公司未来一定时间内不会发生债务支付不能的情形就可以动用公司资产作支付。在现行法规定下，偿债能力测试标准与公司破产标准重合，没必要在破产标准之外增添新的标准。另外，如何在技术上（尤其是会计手段）对公司未来债务进行确认以及如何对公司资产进行合理评估，需要结合实务经验予以确认。

虽然学者主张我国当下资本维持中对于债权人保护的规则在设立上过重，应破除以资本信用和债权人保护为核心的路径依赖，构建起维持公司、股东及债权人之间利益平衡，且有利于激励投资创业、降低公司设立成本的制度设计。〔1〕但检视域外法制实践，偿债能力测试标准的制度落实更多需要《公司法》之外的制度体系发挥作用，〔2〕中国现阶段并不具备此种条件，缺乏像美国一样有力的欺诈性转移法案与完善的劳动债权人保护规则，企业破产法的司法实践也存在在政府干预的因素下无法充分发挥其作用的现象。也就是说，虽然从资本信用向资产信用的主张行之有年，但在缺乏配套制度尤其是财务会计制度专精化（《草案》关于此无新规则供给）的条件下，〔3〕对于债权人权利保护仍然更多依赖传统的资本信用以及强化股东、董监高的责任。

因此，本文的观点或偏向传统与保守：现阶段《公司法》仍应重视资本信用，只是相应制度的落实重心从前端往中后段偏移，债权人保护仍应作为《公司法》的核心使命。〔4〕

五、公司治理制度革新应以涉众性为衡量标准

所谓“企业家更偏指股东还是公司经营管理者”的疑问不过是对完全可以集于一身的两种功能作了刻意划分。对于具体公司而言，其治理中决策权的归属究竟应属于股东会还是董事会，应当具体问题具体分析。公司中究竟谁扮演起决定性作用的角色，在不同情境中各有差异。股东虽然作为资本的提供者，尤其在小型封闭公司中，股东作为公司创始人，其事业心与使命感是不可取代的心理要素，但是随着公司规模和资本来源的扩张，股东未必在日常

〔1〕 李建伟：《授权资本发行制与认缴制的融合——公司资本制度的变革及公司法修订选择》，载《现代法学》2021年第43卷第6期。

〔2〕 参见刘燕、王秋豪：《公司资本流出与债权人利益保护——法律路径与选择》，载《财经法学》2020年第6期。

〔3〕 参见朱慈蕴、皮正德：《公司资本制度的后端改革与偿债能力测试的借鉴》，载《法学研究》2021年第1期。

〔4〕 相似观点可参见刘俊海：《债权人友好型〈公司法〉理念和制度重塑》，载《国家检察官学院学报》2022年第3期。

经营中有能力与时间全情投入，因此现代社会越发看重具备专业管理能力的职业经理人团队。

（一）决策权的归属原则

公司治理制度首先聚焦公司经营决策的权力归属。如前所述，公司涉众性越强，则外部性越强，因而需要更为侧重安全价值、更加强制性的规制，另外，营利性公司的涉众性强又可能意味着股权分散，这种情况下较之于封闭公司，股东对于公司的控制能力较弱，公司的日常经营更依赖董事会和经理阶层，即经营权更加下沉。理论上有所谓股东会中心主义与董事会中心主义的界分，还有经理层中心主义与控股股东中心主义的提法。定义上，“主义”乃命题的逻辑起点与归宿，亦是贯穿始终之线索。因此在公司经营的语境中，若公司设立初衷与最终目标是股东利益最大化，降低代理成本，则经营上应当是股东（会）中心主义；反之，若设立初衷与最终目标是公司本身利益最大化，则经营上应当是董事（会）中心主义。这两种情形的分类与前述公司的功能定位二分一脉相承，若更看重公司的主体性功能，力图将公司打造成长久提供产品和服务的“百年老店”，则必然意味着股东的更替，因而在这种情形下，董事（会）和经理阶层这类经营者便更加应当居于公司治理的核心地位；若更看重公司的融资工具功能，即公司更多只是股东投融资以求获益的工具，则其欠缺更大诱因令公司事业长久存续，此时股东对公司的控制力会更强，因此更加应当居于公司治理的核心地位。股东会中心主义的治理模式实现了公司所有者与经营者的合一，应用在规模较小、股权集中的封闭公司中更为适合，有利于维系股东会作为核心决策机关的地位；而除功能适应性上的不同外，两种主义根源上是对“公司是什么”这一问题存在基础认知差异。从功能主义视角观之，无论是“股东会中心主义”还是“董事会中心主义”，都无法解决我国事实上由经理来实现公司内部治理的现状，都不应作为中国公司治理问题的一个真实选项。[1]

简言之，关于公司经营权的下沉应以涉众性为衡量标准作正相关的规定。董事会中心主义的治理模式则在股权分散、规模较大的公众公司中更易凸显其优点，更容易发挥职业经理人的专业性以及董事会作为常设机构作出决策的及时性。[2]按照这一原则，承接前述公司立法策略上应当兼顾理想主义的选择，考虑到中国现实中大多公司为小型封闭公司，股权结构集中，因此中国未来在较长时间里应当仍然以股东会中心主义为决策权的归属原则。董事（会）与经理作为公司日常经营管理机构，其义务的多寡强弱与公司的涉众性成正相关。公司涉众性、外部性越强，则对董监高的强制性规范应越多，披露义务应越重，信义义务对象范围越广。这与股东会中心主义并不矛盾。

---

〔1〕 参见徐可：《公司治理现代化的金融路径及其法律构造》，载《月旦法学杂志》2022 年第 3 期。
〔2〕 赵旭东：《公司法修订中的公司治理制度革新》，载《中国法律评论》2020 年第 3 期。

（二）利益相关者保护制度的分别设计

利益相关者保护同样承接上述逻辑，视公司的涉众性与外部性而定，因此也应该视公司类型分别予以设计。利益相关者保护的难点在于内外部人之间利益关系的衡平，而这种关系也会伴随公司涉众性的变化而呈现正相关：涉众性增强时，负外部性的可能亦增强，因此保护外部人利益的重要性随之增加。如资本多数决原则会使中小股东在公司中处于弱势地位，但这一情形视公司类型而应当区别给予对应强度的制度保护，上市公司中中小股东利益受到侵害的状况更加明显，更需要通过信息披露和集体诉讼的方式维护自身权益，但在有限责任公司中则不应该将其作为重点问题过分强调。

因此，《公司法》有必要在针对不同类型公司的不同章节中，针对中小股东、债权人以及公司社会责任，分别予以设计。

（三）公司债券持有人的利益保护

公司一般债权人（银行、企业、个人因贷款而成为公司债权人）与公司债券持有人，虽然二者都是与公司缔结合同关系的相对人，公司须对二者承担到期还本付息的义务，根据合同的相对性，债权人地位平等，但二者区别在于，一般债权人在债务到期时能够单独要求公司偿还，在公司拒绝偿付的情形下也可以单独要求法院执行公司财产或者在公司无力清偿时提请公司破产，而不必征求其他债权人意见；而公司债券的流通性、附和性、集体性使得债券持有人的行权机制带有集团行动的特性，须经由受托管理人制度实现一致性的集体行动，在债券持有人会议上形成多数决议，不得单独行动。这意味着公司债券持有人须面临被动接受相应条款以及集体行动困境，因而其维权难度相较于公司一般债权人更高。《草案》在公司债券部分与证券法注册制改革保持一致，在发行条件和记录事项上作了放宽，如取消“一定期限内”还本付息的条件，募集办法载明事项删除“公司净资产额”与“已发行的尚未到期的公司债券总额”，但在《公司法》的可为层面显得短视。公司债券持有人利益保护是公司债权人保护下的特殊命题，在于公司债券持有人群体的集合性使其需要组织法规范指导其内部治理。因此《公司法》修法中应当关注公司债券区别于一般债权人的集体性特征，应当明确规定其集体行使权利的程序（债券托管人受托持有财产、债券持有人会议决议），以解决债券持有人的维权困境。

（四）公司监督机制的有效设置

长久以来，监事会、外部董事、独立董事等监督制度都存在形同虚设的尴尬情形，不能真正实现对公司经营决策的监督效果。此种现象与中国熟人文化、关系文化对熟人间的监督刚性的消解有关，因而自然生出有效的监督须来自公司外部“陌生人”的判断。这一推论从国企实行外派监事会、稽查特派员制度能产生良好的监督效果的事实上得到了佐证，因此应当弱化监督机构与公司之间可能存在的利益关联，以及有效对抗关系社会对“陌生人”的同化效应，赋予监督者身份更强的独立性以及变更的流动性。诚然，外部人监督公司的施行成本较之于公司内部人监督为高，因此有必要《公司法》予以强制性规定。[1]

《草案》第64条、第125条、第153条新增审计委员会制度与可以不设监事会的选项，在第143条至第154条国家出资公司的特别规定中规定国有独资公司董事会成员过半数应当为外部董事，在国有独资公司中取消设置监事会或监事，在董事会中设置由董事组成的审计委员会等专门委员会，审计委员会的成员应当过半数为外部董事。

在不废除监事会制度的前提下，关键是需要保证监事会从成员和财务上拥有更强的独立性，包括引进外部监事、保障中小股东单独选举代言人进入监事会、在监事会中设立专业委员会、设立专项监督基金并且规定监事会对专项监督基金享有独立自主的支配权、明确监事享有报酬，从而最大可能维护监事会的独立性。[2]

（五）董事职权扩张的同时充实董事义务

《草案》第62条明确将董事会定性为公司的执行机构，“行使本法和公司章程规定属于股东会职权之外的职权”。既然已经将董事会职权范围明确为股东会职权范围的补集，便无需将其描述为“执行机构”，以免引起不必要的解释麻烦。

董事职权的扩张是对现实需要的回应。相应地，授权必须与限权相配合。《草案》第47条、第52条便明确规定了董监高人员监督股东出资的责任。董事义务的充实是关于公司治理最重要、最直接、最具体的内容，未来修法中有以下问题需要研究：（1）丰富董事类型，完善董事的定义。借鉴国内外实践中出现的新形态，如影子董事、事实董事、公司董事、替代董事等。（2）充实董事义务的内容，具体包括三部分：探寻现实中董事在正常经营管理或作出合理商业判断中除忠实、注意、勤勉等类型外是否还有可以归纳和明确的新内容；除义务类别扩张外，现有忠实、注意、勤勉义务本身的内涵也应当丰富，如忠实义务对象是否应进行扩张；董事信义义务在何种条件下可以扩展至公司外部人。（3）通过股东追认、合同免除、法院免除等途径完善董事的免责体系。（4）确立股东直接诉讼的具体标准，完善股东派生诉讼。

六、其他问题

（一）确定的股东身份认定标准

《草案》第46条新增了股东失权的规定，但《草案》未对股东身份确认进行规定。对于公司股东身份的认定涉及多样且错综复杂的法律关系：股东之间的关系、股东和公司的关系、公司和其他成员的关系、公司和外部人的交易关系、公司内部以及内部与外部之间发生

---

〔1〕参见蒋大兴：《公司法改革的文化拘束》，载《中国法学》2021年第2期。

〔2〕参见施天涛：《让监事会的腰杆硬起来——关于强化我国监事会制度功能的随想》，载《中国法律评论》2020年第3期。

的财产流转、计算等行为构成的法律关系。正因为所涉复杂，规则适用上不仅涉及《公司法》，也涉及物权法、合同法等民事法律。复杂的法律关系关涉多头规范文件，民事法律与商事法律存在逻辑与价值偏好的差异，类似《全国法院民商事审判工作会议纪要》等裁判指引的规定也与《公司法》的规定存在差异，法院对于不同案例情形下同样归类于股东身份认定的裁判标准也不一致，因此关于认定标准始终形不成统一的结论。2020 年中国商业法学会组织的"《公司法》修订巡回论坛"上关于这一主题的讨论中，学者和实务工作者的共识是：无论哪种标准都会存在不合理之处，但现下最需要的是一条确定且简明的标准，哪怕它尚不完美，也远比欠缺标准或者标准变动不居要好，因此在公司的信用风险更取决于其日常实际经营状况的认知下，应当追求股东身份认定标准的简单明了，以保障商事交易的安定——《公司法》应当明确规定以股东名册作为公司内部认定股东身份的唯一证据，以工商登记则作为股东身份具有外部对抗效力的唯一证据。

（二）完善公司重组并购的内容

《公司法》第九章关于公司并购的规则过于单薄，亟须充实其内容以适应实践中多样化的交易形态，然而《草案》对于公司重组并购方面没有供给新的规则。如境内并购与跨境并购、三角并购与反三角并购、股份移转与股份交换、资产重组与股权交易、简易并购及挤出式并购、管理层收购与引入战略投资者式收购等已经常见于公司法学教材和实践操作的并购类型或方式，常见反收购策略也可以在立法中予以明确，如"白衣骑士""毒丸计划""黄金降落伞"等，《公司法》中应当直接予以列举，并明确规定公司收购与反收购的决策权归属于股东会。

另外，实践中公司分立只需要经历原公司将拟分立资产转移到一个以上的新设公司（新设分立）或者已经存在的一个以上的公司（吸收分立），以达到缩减公司营业和规模的目的，并非是想通过公司分立实现不经清算便消灭公司以节省交易成本的目的，因为分立并不必然以原公司消灭为前提，不必然涉及公司清算注销，分立公司也不必然将基于转移资产取得的继受公司股权分配给其股东，因此程序上得以相对简易化，事实上并不构成与公司合并对立且等量齐观的交易样态，因此公司分立并非《公司法》的必须规定的事项，可以予以删除。

七、结语

本次《草案》更多展现出对国有公司的特殊规定以及对认缴制改革和股权异质化的回应。在配套制度尚不健全的情况下，对于公司债权人利益的保护仍应在传统资本信用的逻辑范式下补充资本制度中后端的规则。《公司法》修订应遵守公司外部性与涉众性正相关的原则，涉众性越强，则《公司法》应当作出更积极的干预，提供更具强制性的规范，保障交易安全；涉众性越弱，则可以更多地授权公司章程提供任意性规范，保障公司理性自治的空间以提高运营效率。在立法机会难得、规范需求差异化明显的基底上，《公司法》应提供更充分的，具有融通性、授权性、自治性、选择性的规范。因此，立法者无须畏首畏尾，而应更具勇气地提供充分的规则。

公司决议行为法律属性及对相关公司诉讼的影响

王　静*

目　次

一、引言

有效的公司自治，可以激发公司自我管理自我约束的内在动力、焕发公司的活力与生机、提升公司的经营能力。公司通过召开股东会、董事会，对公司内部的组织管理和外部的重大经营事项等进行讨论、决策、安排，依照法定程序形成相应的决议，这是公司自治的基本手段和内容。在人民法院审理公司治理纠纷案件的实践中，除了决议效力之诉这种专门针对决议本身纠纷的案型，其他案型中，

* 王静，河南省高级人民法院民二庭庭长。

也都不同程度出现股东会决议、董事会决议的身影。可见，作为公司自治的载体，公司决议对公司治理、公司相关利益方（股东、董监高、债权人）、公司交易相对人的权益保护等都有至关重要的影响。因此，研究各类公司决议的法律属性及相关法律问题，领悟其所蕴含的深层次的法理依据，在《民法典》规定的法律行为的一般规则之外，探寻、厘清并运用好公司决议的特殊规则，对于依法公平、公正审理公司决议及相关公司诉讼案件，实现公司法适用的最佳法律效果和社会效果，服务中小投资者保护，法治化营商环境建设，具有积极的意义。

本文从公司决议的法律属性的研究入手，探讨了公司决议的法律特征，法律行为中的意思表示要素在公司决议中的表现，分析了建构公司决议效力规则，在与《民法典》法律行为规则对接时应注意与解决的问题。以河南省三级法院相关案件审理实践为研究蓝本，通过对河南高级人民法院审判管理系统中生效公司决议案件的分析，全面归类总结了当事人主张公司决议效力瑕疵的事由、裁判中所适用的效力规则。同时，结合与决议密切相关股东出资、公司盈余分配、公司担保三类纠纷，探讨了公司决议的外部效力问题。笔者希望能够从诉讼的视角展现目前审判实践把握公司决议对内、对外法律效力的基本情况与标准，为新一轮《公司法》修改完善公司决议效力规则提供实证素材与裁判思考。

二、公司决议行为法律属性的争论及《民法典》的规定

法律行为是民法的核心制度，是以意思表示为核心，能够产生当事人预期的民事法律效果的行为，是重要的私法自治的工具或载体。公司决议行为是“公司团体成员在表达其意思的基础上，根据法律或章程规定，以议事方式和表决程序为形成团体意思而作出的民事法律行为”，[1]是“资本多数决”原则下公司意思形成和意思表示行为，是公司团体意志的法律表达，决议结果对全体成员均具有拘束力。对于决议行为是否属于法律行为，在《民法典》颁布之前多有争议，否定者认为：决议非法律行为，多数决要求少数服从多数，少数派的意见没有体现在公司决议中，不符合法律行为彰显私法自治的本质；有的认为决议的本质是程序正义而不是私法自治，效力源于正当程序而不是当事人合意。公司决议具有团体性特点，有关意思表示和法律行为的一般原则仅可适用于组织成员，但不能适用于组织整体等。针对否定者认为公司决议不符合私法自治本质的指责，肯定者认为，在组织内部，私法自治不意味着任何成员的意志都必然上升为组织意志，而是强调成员享有将其个体意志上升为组织意志的自由，多数决规则包含而非排斥合意机制的适用，单方行为、合意规则，多数决都是实现私法自治的工具。

---

〔1〕 王雷:《〈民法总则〉中决议行为法律制度的力量与弱点》，载《当代法学》2018 年第 5 期。

以上争论在《民法典》出台后告一段落。《民法典》第 134 条在关于法律行为分类的规定中第一次明确提出了“决议行为”的概念，规定：“民事法律行为可以基于双方或者多方的意思表示一致成立，也可以基于单方的意思表示成立。法人、非法人组织依照法律或章程规定的议事方式和表决程序作出决议的，该决议行为成立”。这就将“决议行为”作为一种独立的民事法律行为类型进行了确认，将决议行为纳入法律行为的概念体系之内，实现了决议的“法律行为化”。这意味着，法律行为规则将自此一体统摄个人法、团体法行为，决议将与单方行为、合同共享一套共通的一般性行为规则。有学者称为“重要的立法创举，在民事法律行为制度中贡献了‘中国元素’”〔1〕。同时，基于公司决议商法的属性，这种定位，对于商法规则的影响也是巨大的。有学者称，法律行为自带极强的规范体系性与抽象逻辑性，势必借助某种制度切口、在某种程度上融入现代商法的规则体系之中。〔2〕但是决议的法律行为属性的尘埃落定，并不意味着先前争论所涉及的问题全部迎刃而解，将法律行为理论与公司决议规则进行对接时，诸多矛盾和冲突仍旧存在。同时，依照《民法典》第 10 条、第 11 条的规定，公司决议优先适用公司法等商事组织法的特殊规范，然后适用法律行为的一般规则，这必然涉及民法、公司法之间一般规范、特殊规范的识别以及两类规范的适用关系准则。所以，立法上的决议法律行为属性的确认，仅仅是宣告了法学研究和司法审判进入法律规则适用的研究阶段，而这个阶段往往更有意义，决定着决议的“法律行为化”是否能真正落到实处。

三、公司决议行为的法律特征及决议规则体系建构

法律行为规则肇端于个人法交易法，是以个人法上交易形式——合同行为为原型抽象构建而成的。而公司决议具有鲜明的商法特征，从历史演进过程看，商法规则带有明显的非抽象性和实用主义特征，形成与民法高度理性化之间的反差，于是导致了法律行为的一般规则尤其效力规则适用于公司决议时存在的一定困难，也影响着公司决议的特殊规则的建构。实质上，这种紧张关系就是由公司决议本身商法性质决定的。

（一）公司决议的法律特征

1. 组织法属性

公司决议是组织法上最重要的私法自治工具。公司是团体性组织，公司决议系多方法律行为，同单方法律行为、契约行为等个人法、交易法上的法律行为相比具有明显的组织法特性，表现在：公司决议行为更强调效率与决议的可预测性和信赖保护，与组织法追求安定及

〔1〕 王雷：《〈民法总则〉中决议行为法律制度的力量与弱点》，载《当代法学》2018 年第 5 期。
〔2〕 李建伟：《决议行为特殊效力规则的民法解释》，载《法学杂志》2021 年第 7 期。

效率的价值目标相吻合，个人法更强调个体自由意志和个人权利的保护救济，二者的调整对象及规制的重点不同。

2. 团体性

成员在各自表达自己的意思的基础上，集合为团体的意思，形成决议，团体据决议依法开展自我约束、民主决策和民主管理，因此，决议是团体自治的重要方式，决议行为是团体意思的法律表达。另有学者认为，决议行为的民法哲学基础在于程序正义，合同行为的民法哲学基础则是交换正义，这也决定了同为民事法律行为的二者在成立要件上的差别。[1]

3. 程序性

决议行为采取了多数决的意思表示形成机制。团体意见一旦形成，即对全体股东生效，异议股东、弃权股东及未参加表决的股东均要受到决议的拘束，这就需要在程序上进行规范，通过正当的程序，确保成员依照民主程序，将成员的意思转化聚合为公司的意思。因不符合正当程序，即使形成决议，也不能认定是团体的意思，不能成为合法的决议。

（二）公司决议与意思表示

意思表示是民事法律行为的核心要素，公司决议的法律行为属性表明其与合同行为一样都采用了以当事人意思自治来发生法律效力的机制。但作为拟制的主体法人组织——公司的意思表示结构与自然人不同。在公司决议的形成中，有多个意思表示，个体股东先独立作出意思表示，再将多数股东的意思在法律上结成“集体意思”，借由既定程序形成公司的意思表示——决议，即公司决议中存在表意人的意思表示与公司的意思表示，而自然人的意思形成比较单纯，相比较法律行为对个体意思自治的保障，决议行为代表着对个体意思的限制，公司决议是团体意思的法律表达，是一种为实现团体意思所选择的比较经济的做法，“少数服从多数”的理念并非是出于探索个体真意的需要，仅仅是为了更快地达成共识，以适应商业交易的需要。

基于公司决议的组织法特性，公司决议有公司成员的意思与公司的意思、成员行为与公司行为、公司的内部意思与外部意思之分，由此也决定了公司决议的内部效力与外部效力。

以股东会决议为例，通过对股东大会法定职权进行分类总结，可以对股东会决议的内外部效力有一个认识。股东大会的职权分为人事权、审议批准权、重大经营事项决定权三类，均以组织内部事项为主，仅在内部发生权利义务关系，但有部分职权涉及外部的相对人，相应的决议效力延伸到组织外部，也就是说，公司对外实施法律行为的过程分为两个阶段，一是公司内部意思形成的阶段，通常表现为团体成员的个体意思通过多数决的程序形成股东会或者董事会决议，二是公司对外作出意思表示的阶段，根据公司决议的内容，对外签订各种

---

〔1〕 王雷：《论我国民法典中决议行为与合同行为的区分》，载《法商研究》2018 年第 5 期。

合同等，决议产生对外效力。如对外担保事项的决议，决议之后公司要依照决议对外签订公司担保合同等。

（三）公司决议效力规则体系建构应当注意及解决的问题

《民法典》第134条强调了决议同单方法律行为、合同行为的并列关系，显示了《民法典》民商合一的包容性，但是《民法典》的这一安排并不意味着关于法律行为的一般规则及其效力规则无条件地适用于决议，而是提示我们要检视《民法典》总则编的法律行为效力规则之于决议的可适用性，研究决议适用《民法典》总则编的法律行为一般规则的若干特殊性。有商法学者就认为，针对决议行为的效力判断，不宜直接适用《民法典》的一般规则，而应在判断其规则内容是否符合公司法的原则理念之后进行适用，需要在规则层面区别决议行为与民事法律行为。

通过完善公司决议的特殊规则，实现《公司法》特别法上的决议规则同民法一般法上的法律行为一般规则的衔接，同时也可以扩展实证法上法律行为规则的适用范围。决议行为的效力规则至少包括：

1. 内部效力。基于决议组织法上程序性和团体性的特性，在涉及决议行为瑕疵制度的规范时，在行为成立、生效与效力类型上应当优先适用《公司法》等组织法的规则，使决议行为符合程序正义观（正当程序）等基本法律价值的要求，以推进团体治理的有序开展。

2. 外部效力。组织法兼顾平衡个体权利保护和组织效率及安定的要求，在解决决议侵犯个体权利时的效力及保护问题时，也要解决公司决议可能具有瑕疵时还能否实施以及实施后所建立的法律关系的处理，即解决公司决议的外部效力问题。

四、公司决议瑕疵及效力类型

关于意思表示瑕疵对公司决议效力的影响，《公司法》第22条确立了公司决议瑕疵的“二分法”体系。2017年3月15日通过的《民法总则》第133条将决议纳入法律行为体系，并在《民法典》中得到进一步确认。2017年9月1日施行的《最高人民法院关于适用〈中华人民共和国公司法〉若干问题的规定（四）》（以下简称《公司法司法解释（四）》）第5条增设了决议不成立这一新的瑕疵形态，决议不成立、可撤销和无效自此并列，实现了决议效力瑕疵体系由“二分法”到“三分法”的范式转变。针对效力瑕疵的不同情形，笔者从河南省高级人民法院审判管理系统提取了相关案件，结合最高人民法院发布的指导性案例、公报案例，归纳了瑕疵的事由，通过对事由的分析，来探讨案型。

（一）决议不成立

借鉴民法总则法律行为理论对效力类型的划分，针对“二分法”在现实中的困境，《公司法司法解释（四）》第5条规定了决议不成立的效力瑕疵形态。这被认为是“公司决议理论体系上对法律行为的积极靠拢，基于决议的组织法属性而对其效力瑕疵体系的重构，是法律行为理论对公司决议规则完善的重大价值突出表现。"[1]

《公司法司法解释（四）》第5条所列举的决议不成立瑕疵包括：未召开会议、未进行表决、出席未足数、表决结果未达到比例以及其他情形（前两种情况也可称为决议未形成），法律后果都是决议因未能形成意思表示或不具备意思表示而欠缺成立要件，这些都属于严重的程序违法情形，存在效力瑕疵。对于一般的程序瑕疵可导致决议可撤销，轻微的程序瑕疵不影响决议效力，如此，可以在一定程度上解决对公司决议司法介入的尺度难题。在司法实践中，可通过以下三个典型案例作一分析：

在"长葛市新世纪机电有限公司诉天壕节能机电有限公司等公司决议效力确认纠纷案"[2]中，法院认为，新世纪机电公司否认在股东会会议签到表、股东会决议上签字，天壕机电公司不能提交证据证明召开股东会会议的通知已提前15日送达新世纪机电公司，也不能提交股东会决议原件，因案涉股东会决议内容直接关涉新世纪机电公司的重大利益，天壕公司应承担举证不力后果。因而，判决认定，案涉股东会未实际召开，所作股东会决议不成立，以此为基础的董事会决议亦不能成立。

在"洛阳旅发集团与盛元旅游开发公司、清华园房地产公司、王某强公司决议纠纷案"中[3]，法院认为，盛元旅游公司临时股东会修改了公司章程，改变了股东股权比例，作出决议的股东所占股权比例达不到目标公司原章程规定的有表决权2/3以上，洛阳旅发集团作为该公司股东，请求认定临时股东会的召开不符合公司章程的规定，公司决议不成立，有事实法律依据，予以支持。

在"王某良与朱某志、超凡电器有限公司、某中旅银行股份公司、中旅银行股份公司电力支行公司决议纠纷案"中[4]，法院认为，在超凡电器公司增资十年后，王某良才提起诉讼，案涉增资的股东会决议上王某良的签字虽然不是其本人所签，但后期，其通过股权转让协议认可出资200多万元，其也因为股权增资后，崔某玲未支付转让款提起诉讼，可以认定其对增资的事实进行了追认且在此基础上进行了股权转让，王某良以不是本人签名为由否认决议的效力，理由不成立。且另外两名股东朱某志、郭某玉在案涉股东会决议上签字，签字人数和股权比例均超过2/3，故王某良是否对股东会决议进行表决并不影响股东会最终决议结果，故判决驳回王某良要求确认公司决议不成立的诉讼请求。

以上案例丰富了效力规则的具体情形。"长葛市新世纪机电有限公司诉天壕节能机电有限公司等公司决议效力确认纠纷案"侧重于诉讼中的举证责任的分配，对于股东会会议和董

[1] 丁俊峰：《公司法解释（四）股东会决议规则说明》，载《商事审判指导》2017年第1期。
[2] （2019）豫10民终2961号民事判决书。
[3] （2021）豫03民终280号民事判决书。
[4] （2019）豫08民终3353号民事判决书。

事会会议是否实际召开，会议的召集及召开程序、表决方式是否符合公司法和公司章程的规定，因目标公司处于制作管理和控制相关证据的优势地位，其应承担主要的举证责任。如果目标公司无法举证证明，公司以法定方式通知股东召开会议、符合章程规定人数的股东参加并对决议事项进行了表决、决议以符合章程规定或法定的股东多数决通过，则应当认为公司决议欠缺法律行为成立要件不成立。“洛阳旅发集团与盛元旅游开发公司、清华园房地产公司、王某强公司决议纠纷案”中，被诉的股东会决议的内容是修改公司章程、改变股东的股权比例，对公司股东及公司来说，均是重大利益事项，均应当有章程规定的有表决权 2/3 以上的股东表决通过。“王某良与朱某志、超凡电器有限公司、某中旅银行股份公司、中旅银行股份公司电力支行公司决议纠纷案”涉及公司决议不成立效力的补正。行为人伪造目标公司股东会决议上的股东签名，构成无权代理，会导致决议因未能形成意思表示或不具备意思表示而欠缺成立要件，存在效力瑕疵。但如果有证据证明被伪造签名股东在事后通过行使权利或其他方式知晓或追认该决议结果的，则应当认为股东会决议的瑕疵得到了补正，该股东会决议成立，股东以其签字系伪造为由主张决议不成立的，不予支持；且当时的股东会决议的另外 2 名股东在股东会议决议上签名确认，签字人数及股权比例均超过 2/3，无论原告股东王某良是否参与投票及表决，均不影响决议的成立。

（二）决议可撤销

在公司决议符合成立要件的基础上，需继续探讨公司决议可撤销及其事由的认定。《民法典》第 85 条、《公司法》第 22 条第 2 款规定了公司决议可撤销规则，《民法典》第 85 条与《公司法》第 22 条系一般法与特别法的关系，在适用决议可撤销规则时，应当优先适用《公司法》第 22 条的规定。根据上述规定，股东会或者股东大会、董事会的会议召集程序、表决方式违反法律、行政法规或者公司章程，或者决议内容违反公司章程的，股东可以自决议作出之日起 60 日内，请求人民法院撤销。召集程序的要求旨在保障决议要件充足，股东充分行使表决权，表决方式的规范目的在于贯彻股权平等。

如下案例作为司法实践中的典型案件，可以用来分析该制度的适用规则：

在“李某军诉上海佳动力环保科技有限公司公司决议撤销纠纷案”中[1]，法院认为，案涉董事会决议由三位股东（兼董事）中的两名表决通过，故在表决方式上未违反法律、行政法规或公司章程的规定。在决议未违反上述规定的前提下，解聘总经理职务的决议所依据的事实是否属实，理由是否成立，不属于司法审查范围；同时，从决议内容看，佳动力公司章程规定董事会有权解聘公司经理，而解聘李某军总经理职务的决议内容本身并不违反公司章程，故而，董事会决议有效。

---

〔1〕 最高人民法院第 10 号指导性案例。

在“韩某庆与雪豹面粉公司撤销股东会决议纠纷案”中[1]，法院认为，雪豹公司案涉临时股东会议系雪豹公司原董事会、监事会已不能正常履职的情况下，经1/2以上的股东代表提议，召集并主持召开的，符合《公司法》第40条第3款及该公司章程的规定，且此前向市政府工作组、市粮食和物资储备局工作组进行了书面汇报。案涉临时股东会议变更已去世股东的继承人为公司股东，及选举新一届董事会、监事会成员，该内容属于股东会职权范围。韩某庆申请再审称其作为董事长、法定代表人未召集、主持及参与表决等，该临时股东会程序违法的理由不能成立；此外，其称案涉三份决议内容违法，且存在贿选等，未提交证据证明存在贿选情况，故申请理由不能成立。

为发挥公司决议规范和促进公司治理的重要功能，在适用公司决议撤销规则时应当注意如下几点：一是对于公司决议行为中“召集程序和表决方式”上的瑕疵应当做严格解释，并非决议通过过程中的所有程序瑕疵都会导致行为的可撤销，对于程序瑕疵显著轻微时，应当赋予法官裁量驳回权，以防止适用上的僵化和利益衡量的显失公平。二是公司决议不成立和公司决议可撤销在事由上均属于程序瑕疵，但前者严重程度高于后者，且可撤销在效力上可以补正。三是要限制可撤销事由，严格举证责任。当事人以决议程序中存在虚假陈述、通知迟延以及表决权限制等违反公司章程规定的瑕疵为由，对决议效力提出异议的，因公司章程规定的强制性相比法律、行政法规的规定要弱，对上述瑕疵事由的公司决议，效力上可归于可撤销之列；《公司法》第22条第3款规定，提起决议无效和可撤销之诉，人民法院可以应公司请求，要求股东提供相应的担保，为了防止一些公司以股东恶意诉讼为由，限制股东行使撤销权，应当科以公司承担股东恶意诉讼的举证责任。四是请求撤销公司决议的原告，应当在起诉时具有公司股东资格，且需要在决议作出后60日内行使，目的在于通过严格限制提起决议撤销之诉的原告主体资格以及提起时间，保障决议的稳定性。

（三）决议无效

《公司法》第22条规定，公司股东会或者股东大会、董事会的决议内容违反法律、行政法规的无效。这些法律、行政法规的强制性规定主要是与股权平等、股权保护、公司决议正当程序、债权人及社会公共利益保护等公司法基本法律价值密切关联的效力性强制规定。例如，违反有关公司资本制度、公司机关组成及权限、金融监管、环保税收等法律法规的规定。结合具体案件，本文进行如下类型化分析：

1. 要求确认修改出资期限，加速出资的股东会决议无效。例如，在“姚某城与鸿大（上海）投资管理有限公司、章某等公司决议纠纷案”中[2]，法院裁判认为，有限责任公司章程或股东出资协议确定的公司注册资本出资期限系股东之间达成的合意，除法律规定或存

---

〔1〕（2022）豫04民终4364号民事判决书。
〔2〕（2019）沪02民终8024号民事判决书。

在其他合理性、紧迫性事由需要修改出资期限的情形外，股东会会议作出修改出资期限的决议应经全体股东一致通过。公司股东滥用控股地位，以多数决方式通过修改出资期限决议，或加速股东出资的内容，损害其他股东期限权益，其他股东请求确认该项决议无效的，人民法院应予支持。

2. 股东会签名不真实要求确认无效。在“李某与汉威光电公司公司决议效力确认案”中[1]，法院裁判认为，汉威光电公司五份董事会决议内容涉及经营范围变更、股权转让、公司章程修改、注册资本变更、经营场所变更等内容，不违反法律、行政法规的强制性规定，不存在《公司法》第22条规定的无效情形，且在公司登记机关均做了变更登记，李某认为董事会伪造其签名，系董事会的召集程序、表决方式存在瑕疵，不属于无效的法定事由，李某以此要求确认董事会决议无效，没有法律依据。

3. 要求确认解除其股东资格的决议无效。在“王某化与洛阳盘龙公司公司决议纠纷案”中[2]，法院裁判认为，公司在遵守法律和公司章程对股东会召集程序和表决方式的规定的基础上，对于公司因股东出资不足，形成决议，解除其股东资格，由第三人认购或缴纳相应的出资并成为新的股东，任命新的法人代表及监事等形成的决议，均是公司作为一个私法主体为实现经营目标，在公司治理的范围内意思自治的行为，不违反《公司法》等法律的强制性规定，对王某化要求确认股东会决议无效，不予支持。在“杨某州与东湖房地产公司股东会决议无效确认案”中[3]，法院裁判认为，公司股东应当按照章程规定缴付出资，公司股东未履行出资义务或抽逃出资的，经公司催告应及时缴纳或返还，在15日内未缴纳或返还的，公司股东会有权解除该股东的股东资格。公司召开股东会解除其股东资格，符合公司章程，内容不违反法律行政法规，召开程序及表决方式符合法律规定。

通过以上案例，可以发现，人民法院在公司决议无效事由的掌握上，把握了严格的标准，审判实践中比较常见的无效事由是违反公司资本制度的决议。公司在存续过程中，必须维护与其资本额相当的财产，公司的资本一经确实，非经法定程序，不得随意改变，其目的在于确保公司资本的确定性并维持公司的偿付能力，维护交易安全和债权人利益。所以对资本制度的冲击，常常会被认定为无效。此外，根据司法实践，决议无效的情形还包括：控股股东滥用其控股地位以多数决方式通过的缩短出资期限的股东会决议、提前要求小股东出资进而剥夺小股东作为公司股东的出资期限利益的决议等；对于损害公司利益，进而损害公司债权人利益的决议，如免除部分股东的出资义务、不当返还股东出资、过度分配公司利润、重大不当关联交易等也应被认定为无效。

需要注意的是，如果决议内容仅是损害中小股东利益，例如不按股东出资比例催缴出资

[1] （2019）豫01民终2190号民事判决书。
[2] （2020）豫03民终3436号民事判决书。
[3] （2020）豫15民终2327号民事判决书。

且无正当理由的，则应由被不利对待的股东根据瑕疵严重程度，自己决定是否主张撤销或其他法律后果；如果决议只是损害公司自身利益而未损害债权人利益，如超出章程规定的数额上限对外投资或提供担保，由公司自己决定是否主张行为撤销或其他法律后果。

五、公司决议瑕疵的法律后果

公司决议被判决无效、撤销或者不成立的法律后果集中在判决的既判力和溯及力上。既判力是公司决议被判决无效、撤销或者不成立，其效力及于撤销权人、公司及第三人，即判决具有对世效力。溯及力则是根据公司决议产生的法律后果决定是否要回归到决议产生之前的状态。

公司决议被判决无效、撤销或者不成立后产生的法律后果，《公司法》及司法解释均没有规定，根据《民法典》第157条的规定，对公司内部的拘束力表现在两方面：一是对已经发生的事件或行为有效果，即公司或股东、董监高不能再依照决议采取行为，有给付内容已经发生给付的，相关民事主体应予返还；二是对将来的行为或事件有效果，其他内部行为应当恢复到未执行决议时的状态。

笔者认为，在公司决议被判决无效、撤销或者不成立时，简单套用民事法律行为无效的范式，适用民法上法律行为被判决无效、撤销或者不成立的法律后果，可能会发生忽视公司决议的组织法特性、违反比例原则、导致救济过度或者救济不能的情况，对此，建议在《公司法》的修改中，借鉴国外立法例，对于特别严重瑕疵之外的其他瑕疵，根据比例原则和瑕疵的具体严重程度及所涉及的决议类型，设置更多的法律后果，供当事人选择和法院据实裁判。

第一，限制无效的溯及力。如果决议瑕疵严重而不宜继续存续，或决议已经实施且恢复原状事实上无法实现的，法院可以判决决议仅面向将来无效，而维持此前依瑕疵决议所建立的法律关系的效力。决议面向将来无效可以是自判决生效时起失去效力，也可以是撤销变更登记完成后或者股东会重新作出决议之后失去效力，以避免在此期间决议无效所造成的混乱。对于决议实施可能会造成难以弥补损害的，原告可以对决议行为进行申请保全。

第二，损害赔偿或经济补偿。基于瑕疵决议而已建立的公司内外关系不可能恢复原状，如基于瑕疵决议错误记载的股权受让人此前已经行使的股东权利，或有些情况下股东并没有全盘否定决议并阻碍其实施，例如股东只是不同意公司合并时的价值补偿而非合并本身，此种情况下，受不当决议侵害的中小股东可以行使损害赔偿请求权，以保护自己的财产权益。

如果决议侵害的不是财产性权利，而是程序性权利，并且侵害程度上又达不到撤销或面向将来无效的标准时，可借鉴国外立法例，考虑经济补偿的责任承担方式，即由公司向提出瑕疵效力之诉的股东作出经济补偿，以消除瑕疵侵害的后果。由于股东诉讼客观上发挥了对决议合法性的监督作用，对股东进行经济补偿，也可以鼓励这种具有公益性的诉讼。

第三，退出权。如果股东主张其受损权利难以通过损害赔偿或经济补偿等方式得到充分救济，而提出退出公司的主张的，特别是在公司瑕疵变更的情形下，法院可以应股东请求，判决公司以合理价格收购其股权。现行法下，异议股东回购请求权只适用于股东对公司变更等决议投反对票的情形，并不适用于因不知道瑕疵而投了赞同或弃权票，或未参加投票的股东。但有的学者认为，"股东起诉决议并最终获得胜诉已经表明，如果其事先知晓瑕疵，必然会对决议投反对票。因此，将胜诉股东与异议股东同等对待并赋予其退出权是合理的"。[1]笔者认同上述观点，并认为公司回购应办理相应的减资手续。

六、公司决议的外部效力及对相关公司诉讼的影响

公司决议的外部效力是指公司决议实施及实施后建立起来的法律关系的效力。公司法调整公司、股东、实际控制人、董监高等主体在公司组织活动中发生的社会关系，公司以外的人并非公司法规范的主体。公司法调整的社会关系的范围决定了公司决议的范围仅限于公司内部事务的法律关系，公司决议外部效力的产生，除了与公司决议系多方法律行为，存在多个意思表示，意思表示结构复合有关外，也与以上谈及的公司的组织法特性决定的公司决议规则的多元规制目标有关，即除了要关注个体权利保护之外，更要从组织效率和安定的视角关注决议的实施以及之后组织内外部关系的稳定。

笔者认为，关于公司决议的外部效力及涉及外部关系发生争议时，该争议的解决应依据公司决议的类型不同，以及由此建立的法律关系的性质决定相关的法律适用。对于实施具有瑕疵的公司决议建立起来的法律关系，根据《民法典》第85条、《公司法司法解释（四）》第6条的规定，如果第三人为善意相对人，则形成的法律关系不受公司决议瑕疵的影响，以体现对第三人的信赖利益保护。

根据审判实践，产生外部效力的公司决议类型主要有：决定公司为他人提供担保的决议、瑕疵出资处理的股东会决议、股东加速出资的股东会决议、公司分配盈余的股东会决议等，分别涉及公司担保纠纷和股东出资纠纷、盈余分配纠纷。

（一）公司担保纠纷

根据《公司法》第16条、《全国法院民商事审判工作会议纪要》及《最高人民法院关于适用〈中华人民共和国民法典〉有关担保制度的解释》（法释〔2020〕28号），法定代表人代表公司为他人担保，必须以公司股东（大）会、董事会等公司机关的决议作为授权的基础和来源。相对人接受公司担保，有义务对有限责任公司决议及章程（如有必要）进行符合

〔1〕 丁勇：《公司决议瑕疵立法的范式转换与体系重构》，载《法学研究》2020年第3期。

商业常识的审查，这种审查是一种形式审查，只要尽到一般的注意义务，看同意决议的人数及签字人员符合公司章程的规定，就应认定其构成善意，担保有效。例如，在“广州澳视公司与深圳保千里公司、洛银金融租赁公司、庄某融资租赁合同、担保纠纷案”中[1]，法院裁判认为，公司对外提供非关联担保，相对人对公司董事会或者股东会决议的审查仅为形式审查，无论公司章程规定的决议机关为董事会还是股东会、股东大会，只要债权人能够证明其在订立担保合同时对董事会决议或者股东会、股东大会决议进行了审查，同意决议人数及签字人员符合公司章程规定就应当认定为善意。该案中，担保人深圳保千里公司与债权人洛银公司在签订《保证合同》时，庄某系深圳保千里公司的法定代表人，同时也是深圳保千里公司的控股股东江苏保千里公司的大股东和实际控制人，深圳保千里公司向洛银公司提供了董事会决议及对庄某的授权书，该决议上有深圳保千里公司三位董事的签名，并且载明：“决议经法定人数通过。”在此情形下，基于庄某的双重身份，洛银公司同意接受深圳保千里公司提供的担保，应当认定洛银公司尽到了合理的形式审查义务，为善意相对人，双方签订的《保证合同》有效。

同时，根据《最高人民法院关于适用〈中华人民共和国民法典〉有关担保制度的解释》第9条的规定，对于上市公司，因公司担保等重要事项属于应当进行信息披露的内容，因此，相对人只要根据上市公司公开披露的关于担保事项已经董事会或者股东大会决议通过的信息，与上市公司订立担保合同的，相对人应被推定为善意，该担保合同有效。

（二）股东出资纠纷

出资是股东对公司的基本义务，是形成公司财产的基础，为了保证公司资本的充足，维护债权人和社会公众的利益，各国公司法对股东和发起人都规定了严格的出资责任。当股东违反出资义务时，构成出资违约，公司及其他守约股东可以依照发起人协议或公司章程，要求违约股东继续出资、承担违约损害赔偿责任，或催告其于一定期限内缴纳，逾期不缴纳，将其除名，其所认股份另行募集或对公司进行减资等。[2]而这种权利的行使通常都是通过股东会决议的形式来进行的。例如，在“某投资控股有限公司、某汽车有限公司与袁某某、某融资租赁有限公司、某电池有限公司、某新能源乘用车运营有限公司股东出资纠纷案”中[3]，法院二审裁判认为，2017年8月14日，新能源公司的股东会已经对某融资租赁公司出资不足、某电池公司未出资作出了相应的决议。该股东会决议系新能源公司股东会全体股东协商一致所作出，意思表示真实，内容亦不违反法律、行政法规的强制性规定，合法有效。依据股东会决议精神，作为发起人股东的投资公司对未出资的某电池公司提起诉讼要求解除其股东资格，并获得生效判决支持，某电池公司也表示愿意履行生

---

〔1〕（2020）豫民终392号民事判决书。
〔2〕丁勇：《公司决议瑕疵立法的范式转换与体系重构》，载《法学研究》2020年第3期。
〔3〕（2021）豫民终370号民事判决书。

效判决确定的义务。同时，投资公司也积极帮助某融资租赁公司寻求股权受让人，对未出资部分择机转让股权，案涉股东会决议得到了履行。在没有证据证明新能源公司股东会决议损害公司、债权人、股东利益的情况下，司法应尊重新能源公司通过内部自治解决问题所作的努力、形成的决议，不应过分介入公司内部自治事宜，故一审判决某融资租赁公司继续出资，某投资公司、某汽车公司对出资不足部分承担连带责任，未能正确把握公司自治与司法介入的界限，裁决不当。本案系公司内部之间的股东纠纷，不涉及公司外部债权人，不影响新能源公司债权人依照《公司法司法解释（三）》第13条的规定，向未履行或者未全面履行出资义务的股东主张权利。据此，二审判决撤销了一审判决，驳回了袁某某的诉讼请求。

（三）盈余分配纠纷

盈余分配权是股东的一项重要权利，也是股东参与投资的目的所在，当公司在经营中存在可分配的税后利润时，有的股东希望将盈余留作公司经营以期待获取更多收益，有的股东则希望及时分配利润实现投资利益。原则上这种冲突的解决属于公司自治范畴，是否进行公司盈余分配及分配多少，属于股东及公司意思自治的范畴，应当通过召开股东会，形成股东会决议来解决。根据《公司法司法解释（四）》第5条的明确规定，只有在公司已通过分配利润的股东会决议后，公司无正当理由未予执行；或公司虽未通过分配利润的股东会决议，但是由于大股东滥用股东权利导致公司不分配利润，且给其他股东造成损失时，司法方可进行介入。例如，在"洛阳硅业集团有限公司与洛阳中硅高科技有限公司等公司盈余分配纠纷案"中，[1]法院裁判认为，原股东硅业集团转让股权前，洛阳中硅高科技有限公司股东大会已经形成公司决议，确定了公司盈余分配方案，硅业集团应当分配的盈利数额为44 954 287.50元，该股利分配请求权转变为股利给付请求权，不随股东身份的转移而转移。硅业集团转让股权时，并未在股权转让合同中明确将此权利一并转让给受让人城投集团，原股东硅业集团仍然有权提起公司盈余分配之诉，主张该盈余归其享有。关于红利的支付时间，根据《公司法司法解释（四）》的规定，应为案涉股东会召开后两个月内，并在二个月届满时开始计付利息。

总之，法院在公司决议产生外部效力案件的裁判中，采取依法审查，谦抑理性，对公司决议的事项及内容，充分尊重、确认其效力，保障决议的实施。在公司决议对外效力上，坚持法律规定的信赖保护原则，较好地平衡了公司与外部第三人的利益保护。

七、结语

立足于法律行为的基本属性，遵从法律行为的成立、效力的基本理论与规则，是公司决

---

〔1〕（2020）豫03民初30号民事判决书。

议发挥公司自治功能的基础，但公司决议的商法、组织法属性，双重意思表示结构等，决定了公司意思的生成与传统法律行为意思表示有很大不同，也决定了公司决议的成立与效力规则与契约行为的巨大区别，正视这种区别，研究完善公司决议的特别规则，解决好公司决议对内、对外的法律效力及法律效果，才能平衡好公司、股东、外部第三人的利益保护，真正让公司决议发挥其促进公司自治的基本工具作用。

慈善组织受赠公司股权法律问题研究

李勇军　王海晶 *

目　次

自2005年牛根生决定将其包括蒙牛股份在内的家族资产捐赠给老牛基金会以来，股权捐赠开始进入公众视野。而2011年5月曹德旺捐赠35.49亿元等值股票设立河仁慈善基金会并成为我国第一家以股票捐赠形式支持慈善事业的基金会,〔1〕更是将股权捐赠推向社会关注的热点，并逐渐成为近些年来我国慈善领域的重要话题。伴随我国资本市场的发展和完善，企业家的财富大多以股权、有价证券等形式存在，在商业与慈善事业的发展和互动下，股权捐赠已经成为很多慈善人士的选择，一系列大额股权捐赠陆续涌现，业已成为充盈我国慈善资产、推进慈善事业快速发展的重要力量。慈善组织受赠公司股权后成为公司股东，其虽可依法行使公司法所赋予股东的完整股东权利，但其兼具非营利的慈善角色和追

---

* 李勇军，法学博士、温州大学法学院副教授、德国 Bucerius Law School 访问学者；王海晶，温州大学法学院讲师、法学博士。

〔1〕 底东娜：《我国目前资产规模最大公益慈善基金会成立》，载《新京报》2011年5月6日。

逐收益最大化的股东身份的双重性，决定了其受赠公司股权必然引发一系列法律问题。梳理其中的问题并探讨解决方案，对于引导并激励慈善人士实施股权捐赠、完善慈善捐赠制度并更好地推动我国慈善事业的可持续发展，具有非常重要的理论价值和实践意义。

一、慈善组织受赠公司股权现状与存在的法律障碍

公益性股权捐赠作为我国目前慈善捐赠的一种新类型，是指捐赠人将其合法持有的公司股权自愿、无偿转让给依法设立的慈善组织用于慈善目的的行为。慈善组织受赠公司股权将使慈善组织因所持企业的经营业绩良好而获得持续稳健的收益，益于慈善财产的保值增值和慈善事业的可持续发展。按照目前相关规定，股权捐赠被视同转让股权，性质上是一种特殊的股权转让行为，通过将个人或企业持有的股权变更登记到慈善组织名下，从而实现从私益性财产向公益性财产转变。

（一）慈善组织受赠公司股权的现状

1. 立法现状

尽管股权捐赠在国外早已有之，[1] 但一直以来，我国立法对股权捐赠持保守态度，以至于在财政部2003年3月14日发布的《关于加强企业对外捐赠财务管理的通知》（财企〔2003〕95号）中将捐赠方式限定在较为狭隘的范围，并明确禁止股权捐赠，[2] 这在很大程度上限制了慈善人士对捐赠方式的选择。但随着整个社会慈善意识的提高和慈善观念的进步，对慈善资产的存在形式也日益宽容，越来越多的慈善人士基于各种考量而期待能以股权捐赠的方式进行慈善捐赠，股权捐赠的合法化逐渐提上日程。2009年10月20日财政部发布《关于企业公益性捐赠股权有关财务问题的通知》（财企〔2009〕213号），明确自然人、非国有的法人及其他经济组织投资控股的企业可以在“依法履行内部决策程序”的基础上以其持有的股权进行公益性捐赠，肯定了股权捐赠的合法地位。同时，该通知强调企业进行股权捐赠时应当“以不影响企业债务清偿能力为前提，受赠对象应当是依法设立的公益性社会团体和公益性非营利的事业单位”，且“企业捐赠后，必须办理股权变更手续，不再对已捐赠股权行使股东权利，并不得要求受赠单位予以经济回报”，以消除实现中可能存在的“假慈

---

〔1〕 美国学者巴卡尔研究指出，亨利·福特为避免将所持有的公司股票抛售而将所得财产直接传给后代将产生巨额的遗产税且将导致其后代会失去对公司的控制，决定其所拥有的公司股票的90%投入福特基金会；同时为了保持家族对公司的控制，基金会持有的股份没有投票权，家族保留的10%的股份拥有全部投票权。See Carl Bakal, Charity U. S. A.: An Investigation Into the Hidden World of the Multi – billion Dollar Charity Industry, New YorkTimes Books, 1979, p. 52.

〔2〕 财政部2003年3月14日发布的《财政部关于加强企业对外捐赠财务管理的通知》在“对外捐赠的范围”一部分中明确规定，企业可以用于对外捐赠的财产包括现金、库存商品和其他物资。企业生产经营需用的主要固定资产、持有的股权和债权、国家特准储备物资、国家财政拨款、受托代管财产、已设置担保物权的财产、权属关系不清的财产，或者变质、残损、过期报废的商品物资，不得用于对外捐赠。

善、真避税”行为。此外，该通知还从审慎的角度明确了涉上市公司股权捐赠的，捐赠方和受赠方应当遵守《证券法》及有关证券监管的其他规定，履行相关承诺和信息披露义务。该规定开启了捐赠人向慈善组织捐赠股权的新时代，对于慈善组织的发展具有划时代意义。然而，在慈善捐赠的税负减免方面却并没有什么突破，以致捐赠者在进行大额股权捐赠时，因被视同转让股票而面临就股权的公允价（市场评估价值）确定转让收入并就股权增值部分缴纳所得税。这必将极大地挫伤捐赠者进行股权捐赠的热情。事实上，当曹德旺向河仁慈善基金会捐赠价值 35.49 亿元的 3 亿股福耀玻璃股份时，因股票捐赠视同股权转让而产生了 7.557 亿元税收，引发了“不捐赠不纳税，巨额捐赠反而要缴巨额税款”的争议〔1〕。

2013 年 11 月 12 日中国共产党第十八届中央委员会第三次全体会议通过的《中共中央关于全面深化改革若干重大问题的决定》明确提出要“完善慈善捐助减免税制度，支持慈善事业发挥扶贫济困积极作用”，2014 年 10 月 29 日国务院确定了“落实和完善公益性捐赠减免税政策，推出更多鼓励慈善的措施。……推进股权捐赠、慈善信托等试点”等内容，而 2014 年 12 月国务院印发的《关于促进慈善事业健康发展的指导意见》中也提出要探索捐赠股权等新型捐赠方式，并强调在制定政策措施的基础上推进试点。在党中央和国务院大力倡导下，2016 年 9 月 1 日正式实施的《慈善法》第 36 条在强调“捐赠人捐赠的财产应当是其有权处分的合法财产”的同时，明确捐赠人可以股权进行捐赠，并在第 79 条和第 80 条第 1 款就包括股权在内的慈善捐赠原则上规定了税收优惠，〔2〕允许“企业慈善捐赠支出超过法律规定的准予在计算企业所得税应纳税所得额时当年扣除的部分，允许结转以后三年内在计算应纳税所得额时扣除”，极大地突破了当时立法就公益性捐赠扣除额限定为“不超过年度利润总额 12% 的部分”且不能递延的要求，利于激励捐赠者的捐赠热情。

为适应并对接《慈善法》对股权捐赠的规定，从而更好地支持和更有利公益事业发展，财政部、国家税务总局 2016 年 4 月 20 日发布了《关于公益股权捐赠企业所得税政策问题的通知》（财税〔2016〕45 号），该通知将股权捐赠视同转让股权，且“股权转让收入额以企业所捐赠股权取得时的历史成本确定”，捐赠人“以其股权历史成本为依据确定捐赠额，并依此按照企业所得税法有关规定在所得税前予以扣除”。该通知的发布和实施，将减免捐赠

---

〔1〕 按照《国家税务总局关于企业处置资产所得税处理问题的通知》（国税函〔2008〕828 号）的规定，企业将资产用于对外捐赠时应按规定视同销售确定收入并按规定缴纳企业所得税。尽管经过与相关部门协商而特别批准曹德旺此次捐赠需缴纳的 5 亿多元税款在基金会设立后 5 年内分批缴齐，但这一尴尬的状况在一定程度上限制了企业及企业家的股权捐赠。

〔2〕 一方面，《慈善法》就慈善组织的税收优惠在第 79 条规定，慈善组织及其取得的收入依法享受税收优惠；另一方面，就捐赠人的税收优惠在第 80 条第 1 款规定，自然人、法人和其他组织捐赠财产用于慈善活动的，依法享受税收优惠。企业慈善捐赠支出超过法律规定的准予在计算企业所得税应纳税所得额时当年扣除的部分，允许结转以后三年内在计算应纳税所得额时扣除。后者的规定，大大突破了目前《企业所得税法》第 9 条和《企业所得税法实施条例》第 53 条将公益性捐赠扣除额限定为“不超过年度利润总额 12% 的部分”，将大大激励捐赠者的捐赠热情。

人此前需要就其所捐赠股票增值部分缴纳所得税，利于促进慈善人士捐赠股权以推动我国慈善事业的发展。值得注意的是，该通知仅对企业捐赠股权的企业所得税优惠问题进行了规定，而未能明确个人进行股权捐赠的税收优惠问题；同时，明确将税收优惠限定为向境内依法设立的公益性社会团体并排除向境外的社会组织或团体实施的股权捐赠。

2017年《企业所得税法》修正时，则进一步明确了企业公益性捐赠支出的税前扣除规则，以具体呼应《慈善法》第79条和第80条第1款的规定。该法第9条明确规定，企业发生的公益性捐赠支出，在年度利润总额12%以内的部分，准予在计算应纳税所得额时扣除；超过年度利润总额12%的部分，准予结转以后3年内在计算应纳税所得额时扣除。值得注意的是，《企业所得税法实施条例》第51～52条对“公益性捐赠”和“公益性社会组织”等进行了限定，以确保善款的公益用途。

2. 股权捐赠现状

股权捐赠在国外早已有之，且近年来大额股权捐赠的事例也频频出现。[1]我国以股权方式进行捐赠则出现的相对较晚。自2005年牛根生决定将其家族资产（蒙牛股份及部分红利）捐赠给老牛基金会[2]以来，股权捐赠开始进入公众视野，但受当时法律和规章的限制，如《财政部关于加强企业对外捐赠财务管理的通知》，股权捐赠并不顺畅。随着2009年财政部发布的《关于企业公益性捐赠股权有关财务问题的通知》，股权捐赠进入新时代，一系列大额股权捐赠行为引起社会广泛关注。例如，2009年新华都集团董事长陈发树将其个人持有的价值83亿元人民币的有价证券全部捐出，组建国内最大的个人慈善基金——新华都慈善基金会；[3]2011年由福耀集团董事局主席曹德旺捐赠35.49亿元等值股票设立的河仁慈善基金会；[4]2014年阿里巴巴创始人马云和蔡崇信宣布将他们在阿里巴巴集团拥有的期权（总体规模为阿里巴巴集团总股本的2%，捐赠金额达245亿元）捐出成立个人公益信托基金；2016年腾讯公司董事会主席兼首席执行官马化腾宣布将捐出1亿股腾讯股票（约140亿元）注入正在筹建中的公益慈善基金，以支持医疗、教育、环保等公益慈善项目以及全球前沿科

---

〔1〕典型的如：2006年6月“股神”沃伦·巴菲特宣布将自己财富的85%捐给包括盖茨基金会在内的五个基金会，其中向盖茨基金会捐赠1000万股伯克希尔公司的B股股票；2013年7月巴菲特向盖茨夫妇基金会和另外四家慈善机构捐赠了价值26亿美元的公司股票，其中向盖茨基金会捐赠了大约1750万份伯克希尔哈撒韦公司的股票（价值高达20亿美元），将175万份股票赠予以自己已故妻子苏珊·汤普森·巴菲特命名的基金会（价值2亿美元），并向其三个子女的基金会分别捐赠了120万份股票；2014年巴菲特再次向盖茨基金会等5家慈善机构捐出2170万份公司B类股（价值28亿美元）；2015年12月1日，全球最大社交网站Facebook的创始人扎克伯格宣布将在有生之年捐赠其持有的99%Facebook的股份（按当时的市值计算高达450亿美元），用于发展人类潜能和促进平等。

〔2〕参见老牛基金会网：http://www.lnfund.org/cn/about.php?id=93，最后访问日期：2019年9月28日。

〔3〕胡笑红：《新华都基金会回应83亿元捐赠未到账称因税费过高》，载《京华时报》2012年7月2日。

〔4〕河仁慈善基金会也是我国目前唯一一家经国务院批准以股权捐赠形式设立并支持社会公益慈善事业的基金会。参见底东娜：《我国目前资产规模最大公益慈善基金会成立》，载《新京报》2011年5月6日。

技和基础学科的探索。

越来越多的慈善人士尤其是企业家热衷于以股权捐赠的方式进行捐赠，有其必然性。这主要基于以下几个方面原因：首先，目前企业家们的财富主要是以股权为主，较之先转让股权或抛售股票尤其是已有大幅升值的原始股票，直接以股权进行捐赠因无须将股权变现并支付高额的所得税，将大大降低捐赠者的所得税负担；同时，还将节省捐赠者为转让股权或抛售股票而耗费的时间和精力，大大缩短捐赠财产的到账时间。其次，股权捐赠虽被视为股权转让，但对于上市公司来说，因不涉及股票公开抛售，不会对公司的股价造成剧烈波动，从而利于保持公司股价和证券市场的稳定性。最后，捐赠者进行股权捐赠时可以通过协议等方式确保该部分股权的投票权与捐赠者保持一致，从而在一定程度上避免捐赠者丧失对公司控制权。

当然，值得注意的是，绝大部分股权捐赠都是流向捐赠者自己设立的慈善组织，如陈发树捐赠的对象是自己设立的新华都慈善基金会、曹德旺是捐赠设立河仁慈善基金会、迎驾集团向迎驾慈善基金会捐赠股票、海亮集团向浙江海亮慈善基金会捐赠股票等，且慈善组织的运作基本依赖股权产生的红利而较少出现慈善组织出售股票以套现的情况。

（二）慈善组织受赠公司股权面临的问题

公益性股权捐赠为企业和个人履行社会责任提供了新的路径，也为慈善组织持续开展慈善活动、促进慈善事业的发展夯实了财产基础。然而，在目前的法律框架下，慈善组织受赠公司股权面临一系列法律障碍：

1. 股权捐赠税收优惠制度庞杂，严重制约捐赠者的捐赠热情

目前我国涉及慈善捐赠税收优惠的规定比较庞杂，除《慈善法》、《企业所得税法》及《个人所得税法》外，多数规定是由财政部、国家税务总局等以通知的形式来予以明确，且不少内容存在冲突矛盾，甚至存在下位法与上位法相冲突或法律之间不协调、不同步的情形。[1]同时，目前依法认定为具有税前扣除资格的慈善组织大多为具有官方背景的慈善机构，民间慈善组织大多与免税资格无缘，这在很大程度上意味着官办或有官方背景的慈善组

---

〔1〕 如《个人所得税法实施条例（2005 年）》第 24 条第 2 款规定，捐赠额未超过纳税义务人申报的应纳税所得额 30% 的部分，可以从其应纳税所得额中扣除。但财政部、国家税务总局又通过诸如《财政部、国家税务总局关于中国老龄事业发展基金会等 8 家单位捐赠所得税政策问题的通知》（财税〔2006〕66 号）、《财政部、国家税务总局关于中国医药卫生事业发展基金会捐赠所得税政策问题的通知》（财税〔2006〕67 号）、《财政部、国家税务总局关于中国教育发展基金会捐赠所得税政策问题的通知》（财税〔2006〕68 号）、《财政部、海关总署、国家税务总局关于支持玉树地震灾后恢复重建有关税收政策问题的通知》（财税〔2010〕59 号）等一系列通知规定，突破了上述规定，给予向部分非营利性社会团体及一些国家机关捐赠的个人税前全额扣除。上述做法，在 2018 年 8 月修正《个人所得税法》时在第 6 条第 3 款得以确认，即个人将其所得对教育、扶贫、济困等公益慈善事业进行捐赠，捐赠额未超过纳税人申报的应纳税所得额 30% 的部分，可以从其应纳税所得额中扣除；国务院规定对公益慈善事业捐赠实行全额税前扣除的，从其规定。需要注意的是，虽然目前在个人所得税上实现了立法对财政部、国家税务总局相关通知做法的确认，但是《企业所得税法》修正时并未同步确认，从而使目前个人所得税和企业所得税在全额税前扣除方面未能协调同步，相关通知与《企业所得税法》的规定存在不一致的地方。

织具有法律或政策赋予的制度优势，而个人或企业要想获得减免税额度，只能向上述特定的慈善组织捐赠。在我国目前大部分受赠股权者为捐赠人自己设立的慈善组织的情况下，这有违慈善资源获取的公平竞争，而且会影响股权捐赠者的慈善热情，不利于慈善事业的可持续发展。

2. 受赠股权的价值计算欠合理，导致捐赠者的社会认同和免税额度期待落差较大

慈善组织受赠公司股权能在很大程度上增加慈善财产的额度，但股权的价值计算却并非易事：这不仅因为上市公司股票的价值处在不断变动中，而且因为非上市的股份有限公司股份和有限责任公司股权缺乏统一、公开的交易市场，价值确定需要逐一进行，成本较高。在笔者看来，捐赠者的社会认同和免税额度期待是其积极进行股权捐赠的主要动力：一方面，捐赠者希望通过股权捐赠及其价值计算以最大限度地彰显其慈善功德，塑造其社会形象以建立起较强的社会认同；另一方面，捐赠者期望通过股权捐赠能最大限度享受所得税等减免，进而降低税负。而这些都与受赠股权的价值计算紧密相关。目前受赠股权价值的评估方法存在“历史成本法”“公允价值法”等，同时，因股权所在的公司类型差异而在价值的具体把握上存在较大的差异，计价偏高或偏低均易导致捐赠者的社会认同和免税额度期待发生较大的落差。

3. 受赠股权的权利行使易致捐赠者与受赠人陷入窘境，利益平衡机制亟待健全

现有立法在明确股权捐赠视为股权转让的同时，强调捐赠后须办理股权变更手续，且捐赠者不再对已捐赠股权行使股东权利。在笔者看来，这虽然符合股权转让的一般规则，但捐赠者在作为慈善人士的同时，其仍在较大程度上主导着公司的经营管理及可持续发展，忽视捐赠者作为慈善人士和公司价值创造者的双重身份而严格限制捐赠后的股权尤其是表决权的行使，必然使捐赠者和受赠者就被捐赠的股权之权利行使陷入窘境：捐赠者在股权捐赠完毕后虽不再对相关股权享有权利，但其必然期待股权捐赠后不丧失对公司发展的主导和控制；慈善组织虽因受赠公司股权而成为股东，但其并不希望因为受赠股权而过多介入公司决策与管理、增加负担以致影响慈善组织的正常运作和慈善活动的正常开展。这种两难境地的消除亟待相关制度的健全，在激励股权捐赠和保障股东权利的基础上实现捐赠者与受赠者之间利益的平衡。

此外，慈善组织受赠股权而成为公司股东，尤其当其资产过于集中于某一公司股权时，能否依法转让其因受赠而持有的全部或部分股权，并配置其他资产？慈善组织持股的公司在表决增资或配股方案时，应如何合理行使相应的表决权、如何参与增资和配股等，以避免降低慈善资产的流动性？这些都是慈善组织受赠公司股权而成为股东后不得不面对的事情。

二、受赠股权的价值计量

立足于我国目前慈善捐赠财产的价值计算方法，对捐赠者股权捐赠的价值计算主要有公

允价值法、历史成本法等几种，在具体标准的选择上又有一些差异：

（一）公允价值法及其评析

按照《关于公益性捐赠税前扣除有关问题的通知》（财税〔2008〕160号）第9条的规定，公益性社会团体在接受非货币性资产捐赠时应当以其公允价值计算。[1]公允价值是指“在公平交易中，熟悉情况的交易双方自愿进行资产交换或者债务清偿的金额”[2]。自我国法律法规允许以股权方式进行公益性捐赠以来，无论是企业还是个人捐赠股权，都须按照转让股权的公允价值来确定捐赠价值。在公允价值法下，针对上市公司股权价值的具体确立，有学者认为可以参考《美国国内税收法典（IRC）》第25条的规定，“在证券交易所或者柜台市场公开交易的证券的公允价值，参照该证券的公开报价确定：即捐赠额，由捐赠之日最高和最低出售价格的平均值来确定。如果在捐赠之日，没有证券出售，但是自该日起的合理期间内有出售，捐赠数额，参照该捐赠发生之前最近一日以及该捐赠发生之后最近一日的最高和最低售价的平均值的加权平均来确定”[3]。而对于非上市的股份公司和有限责任公司，其公允价值计算的标准则主要依赖“具有合法资质的第三方机构的评估作为确认入账价值的依据”，[4]具体涉及净资产核定法、类比法及其他方法。事实上，一些地方性立法也规定了相关资产的评估要求[5]。

以公允价值法来计算捐赠股权的价值有其利弊：一方面，此法较为真实地反映了股票的价值，利于社会公众对捐赠者作出客观、真实的慈善评价，激励捐赠者的捐赠热情；另一方面，因股权捐赠视同股权转让，捐赠者需要就其股权的增值部分缴纳所得税（通常为股票增值部分的25%），此法将使捐赠者背负沉重的税负负担，易导致有意股权捐赠者望而却步。

---

〔1〕 2008年12月31日财政部、国家税务总局、民政部联合下发的《关于公益性捐赠税前扣除有关问题的通知》（财税〔2008〕160号）第9条第2项规定，公益性社会团体和县级以上人民政府及其组成部门和直属机构在接受捐赠时，捐赠资产的价值，按以下原则确认：……接受捐赠的非货币性资产，应当以其公允价值计算。捐赠方在向公益性社会团体和县级以上人民政府及其组成部门和直属机构捐赠时，应当提供注明捐赠非货币性资产公允价值的证明，如果不能提供上述证明，公益性社会团体和县级以上人民政府及其组成部门和直属机构不得向其开具公益性捐赠票据。财政部颁布的《民间非营利组织会计制度》（财会〔2004〕7号）第16条也就民间非营利组织接受非现金资产捐赠时，如果凭据上标明的金额与受赠资产公允价值相差较大，受赠资产应当以其公允价值作为其入账价值。

〔2〕 参见财政部颁布的《民间非营利组织会计制度》（财会〔2004〕7号）第17条的规定，该规定还就公允价值的确定顺序进行了规定。

〔3〕 葛伟军：《论股权捐赠的法律规制》，载《清华法学》2014年第2期。

〔4〕《关于规范基金会行为的若干规定（试行）》第1条第3项规定：“……基金会接受非现金捐赠，应当按照以下方法确定入账价值：1. 捐赠人提供了发票、报关单等凭据的，应当以相关凭据作为确认入账价值的依据；捐赠方不能提供凭据的，应当以其他确认捐赠财产的证明，作为确认入账价值的依据；2. 捐赠人提供的凭据或其他能够确认受赠资产价值的证明上标明的金额与受赠资产公允价值相差较大的，应当以其公允价值作为入账价值。捐赠人捐赠固定资产、股权、无形资产、文物文化资产，应当以具有合法资质的第三方机构的评估作为确认入账价值的依据。无法评估或经评估无法确认价格的，基金会不得计入捐赠收入，不得开具捐赠票据，应当另外造册登记。”

〔5〕 如《上海市募捐条例》第21条规定，募集的物资、有价证券、知识产权等非货币财产，需要对其价值进行评估的，由募捐组织和捐赠人协商委托专业评估机构评估；《广州市募捐条例》第17条规定，募捐物资的价值需要评估的，由募捐组织和捐赠人协商委托有资质的评估机构评估。

同时，股权的价值受公司的经营管理情况、财务状况、发展前景及证券市场行情等诸多因素的影响，其具体量化并非易事：上市公司虽可以借助股票价格来计算，但因证券市场变幻莫测而在不同程度上影响具体公司的股价波动，无从判断选取哪个节点作为计价依据最为合适；有限责任公司股权和非上市的股份有限公司的股份，由于不存在一个统一、公开的交易市场，只能借助评估来确定其公允价值，而评估人员的职业水平和评估方法等差异也易影响股权价值的合理确定。

（二）历史成本法及其评析

历史成本是指企业取得该项资产时实际发生的支出。2016 年发布的《关于公益股权捐赠企业所得税政策问题的通知》不仅将股权捐赠视同转让股权，而且明确规定“企业实施股权捐赠后，以其股权历史成本为依据确定捐赠额，并依此按照企业所得税法有关规定在所得税前予以扣除。公益性社会团体接受股权捐赠后，应按照捐赠企业提供的股权历史成本开具捐赠票据”，即以“股权历史成本”作为依据来计算捐赠额，且受赠的慈善组织也应以此为标准来开具捐赠票据。“历史成本法”极大地满足了降低捐赠者税负的期待并最大限度地消除了股权捐赠者的税负顾虑，但因以此计算股权捐赠者的捐赠额，将导致捐赠者对外公布的捐赠数额大幅下降，对于捐赠者所期待的社会评价来说，又有失公平。[1]

（三）受赠股权价值计量的合理选择

股权的价值受诸多因素的影响，笔者认为，宜根据公司类型的不同，分别明确相关股权的价值计算方法：

1. 慈善组织受赠上市公司股票的价值计算

尽管目前很多国家以股票转让当日收盘价来计算股票捐赠的价值，但在笔者看来，由于我国资本市场尚不健全，股票价值高估或低估的现象比较常见，以股票转让当日的收盘价来计算捐赠股票的价值，不能合理、有效地反映股票的真实价值，以此计算并不合理，甚至可能出现一些人所担心的“不排除非善意上市公司董事或股东知晓公司内部信息，得知股票要发生跌损，在跌损前捐赠的股票价值要高于捐赠完成后的价值，由此获得较高的慈善税收优惠”[2]。在此，笔者赞同学者所指出的，“股票的价值在于其未来可以实现的收益，股权转让当日价格只是当前市场认定的价格，不能合理反映上市公司股票的未来收益，应该站在未来角度……结合宏观环境和历史表现对上市公司进行综合评估，预测其未来盈利状况，采用

---

〔1〕 美国学者在分析富人捐赠的原因时指出，“非纯粹的利他主义是自我满足感的体现，它源自大量慈善捐赠带来的名望、赞美和钦佩之情”，参见［美］乔尔·L. 弗雷德曼：《基金会：美国的秘密》，北京师范大学社会发展与公共政策学院社会公益研究中心译，上海财经大学出版社 2013 年版，第 30 ~31 页。而我国目前的规定以股权的历史成本确定捐赠额，并依此开具捐赠票据，这将不可避免地产生大幅降低捐赠者对外公布的捐赠额，大大影响社会公众对捐赠者的评价。

〔2〕 王诚予：《上市公司慈善股权捐赠法律问题研究》，辽宁大学法学院 2015 年硕士学位论文，第 4 页。

现金流折现模型或者其他估值模型对公司进行估值，所得即为该公司股票的价值”，[1] 在慈善组织受赠具体上市公司股票的价值计算上，可以借鉴上市公司增发股票的价格确定办法，[2] 以股票过户日前20个交易日该股票收盘价的均价乘以受赠股份的数量来计算其股票价值，从而确保股票的评估价值与实际价值的差距降低到最低。

2. 慈善组织受赠有限公司和非上市股份公司的股权价值计量

慈善组织受赠有限公司和非上市股份公司股权时，因无法借助统一、公开的市场交易来计算其公允价值，在此，应当委托具备资产评估资格的专业机构根据公司经营管理情况、财务状况、发展前景等因素进行合理评估，以公平合理地确定被捐赠股权的价值。当然，如果有相同或类似条件下同一企业同一股东或其他股东股权转让可类比的，可以参照相关价值予以计算。

三、受赠股权的税负减免

税负减免是影响捐赠者捐赠意愿、捐赠额度及捐赠形式选择的关键因素，也是发展慈善事业最关键的促进政策，股权捐赠也不例外。对此，《中共中央关于全面深化改革若干重大问题的决定》明确提出要“完善慈善捐助减免税制度，支持慈善事业发挥扶贫济困积极作用”；而从立法角度，无论是2004年国务院颁布的《基金会管理条例》《公益事业捐赠法》，抑或2016年颁行的《慈善法》等都无一例外地明确公益或慈善捐赠享受税收优惠。同时，为了专门捋顺慈善组织股权捐赠税收优惠并协调《慈善法》的运行，立法机关通过修正《企业所得税法（2017年）》和《个人所得税法（2018年）》等，加大并细化了对企业或个人慈善捐赠的减免力度；财政部和国家税务总局也专门颁布了《关于公益股权捐赠企业所得税政策问题的通知》，明确了税收减免规则。由于“通过减免慈善捐赠税负来激励企业实施慈善捐赠，通常可能比直接补贴慈善机构更有效”，[3] 因而，在笔者看来，上述规定仍不够，还需要在税负减免上实施更多的制度性突破。

（一）放宽税负减免对象的范围，加强对减免对象违法违规行为的监管

无论是《关于公益性捐赠税前扣除有关问题的通知》，还是《关于公益股权捐赠企业所得税政策问题的通知》，都明确了申请公益性捐赠税前扣除资格的公益性社会团体应具

---

〔1〕 刘运国、徐前：《上市公司股权捐赠财务与税务问题研究——基于福耀玻璃与哈撒韦公司的比较案例分析》，载《财会通讯》2012年第8期。

〔2〕 按照中国证监会2020年1月10日通过并于2月14日公布实施的《上市公司证券发行管理办法》第13条第3项的规定，向不特定对象公开募集股份（以下简称增发）时，发行价格应不低于公告招股意向书前二十个交易日公司股票均价或前一个交易日的均价。

〔3〕 ［美］托马斯·西尔克：《亚洲公益事业及其法规》，中国科学基金研究会译，科学出版社2000年版，第28～29页。

备的条件，具体体现在两个层面：一是须为向境内的公益性社会团体实施捐赠，[1] 向境外的社会组织或团体进行的捐赠不能享受税前扣除；二是所指向的“公益性社会团体”须有合法的公益身份，即须是“注册在中华人民共和国境内，以发展公益事业为宗旨、且不以营利为目的，并经确定为具有接受捐赠税前扣除资格的基金会、慈善组织等公益性社会团体”，从而将为依法取得公益性捐赠税前扣除资格、未经登记设立的民间组织、受到行政处罚（申请前3年内未受到行政处罚）和年检等未能达到标准的组织及非法组织排除在外。

尽管现有规则体系已经为股权捐赠打开了税负减免的大门，但这种“高标准、严要求”的税负减免申请条件和动态调整压力，易使大量的慈善组织无法获得免税资格和公益性捐赠税前扣除资格，[2] 大大抵销了制度设计的激励效果，以至于我国第一家以股票捐赠形式支持社会公益慈善事业的基金会——河仁慈善基金会无法列入2012年财政部、国家税务总局、民政部发布的公益性捐赠税前扣除资格名单以及2013年补录的名单中。[3] 为消除慈善组织免税资格和公益性捐赠税前扣除资格认定上的不足，笔者主张在坚持将捐赠税前扣除资格限定为境内的公益性社会团体[4] 的同时，改革目前的税负减免制度设计，具体有两种路径可供选择：

路径之一：原则上沿用目前的慈善组织免税资格和公益性捐赠税前扣除资格的申请制度，即满足规定条件的公益性社会团体可以依法向相关机关申请获得相关资格，但一经获得

[1] 具体参见《关于公益性捐赠税前扣除有关问题的通知》（财税〔2008〕160号）第4条和《关于公益股权捐赠企业所得税政策问题的通知》第3条和第4条，其中，前一通知的规定更为详细，而后一通知的规定内容则专门指向股权捐赠。

[2] 据广州市海珠区益友社会组织信息中心、安徽益合公益服务中心、上海复恩社会组织法律服务中心等5家民间组织于2015年9月联合发布的《政府培育社会组织政策创新调研报告》，在接受调研的全国188家社会组织中，只有43家获得免税资格，而主要原因竟然是现有立法没有关于“公益性”或“公益慈善组织”的明确定义，以致这些社会组织无法证明其“公益性”。参见广州市海珠区益友社会组织信息中心等：《政府培育社会组织政策创新调研报告》，第17页。而据媒体报道，在慈善事业较为发达的宁波，公益性捐赠税前扣除资格的社会组织仅32家，仅占全部法人社会组织的0.6%，且基本上局限在基金会和慈善总会；获得免税资格的社会组织53家，所占比例不到1%，参见包颖：《公益捐赠的税收“玻璃门”该破一破》，载《中国社会报》2014年3月11日。

[3] 直到财政部、国家税务总局和民政部2014年5月7日发布的《关于公布获得2013年度第二批公益性捐赠税前扣除资格的公益性社会团体名单的通知》，河仁慈善基金会才获得了公益性捐赠税前扣除资格，参见《我会获得公益性捐赠税前扣除资格》，载 http：//www. hcf. org. cn/Info/2015/0112/381. html，最后访问日期：2019年10月2日。

[4] 欧洲基金会中心（European Foundation Center）在起草“欧洲基金会法”的过程中就考虑到欧盟成员国就基金会国籍不同而存在差异的事实，通过制定“欧洲基金会法”来引导基金会在各国之间开展活动，给予欧洲基金会（至少在两个成员国开展活动）与其本土的基金会以同等的税收待遇，以使那些期望开展跨国活动的公民能获得与其本土的组织同等的税收地位，并使非歧视原则得以体现。See European Foundation Center，Proposal fora Regulationona European Statutefor Foundations，Version 19，November 2010，p. 8.

后，相关资格应该长期有效而不应仅限于5年有效期。[1]当然，如果相关慈善组织存在违反法律法规而被处罚、评估低于相关等级及违反既定的慈善目的使用慈善资产等情形，应视情况暂时或永久取消其资格。

路径之二：取消慈善组织免税资格和公益性捐赠税前扣除资格认定制度，只要是依法在国内设立的慈善组织都可以享受税负减免；同时，如果慈善组织存在违反法律法规及章程的行为，如违背慈善组织的慈善目的随意支配慈善资产，或以慈善组织名义进行“假慈善、真逃税”的行为及滥用慈善组织的公益性捐赠税前扣除资格进行利益输送等，则可取消其税负减免资格、补缴税款，并视情况给予警告、罚款、停业整顿、暂停或撤销其慈善组织资格等处罚，构成犯罪的还将追究刑事责任。相较于“处处设防”的“选入式”管控模式，借助慈善组织的准入门槛约束和慈善活动监管与制裁等“选出式”模式，能够有效引导慈善组织在法治的轨道前行。

当然，不管选择哪一路径，慈善组织的监管部门都应该建立完善的随机抽查制度，在强调对慈善组织年度财务报告进行备案的基础上，每年抽取一定比例的慈善组织并对社会公众反映较大的慈善组织进行重点检查，以积极主动的态度加大对慈善组织的监管力度和惩戒力度；同时，应加强与慈善行业组织的合作并建立信息共享机制，形成规范慈善组织行为的监管合力。在此，一方面，应该给予慈善组织救济权，就相关处罚或取消捐赠税前扣除资格申请复议或提起行政诉讼，以维护慈善组织的合法权益；另一方面，对于暂时取消其捐赠税前扣除资格的，在满足相关条件和年限时，可以重新申请获得相关资格或慈善组织身份，以激励其合法规范运作。

（二）提高大额捐赠尤其是巨额捐赠的扣除额，降低慈善捐赠的单位成本

按照目前《企业所得税法》和《个人所得税法实施条例》等的规定，[2]企业公益性捐赠在其年度利润总额12%以内的部分允许扣除，而个人公益性捐赠在应纳税所得额30%额度内允许扣除。撇开申请扣除程序的复杂性，单就扣除额来说，如果个人或企业进行小额捐赠，则相关捐赠额能够得到充分扣除，但如果涉及大额的财产捐赠，尤其是巨额的股权捐赠，现有的扣除额规则显然不能满足充分扣减需要。事实上，正因为立法对税前扣除额设置

---

〔1〕 按照财政部、国家税务总局、民政部2010年7月21日发布的《关于公益性捐赠税前扣除有关问题的补充通知》（财税〔2010〕45号）的规定，公益性捐赠税前扣除资格是需要每年认定一次，企业或个人在名单所属年度内向名单内的公益性社会团体进行的公益性捐赠支出，可按规定进行税前扣除；接受捐赠的公益性社会团体不在名单内，或虽在名单内但企业或个人发生的公益性捐赠支出不属于名单所属年度的，不得扣除。而按照财政部、国家税务总局2014年1月29日发布的《关于非营利组织免税资格认定管理有关问题的通知》第4条第1款的规定，非营利组织免税优惠资格的有效期为5年。非营利组织应在期满前3个月内提出复审申请，不提出复审申请或复审不合格的，其享受免税优惠的资格到期自动失效。

〔2〕 参见《企业所得税法》第9条和《个人所得税法实施条例》第19条。值得注意的是，允许扣除的前提是企业和个人必须向国内有公益性捐赠税前扣除资格的公益性社会组织或县级以上人民政府及其组成部门和直属机构进行捐赠，否则不能扣除。

的过低，曹德旺在捐赠设立河仁慈善基金会时，不得不在相关协议中约定由基金会在设立后5年内负责缴纳5亿多元的所得税。在笔者看来，现有的所得税税前扣除制度规定，存在鼓励小额捐赠而变相限制大额尤其是巨额捐赠的嫌疑。从税负减免实践来看，基于申报税前扣除程序繁琐与成本考量，大部分捐赠者不会在乎小额捐赠的所得税扣除及扣除的比例，而对于大额尤其是巨额捐赠来说，年度扣除额的高低则显得非常关键。

考虑到股权捐赠大多是大额乃至巨额捐赠，从鼓励捐赠者进行大额股权捐赠以充实我国慈善财产、推动慈善事业发展的角度，虽然还不能像《慈善法》第83条所规定的“免除捐赠人向慈善组织进行股权捐赠中因权利转让而发生相关行政事业性费用”,〔1〕但完全可以提高股权捐赠的扣除额，以大幅降低捐赠者的所得税税负负担。具体来说，一方面，应将企业公益性捐赠允许扣除的额度从其“年度利润总额的12%以内”提高到20%左右，在涉及大额财产捐赠尤其巨额股权捐赠（按照目前历史成本法，经评估股权捐赠的金额达到1亿元以上）时，允许扣除的额度可以提高到30%左右，以实现充分扣除；另一方面，应将个人公益性捐赠从其“年度应纳税所得额30%范围内进行扣除”提高到40%以内，在涉及大额财产捐赠尤其巨额股权捐赠（经评估财产捐赠的额度达到1000万元以上）的，允许扣除的额度可以提高到50%。

充分的扣除比例，一方面，因具有明显的引导和激励大额慈善捐赠的价值，将大大降低慈善捐赠中捐赠方与受赠方的单位成本，符合提高慈善效率的导向；另一方面，因为个人收入或企业年度利润增长幅度不高，低扣除额远无法有效覆盖个人或企业的巨额捐赠,〔2〕提高扣除额有其必要。笔者认为，提高扣除额，是将少量的国家税收收入实质性配比到慈善事业上，虽可能部分减少国家财政收入，但因具有明显的引导和激励大额慈善捐赠的价值而能为慈善事业导入大量社会资金，将大大减少国家在慈善事业上的投入负担，还为国家加强对慈善事业的监管提供了法理基础。事实上，域外很多国家的立法为激励个人或企业进行公益性捐赠，也设置了较高的扣除比例：如英国规定企业进行慈善捐赠时允许从应纳税所得额中全额扣除；而美国则规定个人向公共慈善组织进行的捐赠最高可以享受到应纳税所得额50%以内的税前扣除，企业进行的慈善捐赠税前扣除的额度为应纳税

---

〔1〕《慈善法》第83条规定，捐赠人向慈善组织捐赠实物、有价证券、股权和知识产权的，依法免征权利转让的相关行政事业性费用。

〔2〕以曹德旺2011年4月通过三益发展有限公司等捐出3亿股福耀玻璃股票设立的河仁慈善基金会为例，福耀玻璃2011年3月31日实施每10股派5.70元的分红方案，三益发展有限公司持股3.91亿股（截至2011年4月14日，占公司全部股份的19.5%），预计分红为2.229亿元左右，撇开该股权捐赠是三益发展公司和耀华工业村共同捐出股票并假定该公司当年仅有该项收入，对比该捐赠股票当时市值达35.49亿元，“年度利润总额的12%以内的部分”扣除额限制，意味着需要130多年才能扣除完。作为上市公司中属于利润比较稳定且分红比较慷慨的福耀玻璃尚且如此，捐赠其他利润不高且分红较少的公司股权，将意味着更长的扣除期间，这充分说明在提高扣除额和延长抵扣年限上有很大的空间。

额的10%以内[1]。

（三）延长未扣除部分的递延抵扣年限，以激励大额股权捐赠或一次性捐赠

一直以来，立法虽明确对捐赠者的公益性捐赠予以所得税税前扣除，但对于未能充分扣除部分的结转问题，法律和政策态度不明，这必然导致一部分捐赠者从避税的角度化整为零地分年度分批分次进行捐赠，如此，不仅不利于慈善组织获得大额捐赠尤其是一次性的大额捐赠，而且势必推高财产捐赠的成本，严重影响慈善组织的发展。事实上，曹德旺股权捐赠设立河仁慈善基金会时，因涉及巨额的所得税，尽管努力争取才获得了所得税延五年缴纳的政策性优惠，但这仅具有个案价值而不具有普遍性，未扣除部分的结转问题亟待制度突破。2016年颁行的《慈善法》积极回应这一社会需要，其在第80条第1款强调"自然人、法人和其他组织捐赠财产用于慈善活动的，依法享受税收优惠"的同时，明确"企业慈善捐赠支出超过法律规定的准予在计算企业所得税应纳税所得额时当年扣除的部分，允许结转以后三年内在计算应纳税所得额时扣除"，2017年2月修改的《企业所得税法》第9条中进一步明确企业的公益性捐赠支出"超过年度利润总额12%的部分，准予结转以后三年内在计算应纳税所得额时扣除"。上述规定突破了原有制度设计，对于大额捐赠具有历史性意义。

然而，上述规定存在两方面的局限：(1) 仅规定了企业慈善捐赠所涉企业所得税的递延抵扣，而未对个人慈善捐赠所涉个人所得税的递延抵扣问题作出规定；(2) 允许递延抵扣期限较短，仅为3年。捐赠者就慈善捐赠支出超过法律规定的准予在计算所得税应纳税所得额时当年未扣除的部分进行递延抵扣，已经是大势所趋，但现有立法的保守态度反映了立法者谨慎前行的同时，也使不少大额股权捐赠不能在税前得到充分扣除，以致不少慈善人士本可一次性集中捐赠，却因结转年限的原因而不得不选择分年、分次、分批捐赠，现有制度仍有拓展空间。事实上，根据美国《国内税收法典》的规定，无论是个人还是企业的公益性捐赠，超额的未抵扣部分可以在5年内递延抵扣；在德国，慈善捐赠的超额未抵扣部分可以在7年内进行递延抵扣；而在英国，企业向慈善组织捐赠时可以从应税所得中全额扣除[2]。从制度完善的角度，立法应该将递延抵扣拓展到所有的慈善捐赠主体，而不是仅仅限于企业；同时，递延抵扣的时间应该延长，即便不能像英国一样从应税所得中全额扣除，至少应该允许捐赠者就其超额未抵扣部分在5年内抵扣。笔者认为，股权捐赠通常是巨额的，递延抵扣的年限过短对于捐赠者来说意味着沉重的所得税负担，而适度延长递延抵扣的年限，将大大激励慈善人士进行大额的股权捐赠，并减少为避税而进行的分批分次捐赠以致增加捐赠成本

---

〔1〕 按照美国《国内税收法典》的规定，个人向公共慈善组织捐赠现金和普通所得财产将获得不超过纳税人纳税基数50%的范围内扣减，但向私立基金会（private foundation）捐赠时，则被降低到30%，而向私立基金会捐赠长期资本利得财产的，如股票和大多数不动产，只获得20%的扣减。See I. R. C. §170 (b) (1) (B), (C), (D); I. R. C. §170 (e) (1) (B); I. R. C. §2055, 2522.

〔2〕 参见［美］里昂·艾里什等：《中国非营利组织适用税法研究》，世界银行委托研究报告（2004年），第3页。

的现象。

四、受赠股权之表决权行使

慈善组织受赠公司股权并经股权变更登记而成为公司股东后，按照《财政部关于企业公益性捐赠股权有关财务问题的通知》之规定，捐赠者不再对已捐赠股权行使股东权利。尽管慈善组织受赠的股权来自作为捐赠者的企业或个人，但一旦完成股权变更登记后，捐赠者和额受赠者分别成为某一公司的股东，不可避免地会因为股东之间或公司内部的利益分歧而存在冲突，而表决权冲突将是其中的关键。从利益协调和捐赠激励的角度，笔者认为，宜引导通过捐赠协议委托捐赠者或受赠者让渡表决权的方式，在慈善组织持股期间，由捐赠者继续行使相关股权的表决权，以确保公司可持续发展。

（一）捐赠者受托行使受赠股权的表决权有其可能与必然

1. 捐赠者和受赠股权的慈善组织的角色定位差异使捐赠者受托行使受赠股权的表决权有其可能与必然

慈善组织作为持续提供慈善资金的平台，其更关注受赠股权价值的总额和股权收益的稳定性，显然，因股权带来的股息和红利及变现等对慈善组织更有吸引力。同时，慈善组织虽期待其资产的保值与增值，但慈善组织的慈善宗旨决定了其重在提供慈善活动、发展慈善事业。尽管慈善组织因受赠公司股权而获得相应表决权后，有机会借助表决权的行使对公司的经营管理施加影响，但笔者认为，慈善组织并不会因为其拥有表决权而为其慈善财产的募集和慈善活动的开展带来更多的竞争优势；相反，不仅可能因过多关注股权的价值变动或表决权争夺而耗费大量的人力和物力，而且可能因擅长慈善公益事业而不擅长商业，却过多介入持股公司事务，势必影响受赠股权之公司的正常经营管理及收益的稳定性。“慈善组织是没有能力运用股权的共益权来达到获得自益权的能力，因此股权的共益权随同股权的转移一同流向了慈善组织，对捐赠行为的双方都是不利的”,[1] 从慈善组织存在的价值基础和慈善活动的有效开展角度，其有尽可能减少参与公司经营管理的需求。

然而，按照《财政部关于企业公益性捐赠股权有关财务问题的通知》中“企业捐赠后，必须办理股权变更手续，不再对已捐赠股权行使股东权利，并不得要求受赠单位予以经济回报”之规定，虽能在较大程度上限制那些“假慈善、真避税”的行为，但撇开捐赠者“不得要求受赠单位予以经济回报”不论，单就捐赠者“不再对已捐赠股权行使股东权利”来说，极易因股权的变动而打破股权的载体企业原有的股权架构、决策影响力并在较大程度上影响企业的正常决策、经营管理及长远发展。事实上，这也是曹德旺本欲捐赠 7 亿股，但后

---

〔1〕 马勍：《公司股权捐赠制度研究》，吉林大学法学院 2012 年硕士学位论文，第 14 ~15 页。

来为避免公司控制权转移而将股权捐赠的数量降低至3亿股的重要原因。

吸引企业家更多地参与慈善活动是促进慈善事业稳健与可持续发展不可或缺的，但企业家最大的社会责任应是立足其所在的企业引领社会发展、为社会创造更多的财富和价值。只有企业家继续留在公司并对公司的发展保持持续的影响力，才能彰显企业家的价值并为社会创造更多的财富，并确保公司的稳健发展。因此，当企业家捐出其所持有的股权后，立法应该为其继续有效地控制其所创立的公司提供制度支撑，否则，当作为企业家的个人捐出股份后丧失对公司的控制权和影响力，不仅将可能影响公司的可持续发展，而且可能进而导致慈善组织所受赠的股权贬值。由此，有必要通过制度设计来理顺慈善组织将其受赠的股权委托给捐赠者行使的路径，以消除捐赠者因大额股权捐赠而丧失公司控制权或影响力的担忧。

2. 捐赠者和受赠股权的慈善组织对股权利益的期望和关注点差异使捐赠者受托行使受赠股权的表决权有其可能与必然

从公司理论和现有立法来看，慈善组织受赠的股权应是具有完整权利的股权，其可以从慈善组织利益最大化的角度来行使股东权利，其中包括对公司的经营管理施加影响力的表决权。然而，股权虽代表着股东对公司所享有的财产利益，但其是一种不同于所有权、债权的独立民事权利，具有财产权和非财产权的双重属性，[1] 这使捐赠者和受赠的慈善组织对股权捐赠的关注点和期望有较大差异。

“股权捐赠者和受赠者对股权中不同权能的看重程度不同：捐赠者更看重股权表决权的行使和效果，受赠者更在乎股权收益的稳定和额度”，[2] 在笔者看来，无论是捐赠者捐赠股权还是慈善组织受赠公司股权，至为重要的是相关股权所代表的财产权益：捐赠者并不是通过向慈善组织捐赠股权来引入战略投资者，而是借此捐赠来代替捐赠成本可能更高的货币捐赠以实现其慈善梦想；慈善组织受赠公司股权是为了在现有法律框架下获得更多的慈善财产并关注股权价值所可能实现的经济利益，并非意在对公司的经营管理施加影响，更不是为了控制公司或制衡捐赠者。股权捐赠者通常是上市公司的发起人、控股股东或实际控制人，由于大额股权捐赠易导致捐赠者对公司控制力的减弱，不少股权捐赠者倾向选择股权捐赠设立慈善组织，并借助捐赠者自己或信任的人担任慈善组织的主要管理者等来确保在表决权行使上形成一致行动人关系，从而确保对公司的持续控制并维护公司的稳健运行。事实上，捐赠者肯定希望在股权捐赠后并不因为捐赠而丧失因表决权行使而导致的对公司控制权的旁落，如曹德旺虽极力强调其股权捐赠设立的“河仁慈善基金会”在管理上与捐助者剥离并保持独

[1] 赵旭东主编：《公司法》（第3版），中国政法大学出版社2020年版，第167页；范健、王建文：《公司法》（第5版），法律出版社2018年版，第318~320页。

[2] 田蓉、秦正：《我国股权捐赠模式之法律探索》，载《苏州大学学报（哲学社会科学版）》2012年第6期。

立性,[1] 但在捐赠协议中明确要求“受捐单位在持有公司股票期间以及其今后大宗交易等涉及公司事务时一律授权第二大股东(三益发展有限公司)表决”;而罗伯特·博世(Robert Bosch)在1964年成立罗伯特·博世基金会并将博世集团92%的股权转移至基金会名下时,就将持股投票权转移给拥有博世集团1%股权的罗伯特·博世工业信托公司行使,并明确基金会仅能获得股权所带来的收益,不能参与博世集团的经营管理;这实际上也是巴菲特在向盖茨基金会等进行股权捐赠时要将表决权重较高的A类股转为表决权重较低的B类股的关键[2]。

3. 现有立法并未禁止慈善组织将表决权交由捐赠者行使

尽管《关于企业公益性捐赠股权有关财务问题的通知》中明确规定“企业捐赠后,必须办理股权变更手续,不再对已捐赠股权行使股东权利,并不得要求受赠单位予以经济回报”,但正如学者所指出的,该规定“并没有排除受赠人将某些股东权利(如表决权)委托给捐赠人行使”,当然,“这种权利的委托必须出于自愿,并有利于权利的行使或实现。捐赠人不得强迫受赠人将某些股东权利委托给捐赠人,也不能以保留某些股东权利为条件而捐赠。如果权利的委托虽然出于受赠人自愿,但是权利无法有效行使或实现,那么受赠人应当及时撤销委托,重新安排该权利的行使”[3]。同时,目前立法尚未对个人捐赠股权的行为进行规定,从私法自治之“法无明文禁止即为允许”的角度,应该允许受赠股权的慈善组织通过协议等方式将受赠股权的表决权委托给捐赠者行使。此外,我国《公司法》第106条还设置了表决权代理制度,[4] 而《慈善法》第54条在明确慈善组织可为实现财产的保值、增值而在遵循合法、安全、有效的原则基础上进行投资并将投资收益全部用于慈善目的的同时,特别强调“慈善组织的负责人和工作人员不得在慈善组织投资的企业兼职或者领取报酬”,这在很大程度上意味着慈善组织在受赠公司股权之后,只能间接参与而不能直接介入公司的经营管理,

---

〔1〕 曹德旺在股权捐赠设立“河仁慈善基金会”仪式上表示,股权捐赠后,基金会将与曹氏家族彻底剥离,并明确基金会拥有完整的股东权利;同时,曹氏家族的代表也相继退出基金会管理。参见李晋、侯雪竹:《曹德旺捐赠股票考验政府智慧 四大问题有待解决》,载《京华时报》2011年5月9日。而笔者查询“河仁慈善基金会”网站主页显示,曹德旺担任“第一理事长”,武双担任理事长兼法人代表,参见《河仁慈善基金会第三届理、监事成员》,载 http://www.hcf.org.cn/classify/about?id=1&nameId=1,最后访问日期:2021年12月4日。

〔2〕 巴菲特控股的伯克希尔·哈撒韦公司实行双重股权结构,即公司的股票分为A类股与B类股,每股A类股可以兑换1500股B类股,但B类股票不能转陈A类股,且目前A类股价格大概是B类股的1500倍。按照该公司章程规定,每股A类股拥有一股的投票权,而每股B类股只有万分之一的投票权。巴菲特为使自己不丧失对公司的控制权,会将A类股转为B类股后再进行捐赠或送股。但在转换A股的过程中,巴菲特确保了其他投资者不会拿到监督权的股票,这使巴菲特虽在股权捐赠后持股比例下降,但仍然保持着对公司的控制权。

〔3〕 葛伟军:《论股权捐赠的法律规制》,载《清华法学》2014年第2期。

〔4〕《公司法》第106条规定:“股东可以委托代理人出席股东大会会议,代理人应当向公司提交股东授权委托书,并在授权范围内行使表决权。”

即只能依法行使股东权利[1] 而不宜过多介入公司事务，这些都为捐赠者受托行使受赠股权的表决权奠定了法律基础。

（二）捐赠者受托行使受赠股权表决权之制度安排

"上帝的归上帝，恺撒的归恺撒"，慈善组织因受赠股权而成为公司股东并拥有完整的股东权利时，为维护公司尤其是上市公司正常的经营运作并实现捐赠人与受赠的慈善组织之间利益的平衡与共赢，笔者认为，慈善组织在受赠公司股权尤其是上市公司股票时，除涉及股权的受益权及可能严重损害股东合法权益的表决事项外，应该鼓励慈善组织与捐赠人通过协议约定慈善组织将受赠股权的表决权委托捐赠人行使，或者通过协议明确慈善组织就其受赠的股权与捐赠人在相关表决中形成一致行动人，以确保捐赠人不被实质削弱或不丧失对公司的影响力，减少因股权捐赠而引发的管理权冲突，从而将股权捐赠对公司的负面影响减到最低限度。

"表决权具有独立的制度价值，它是一种强有力的控制机制"，[2] 笔者认为，公司就重大事项进行的决策都是股东利益博弈和妥协的结果，唯有如此，方能就捐赠的股权在捐赠人和受赠人之间实现较好的利益平衡：捐赠者继续行使已捐出股权的表决权，从而确保其对公司的控制力或影响力；受赠股权的慈善组织可以充分享有因受赠股权而获得的持续分红及转让股权的利益，从而避免因过多介入持股公司的经营管理而影响其集中精力开展慈善活动、推进其所关心的慈善事业。事实上，无论是牛根生股权捐赠设立老牛基金会还是曹德旺股权捐赠设立河仁慈善基金会，都在不同程度上明确了表决权与受益权分离的新模式。

当然，尽管笔者主张受赠股权的慈善组织可以通过协议将其受赠股权的表决权委托给捐赠人行使，但这种委托并不是无条件的，而应该是有限度的：首先，委托可以是不可撤销的，但在某些特殊情形，如决议内容可能明显损害或实质限制乃至剥夺受赠股权的慈善组织利益，以致无法从受赠的股权中获益时，作为股东的慈善组织可以撤销委托，以避免股权捐赠沦为摆设。其次，对于某些特别表决事项，如涉及根本影响股东受益权和股东责任、增加股东负担（如增资或配股）及决议内容明显背离慈善组织公益目的的，应该由慈善组织独立行使表决权。同时，如果发生上述情形，或者《公司法》第 74 条所列情形或第 142 条第 1 款第 4 项情形时，慈善组织也可以依法行使异议股东收购请求权，"用脚投票"退出公司。

[1] 按照《公司法》第 4 条的规定，股东依法享有"资产受益、参与重大决策和选择管理者的权利"，从选择管理者参与公司经营管理的角度，毫无疑问，股东可以选举自己或委派自己信任的人直接介入公司的经营管理；但是，按照《慈善法》第 54 条的规定，当慈善组织作为公司股东时，无论是受赠取得股权还是其他方式取得股权，也不论其是否具有持股优势，其负责人和工作人员都不得在公司中担任管理者（包括兼任具有监督职责的监事等），在笔者看来，这意味着法律对慈善组织作为公司股东的权利进行了一定的限制，其合理性值得商榷。同时，从规避法律的角度，慈善组织在具有持股优势的情况下，完全可以借助其他方式实现对公司经营管理的控制。

[2] Jeffrey G. Ziegeletc.，*Cases and Materials on Partnerships and Canadian Business Corporation*，2nd edition，Carswell Pub.，1989，p. 270.

最后，委托协议不能完全排斥受赠股权的慈善组织对外转让其股权，但可以约定每年转让股权的最高额度，或将受赠股权的转让列为特别决议事项而设置相对较高的表决比例。

此外，目前《公司法》正处于修订中，已经发布的修订一审稿也认可了类别股制度，今后，可以充分利用股权结构的多元化促进股权捐赠。一方面，应鼓励企业或个人尽量向慈善组织捐赠无表决权的优先股，以不影响捐赠者主导持股公司的战略目标，而慈善组织既能优先分红并获得稳定的股利，还能在公司清算并分配剩余财产时具有优先性；另一方面，还可以通过双重股权结构就公司的股权治理和决策机制设置灵活性安排。事实上，无论是巴菲特向盖茨基金会进行巨额股权捐赠还是扎克伯格承诺将99%的股票（价值450亿美元）捐出，都与双重股权制度架构下捐赠者进行巨额股权捐赠后仍能保持对公司的控制权有很大的关系。

五、慈善组织参与公司的增资与配股

公司为适应市场竞争和发展需要进行规模扩张是公司发展的必然，也是提升公司竞争力的需要。而在增资或配股中，必然触发现有股东认购股权的问题。当慈善组织因受赠公司股权而成为公司股东时，慈善组织也必然有参与增资和配股的可能。此时，慈善组织在参与公司增资与配股应遵循如下原则：

（一）不应增加慈善组织的负担原则

慈善组织存在的价值基础决定了其应主要围绕慈善宗旨或既定的慈善目的开展活动，以最大限度地推动慈善事业发展。尽管慈善组织为持续开展慈善活动而有必要确保其资产的保值增值，但慈善组织在这一活动中不仅受到税法就其经营性收入的约束，而且易因过多介入经营活动而懈怠慈善活动的开展。从慈善组织参与公司增资或配股来说，因其不同于证券市场较为常见的无须支付货币对价的送转股，而是需要按照要求支付相应的财产，其中主要为货币资金。这不仅会影响慈善组织资产的流动性，而且易导致慈善组织的财务预算重大调整，以致波及慈善活动的正常开展。因而，笔者认为，慈善组织参与持股公司的增资或配股时，不应给慈善组织造成压力或形成严重负担，以免影响其正常运作和慈善活动的开展。

当然，慈善组织为避免持股公司股权被稀释，可以在预算中预留一部分资金或从持股公司的分红中提取一定比例作为备付金，以备持股公司增资或配股等应急性需要。慈善组织不能仅为了避免其股权被稀释而非理性地选择通过借贷或抵押等方式获取资金来参与持股公司的增资或配股。

（二）理性参与原则

尽管公司的股东会或股东大会通过了增资或配股决议，但公司增加注册资本的原因是复杂的，在某些情境下也存在非理性的因素。投资有风险，增资需谨慎，因此，慈善组织在参与公司的增资或配股时应该理性：一方面，在对相关事项进行表决时，应该合理评估增资或配股事项对公司发展的利弊，理性参与决策，切不可盲目跟风，更不能被捐赠者裹挟；另一方面，即便公司就增资或配股形成了决议，慈善组织应该评估参与增资或配股对慈善财产和慈善组织长远发展的影响，理性决定参与或不参与，以及在多大程度上参与。

（三）适度参与原则

相对公司尤其是上市公司来说，单个慈善组织的公益资产是有限的，不可能无限度地满足上市公司增资扩股所需的资金量。因此，虽然增资或配股能在一定程度上增加慈善组织的持股数量，避免股权被稀释，但不考虑自身财力而盲目参与公司的增资或配股，则可能危及慈善组织资金的流动性、正常运作及可持续发展。因此，慈善组织在参与公司增资或配股时，应坚持适度原则，应结合自己的财力状况量力而行，切不可因增资或配股而影响其慈善事业的正常运作，这是一个基本底线。

美国低利润有限责任公司法探析

朱　圆*

目　次

在过去的半个世纪，世界经济飞速发展，财富大量累积，然而，因市场经济快速发展而引发的公共产品紧缺及区域间的资源严重不平等现象仍然存在。学者和企业家们开始思考变革企业的组织形式和经营策略，以修复社会问题的可行性，并提出各种方案，其中近年受到广泛瞩目的一种方案，就是创建同时追求经济和社会效益的社会企业。在美国，低利润有限责任公司（Low – profit Limited Liability Company，L3C）是美国社会企业立法的第一代创新性成果，其旨在平衡企业的社会与营利使命，构建运用自主经营所得，实现公益目标的法律实体。

美国低利润有限责任公司法律制度以美国有限责任公司组织形式灵活的运行规则为依托，融合能为投资者带来税收优惠的“项目相关投资”制度，且研创了分级投资、差别收益率的制度安排，从而满足不同层级投资者的需求，为企业实现社会使命吸引更多资金。作为社会企业，低利润有限责任公司尝试在营利与非营利部门之间寻找出路，为社会企业家提供了新的经营思路。本文首先介绍了美

* 朱圆，福州大学法学院教授。

国低利润有限责任公司的立法背景，随后分析介绍了低利润有限责任公司的基本运作框架、运行模式，制度优势及存在的缺陷，以及为我国立法借鉴的可行性。

一、低利润有限责任公司的立法背景

20 世纪 90 年代，美国次贷经济危机引发一系列社会问题，传统经济部门无法有效应对纷繁庞杂的社会需求。以美国有限责任公司法律结构为基础，服务于社会福利与经济收益双重使命的低利润有限责任公司应运而生，其设立旨在充分利用有限责任公司的税收优势和组织形式的灵活性，制定专门的组织框架，从而吸引私募基金会和其他投资主体的资金，完成企业追求的社会使命。美国 L3C 的创建依托于传统的有限责任公司组织形式，而美国的有限责任公司与我国的有限责任公司存在显著差异，因此本部分先介绍美国的有限责任公司制度。

（一）美国的有限责任公司制度

在美国，有限责任公司（Limited Liability Company，LLC）是最受欢迎的企业组织形式之一，它是兼具合伙企业和公司性质的混合实体，该组织形式结合了公司形态下股东有限责任与合伙企业形态下的单层税收待遇两种机制，从而对中小投资者产生巨大吸引力。一方面，有限责任公司所有成员均受有限责任机制的保护，都有权参与企业管理；另一方面，当公司成员为两人及以上时，联邦税法对其适用合伙企业的征税规则——成员只需缴纳个人所得税，公司层面无须缴纳所得税。此外，相较其他组织形式而言，有限责任公司制度具有更强的灵活性，授权性规则占据法律规则的主导地位，从而有很大的发展潜力。

（二）低利润有限责任公司的立法背景

L3C 立法最初并不是由政府机关或立法机构率先推动的，而是源于民间。美国著名私募基金会 CEO 罗伯特·朗（Robert Lang）是这一新颖商业结构的创造者和主要支持者，罗伯特·朗将 L3C 定义为“具有非营利灵魂的营利组织”，并试图将其创建为全国性的混合实体品牌，通过这种企业形式，慈善基金可以与私募股权相结合，从而实现两者无法单独完成的社会公益目标。

在罗伯特·朗及其团队的推动下，美国第一部 L3C 立法于 2008 年 4 月在佛蒙特州授权通过。立法通过的几个月后，美国次贷危机爆发并迅速席卷全球，国内经济崩溃，失业率飙升。由于经济状况的不稳定，众多私募基金会不愿意将公共资源单位变成实验性商业实体，冒险地缩减其资产池。与此相反，各州和地方政府面对经济危机不得不大幅削减开支，因此各州立法机构强烈期待吸收外界社会资本，以提高本州的社会公共服务水平。[1] 在此背景

---

〔1〕 Christopher D. Hilton, *Low-profit Limited Liability Companies (L3CS): Many Traps For The Unwary Social Entrepreneur*, Tulane Law Review 169, 170 (2012).

下，许多州开始模仿佛蒙特州 L3C 立法模式，启动了本州的 L3C 立法。随后，佛蒙特州、密歇根州、怀俄明州、犹他州、伊利诺伊州、缅因州、路易斯安那州、北卡罗来纳州和罗得岛州 9 个州和两个联邦部落管辖区也相继通过了 L3C 法案。[1]

各州 L3C 创立的初衷是为了更好地吸收私募基金会的项目投资，为公益事业服务。因此，立法者在对 L3C 进行定义时参照了《联邦税法》关于项目投资的规定，在企业宗旨、目的限制、特殊中止条款等方面都力图贴合联邦税法关于项目投资条款的要求，使 L3C 符合援引项目投资的标准。同时，出身于有限责任公司的 L3C 明确将社会公益目的作为企业的首要目标，使企业更加倾向于传统的非营利组织，有效帮助美国缓解经济危机带来的社会服务压力，因而在次贷危机时代获得了快速的发展。

二、低利润有限责任公司设立运行与基本结构

L3C 以美国有限责任公司制度为基础，其设立应满足有限责任公司的设立要求，与有限责任公司不同的是，法律特别要求 L3C 以完成社会公益目的为首要任务。L3C 借鉴了美国联邦税法的项目相关投资条款，利用有限责任公司制度的灵活性设计了独特的分层投资结构，为企业完成双重使命的融资活动提供了有力支撑。

（一）设立

美国的有限责任制度是一种混合式的企业形式，兼具股东有限责任、单层税收和机制灵活三项优势，这种简单而富有操作空间的企业形态成为 L3C 的首选。L3C 设立时应当符合法定有限责任公司的设立条件，同时还应当满足 L3C 的特殊要求。

L3C 是以美国现行有限责任公司形态为基础，完成社会目标为首要使命的企业实体。在满足美国法对有限责任公司的设立条件的同时，L3C 还要求公司的设立申请达到以下要求：第一，企业应当基于一定的社会目标而成立，企业经营活动必须显著促进或实现其承诺的一个或多个社会目标，包括慈善、教育、环境等方面；第二，企业的设立不得源于任何政治目的；第三，企业的首要目的不能是为企业创造经济价值，但并不禁止企业的营利活动。有限责任公司只有同时满足上述三个条件，才可以成为 L3C。需要特别注意的是，虽然企业的核心任务是完成社会使命，但 L3C 肩负社会与经济双重使命，企业事实上仍有盈利需求，因此在没有其他判定因素的情况下，企业进行经营活动并获得经营收入的事实并不意味着违背了社会使命优先的要求。[2]

---

〔1〕 参见 Carter G. Bishop，*Fifty State：L3C & B Corporation Legislation Table*，载 https：//papers. ssm, com/sol3/papers. cfm? abstract_id =1561783，数据更新至 2017 年 9 月 6 日，最后访问日期：2019 年 12 月 21 日。

〔2〕 11 V. S. A § 3001（27）（A）（B）（C）（D）.

实务中，成立 L3C 通常有两种方式。第一种方式是按照相关法律对设立 L3C 的要求的规定，直接注册为 L3C，法律特别要求低利润有限公司在企业注册名称中直接标明 L3C 或相关缩略词等字样；第二种方式是已经成立的有限责任公司通过修改章程，使其满足 L3C 的设立条件，此类公司须在章程中表明公司的社会目标，并提交州秘书处进行登记，从而完成转化为 L3C 的程序。

L3C 的设立条件及程序承袭了有限责任公司的相关规定，给予了企业更多弹性操作空间。但企业形态的转换并不是毫无限制的，当企业已经完成或者完全偏离了章程承诺的社会目标，不再符合 L3C 的要求时，应当解散企业或修改章程转换为普通有限责任公司，并且不得再使用含有 L3C 字样的企业名称。

（二）融资手段——项目相关投资

在传统企业理念中，慈善与营利是相互矛盾的，这种片面的观点在很大程度加大了企业的融资难度。一方面，坚持股东利益至上的投资者担心以社会使命为首要目的的企业为实现慈善目标而过度牺牲经营收入和经济效益；另一方面，政府和私募基金在许多时候更乐意投资于单纯的非营利组织，他们认为不以营利为目的的组织机构才能忠实于社会使命，并确保慈善目标的落实。为破解现实存在的融资困局，L3C 融合了美国有限责任公司制度和项目相关投资（Program Related Investment，PRI）的优势，为企业提供新型融资工具，从而缓解了企业的融资压力。

1. “项目相关投资”设立背景

随着美国自由市场文化的发展，公共慈善机构被赋予更高期望，一方面，人们希望公共慈善机构能改变传统扶助弱势群体的慈善理念，投身于更广泛的社会工程建设；另一方面，公众也期盼慈善机构能够实现经济上的自给自足。但这种设想与美国税法坚持的非营利组织去商业化及公共慈善理念相矛盾。由于美国税法对公共慈善机构免税资格的评估仍沿用传统慈善标准，从事商业行为很可能影响美国国税局对公共慈善机构税收豁免资格的审批结论，同时引发社会信任危机，社会企业家开始将目光转向私募基金会。私募基金会从事公益活动的主要障碍在于其所从事的慈善投资可能承担繁重的税赋。换言之，私募基金会投资于慈善的支出若能获得免税资格，将大大激发私募基金的投资热情。PRI 的出现在很大程度上解决了私募基金会进行慈善投资的税赋问题。

L3C 在很大程度上是为了契合美国私募基金会的 PRI 而设立的，究其原因，与美国的联邦税收法律体系和慈善机构体系密不可分。美国《联邦税法》第 501（c）（3）条主要规定了非营利组织的免税问题，主要涉及主体包括“公共慈善机构”和“私募基金会”。公共慈善机构是典型的非营利组织，享有《联邦税法》规定的多项免税待遇。与公共慈善机构不同的是，《联邦税法》对私募基金会规定了众多的消费税和其他税种，例如，私募基金会的净投资收入需缴纳 2% 的消费税，并缴纳自营交易税。此外，对于危及慈善目的的投资，私募基金会也必须缴纳税款。[1]

私募基金会的出资者群体相对较小，且主要捐赠对象是慈善机构。《联邦税法》对私募基金会施加了一系列监管规定，包括对基金会支出和投资的各种审查。私募基金会如欲获得税收优惠待遇，则其对外投资需满足“最低支出”要求，即每年至少应支出其净资产值的5%用于“宗教、慈善、科学、文化、教育……防止虐待儿童或动物”等社会公益目的，这部分支出被称为免税支出（payout requirement）。联邦国税局（IRC）还制定相关标准阻止私募基金会进行高风险投资。私募基金会不得以危及免税目的的方式进行投资。如果确定该投资威胁到“基金会的社会公益目的”，则投资将被视为危险投资，须负担惩罚性税收。[2]

但是，《联邦税法》对上述涉及私募基金的税负要求，特别制定了一项例外规则，即与L3C最为密切相关的PRI条款，该条款的内容是，如果私募基金会的投资是为实现慈善目的，则根据美国《联邦税法》第170（c）（2）（B）节规定，即便投资具有经济风险，亦不被视为危险投资，不需要承担高额的税费和罚金。同时，这种投资将计入基金会的免税支出，不需向政府纳税。因此，PRI条款对于私募基金会十分有益。它为基金会降低税负创造了可能，并使基金会能够投资于有助于实现公益目的，但具有财务风险的投资项目。

私人基金会的投资达到PRI的要求，必须满足以下三个条件：第一，投资目的必须是联邦税法列出的合格慈善目的之一；第二，投资的核心目的不能设定为营利或使财产增值；第三，投资不得用于影响任何立法或政治活动。[3]

2. L3C吸引私募基金会投资的独特制度优势

然而，即使有PRI这一例外规定，在L3C公司模式出现之前，私募基金会倾向于选择向公共慈善事业捐款的方式，而不是PRI，来满足税法设定的“免税支出”要求。这些私募基金会的运营者并非不知道PRI条款的积极作用，而是考虑到其风险与难度而畏葸不前。这是因为，《联邦税法》对PRI的标准做了十分宽泛的规定，且没有对如何具体实施和操作PRI制定明确标准，许多私募基金会的运营者担心自身对标准把握不当，将属于“危险投资”的项目误认为PRI，导致承担高额税费。为充分利用PRI条款为私募基金会赢取利益，同时避免掉入“危险投资”的陷阱，投资者采取了各种方法，包括使用联邦国税局“私人信件裁决”的预先评估批准机制，以及 律师出具“尽职调查 + 独立法律顾问意见”方式。但现实是，前述两种方式的应用都将带来高昂的经济和时间成本。这使许多私募基金会的投资者对

---

〔1〕［美］德纳·布雷克曼·雷塞、史蒂文·A. 迪恩：《社会企业法——信任、公益与资本市场》，方懿、李攀译，上海财经大学出版社2019年版，第64页。

〔2〕Maura K. Flaherty, *A New Vehicle For Mission – Driven Work: Is The Low – Profit Limited Liability Company Right For Oregon?*, 91 Oregon Law Review 273, 279 (2012).

〔3〕Robert Lang & Elizabeth Carrott Minnigh, *The L3C, History, Basic Construct, And Legal Framework*, 35 Vermont Law Review 15, 16 (2010).

PRI 望而却步。[1]

在这种现实背景下，L3C 应运而生。正如前文所述，L3C 几乎可以说是为提高私募基金会参与 PRI 的热情而生，一方面，L3C 立法者制定法律机制，使 L3C 完美契合《联邦税法》关于 PRI 的所有实质性规定和相关形式要求，为私募基金会投资 L3C 消除隐患。另一方面，L3C 的创始推动者积极游说联邦国税局，希望联邦立法接纳 L3C，创设私募基金会投资 L3C 的快速审查机制，为 L3C 争取私募基金会投资开绿灯。

L3C 法吸纳了 PRI 条款，规定满足条件的投资可以获得免税待遇。根据《联邦税法》的规定，私募基金会的某项投资如风险过高，将被认定为危险投资，需要征收投资金额 10% 的税。但如果私募基金会对 L3C 的投资显著促进了企业慈善目的的实现，并且可以确认该项投资不是为了获取免税地位而进行的谋利活动，则不必缴纳危险投资税。

（三）资本结构——分级投资

L3C 公司植根于传统的有限责任公司，其所采用的更接近于合伙企业的运营模式，为投资者以及公司的运行带来更多的操作便利性。灵活的组织形式使 L3C 的投资主体更加多样化，私募基金会、营利性法人、合伙组织、个人投资者，甚至政府以及其他各级组织均可以成为 L3C 的投资者。另外，法律允许 L3C 在经营协议中自主制定适用本公司的管理细则，法律不对协议内容进行限制。L3C 利用法律赋予的自主性，创造了独特的分级投资结构。

1. 分级投资的基本结构

在 L3C 中，根据社会投资目的的不同，可以将 L3C 投资者划分成三个不同的权益层级：普通权益层级、中间权益层级和高级权益层级。L3C 赋予各级投资者不同权利，包括管理权和分享市场回报的权利。

具体而言，在三个权益层级的划分中，首先将 L3C 的主要投资主体——私募基金会的 PRI 投资列为普通权益层级。私募基金会承担最高的投资风险，但是获得最低的投资回报率。基于私募基金会的特殊社会使命，以及《联邦税法》的严苛要求，他们愿意接受高风险低收益的待遇。毕竟若非依托 PRI 投资，私募基金会只能将用于投资的钱捐赠给公益慈善事业，而无法获得任何投资回报。普通权益份额投资者还包括慈善组织以及其他愿意接受高风险、低投资回报率的投资者。这类投资者主要关注的是企业的社会使命而非投资收益，因此可以接受低于市场标准的经济回报率，但为确保企业经营不偏离社会使命方向，他们通常要求更高程度的企业管理自主权，以及对企业资金运作进行监督制衡的权力。

其次，中间权益层级指向的是具有社会意识、愿意承担一定投资风险，同时要求适当经济回报的投资者。他们投资 L3C 不仅仅是为了取得投资收益，还希望企业能够投身于社会公

[1] Mark R. Krogstad, *Filing The GAP: Addressing The Potential Impact of North DAKOTA Adopting Legislation Creating A New Entity—The Low Profit Limited Liabilaty Company*, 86 North Dakota Law Review. 535, 543 (2010).

益事业，因此对市场经济回报的要求低于传统投资者，通常能够接受高于普通权益投资者但是低于平均市场回报率的经济回馈。

最后，L3C 将单纯追求市场回报率的投资者列为高级权益层级，企业为了吸引此类市场导向型投资者，通常承诺给予他们更高的经济回报。[1]值得注意的是，高级权益投资者的投资收益受普通权益投资者和中间权益投资者的影响，后两者作出的让步越多，高级权益投资者获得的收益就越高。

L3C 的分级投资结构满足了不同种类投资者的投资需求。一方面，美国国税局对私募基金会经营投资的限制十分严格，获取纯粹经济利益的投资行为将给私募基金会带来沉重的消费税压力，也削弱了民众对私募基金会的信任，带来一系列负面评价。L3C 的分级投资制度既满足了私募基金会慈善投资的目的，也缓解了投资者的税负压力，成为私募基金会投资者的新选择。另一方面，社会企业运动的推动使现代投资者逐步认识到企业社会责任和品牌效益的力量。但长期以来受股东至上理论影响的传统投资者不可能完全放弃对市场回报的追求，分级投资采取的缓和性分配手段，更能刺激这些投资者的投资欲望。L3C 通过分级投资规则，对成员进行分类，不同类别的成员在企业中拥有不同的利益，享受不同程度的投资回报和税收优惠，从而较大程度满足各类投资者的要求，增强了企业的投资吸引力与资金活力。

2. 分级投资的运用

投资者对市场回报率的要求决定了企业的资金活力，进而影响企业的经营活动。就非营利组织而言，捐赠者通常出于慈善意愿或是为了获得税收减免而进行投资，但非营利组织以完成慈善目标为使命，不能给予投资者相应的投资回报，因此即便捐赠行为能够获得较高的社会评价，也很难吸引到足够的资金来保证慈善事业的稳步运行。与非营利组织不同，营利性企业每年一般需向投资者提供约 5%，或更高的投资回报，才能确保获得稳定的融资概率。但如此高的投资回报率负担，迫使企业无力投身于缺乏盈利能力的慈善事业。同样地，L3C 也不可避免面临满足投资者投资回报期待与社会目标完成度之间的冲突，为了保证企业的正常融资，同时尽可能为慈善目标的完成预留足够的资金，社会企业家们认为 L3C 应当将投资回报率保持在 0% ~5%。

L3C 可以根据企业的实际情况制定分级投资计划，在保证平均回报率的前提下，分别规定各级投资者的投资要求与权利义务，为企业吸引多样化投资主体创造条件。举例来说，L3C 可以将投资者分为三个层次，第一层次的投资者占 25%，包含慈善组织的捐款、政府的拨款，这部分投资者属于无偿捐赠，投资者不需要市场回报。第二层次的投资者占比设定为 25%，由对市场回报有需求的私募基金会和具有社会意识的个人投资者组成，他们愿意让渡

---

〔1〕 Maura K. Flaherty, *A New Vehicle For Mission – Driven Work: Is The Low – Profit Limited Liability Company Right For Oregon?*, 91 Oregon Law Review 273, 280 (2012).

一部分的经济利益，以帮助企业完成既定的社会目标，愿意接受低于平均水平的投资收益，因此企业可以将第二层次投资回报率控制在2%左右。第三层次的投资者由普通市场投资者组成，占投资者总数的50%，这部分市场导向型投资者更多关注企业的经济效益和个人收益，为最大限度吸引此类投资的资金，可以给予其约7%的投资回报。按照这种分级投资模式，企业的混合投资回报率为4%，符合L3C利基市场的期待。L3C的分级投资模式并不是固定的，企业可以根据自身需求加以设定，比如L3C也可以将三层次的资本结构设置为15%～35%～50%。

在L3C的分级投资结构中，基础投资者，也就是私募基金会放弃了大量的经济回报，这部分回报将由中间权益层级和高级权益层级的市场投资者共同分享。对这一点的解释，可能L3C创始人罗伯特·朗的举例最为贴切。在解释分层权益结构体系时，他假设在大多数情况下，没有以市场为导向的投资者会投资，其回报预计从零到5%或6%左右。如果一个社会驱动的企业只能获得6%的回报，我们如何获得足够的资本进入企业？具体可以做出如下安排：如果一个基金会投资了所需资金的50%，并承担了第一风险，但只要求1%的回报，那么商业投资者可以得到6%加上基金会放弃的5%，总回报率为11%。结果是企业整体利润低，但给商业投资者带来可观的回报。因此，分级投资架构是L3C立法中关键的一环，也是最大的亮点所在。

从上述例子可以看出，L3C可以利用分级投资结构设计出多样化的符合企业实际的资本结构，使企业合理运用资金完成双重使命，同时确保不同类型的企业成员能够按照约定获得相应的经济收益。

值得说明的是，在分级投资结构体系的建设中，为了维护L3C公司社会目的的最终实现，立法者作出了一项特殊的安排。即允许L3C在运营协议中规定，针对不同权益层级的投资者，赋予其不同的管理权限，具体体现在企业重大决议投票权，以及企业日常运营的管理权限上，授权高风险低回报的私募基金会投资者更大的话语权，缩减市场机构投资者的管理权限范围，据此更好地保证企业不偏离实现社会目标的轨道。

三、L3C实现社会使命的制度困境

L3C作为第一代社会企业，在初期得到快速发展，但近年来的发展速度显著降低。实践证明L3C的企业形态并不是完美的社会企业模板，在社会使命优先地位的确立和执行、项目相关投资的运作、企业内部监督执行机制等方面都暴露出一定的问题，不能很好地实现社会企业的双重使命。

（一）双重使命的实现无法保障

激进的社会企业批评者将社会企业评价为一种纯粹的乌托邦，认为社会企业在现实中无法同时服务于社会与经济双重使命。这种担忧源于社会企业的保证博弈问题，社会企业追求的是社会公共利益与经济利益双重目的，但两者是相互矛盾的。一方面，当各种诱惑与机会相继出现时，人们无法预测投资者能否坚持对社会使命的追求。如果没有明确的法律规定和强制性措施来保障企业社会使命的优先地位，那么投资者很容易走向对立面。另一方面，私募基金会投资的关注点在于企业对某项社会公益的承诺，如果企业不能遵守在章程中表明的企业目标的优先顺序，则很难获得私募基金会的支持。因此，当社会企业目标的优先顺序无法确定并保证执行时，人们就会对它产生信任危机。

1. 法律对企业社会使命优先顺位保护力度薄弱

L3C 为了解决社会企业普遍存在的信任问题，将企业追求社会与经济双重目标的任务以法律的形式加以确认。但除对双重目标的确认之外，LC3 法并未提供其他法律保障机制。特别是，L3C 公司的投资者享有"退出权"，如果坚持社会使命的投资者，出于经济利益或者其他考虑，将股份出售给追求利润或其他非社会目标的股东，股权可能逐步集中到以营利为导向的股东手中，从而破坏社会使命的稳固性，因此，如果没有其他强制措施来维持社会使命在保证博弈中的优先地位，L3C 很难完成双重使命的任务。

L3C 支持者提出，社会企业的品牌效益是解决投资者与企业之间信任问题的有效工具。诚然，品牌效应使投资者更容易与企业建立信任关系，当一个企业承诺以某项慈善使命为首要目的，并且在企业运营中将该慈善目的内化为品牌，外部投资者更愿意相信这样一家企业能够更好地完成慈善与经济共赢的任务，但广为人知的名称或者符号并不能成为企业的品牌，只有具备影响市场力量的品牌才能形成品牌效应。因此，一个有效的品牌必须与企业具有十分紧密的联系，即让投资者和社会企业家相信这种社会企业形式是法定的、具有足够法律威慑力的，企业的所有成员都将恪守社会使命的首要地位，并且不会偏向任何经济驱动的目标。这实际上要求法律严格地对社会和经济的双重使命进行明确的划分，并且由法律确保投资者只有在企业对社会使命作出完全承诺的情况下才会进行投资，这样才能解决相应的信任危机问题。然而低利润有限公司的法律确认是模糊而脆弱的，它仅要求其具有社会与经济双重使命并在企业名称的后缀中标明 L3C 相关字样，不仅没有清晰的结构划分，也缺乏具有强制力的法律执行工具来保证双重使命的维持，因此，L3C 很难在投资者和企业家之间创造出紧密的联系，形成强有力的品牌。事实上，无论是经承诺的双重使命还是品牌价值都是由企业自我维持的，很容易遭受破坏，无法消除投资者与企业之间的不信任，也无法保证双重使命的施行。

2. 缺乏保证社会使命优先的执行机制

坚持社会与经济双重使命是 L3C 核心特征，信任对于企业完成双重使命的重要性不言而喻，社会企业家和投资者之间必须相互信任才能保证资本的正常运作。任何一个社会企业都面临着是否能够有效平衡双重使命的质疑，为了解决投资者对社会企业双重使命完成效果的担忧，建立起紧密的信任关系，必须明确企业各项使命的优先顺序。虽然社会企业家通过理论和实践经验证明，社会企业的长期运作能够达到社会与经济双重目的相互促进的良性发展格局，但在成立初期，企业的慈善目标很容易因为经济利益或其他因素发生动摇，为了保证企业不偏离社会导向，必须建立关于企业保证社会公益目的优先的法律执行机制和对企业偏离社会公益目的的惩罚机制。

从 L3C 立法的现状来看，并没有一套完整的公共利益执行监督机制来确保这一社会目标的实现。这一点有两个表现，一是社会监督缺位，立法并没有要求 L3C 对公共利益目标追求情况进行信息披露。二是在公共职能介入不足，立法没有规定任何公共部门对其社会目标的实现情况专门监督。因此 L3C 缺乏公共职能部门监督，在追逐慈善目标的过程中失去重要保障。

在 L3C 中，慈善目标的优先地位主要由公司章程和经营协议加以确定，对企业慈善目标优先顺序的执行保护措施概括继承了营利型企业的做法，主要有下列三种方式：第一，提起索赔。当 L3C 在经营活动中没有优先考虑其承诺的公益目标，未能完成社会使命，造成投资者经济损失的，以实现社会目标为投资目的的股东可以据此提起欺诈索赔。第二，解散企业或转变企业形式。当 L3C 无法完成社会使命，营利目标取得主导地位时，企业可以解散或者转换为常规有限责任公司。第三，州司法部长对 L3C 企业使命的执行情况享有监督权，有权追责企业管理者和投资者的不当行为。

然而，上述执行机制和惩罚手段对保证企业社会使命的优先性并不能起到积极作用。首先，当 L3C 面临社会使命与营利使命之间的保证博弈时，偏好市场经济回报的中间级和高级权益投资者很容易为经济利益所诱惑，纵容企业为获利而罔顾社会使命的行为。而其他股东往往无力承担提起欺诈诉讼可能耗费的大量时间和经济成本，因此在实践中通过诉讼矫正企业目标优先顺序的比例相对较低。

其次，L3C 的单方退出条款为企业抛弃社会使命提供了便利，L3C 不需要任何声明和宣告程序就可以转换为常规有限责任公司。一部分 L3C 支持者提出的通过经营协议明确企业各项使命的优先顺序，从而保证双重使命执行的方案在实践中很难奏效。因为追求社会公益目标的投资者需要更多的经营决策权来平衡其利益，以确保 L3C 能信守社会公益目标，例如给予他们绝对多数投票权、否决权等权利来保证他们在 L3C 偏离慈善使命时能有效制止其行为，然而部分州法律禁止 L3C 在经营协议中约定赋予社会公益投资者对 L3C 的绝对控制权，这导致此类投资者无法有效监督社会公益优先顺序的执行。[1]

再次，从企业的治理问题上来看，存在信义义务冲突的问题。L3C 并没有明确规定追求社会目标的优先性，这就使公司董事在日常运营中面临双重目标冲突时，难以作出使各方主

---

〔1〕 John A. Pearce II & Jamie Patrick Hopkins, *Regulation of L3Cs for Social Entrepreneurship: A Prerequisite to Increased Utilization*, 92 Nebraska Law Review 259, 269 (2013).

体都满意的决策选择。

最后，美国州司法部存在各种人员和资源分配的问题，他们对于 L3C 慈善使命完成情况的监督也力不从心。

（二）项目相关投资（PRI）实施难度大

L3C 法是在 PRI 条款基础上制定的，但两者存在差异。从法律规定看，L3C 将慈善使命作为企业成立的基本要求，而 PRI 的关注点在于私募基金会的投资行为是否基于慈善目的。由此可以看出，L3C 法对于慈善使命有着比 PRI 更加严格的要求，L3C 不仅对投资目的作出要求，也关注投资后慈善使命的完成度，要求企业促进或实际完成其承诺的社会使命，而不是仅仅将社会使命作为主要经营目标。然而，虽然 L3C 表面上更致力于追求慈善使命，但在实践中，只要基金会的投资不是以营利为目的进行的，企业仍可以通过优先顺序在企业内实施营利行为，不少 L3C 利用分级投资的规则达到吸引资本和营利的目的，违背了社会企业的本质追求。

另外，PRI 认定需要获得美国国税局的个案裁定，而以 PRI 条款为基础制定的 L3C 法并没有伴随联邦税法改变，因此 PRI 认定存在的问题在 L3C 中并未得到解决。PRI 认定存在巨大的成本问题。首先，美国国税局需要认定该项投资与 L3C 的首要目的直接相关。在分析首要目的的同时还必须考虑适当目的的要求，这是一项比较复杂的工作，因为美国国税局不仅要考虑投资的目的，还要关注到资金进入后企业的经营情况。因为即使 L3C 承诺以某项明确的慈善任务为目标，他们仍然可以进行明显的商业活动，虽然他们宣称能够将其转变为慈善使命服务的经营活动。但这种以慈善为目的，在运行中却表现为商业行为的投资一般不会被美国国税局认可。[1] 基于对上述情况的顾虑，审查企业首要目的步骤并没有想象中容易。其次，PRI 认定还要进行重大目的审查。私募基金会需要证明其投资回报远低于市场回报率，并证明以营利为导向的投资者不会对 L3C 进行投资。美国国税局需要综合投资的各项细节进行成本效益分析，包括投资收益、权益分配、监督成本等因素对投资意愿的影响。最后，法律规定各州不能通过颁布法律来推翻美国国税局在审查项目相关投资时的标准，同时 L3C 没有行政监管者，美国国税局对项目相关投资的认定属于事前监督，是不可或缺的一道程序。因此，项目相关投资的认定成本压力事实上不可能被减轻。

结合上述分析可以看出，虽然 PRI 普遍是低回报甚至是零收益的，但私募基金会 PRI 仍要符合美国国税局的标准，一旦不被认可，就会失去免税地位。因此，PRI 仍需付出高昂的成本，存在较大的风险，这种不利地位让基金会在进行项目相关投资时忧心忡忡。考虑到在 L3C 中进行项目相关投资没有存在特别的优势，在常规的有限责任公司中也可以完成，PRI

---

〔1〕 Edward Xia, *Can The L3C Spur Private Foundation Program – Related Investment*, 2013 Columbia Business Law Review 242, 262 –267 (2013).

的施行困难重重。

（三）现有信息披露制度的作用存疑

L3C 的支持者提出，企业可以通过定期向投资者提供企业运行情况及成果的报告，来保证企业不偏离其所承诺的社会使命，加强投资者与企业之间的信任。然而企业内部的信息披露制度在实际操作过程中的作用微乎其微，甚至带来了潜在的成本。

信息披露制度是企业自我约束、投资者监督管理的重要方式。如果缺乏企业在运行过程中的各项信息，就无法对企业进行监督，确保企业使命优先顺序的执行。但现有的信息披露制度存在如下问题：首先，信息披露是建立在每个股东都对取得的信息充分关注并且愿意给出反馈的基础上，但实践证明，大多数投资者都对企业后续表现的评估缺乏热情，甚至对定期报告所提供的信息缺乏解读的能力，因此依赖信息披露制度监督企业对社会使命的执行情况是不可靠的。其次，信息披露制度在社会企业市场环境下很难得到真正的发展，与营利性企业不同，社会企业的投资者对企业营利能力的关注度较低，缺乏对分析信息的热情和动力，尚未形成专业的第三方分析机构，在获取信息和解读信息方面都存在较大困难，将产生大量额外的成本。最后，即使投资者具备相应的能力评估企业披露的信息，也可能缺乏动力对违反社会使命的经营行为主张权利，这是因为 L3C 缺乏保证企业使命优先顺序的强制执行制度，而股东的目的导向又很容易发生改变，当股东转向利益导向时，即使披露的信息表明企业目的发生偏离，这部分股东也不会据此追究管理者的信托责任，而剩余的社会目的导向股东考虑到诉讼成本问题，也很少真正对其同僚的不当行为提起诉讼。

（四）与其他法律的衔接欠顺畅

首先，L3C 立法与《联邦税法》体系联接不完善，这是一个最致命的弱点。L3C 的立法推动者，从推动该项立法之初，一项最大的工作就是游说联邦国税局，致力于推动修改联邦税法当中的 PRI 条款，将 L3C 和 PRI 条款进行本质性匹配，免除私募基金会 PRI 投资 L3C 公司的烦琐程序，或者至少建立一个快速审查程序，促进更多的私募基金会投资 L3C 公司。但遗憾的是，时至今日联邦国税局并没有采纳这一建议，这也就意味着 L3C 形式不会取消 PRI 投资计划所需的烦琐的逐项投资审查。L3C 形式发展背后最重要的激励因素是促进私募基金会建立更多 PRI 投资的有效途径。然而，在不修改联邦税法以开通 L3C 和 PRI 之间绿色通道的情况下，L3C 的优势并不明显。[1]

许多学者对 L3C 法的诸多相关规定也提出了质疑。例如，L3C 法中规定，如果 L3C 不再满足法定要求，它可以继续作为有限责任公司存续，但是 L3C 公司的资格将会被剥夺。然而，这只是一条笼统的规定，具体来说，应当由何人、在何时、通过何种程序和手段，来判

〔1〕 Elizabeth Schmidt, *New Legal Structures for Social Enterprise: Designed for One Role but Playing Another*, 43 Vermont Law Review 675 (2019).

断一个 L3C 是否符合相关要求，这些都是不明确的。再如，L3C 立法中所规定的分级投资结构安排，这一模式的成功取决于“投资者对低于市场的回报以及投资一个追求混合使命实体的兴趣有多大”。这些低于市场投资者的任何回报，和中间权益层级、高级权益层级的市场利率回报都取决于私募基金会是否愿意接受类似赠款，接近零利率的回报。他们担心，L3C 立法推动者认为私募基金会普遍会接受这种高风险低回报的愿望在《联邦税收法》尚未对 PRI 条款加以修改的情况下可能只是一厢情愿。更关键的是，以利润为优先导向的普通市场投资者会对 L3C 法禁止企业利益优先的规定产生警惕，他们可能担心投资得不到相应的回报对向 L3C 投资望而却步。如果上述担忧实现，那么 L3C 立法所着重倡导的巨大的融资优势也将不复存在。

总而言之，L3C 立法是社会企业立法的一大组成部分，也具有较大的优势特色和影响力。但是诸如上述所有的问题和担心一样，如果不加以改革，L3C 的前途并不明朗。

四、结语

L3C 是美国社会企业混合形态的第一代成果。它以有限责任公司形态为基础结构，通过平衡慈善目的和构建适当的资本结构建立了被法律承认的企业实体。古人云：“钓胜于鱼”，激发具有社会意识的企业投身于慈善带来的社会效益往往比非营利组织单方面的捐赠更加有效。而具有慈善品牌效应的营利组织满足了消费者的道德消费理念，同传统营利组织相比更具市场竞争力。因此，L3C 迅速在传统企业形态中脱颖而出，成为社会企业推进社会目标的主力。但实践证明，社会企业的第一次法律尝试并不是完美无缺的，虽然 L3C 通过法律结构设计解决了部分融资、治理问题，利用技术手段将特定类型的投资者与对资本有需求的社会企业联系在一起，但是无法真正架构企业家与投资者之间的信任之桥，因此无法在社会企业部门扮演主要角色。社会企业及其法律规制正在探索中前行，L3C 是社会企业法律尝试迈出的重要一步，虽然其法律制度的设计还有待完善，但为企业家和投资者通过法律建立互惠互利关系的框架带来丰富的经验、提供了良好的思路。

我国目前尚未构建起自己的社会企业法，未针对社会企业发展的需要，设计专门的法律制度。可以预见，与其他国家一样，未来我国的社会企业将面临资金筹措难度大、监管乏力等困扰。美国的 L3C 法虽然在实施过程中面临诸多困境，但也有一些可供我国借鉴的积极方面。比如，L3C 法所构建的分级投资回报机制、所得税抵免机制等法律制度，均值得我国借鉴。而对于各界广泛诟病的，L3C 缺乏有力的社会使命实施机制的缺陷，笔者认为，可以通过借鉴其他社会企业法律制度的进步经验，来加以填补。

证券法制

论上市公司股份代持问题的解决方案[*]

李有星　马　立[**]

目　次

近年来，上市公司股份代持的现象及纠纷层出不穷，上市公司股份代持涉及公司法、证券法、合同法的交叉适用问题，无论是在理论界还是实务界均存在较大争议。在立法层面，当前《公司法》《证券法》等法律法规缺乏对上市公司股份代持效力的明确规定，《最高人民法院关于适用〈中华人民共和国公司法〉若干问题的规定（三）》仅对有限责任公司的股权代持加以规范，但没有规定上市公司的股份代持问题。学界对于股份代持效力出现有效说、分类有效说、无效说三类。司法实践更多是从“穿透式”审查的角度，就当事人双方具体的权利义务通过民法实质主义标准，对上市公司股份代持行为效力进行判断，并呈现截然相反的裁判思路。这对于司法裁判的权威性及证券市场规范股份代持行为产生不利影响。另外，法院判断股份代持协议效力时，也很少去论证代持协议的具体性质，而是直接对代持协议中所约定的权利义务作出认定，究竟以何种理论和标准进行

* 本文系国家社科基金重点项目（19AFX020）部分成果。

** 李有星，浙江大学光华法学院教授、博士生导师，中国法学会证券法学研究会副会长；马立，浙江大学光华法学院。

公正裁判尚处于极度模糊的状态。因此，尊重商事主体契约自由和证券市场秩序稳定之间平衡，厘清上市公司股份代持的法律关系、以证券交易实名制为基础判断股份代持协议的效力、裁判股份代持的权益归属和损失赔偿等成为亟须解决的问题。

一、上市公司股份代持争议的裁判实践解析

（一）司法实践中裁判情形归纳

通过检索北大法宝，输入"上市公司股份代持"关键词，以 2017～2021 年为时间段，共检索到 26 份法律文书，其中，法院判定无效的案例 19 件，有效案件 7 例。从审理法院的级别来看，主要集中在中级法院，且多为二审、再审案件且呈现了较大的审判思路差异。

首先，法院对上市公司股份代持协议效力无效与有效的认定不统一。从裁判结果来看，总体上呈否定代持协议效力趋势，但上市公司股份代持的认定在不同层级、地方的法院也存在不一致的现象。对于间接代持、科创板及新三板股份代持仍处于一个模糊的状态，对代持协议的效力存在较大争议，缺乏一个清晰的裁判标准。如杨某、王某术合同纠纷的二审民事判决书〔1〕认为股份代持合同无效，但林某威、郑某鑫、福建省闽保信息技术股份有限公司等合同纠纷案〔2〕则认为股份代持合同合法有效。在判决有效的案例中，相似案件类型则出现完全相反的裁判结果。在考虑是否影响社会公共利益时，法院从股份代持比例很低、代持人不具有董监高身份、股份代持已披露及代持时间早于 IPO，认为社会公共利益影响较小等理由而判定股份代持合同有效。如沈某将与陈某森股东资格确认纠纷一案中，法院认为股份代持协议虽签订于上市前，但在其转化为代持上市公司股份的行为应认定为无效。而在陈某与吴某洪其他合同纠纷民事一审案〔3〕中则认为股份代持早于上市而且持股比例低，判决代持合同有效。现有裁判显示对上市公司股份代持行为效力的判决存在混乱。

其次，案件多集中在拟上市阶段股权转化以及刚上市禁售期的股份代持纠纷。有的案件认为在公司上市之前的股份代持协议是有效的，在转化为上市公司股份代持的行为时则认定无效，如沈某将与陈某森股东资格确认纠纷一审民事判决书观点。有的案件则认为虽然协议缔约时公司未上市，但其目的、缔约背景、内容反映出为了上市公司股份隐名代持而获利，从而统一归为无效，如付某龙与王某荣股权转让纠纷〔4〕一审民事判决书、吴某景与刘某合同纠纷一审民事判决书〔5〕观点。无效判决多以《合同法》（已失效）第 52 条"损害社会公

---

〔1〕 杨某、王某术合同纠纷民事二审民事判决书，（2021）川 01 民终 11487 号。

〔2〕 林某威、郑某鑫、福建省闽保信息技术股份有限公司等合同纠纷二审民事判决书，（2019）闽 01 民终 6174 号。

〔3〕 陈某与吴某洪其他合同纠纷民事一审案件民事判决书，（2020）沪 0115 民初 76928 号。

〔4〕 付某龙与王某荣股权转让纠纷一审民事判决书，（2019）川 0302 民初 2835 号。

〔5〕 吴某景与刘某合同纠纷一审民事判决书，（2019）京 0108 民初 41609 号。

共利益”及《民法总则》(已失效)第153条“违反公序良俗”作出无效判决。在这类案件中可以发现，法院判定代持协议效力时，对于股份代持协议的具体性质很少去论证，而更关注于当事人双方之间的行为内核是否存在法律意义上的股份代持关系，倾向于直接对代持协议约定的权利义务作出分析，判定无效时均先从违反上市公司股份代持规章来确定行为的违法性，绕开了效力型强制性规定与管理型强制规定判断，直接认定为符合《合同法》(已失效)第52条第4项[1]或者是《民法总则》第8条、第143条、第153条的规定，归因至损害社会公共利益或违反证券市场公共秩序，进而依据《合同法》第52条判定代持协议无效。例如典型的杨某国诉林某坤案从上下位法角度论述了公司股权代持与公共利益间的关系，进而得出相关股权代持行为构成对公众利益损害。如珠海洋威企业发展有限公司诉玉林广播电视台合同纠纷二审民事判决书[2]、付某龙与王某荣股权转让纠纷一审民事判决书[3]均以上市公司真实股东不清晰，损害社会公共利益，从而直接依据《合同法》第52条第4项得出协议无效的结论。诸多法院也参照依据杨某国诉林某坤案[4]的裁判思路对于所有关联上市公司股份代持一律无效。当然也有与杨某国诉林某坤案裁判角度不同的判决，如杉某立身诉龚某案[5]是从公序良俗角度出发以《民法总则》的规定认定股份代持协议无效，在裁判思路上差别不大。

再次，股份代持有效的判决价值导向存在问题。最高人民法院判决的两个案例对上市公司股份代持效力给出了完全相反的认定。在最高人民法院(2017)最高法民申2454号的杨某国、林某坤股权转让纠纷再审中以损害公共利益判定合同无效，[6]而在最高人民法院(2018)最高法民终359号的深圳市兴云信投资发展有限公司、广州市华美丰收资产管理有限公司信托纠纷二审中以代持股份比例小及非董监高而判定股份代持合同有效。[7]也有法院认为从法理上讲，《公司法》、《证券法》及其他法律、法规并未明文规定禁止上市公司股份代持，证监会没有对股份代持作出明确禁止规定，证券交易规则中也没有禁止股票代持的规定，故认定股份代持协议有效。判决股份代持有效的七个案例均认为由于代持比例较低不构成损害社会公共利益故而有效。由此可见，司法界对此类案件各地尚未形成规范化的裁判思路，均是站在实质主义的角度考量双方权益，而完全没有根据证券市场的交易秩序以及《证券法》规定的证券交易实名制确认股票的实际权利人，使证券法立法的价值导向被司法裁判偏移，司法裁判直接影响证券交易实名制的真正落实。

---

[1] 第52条【合同无效的法定情形】有下列情形之一的，合同无效：……损害社会公共利益。

[2] 珠海洋威企业发展有限公司诉玉林广播电视台合同纠纷二审民事判决书，(2020)桂09民终1312号。

[3] 付某龙与王某荣股权转让纠纷一审民事判决书，(2019)川0302民初2835号。

[4] 杨某国与林某坤等股权转让纠纷上诉案，(2016)苏民终1031号。

[5] 杉某立身诉龚某股权转让纠纷案，(2018)沪74民初585号。

[6] 最高人民法院(2017)最高法民申2454号杨某国、林某坤股权转让纠纷再审民事裁定书。

[7] 最高人民法院(2018)最高法民终359号深圳市兴云信投资发展有限公司、广州市华美丰收资产管理有限公司信托纠纷二审民事判决书。

最后，大股东、董监高代持责任分配颠倒，要求出资人承担主要责任。对股份代持协议无效后的处理及权益分配十分混乱，有的法院判决根据外观公示主义原理，登记在代持人名下的股份属于代持人，代持人享有代持证券的权益，无须被强制出售股份或强制将股份转让给被代持人，但代持人应当归还被代持人的投资款本金并赔偿利息损失。有的法院则采用判决代持合同无效，但按照代持合同的意思裁判双方权利义务，既“无效合同有效化处理”，有的法院按照民法的“实质主义标准”对代持人代持产生的收益进行公平分配，强制代持人在未来的6个月内强制出售股票，因股票下跌而招致的代持账户内的资金损失按照过错责任的比例赔偿。对部分上市公司大股东及董监高明知代持行为违规而代持的行为，有的判定承担主要责任，有的判定出资人承担主要责任。有的法院违反《证券法》规定的证券交易实名制和侵犯证券持有人的法定权益，强行判决出售、转让，混同本诉与反诉关系，作出缺乏证券法律常识的裁判。

（二）股份代持司法裁判逻辑及问题

通过案例的检索可以发现对于此类复杂案件，法院均采用穿透式的审判思维，结合案件事实，法院认为案涉交易仅按表层关系无法触及违法实质，有规避金融监管嫌疑时，用此种审判思维重新厘定案涉关系，执果寻因发现隐藏行为，在一定程度上维护了金融市场安全，但与此同时这种预设结论反向论证的方式很可能在内部无法形成逻辑闭环而出现问题。

一方面，目前对于无效的论述思路缺乏逻辑推论。在上市公司股份代持无效案件的审判逻辑中，无论是“公序良俗”还是“社会公共利益”，其本质均体现对契约自由的限制。〔1〕目前，在认定“公共秩序”上主要是参照部分行政监管规定就认定为公序良俗，法院还是在变相依据行政规章认定合同无效。判定无效案例中，在判定相关领域股份代持合同效力时，适用《合同法》第52条第4项“损害社会公共利益”否定此类股份代持合同的效力。虽在形式上以《合同法》为依据，实质上却是直接从违反规章推至违反《合同法》第52条，进行模糊化处理，缺少法理分析。

另一方面，各地法院未考虑实际公司所处上市板块情况〔2〕以及裁判的规范性，存在裁判结果片面化的情况，未充分考虑司法与证券监管之间的价值冲突，尤其是公司股份登记的外观公示主义效果和证券登记、交易的实名制效果。如前文情况所述，股份代持协议签订于上市之前，其有效性不同法院各有见解，具有很大的思路差异。在“穿透式”审判思维下，法院应受到商事外观主义、公示主义和法律内外部差异等原则和规则的制约，在合理运用与防范滥用之间科学衡平〔3〕，既应维护私法自治的基础地位，又应承认违反规章却被认定为

〔1〕葛伟军：《股权代持的司法裁判与规范理念》，载《华东政法大学学报》2020年第6期。

〔2〕邓纲、吴英霞：《穿透式监管如何嵌入合同治理——以“天策公司和伟杰公司股权代持纠纷一案”为例》，载《安徽大学学报（哲学社会科学版）》2019年第3期。

〔3〕徐佳咏：《上市公司股权代持及其纠纷之处理》，载《中国政法大学学报》2019年第3期。

无效的契约可能构成复杂的契约群，这不可避免地加大合同交易的总体风险。在目前的审判案例中很多法院未真正掌握上市公司股份代持各阶段的具体情形及案涉对象的实质法律关系，似乎站在了笼统的“穿透式思维”的视角以偏概全裁判。例如，有的案例判决认为上市公司股份代持应一律无效，但另一些案例则站在民法实质主义的视角认为代持比例较低的有效，而未考虑《证券法》的立法精神及证券实名制交易监管之体系。根据类似判例先果后因地进行论证处理，这种运作有可能使法律在某种程度上成为政策工具，不仅使判决的说理性受到折损，还会影响法律公信力。

（三）效力标准分歧的原因：外观主义与实质主义的冲突

法律行为根据意思表示的不同形成各样的法律效果。民事法律规范重在追求内心真意，以意思主义为中心，而商事法律规范更多依据的是表示主义。目前上市公司股份代持的案件中，多采用“穿透式”裁判思路，直接跳过《证券法》之背景，以代持人与被代持人双方的合同关系为实际权利的判断依据，进行权益分配，采用了民法的实质主义裁判思路，但却完全忽略了证券市场实名制下的商事外观主义逻辑，这显然存在问题。

从价值导向来看，外观主义与实质主义存在辩证关系。大多民事行为不具有明显的外观性，需要探求行为人的内心意思，人身关系理念渗透较深，来强调合同内部形成的权利义务。与此不同，外观主义肇始于德国民法，但由于在商事交易中更加注重对表征交易安全的信赖保护。即商事外观主义是一种衡量外观信赖人和本人之间利益冲突时，制定法所应当遵从的规则。商事外观主义通过对外观信赖人的利益倾斜，防止外观信赖人最初进行交易的目的不至于因外观之下的真实表象而落空，这等于变相鼓励人们放心大胆交易，鼓励合同自由。在证券市场中，通过实名制的方式，使投资者在证券监管的框架监控下进行买入卖出的操作，保障投资者账户持有人的实际权利。两者的根本目的均在于保护当事人主体公平公正的合法权利，并无不同，关键在于法律适用中合理选择两者。回归于证券市场的股份代持这一背景之下，证券交易系统庞大复杂，从后台程序的搭建到前台营业厅账户的交易及投资交易均存在诸多权利义务的人参与，如何厘清这一关系？证券市场交易实名制以外观公示主义的形式给予了证券商事交易规范可控化的解决路径，也通过外观主义公式化锁定证券交易账户的权利义务人，为解决证券市场的诸多案件构建了基础。相反，上市公司股份代持效力的诸多案件中，很多法院排斥登记的外观、公示的“形式标准”法理应用，坚持所谓的“实质主义标准”，站在合同法的角度判断股份代持的效力及利益分配。实质主义的裁判中以变相追求实际权利人，在概念使用有歧视性错误引导性，在（2021）鲁01民终5678号、（2019）京0108民初14220号等诸多案例中以股份代持数量较少不损害公共利益判定有效，或是以损害公共利益判定合同无效后，又认为合同投资关系内容有效进行所谓实质主义追求“实际权利义务人”来利益分配。事实上，在证券交易中真正的实际权利人应当以股票账户登记人为标准，这也是任何股票交易行为产生之基础。

从结果来看，看似保障了实际出资人及代持人两者之间的权益，实际上并没有在根本上制止股份代持行为的发生，反倒隐性鼓励了股份代持行为，使代持人与被代持人在证券交易的背景下股份代持以虚假持有，规避法律禁止规定实现上市套利、内幕交易、违规身份投资等诸多损害证券市场公平交易，损害社会公共利益，客观上导致证券"实名制"因司法价值导向落空，反而因小失大，舍本逐末了，并没有实现实质主义之内核价值。

从适用逻辑看，存在混淆公司性质，混用理解有限公司代持制度之现象。《最高人民法院关于适用〈中华人民共和国公司法〉若干问题的规定（三）》第24条对于实际出资人和名义股东之间有关投资权益的合同效力、投资权益归属和股权变动等问题作了规定。该规定实际上并不是基于隐名投资合同的双重属性而展开的，第24条前两款使用了"投资权益"的概念来定义隐名投资合同的核心内容，而正是这一概念的使用导致了该条规定陷入了法理未明的窘境。换言之，第2款没有涉及对股权归属的认定，即使实际出资人被法院判定享有投资权益，该投资权益所依附的股权仍然在名义股东的名下。投资权益归属，与实际出资人能否显名无关，不涉及股权代持的性质，即无论代持的性质如何，都不影响投资权益的归属。在股权变动上又通过按照第3款，可能会出现这样的情形：法院判定实际出资人履行了出资义务从而享有投资权益的归属，但是由于公司其他股东半数以上不同意，因此法院不得不判定公司不得将股东变更为实际出资人。实际出资人享有投资权益，却无法成为公司的股东，而名义股东仍然持有公司股权，但是却不享有投资权益，从而陷入了困境。上市公司股份代持的裁判中，法院则是很大程度上参照了这一条，进行与有限公司股份代持的混用，以《合同法》第52条损害公共利益判定无效，却以实质主义视委托投资内容有效进行利益分配，这其实人为地击穿了商事外观主义原则，增加了法律漏洞。

从司法裁判的效率来看，应当注重外观主义标准裁判，实质主义标准裁判股份代持不妥而增加争讼。上市公示股份代持的案件层出不穷，证券市场中存在大量的代持案件，如果采用民法的个案实质主义裁判思路，也在很大程度上增加了司法裁判的压力。其涉及的股票因案件的流程随时间及市场变化造成的波动而可能出现突变，如立案前因亏损产生纠纷，在案件进行过程中账户股票价值转亏为盈而又撤案，存在太多的不确定因素及对市场规范化的挑战。紧扣证券市场交易的底层逻辑，商事外观主义则可以很好地维护交易的稳定并促进商事流转。商事交易行为的商主体具有商事能力资格，商主体被预设是精明的理性人，商行为所追求的目标是安全且迅捷的交易，所以在交易中更重视意思表示中的表示行为，况且商事法有基本全面的硬性外在表示要求，如公示、登记、公告等，这让外观主义的适用更加清晰便捷，当事人信任商事外观。

当然，需要注意的是外观主义的适用的边界之合理把握。审判实务应当依据有关具体法律规则进行判断，类推适用亦应当以法律规则适用的情形、条件作为基础。从目前立法角度看，对于被代持人与代持人间的利害关系，应当着眼于资产的实际归属而不是单一化地取决于外表公示，掌握在民法思维和外表公示之间的界限，避免相互滥用。在证券交易市场，以个人账户中的证券数额的买进卖出为主要交易，根据《最高人民法院关于适用〈中华人民共和国公司法〉若干问题的规定（三）》及《全国法院民商事审判工作会议纪要》的精神，保障证券交易的安全稳定是外观主义的核心所在，不可以将实际权利的利益置于不合理的风险中。因此，在实务中需区分外观主义保护信赖利益关系的第三人，比如不是基于信赖股份登记与名义股东存在交易的债权人，那么当事人之间的协议对第三人没有对抗效力，隐名股东请求排除强制执行的诉讼请求不予支持。

综上，对于公司法没有规定的情形如何处理，商事审判实践似乎仍习惯于传统的实质主义裁判思维，从民法的一般性规则中寻找补充的法源，忽视了公司法应当规定而未规定从而存在法律漏洞时应当如何填补的问题。对于上市公司股份代持效力标准分歧的解决在于准确理解外观主义和实质主义在证券市场的运用逻辑，应站在保护广大投资者利益的证券交易视角下作出选择。

二、上市公司股份代持行为应当无效

相对于有限公司的股权代持规定，法律和司法解释并未对股份公司、特别是上市公司的“股份代持”问题作出相应规范。上市公司股份代持属于时间持续并流动的一种现象，如此必然影响着上市之前或上市之后公司股份代持的基本价值判断。目前《证券法》虽未针对该问题作出具体的限定，但依据《证券法》的立法价值导向及证券市场监管制度，以违背“公序良俗”为兜底，上市公司股份代持协议理应认定无效。

（一）有限公司股权与上市公司股份代持的混淆

关于有限责任公司中的股权代持，根据《最高人民法院关于适用〈中华人民共和国公司法〉若干问题的规定（三）》第24条的规定，股权代持协议如无法律规定的无效情形，人民法院应当认定该合同有效。从法条的文本来看，该条前半句描述了实际出资人与名义出资人就出资、代持以及投资权益分配进行的权利义务约定，后半句对约定的效力进行法律确认。但是，此处对合同效力判断的前提有两个，一是在合同当事人之间，二是不存在《合同法》第52条的无效情形。这是采用了学界常用的两分法，一是基于股权代持关系的外部性，实际出资人并不能当然地享有股东权，法律支持其享有的是投资权益；二是基于公司内部性，实际出资人可以根据协议向名义出资人主张权利。

这是一条关于封闭的有限公司的规定，但是，实践中的很多裁判以此条作为参照认为上市公司股份代持仍然适用，应当认定有效。此种看法完全忽略了上市公司作为公众公司运作的特殊性，上市公司股东在证券市场以实名制股票持有的方式进行证券特殊登记而确认在股份公司所占比例。

（二）股份代持有效违背了证券实名制的价值取向

综观目前司法裁判案件，很多法院仅停留在民法典的合同法规范，司法对《证券法》制度认识不足，不适用特别法《证券法》。赵某强、曹某群等合同纠纷民事纠纷、[1]沈某将与陈某森股东资格确认纠纷等诸多上市公司股份代持案例中，[2]涉及上市公司、股票代持案件的判决书中没有证券法规定的字眼。同时，金融领域并非“法无禁止即可为”必须得到许可才可以，亦有部分法院以监管无明确规定为由，判定代持有效。这些裁判完全没有站在《证券法》的背景下对案涉关系进行分析，仅单一通过的“法无禁止皆可为”片面判决上市公司股票代持有效显然是不合理的。

证券于民法而言属于民法上的物，我国通过实行证券实名制保证投资人对证券所有权的实现，保证证券主体能够凭借自己的意志管理和控制证券。随着新《证券法》的实施，强化了《证券法》对证券实名制度的保障，结合《证券法》第58条、第107条、第190条规定，任何单位或个人都不得出借其证券账户，也不得借他人证券账户进行证券交易，投资者应使用真实姓名开设的账户进行交易。投资者应当使用实名开立的账户进行交易。

“证券实名制”价值取向的关键是“外观、公示规则”的正确适用，坚持外观主义、公示主义立法逻辑在司法中的适用，防止“实质主义”标准的介入搅局。股份的买卖基于账号的实名制是禁止借用或代持有账号的，以实名制账号证券交易的模式下，保障股市的稳定性为前提，使实名制背景下的证券市场进入更加严格，能够筛选出一大批不符合要求的主体。市场主体之间公平竞争，减少违法犯罪行为，促进市场流通环节的稳定安全和活跃有序，保证市场交易的良性增长。证券的实名化有利于保证投资人对证券的所有权，凭借自己的意志管理和控制证券，很大程度上防止不法投资者利用非实名操纵市场、内部交易，非法募集、诈骗、洗钱等违法操作。美国、韩国均通过实名制穿透强化证券持有者，并对金融机构人员加重处罚[3]，使证券交易的每步流程得以监控，且可追踪资产的具体流向。这将监管透明化、有效保护投资者，保障证券交易市场的公平运行。而上市公司的股份代持中，被代持人将资金给代持人代其购入目标公司股票，占比公司一定股份，这一交易模式正是违背了证券交易的底层逻辑，很大程度上增加了证券市场的潜在风险。禁止投资者出借账号进行证券交易，为证券账户实名制的落实奠定了稳固的法律基础。

从证券市场的信息披露的角度看，否定上市公司股份代持可以更进一步推进证券实名制的落实，《证券法》第19条、第78条规定发行人提交的证券发行申请文件应充分公开投资者进行价值判断和投资决策的必要资料，其内容应具有真实性、准确性和完整性。在规章层面《上市公司信息披露管理办法》第3条、第42条是监管部门对上市公司信息披露义务人

---

[1] 赵某强、曹某群等合同纠纷判决书，（2019）沪0113民初7040号。

[2] 陈某森与沈某将股东资格确认纠纷判决书，（2020）苏05民终8738号。

[3] 李柱锡：《韩国的金融实名制》，载《外国经济与管理》1994年第4期。

的细化及相关信息的披露要求，也是对上市公司股份代持审查的主要依据。《首次公开发行股票并上市管理办法》第13条要求发行人的股权清晰，控股股东和受控股股东、实际控制人支配的股东持有的发行人股份不存在重大权属纠纷。在美国，对于拟上市公司只需在申请上市的文件中进行披露股份代持情况即可〔1〕，美国证券交易委员会对 beneficial owner 的解释当中认为实际权益拥有人，可以理解为以他人 B 名义掌握目标股票，但股票的收益被股东 A 实际享有。法院并不否定代持效力，但需进行严格披露。〔2〕在 Mesa Petroleum Co. v. Aztec Oil & Gas Co. 一案中，明确表示一家公司对另一家公司的已发行股份提出现金收购要约，允许查阅股东名单，认为股东自由流动信息的严格监管最能实现安全法的最终目的，防止管理层或其他人通过代理人招揽中的欺骗性或未充分披露来获得公司行动的授权。同时依托美国发达的信托制度解决出资人与名义股东的问题，从而降低了出资人在代持中的风险。目前的中国证券市场信息披露制度还不够完善，市场的发展也不够成熟，采用这种方式可能存在较大的市场风险。同时，德国作为大陆法系国家，在股份代持上坚持外观主义，否定被代持人股东身份，完全禁止隐名投资，且不留任何承认实际出资人股东身份确认的余地。〔3〕这种处理方式在目的上否定股票代持以落实证券交易实名制，与目前我国的价值导向十分相近。在证券实名制的背景下，上市公司股份代持有效以民法的实质主义角度是无法在证券交易市场中走通的，一旦出现个别的代持有效，则会在很大程度上增加市场创新型的法律漏洞。例如利用条款漏洞隐名委托代为炒股、通过代持进行股票操纵，扰乱市场。民法的“实质主义”标准容易破坏证券实名制的落实，因此应坚持外观主义原则，证券交易以实名制为基础来设计整个证券金融市场的运行，股票代持人与投资人之间约定的规避证券市场实名制行为的约定在证券法的视域中应当严格无效，这也与证券市场的监管流程相协调。

（三）股票代持有效违背社会“公序良俗”

法律及诉讼领域主要聚焦在代持关系下义务和责任的分担，进而明晰上市公司股份代持无效之规定，来保障证券市场监管的底层逻辑得以平稳运行。在采用“实质主义”规定的领域，在缺乏“禁止性”规定时，以“规避法律规定”损害社会公共利益为导向，作为兜底应对金融创新之变化。

上市公司股份代持效力在通过相关法律、规章为无效依据的基础上，以违背公序良俗无效为兜底有两个优点：一方面，如文章第一部分所示，司法裁判中多数观点认为，以“穿透式”思维的裁判模式，认为上市公司股份代持协议涉及违背社会公共利益，以《合同法》

---

〔1〕［美］弗兰克·H. 伊斯特布鲁克等：《公司法的逻辑》，黄辉编译，法律出版社2016年版，第30～32页。

〔2〕美国证券交易委员会制定了规则13d－3，专门对其界定：第13条（d）'项所指的受益所有权人是指任何人，包括直接或间接通过任何契约、安排、了解、关系或其他事项，而拥有或分享：（1）表决权力（包括对该股票的表决权与指导表决的权力）；（2）投资权力（包括对该股票的处分权或指导处分的权力）。

〔3〕《德国股份法》第67条第2款规定，在与公司的关系中，只有在股票登记簿上登记的人，才能成为公司的股东。

（已失效）第52条而无效。在利用金融创新之名，实则规避监管进行套利行为可能大量存在的情形下，对于一些复杂的案件，合理利用“穿透性”审判思维，应用公共秩序规则进行兜底裁判，从而可以合理限制意思自治的边界。另一方面，由于金融证券领域发展更迭较快，部分法律、行政法规具有一定的滞后性，用较为抽象的公序良俗来填补审理证券纠纷案件依据不足的缺陷，同时，也因在合同无效认定严格的情况下也需考虑金融领域的特殊性，公序良俗原则在此发挥了一定的灵活性，具有一定的兜底作用。但是，需注意的是，公序良俗虽是目前实务界解决股份代持协议有效性普遍采取的方式，如果拓展化的“穿透式”审判思维进行司法裁判，穿透至合同也会默认无效，进而用无效判决结果证明判决，过于依赖成例的引用，形成“代持预设→历史沿革再梳理→代持还原/代持解除”的惯性思维，势必会对标准的规范化造成重大冲击。所以，在法院的个案裁判中，须详细论证涉案违法行为如何违反、以及违反了何种公共秩序，证成的过程来限制法院的自由裁量权，从而保障实质正义。

近两年，上市公司股份代持案件呈倍数增长，法院对股份代持问题没有形成统一的裁判规则，特别是裁判股份代持有效是对证券实名制的损害。因此，在证券实名制严格落实的背景下，外观主义、公示主义是解决上市股份代持的关键，以实名制为导向限制上市公司股份代持，打击灰色腐败等规避型代持收入，同时，以违背“公序良俗”无效为兜底应对金融证券的创新，通过这种方式使市场主体对此问题的操作边界有了合理预期，增强市场主体间的信任效益，从而更好地全方位保障证券交易的透明、稳定、健康发展。

三、证券实名制背景下股份代持无效后的处理

（一）证券持有人权利不得变动

上市公司股份代持协议无效后，根据其基本事实情况的不同，司法界也体现了三种处分方式。

一是退还实际出资人，也就是上市公司股份代持合同应当全部无效的，按照无效合同的规定一般应当先进行财务处理财产返还，代持股份应根据财产返还原则判给实际出资人。法院裁判一方面宣布上市公司股份代持由于违法从而无效，同时也由于无效必须向实际出资人退还代持股份。

二是没收代持股份或收归上市公司所有。按照《民法典》第154条、第155条、第157条规定，当事人恶意串通，损害国家、集体或者第三人利益的，因此取得的财产收归国家所有或者返还集体、第三人。既然如前所述，有观点认为代持上市公司股份的基本特征总体上具有规避法律，或者属于损害社会公共利益的情形，或者属于直接违反法律禁止性规定的权限，有较严重的违法行为，因此完全可以根据上述规定，或者将其作为国有所有权予以没收，或者代之纳入上市公司所有权。但该类观点，尽管法律制度上可行，但操作较难。因收

归国有而具体未收归属于哪个层级的财政或由证监会统一收归国有或被没收和拍卖后所获价款收归国有？因股份代持受到的行政处罚仅为罚款，即便司法宣告无效并无不妥，但为何还要以没收方式而加重处罚？凡此种种，很难实施。

三是判归代持股份的股东所有。《民法典》第157条规定，合同无效后不能返还或者没有必要返还的，应当折价补偿，据此作为股份代持合同无效认定后的股份归属处理依据或许更为符合对上市公司股份代持的监管精神。根据证券实名制的要求，证券持有人是法定权利人而不是名义权利人。部分法院错误引用术语概念，名义权利人、实质权利人等为名称术语错误。证券对于证券持有人而言好比银行存款于银行账户登记人，账户的存款在正常情况下只能由本人提取，证券法中的证券持有人的交易决定权属于股票持有人权利，账户登记人应当为公示权利人、登记权利人，是真正的法定权利人，而非隐名代持股东。

实名制下的证券（股票）权属不得变动，虽然隐名投资纠纷为私权纠纷，但是证券法赋予的确定权利是不能撼动的，应按照外观主义归属于股票账户登记人。这种归属的判法，形式上看有让名义股东平白无故不当获利之嫌疑，但这种处理方式不会影响上市过程中产生的商事交易行为的效力。在处理方式上，可以执行财产但不得判决持有人强行出售或者强制转让股票，以此维护账号持有人的合法权利，保障证券市场的证券实名制交易的底层逻辑。此外，一旦裁判代持人减持所持股票，在股票数量居多的情况下极有可能造成股价的大幅波动，给证券市场的不特定投资者增加不可控制的风险。因此，有的法院判决名义持有人转让或出售股票给实际出资人是错误的，只有通过这样才有可能对实际出资人起到必要的处罚作用，也只有使实际出资人对股份代持行为的直接利益预期破灭，才有可能真正防止或者抑制股份代持行为扩散，以达到对上市公司股份代持行为进行法律监管的目的。

（二）出资人无权参与股份持有者的收益分配

上市公司股份代持协议无效，并不等于委托投资协议也无效，更不等于委托代持的事实不存在。通常情况下，就当事人应返还的权益范围，法院会按照代持协议约定或相关法律法规处理，但股份毕竟不同于一般财产，实名制下的证券（股票）所产生的收益全部归属于证券持有人，不宜将受益部分按照“公平原则”进行分配，部分法院用公平原则处理证券收益不妥。根据代持阶段的不同，本文从两个阶段就这一问题进行分析：

1. 拟上市阶段应当归还投资本金及法定孳息

拟上市阶段股份代持的权益分配，通常认为投资本金及法定孳息属于合同订立前的原有利益，适用恢复原状，优先恢复到合同订立前的财产状态。根据《证券法》第19条及证监会相关规定，上市公司发行人必须真实，并不允许发行过程中隐匿真实股东，否则公司股票不得上市发行，需要尽到严格的信息披露义务。欧盟也通过法令严格上市发行人的信息披露，认为持股的透明度似乎是减少上市公司信息不对称的又一个因素。披露要求不是对上市发行人的影响，而是对他们的主要股东（无论是实际的还是潜在的）的影响。因此，实务操作中，发行人应当在招股说明书上真实披露，并由保荐机构和发行人律师提出明确验证意见。上市前已经签订的股权代持协议有效并通过 IPO 阶段的清理股权代持，终止转化该协议，证券归于实际持有人。以合同法为逻辑基础清晰化了实际出资人的股份，也很好避免了日后由于上市而产生的众多纠纷及上市后由于股份代持可能造成的风险。基于拟上市阶段的审核目的，Miller v. Thane Intern. Inc. 一案中，对于招股书的虚假陈述进行了更为严格的限定，委托书中的数字条款等未披露完全真实即认定为重大及误导性遗漏。这一做法为上市后的股份清晰化做到了良好铺垫。再者，在上市过程中订立的股份代持协议，代持的目的是纠纷发生的主要矛盾点，如对于上市前在有限公司背景下签订股权代持协议的缔约背景、内容、操作过程，反映其目的为获得上市后的股票收益〔1〕，在（2019）川 03 民终 1827 号〔2〕、（2019）京 0108 民初 41609 号〔3〕、（2020）川 03 民辖终 2 号〔4〕等众多案例均有体现。因此，所涉代持协议在转化为代持上市公司股份的行为认定无效后，明确股份归属代持者后，代持人返还出资人投资款及孳息为合理处理方式。

同样，有关员工持股会问题，依据《上海证券交易所科创板股票发行上市审核问答（一）》规定，可通过公司，合伙企业和资产管理计划（PDP）等股权管理平台进行间接控股，建立和完善股权管理平台中股权的流通、退出机制和股权管理机制。实际上，《首次公开发行股票并上市管理办法》及《首次公开发行股票并在创业板上市管理办法》明确要求发行人的股权必须清晰，证监会实际审核发行人 IPO 时，不会接受股份代持的安排，也不接受信托计划、资产管理计划、契约型私募基金作为股东，以资产管理计划作为员工持股会载体受限于目前上市监管对三类股东的限制，〔5〕也没有案例通过这种形式在科创板成功过会。科创板披露案例可以发现，目前大部分拟上市企业选择通过有限合伙或公司作为员工持股平台，设立一个公司作为管理各员工持股平台的 GP，员工持股平台为 LP，在这种情况下日后新设员工持股平台可以很好地实现拟上市公司主体股权结构的稳定性，并将风险隔离，因此通过合伙股权管理平台间接控股员工股权激励之股份，在保证实名制背景下给予了灵活性的变通，是一种相对较好的解决方式。在公司 IPO 阶段，实质上是需要清理股份代持问题的。

综上，可以看出拟上市公司的代持处理很为关键，也是减除上市后代持风险的第一步，以无效为原则的处理方式具有较强的可行性，在无效后按照有限公司代持的法律规定，转让处理代持股权或符合标准后显名化，明晰公司股权，为上市的透明信息化做好准备。对于员

〔1〕 毕悦：《修改和完善我国企业破产法律制度的建议》，载《现代经济信息》2018 年第 15 期。

〔2〕 上诉人熊某杰与上诉人王某荣、原审被告康某雄股权转让纠纷案民事二审判决书，（2019）川 03 民终 1827 号。

〔3〕 吴某景与刘某合同纠纷一审民事判决书，（2019）京 0108 民初 41609 号。

〔4〕 付某龙与王某荣、陈某股权管辖纠纷民事裁定书，（2020）川 03 民辖终 2 号。

〔5〕 所谓“三类股东”是指契约型私募基金、资产管理计划（主要指基金子公司和券商资管计划）和信托计划。

工持股平台的代持也会根据市场发展在不违背法律框架体系内，从监管层面不断给予调整和新的创新性解决方式。

2. 对于上市后的股份代持

在外观公示主义下，证券实名制账户中的股票归代持人所有，按照《民法典》第157条合同无效的规定，行为人因该行为取得的财产，应当予以返还；不能返还或者没有必要返还的，应当折价补偿。有过错的一方应当赔偿对方由此所受到的损失；各方都有过错的，应当各自承担相应的责任。法律另有规定的，依照其规定。代持人返还投资款及孳息，对于获取的收益和亏损不应在合同无效后由法院对此进行裁判分配，而是完全基于代持人与被代持人双方意思表示所决定。在此分为两种情况：

第一，证券持有人的账户盈利的情况。若股票账户通过代持后盈利，一般情况下委托人委托代持的，其意一般也不在是否为战略性的持有股权，基本上都是通过委托投资获利，以此而言，返还投资收益和返还股份对于委托人来说，并无本质的区别。实践中，法院通常会考量多种因素，比如被代持人曾参与企业经营管理时是否已经从企业中获得了相应的报酬、隐名股东自己是否参与了管理、显名股东是否已从隐名股东处获得了相应报酬等，并将原投资额和投资收益在双方之间进行合理分配。例如在沈某将与陈某森股东资格确认纠纷，法院最终裁定依据过错将收益按7:3的比例分给代持人和被代持人，珠海洋威企业发展有限公司的合同纠纷二审民事判决中法院判定分红全部给被代持人，返还投资本金，股票归代持人所有。[1]实际上这种处理方式看似判定合同无效，实际上与有效的法律效果并无异议，双方当事人均实现了代持目的并获利。这种判决在一定程度上保护了上市公司股份代持有效性，鼓励了此种行为。因此，法院应当严格按照合同无效的处理方式，其代持协议合同内容随之无效，代持人仅需返还投资款及相应孳息即可，不应裁定其减持股票或分配代持收益，对应股票的实际权利人必须严格为股票所在账户的登记人，出资人无权进行收益分配。

第二，证券持有人账户出现亏损的情况。在投资人出资由证券账户持有人购买股票后，股票价格出现下跌甚至是严重下跌时，比如1000万元的出资购买的股票市值只有300万元（约下跌70%）。此时，股票代持纠纷就会集中到：一是股票属于谁？二是股票下跌引起的损失如何处理？通常原告是出资人（被代持人），原告提出的请求通常是确认股份属于原告所有，同时要求被告赔偿损失。如从证券法和证券实名制的角度审查，证券实名制的要求就是证券账户持有人享有证券权利，原告主张代持人证券账户内的股票属于其所有的主张不能成立。由于原告无法获得股票，因此，被告返还财产的唯一方式就是归还原告最初的投资款本金和适当的利息损失。而作为被告因购买股票又因股票下跌而受损，被告作为证券持有人既可以出售股票止损也可以继续持有股票等待股票上涨，这些均是证券持有人的法定处分权

〔1〕 珠海洋威企业发展有限公司等合同纠纷二审民事判决书，（2020）桂09民终1312号。

利，法院不得干预。假设股票已经出售造成损失，这个损失该由谁承担？从证券实名制看，只有证券持有人才有处分买卖证券的权利，外观上看，买卖证券的损失由证券账户持有人承担。但证券持有人可以提出反诉请求，要求原告承担其委托代持行为的过错给被告造成的损失，被告也可以自行承担损失而放弃反诉。作为法院没有必要直接为被告因证券买卖的损失直接作出要求原告承担。

（三）按照股份代持双方的过错责任进行损失分配

除去归还的投资款，若因代持协议无效给代持人带来损失，代持人可否可以向被代持人主张？代持人作为股票账户的登记人，对于其账户所有股票是否减持抛售均具有自主权，他人无权进行干涉，按照《民法典》第157条之文义解释，代持人因代持行为造成的自身损失，可以请求法院按照上市公司股份代持中双方的过错程度确定赔偿数额。

实务中，法院通常会审查双方对代持协议无效是否存在过错，例如是否因显名股东的原因导致代持协议无效，或者显名股东是否明知代持协议存在无效情形但仍与隐名股东签订。当然，若隐名股东对代持协议无效亦有过错，则需自行承担部分损失。如果股份代持的时间跨度较大、公司经营情况复杂，我们也需要关注公司的历史沿革情况、公司历次分红、配股、增资、减资的情况、股份的价值变化情况，并确认显名股东是否也对公司进行了投资、显名股东是否未经授权独立参与公司经营决策。例如，上市公司的董监高、大股东等明知上市公司不能股票代持，但公司董监高、大股东代持他人股份，而且长期不进行信息披露等，或者证券代持方拥有大量股票（包括本人和他人股票），在代持期间不断出售上市公司股票导致股票价格不断下跌而损失扩大。这些因素都可以从中判断过错责任从而确定承担损失的比例。董监高作为公司的管理人员，是证券市场稳定合规化运作的重要保障者和领头人，对于这类人应当以严格的合规标准要求，确保证监会的监管从上至下贯彻落实，既是搭建者也是运维者。如若董监高利用职务之便隐名代持上市公司股份，违背披露要求，自然应当给予更为严格的处罚及责任承担，从而更好地规范证券市场透明健康发展。

此外，当事人之间的损失计算主要是股票购买价格与现在市场实际价值之间的差价计算，以及损失分担，存在已经出售和持有的情况，随着时间账户内股票市值会发生较大变化，因此此类案件中对持有的股票需要确定一个计算点。目前，缺乏具体的计算起点的时间规定以及具体的计算方法。

综上，上市公司股份代持无效后，代持人应当归还投资人的投资款本金和利息，因证券账户内产生的股票或出售后产生的利益或亏损均由股票账户持有人承担。这种处理方式，可以让股份代持双方清晰明白代持后权益分配的巨大风险，既公平处理了上市公司股份代持效力，维护了证券市场健康发展，又在一定程度上遏制了上市公司股份代持行为的发生。

利用信息优势操纵市场行为的认定研究

胡赟頔 *

目　次

随着证券市场信息化的发展，操纵市场逐渐从以坐庄为主的交易型操纵向信息型操纵转变。利用信息优势操纵是信息型操纵的一种，它表现为发行人的董事、监事、高级管理人员、实际控制人、控股股东（以下简称内部人）单独或与外部主体合谋，通过策划虚假、不确定的重大事项，控制公司信息的生成、内容、时点、节奏，操纵公司证券。此种操纵手段多次被证监会列入典型执法案例，但并未被最新修改的《证券法》所明确列明。而且此行为与内幕交易、虚假陈述、利用信息优势联合或连续买卖存在较多相似之处，对其是否需要独立规制、应当适用哪条法律依据争议较大。此外，此行为具有主观意图不明、操纵手段隐蔽、因果关系复杂等特点，监管部门在查处的过程中缺乏清晰的行为认定框架和统一的执法标准。对此，本文主要围绕利用信息优势操纵市场行为认定的两大问题展开：

* 胡赟頔，法学硕士。

其一，认定依据问题，即行为应适用现有的哪一条规范抑或应创设新的独立依据；其二，认定方法问题，即行为的具体构成要件及实务中如何识别认定。

一、利用信息优势操纵市场行为的认定困惑

（一）认定依据不一

作为一种新型操纵行为，学界与监管机构对这一新生事物的认识还在不断摸索和深入过程中。目前的首要争议就是利用信息优势操纵市场是否有明确的认定依据以及是否有必要为其增设单独的认定依据。在这一问题上，立法、监管执法以及学界表现出了不同的态度。

1.《证券法》的留白

2019 年新《证券法》在传统的 3 大交易型操纵基础上，新增了一些操纵类型，包括抢帽子和蛊惑交易两类信息型操纵，但没有叙明本文所讨论的利用信息优势操纵行为。新《证券法》的修改经历了四次审议，其中《证券法（修订草案二审稿）》第 71 条第 1 款第 2 项规定“违反规定利用信息优势、技术优势进行证券交易”的行为构成操纵市场行为。但最终出台的《证券法》正式稿并未保留此项。

相较于以《证券法》为核心的行政规则体系，《刑法》及相关刑事司法解释很早关注并规定了本文所讨论的操纵行为。2010 年最高人民检察院、公安部《关于公安机关管辖的刑事案件立案追诉标准的规定（二）》（以下简称《追诉标准（二）》）第 39 条第 6 项首次将利用信息优势操纵单列为一种操纵类型，并将主体限制为公司内部人。2019 年 7 月最高人民法院、最高人民检察院《关于办理操纵证券、期货市场刑事案件适用法律若干问题的解释》（以下简称《操纵市场罪司法解释》）第 1 条第 3 项、第 4 项分别规定了通过策划、实施资产收购重组等虚假重大事项的重大事项操纵和通过控制公司信息的生成、信息披露的内容、时点、节奏的控制信息操纵〔1〕，取消了对操纵主体的限制，细化了操纵的具体手段。2022 年经修改后的《追诉标准（二）》第 34 条第 5 项、第 6 项关于利用信息优势操纵行为的描述与《操纵市场罪司法解释》保持了一致。

对于操纵市场行为而言，《证券法》属于特别法，较之《刑法》等刑事规范应当更加细致、专业。操纵市场行政违法与操纵市场罪仅存在不法程度的区别，在客观行为上应具有同质性。然而，利用信息优势操纵行为在《证券法》中未找到明确依据，却被《操纵市场罪司法解释》等规范明确规定为操纵市场罪，不免让人疑惑。虽然该司法解释不能被直接援引作为证券行政处罚的依据，但是从历史执法经验来看，该司法解释的相关规定很可能以“举重以明轻”的方式被运用到证券行政执法案件中。（见表 1）

---

〔1〕 刘宪权：《操纵证券、期货市场罪司法解释的法理解读》，载《法商研究》2020 年第 1 期。

表 1　操纵证券市场行政监管依据与刑事追责依据对比

操纵行为类型	行政监管依据①	刑事追责依据②
连续交易	单独或者通过合谋，集中资金优势、持股优势或者利用信息优势联合或者连续买卖	单独或者合谋，集中资金优势、持股或者持仓优势或者利用信息优势联合或者连续买卖
约定交易	与他人串通，以事先约定的时间、价格和方式相互进行证券交易	与他人串通，以事先约定的时间、价格和方式相互进行证券、期货交易
洗售交易	在自己实际控制的账户之间进行证券交易	在自己实际控制的账户之间进行证券交易，或者以自己为交易对象，自买自卖期货合约
虚假申报	不以成交为目的，频繁或者大量申报并撤销申报	不以成交为目的，频繁或者大量申报买入、卖出证券、期货合约并撤销申报
蛊惑交易	利用虚假或者不确定的重大信息，诱导投资者进行证券交易	利用虚假或者不确定的重大信息，诱导投资者进行证券、期货交易
“抢帽子”交易	对证券、发行人公开作出评价、预测或者投资建议，并进行反向证券交易	对证券、证券发行人、期货交易标的公开作出评价、预测或者投资建议，同时进行反向证券交易或者相关期货交易
策划、实施虚假重大事项	—	通过策划、实施资产收购或者重组、投资新业务、股权转让、上市公司收购等虚假重大事项，误导投资者作出投资决策，影响证券交易价格或者证券交易量，并进行相关交易或者谋取相关利益
控制信息的生成、内容、披露	—	通过控制发行人、上市公司信息的生成或者控制信息披露的内容、时点、节奏，误导投资者作出投资决策，影响证券交易价格或者证券交易量，并进行相关交易或者谋取相关利益

①证监会《证券市场操纵行为认定指引》（2007 年）已失效，所以本部分行政法规主要援引《证券法》（2019 年）。

②主要援引《刑法》（2021 年）、《最高人民法院、最高人民检察院关于办理操纵证券、期货市场刑事案件适用法律若干问题的解释》（2019 年）。

2. 监管态度的变迁

在 2017 年之前，市场上利用信息优势操纵的行为并不引人注目，行为人多采取复合型操纵手段，即在信息手段之外还辅之以传统的连续交易、约定交易等交易手段。因此，证监会在对相关行为定性时均援引 2014 年《证券法》第 77 条第 1 款第 1 项，即“利用信息优势连续买卖”操纵。〔1〕阙某彬案的出现改变了证监会对此类操纵行为的认识。此案中，阙某彬听取蝶彩资产有关“市值管理”的建议，采取发布利好消息、改变信息披露时点等手段影响公司股价，行为人只有信息发布行为，没有进行连续或联合交易。〔2〕后续出现的何思模案中，当事人仅通过控制信息披露的内容和时点、节奏，达到了操纵市场的效果。〔3〕证监会逐渐认识到此种行为与连续交易型操纵存在本质的不同，也不属于其他列明的操纵类型，转而适用第4项兜底条款。此外，司法机关审理著名的“徐翔案”时，最初在内幕交易罪和操纵市场罪之间举棋不定，最后法院以“利用信息优势连续买卖操纵”定罪。但随着此类行为越来越频发，操纵手法越来越鲜明，司法机关认识到利用信息优势操纵行为具有独立特征，因而陆续出台《追诉标准（二）》《操纵市场罪司法解释》，将利用信息优势策划虚假重大事件或控制信息披露列为独立的操纵类型。处于实务前沿的执法和司法部门越来越倾向于以独立的视角审视利用信息优势操纵行为。

3. 学界观点纷争

关于利用信息优势操纵是否能够适用已有法律规范，是否有必要单独增设法律依据，学者们产生了不同的看法。一些学者认为利用信息优势操纵作为复合型操纵中的一种手段，往往配合着连续交易、洗售交易等交易型操纵，很少单独出现，因而无须单独叙明。“利用信息优势操纵”与“利用信息优势连续买卖”之间是包含关系，可以用现有条款进行规制。〔4〕但另有观点认为以信息型操纵手段为主、交易型操纵手段为辅的复合型操纵案件适用“利用信息优势连续买卖操纵”条款并不十分准确。〔5〕两者在操纵机理和操纵手段上存在显著区别，《证券法》关于“集中资金优势、持股优势或者利用信息优势联合或者连续买卖”的表述混杂了交易型操纵和信息型操纵，导致交易型操纵与信息型操纵界限划分不清。〔6〕还有学者提出通过增加蛊惑交易操纵的行为模式，可以将利用信息优势操纵纳入蛊惑交易操纵的规制范围。〔7〕此外，更为实用主义的观点认为利用信息优势操纵与虚假陈述的客观行为表现基本一致，在操纵意图难以证明的情况下，可以纳入虚假陈述的规制范围。

---

〔1〕 参见中国证监会行政处罚决定书〔2015〕43号、中国证监会行政处罚决定书〔2016〕32号、中国证监会行政处罚决定书〔2017〕29号。

〔2〕 中国证监会行政处罚决定书〔2017〕80号。

〔3〕 中国证监会行政处罚决定书〔2018〕36号。

〔4〕 徐瑶：《信息型市场操纵的内涵与外延——基于行政和刑事案件的实证研究》，载黄红元、卢文道主编：《证券法苑》（第21卷），法律出版社2017年版；缪因知：《信息型操纵市场行为执法标准研究》，载《清华法学》2019年第6期。

〔5〕 夏中宝：《徐翔操纵市场案中的法律与证据问题探微》，载黄红元、卢文道主编：《证券法苑》（第20卷），法律出版社2017年版。

〔6〕 李珍、夏中宝：《新〈证券法〉中操纵市场条款修订的得失评析》，载《金融理论与实践》2020年第7期。

〔7〕 李珍、夏中宝：《新〈证券法〉中操纵市场条款修订的得失评析》，载《金融理论与实践》2020年第7期。

（二）认定标准模糊

由前述内容可知，利用信息优势操纵市场行为的认定依据不明确，并且存在较大争议，这让监管和司法机关只能“摸着石头过河”。监管在摸索的过程中也遇到了认定的难题。

1. 操纵行为难识别

操纵市场是三大证券违法行为中查处数量最少的，信息型操纵相较于交易型操纵则更难识别。交易型操纵会在市场中留下“痕迹”，监管者可以借助技术监测系统对频繁交易、账户之间的对倒和同步交易等异常情况进行识别和预警，并且其操纵结果会直接反映在证券交易价量的波动上。但信息型操纵在市场上留下的只有信息，证券市场每日有海量信息并且我国市场噪音较多，很难及时发现异常信息。此外，发布异常信息是诸多证券市场违法行为的共同手段，如果无法识别操纵者的操纵意图，则容易对操纵行为进行错误定性。利用信息优势操纵市场以发行人这一法定披露主体进行信息的发布，极易与发行人日常合法的信息披露行为相混淆，隐蔽性极高。

2. 释法说理不清晰

自2016年起，证监会每年发布的20起典型执法案例中均包含1～2起发行人内部人单独或联合外部机构利用信息优势操纵市场的案例。然而，从已经公开的处罚决定或裁判文书来看，执法和司法部门尚未对此种行为形成统一的认定标准和系统的认定思路。一方面，由于缺乏明确的立法依据，在缺少大前提的情况下，相关文书仅是对违法事实的简单罗列，未能进行规范的三段论分析和说理。另一方面，执法和司法部门未能从纷繁复杂的市场行为和商业安排中提取违法行为构成要件的公因式，内部也没有形成统一的行为认定指引。对于行为的主观要件、客观要件和结果要件没有进行区分，执法文书大量篇幅用于对客观行为的描述，对操纵故意和操纵结果的论证过于简单。此外，在一些关键要素的认定上，处罚决定书的说理有待加强，如重大信息披露与账户组连续买卖的配合关系、信息披露时点是否存在人为控制、信息对股价的扭曲作用等。当前的执法和司法对此种行为的认定略显混乱，市场主体对此也充满困惑。

综上所述，对于利用信息优势操纵行为的认定，目前存在一些尚待解决的问题：一方面，行为的认定依据比较混乱，行为能否适用现有的法律规定以及应当适用哪一条具体的规定存在疑问。另一方面，行为的认定标准不明确，且此种操纵本身隐蔽复杂，导致操纵行为发现难、认定难、证明难。

二、利用信息优势操纵市场行为认定依据的辨析

确定利用信息优势操纵行为的认定依据是本文须解决的首要问题，但也是最具争议的问题。本部分的主要目的在于辨析利用信息优势操纵行为与其他违法行为之间的区别，证明现

有的法律规定无法对此种操纵行为进行准确评价、有力规制，因而有必要在立法中增设单独的认定依据。

（一）适用现有规则的失当

由前述内容可知，实践中往往将利用信息优势操纵行为与内幕交易、利用信息优势连续买卖操纵相混淆，也有许多手段隐蔽、操纵意图难发现的案例仅被认定为虚假陈述或信息披露违规。但利用信息优势操纵与这些行为在违法特征上存在明显不同，现有规则难以对其进行准确完整地评价。

1. 与内幕交易的区别

利用信息优势操纵的主体是公司的内部人或与内部人合谋的外部机构，恰好落入法律规定的内幕信息知情人的范畴，且在重大信息披露前，一些操纵行为人会大量购入相关证券，在信息披露导致股价变化后又卖出，此行为似乎可以被认定为内幕交易。但从主观意图、行为模式、获利机理等方面仔细甄别，利用信息优势操纵行为与内幕交易存在本质区别。（1）主观意图上，操纵行为人的目的是制造证券交易活跃假象或诱使他人跟风买卖证券，[1]而内幕交易行为人主观上只是想利用提前获知重大信息的优势抢先作出交易决策，并无人为干扰证券交易价量的操纵意图。（2）行为模式上，内幕交易的模式是知悉信息—抢先交易—被动等待信息公开，行为人无法改变内幕信息的形成和公开时点，只有积极地交易行为，而无信息手段。而利用信息优势操纵行为的核心在于各种控制信息的手段而非交易行为。行为人可以主动制造、加工、拆分相关信息，对信息的形成和发布进行主动干预，从而积极地干扰市场供求关系。有学者认为，与内幕交易相比，利用相对真实的信息人为干扰股价的行为危害更大。[2]（3）获利机理上，内幕交易的关键在于信息公开前的抢先交易，待信息公开时实现获利，获利来源是重大信息本身的价值。而利用信息优势操纵行为依赖信息公开后市场的反映，获利的来源是被信息扭曲的证券市场价格。概言之，内幕交易获利源于提前知悉信息披露后的真实市场反应结果，而利用信息优势操纵行为获利源于不当制造了虚假的市场反应结果。[3]

2. 与利用信息优势连续买卖的区别

利用信息优势操纵行为在被查处之初一直被归入“利用信息优势连续买卖”，但后来逐渐摆脱被认定为连续交易操纵的命运。两者虽皆存在利用信息优势的公因式，但在操纵市场的机理上存在质的不同。（1）从操纵对象来看，证券市场存在商品和资本两大要素。对证券市场的操纵既可以针对证券商品，也可以针对市场资本。“利用信息优势连续买卖”通过对

---

〔1〕 汤欣、高海涛：《证券市场操纵行为认定研究——行政处罚案例的视角》，载《当代法学》2016 年第 4 期。

〔2〕 Karl Shumpei Okamoto，*Rereading Section 16（b）of the Securities Exchange Act*，Georgia Law Review，Vol. 27，1992.

〔3〕 缪因知：《信息型操纵市场行为执法标准研究》，载《清华法学》2019 年第 6 期。

证券商品的连续交易，直接改变证券商品的供求关系并影响证券交易价量，操纵的是商品。然而，利用信息优势操纵行为是通过向投资者传递虚假性、误导性的信息，诱导投资者根据信息所指向的内容从事相关交易，操控的是投资者的资本配置决策。[1] (2) 在操纵力来源方面，根据对市场人为影响原因的不同，美国学者 Allen 和 Gale 将市场操纵分为交易型操纵、信息型操纵和行动型操纵。[2] “利用信息优势连续买卖”属于交易型操纵，而“利用信息优势操纵”属于信息型操纵行为。对于前者，连续交易行为是影响证券交易价量的主角，信息只是辅助者、配合者的角色，不足以对交易价格施加有意义的作用力。而“利用信息优势操纵”中，影响价量的唯一因素就是信息，即便伴随一些交易行为，也只是实现获利目的的手段，其本身并不会影响证券交易价量。更通俗地说，前者是利用“自己的钱”影响股价，操纵力直接源于交易行为；而后者是利用自己掌握的信息引导他人用“他人的钱”影响股价，操纵力源于行为人控制的信息。

3. 与虚假陈述的区别

利用信息优势操纵行为与虚假陈述的本质区别在于是否具备操纵的主观恶意。利用信息优势操纵意在直接破坏正常的市场价格机制，人为制造虚拟的市场供求关系；而虚假陈述行为的直接目标即欺骗投资者，虽然也可能带有影响股价的意图，但并非其直接宗旨，不具有操纵之意。大部分学者认为利用信息优势操纵与虚假陈述在客观行为上有诸多重叠，相较于区别，两者联系更多。德国规定了虚假陈述型操纵，可见虚假陈述可以作为操纵市场行为的手段。对于存在多种违法行为交织的案件，一种观点认为，虚假陈述和市场操纵两个行为可以独立存在，分别构成违法，因此应当并罚。另一种观点则认为，虚假陈述只是手段，起辅助作用，操纵行为才是目的，起主要作用，这种情形属于手段与目的牵连，虚假陈述可以被违法程度更重的市场操纵行为所吸收。[3]《信息披露违法行为行政责任认定规则（2021）》第 14 条也规定其他违法行为引起信息披露违法的，应当考虑信息披露违法责任能否被其他违法行为责任所吸收。这就要求监管部门不拘泥于形式上的信息披露监管，而是敢于刺破信息披露违法行为的面纱，刨根问底地挖掘不正当信息披露背后的真实意图。

简言之，利用信息优势操纵行为用现有的内幕交易、虚假陈述、利用信息优势连续买卖条款进行定性处罚都存在不合理之处，它具有独特的违法特征，需要在立法中另设依据，才能解决实践中适用依据混乱的问题。

---

〔1〕 谢杰：《操纵证券、期货市场罪的实质解释——〈刑法〉第 182 条兜底条款的立法完善与司法解释优化》，载郭锋主编：《证券法律评论》（2017 年卷），中国法制出版社 2017 年版。

〔2〕 Franklin Allen & Douglas Gale, *Stock Price Manipulation*, The Review of Finance Studies, Vol. 5, No. 3, 1992.

〔3〕 徐瑶：《信息型市场操纵的内涵与外延——基于行政和刑事案件的实证研究》，载黄红元、卢文道主编：《证券法苑》（第 21 卷），法律出版社 2017 年版。

（二）增设认定依据的可行路径

我国认为市场操纵的本质是以特定行为方式影响证券价格或交易量[1]，因此立法采取"列举+兜底"的模式。法条专注于对具体操纵手段的枚举和描述，可操作性强但可解释的空间很小。《证券法》第55条第1款只罗列了7种具体的操纵手段。显然，列明的7种操纵手段难以涵盖市场上层出不穷的新型操纵行为。随着新型操纵行为层出不穷，兜底条款在执法文书中出现的频率越来越高，但是长期依赖兜底条款规制会造成监管的弹性和行为认定的模糊性，不仅会增加操纵行为监管难度，也会破坏市场预期。[2]同时，我国《操纵市场罪司法解释》已经规定了利用信息优势操纵市场行为，《证券法》作为操纵市场罪的前置性法律一直对此行为采取模糊化处理，实为不妥。

但是《证券法》的修改程序严格，且会牵涉《刑法》相关条文的变动，考虑到《刑法》以司法解释的方式将利用信息优势操纵市场行为纳入规制范围也不失为一种灵活之举，笔者建议证监会颁布部门规章对《证券法》中"操纵证券市场的其他手段"进行行政解释，增设"通过策划、实施资产收购或者重组、投资新业务、股权转让、上市公司收购等虚假重大事项，或通过控制发行人信息的生成或者控制信息披露的内容、时点、节奏，误导投资者进行证券交易。"这样能使我国行政执法领域对利用信息优势操纵市场的监管有明确依据，并且与刑事领域关于操纵市场罪的规定相协调。

三、利用信息优势操纵市场行为的主观要件

关于操纵市场主观要件的实务和研究主要围绕两大问题，即操纵市场的成立是否需具备主观要件以及主观状态如何证明。就主观要件的必要性而言，以美国为代表的大部分国家和地区认为主观要件是操纵市场成立的必备要件并且在立法中予以规定[3]，一些国家或地区有过弱化或废除主观要件的尝试[4]，也有一部分国家或地区坚持客观归责，没有规定主观要件。[5]我国2019年《证券法》增加了"意图影响"的规定，但其与"影响"要件之间是"或者"的关系，导致操纵市场的认定是否以主观意图为必要仍存在争议。此外，虽然执法

---

〔1〕 徐瑶：《信息型市场操纵的内涵与外延——基于行政和刑事案件的实证研究》，载黄红元、卢文道主编：《证券法苑》（第21卷），法律出版社2017年版。

〔2〕 房慧颖：《新型操纵证券市场犯罪的规制困局与破解之策》，载《华东政法大学学报》2022年第1期。

〔3〕 See Securities Exchange Act of 1934. Sec. 9. (a)；香港《证券及期货条例》第277条；The Statutes of the Republic of Singapore，Securities and Futures Act (2006)，Cap. 289，Sec. 200。

〔4〕 参见我国台湾地区"证券交易法"第155条。我国台湾地区在"证券交易法"制定之初，原则性地规定了禁止"直接或间接意图影响市场行情"的市场操纵行为。后因举证困难，于1988年修正时删除了该主观意图要素。但这种纯客观归责打击面过广，将很多正常投机行为纳入其中，对市场造成消极影响。于是在2000年修订时，重新明确了"意图影响证券交易价格"的主观要件。

〔5〕 唐洪敏：《欧盟关于市场操纵的定义及其特点》，载《证券市场导报》2005年8月。

和司法机关在对操纵行为认定的过程中都会提及操纵意图，但并未就操纵意图的考量要素、证明标准达成统一的认识。朱某洪案、阙某彬案中，执法机关根据当事人之间达成的市值管理协议认定当事人之间有利用信息优势操纵市场的合谋。何思模案中，证监会凭借行为人明知发布送转股公告能够对投资者决策产生重大影响而未准确披露等认定其具有操纵意图。有些案件则根据当事人具有获利动机推定当事人的操纵意图。而且执法文书多是简单罗列事实后直接得出行为人具备操纵故意的结论，在细节和逻辑方面经不起推敲。因此，下文将围绕主观要件的必要性和认定方法展开论述。

（一）设定主观要件的必要性

美国、英国等大部分国家和我国台湾地区都明确规定了操纵市场的主观要件，且多将其定义为“诱使交易”或“意图影响证券交易价量”的主观状态。我国2014年及以前的《证券法》以及《刑法》等相关法律规范没有明确操纵市场中行为人的主观状态，但有学者指出立法所规定的“影响证券交易价格或者证券交易量”是主客观要素的统一。[1]这既要求行为人具有影响证券交易价格或者交易量的主观目的，又要求行为人实施的行为客观上能导致证券市场行情被人为控制。在蝶彩资产与证监会二审行政判决书中，法院写道：“操纵证券市场行为的认定可从以下两点予以把握：一是行为人客观上实施了可能影响证券交易价格或者证券交易量的行为；二是行为人主观上具有操纵证券交易价格或者证券交易量的意图。”[2]

首先，操纵的主观故意是区分正常市场行为和违法操纵行为的关键所在。美国学者认为禁止操纵的规则会阻止一些合法的交易。为了防止法律打击面过广，影响市场活跃度和效率，除非交易者被认定有不诚实的意图操纵股票价格，否则交易行为不应被禁止。非操纵交易和操纵交易完全可能造成相似的价量波动效果，两者区分的依据就在于行为背后是否隐藏着操纵目的。[3]2021年新修正的《行政处罚法》第33条第2款明确了行政处罚的主观归责原则，当事人无主观过错的，免予处罚。可见，主观过错划定了罚与不罚的分界线。利用信息优势操纵市场行为的认定以主观操纵意图为必要，既彰显了操纵证券市场行为的核心内涵，又保持了处罚的谦抑性，防止执法权力过度膨胀造成投资者动辄得咎，最终导致市场“寒蝉效应”。

其次，操纵意图也是利用信息优势操纵与内幕交易、虚假陈述等其他违法行为的本质区别所在。徐翔、鲜言等人在内幕交易敏感期内交易相关证券，并在内幕信息公开后卖出，但证监会最终以操纵市场而非内幕交易定责的原因在于行为背后隐藏着操纵意图。FCA在执法实践中指出，为了将不恰当传播信息型市场操纵与单纯的虚假陈述相区别，证明行为人具有

---

〔1〕 田宏杰：《操纵证券市场行为的本质及其构成要素》，载《国家行政学院学报》2013年第3期。

〔2〕 北京市高级人民法院行政判决书，（2019）京行终2328号。

〔3〕 Fischel. D. R. & D. J. Ross，*Should the Law Prohibit Manipulation in Financial Markets*，Harvard Law Review，Vol. 105，No. 3，1991.

市场操纵的主观故意十分必要。

最后，主观操纵故意是串联不同操纵主体、多种操纵手段，还原完整操纵链条的钥匙。利用信息优势操纵行为往往表现为内外勾结，当事人有意将信息披露行为与配合交易行为的主体割裂开来，增加操纵行为的隐蔽性。这些行为单独来看，分别属于信息披露和二级市场的短线操作。但若能取得关于当事人合谋的证据，便能发现这些行为之间的配合关系，还原完整的信息操纵链条。组合成利用信息优势操纵行为的各种子行为不一定是违规行为，但在当事人操纵故意的支配下，这些行为串联起来相互配合，共同为操纵市场的目的服务，构成利用信息优势操纵市场行为。[1]

总之，主观要件是操纵市场行为认定不可省略的要素。它既是合法与非法的分界点，也是此种违法与彼种违法的边界线，更是串联不同操纵主体、操纵阶段和操纵手段的锁链。

（二）主观要件的证明路径

主观意图是人的心理活动，除非当事人自认或者通过客观形式表露于外，否则很难直接证明。但各国执法和司法机关并未因此而轻视主观要件的重要性，它们在多年的实践中探索出比较合理的证明路径。

1. 主观要件证明方法的域外经验

美国关于操纵意图的证明方法被称为“动机和机会理论”，只要证明行为人有操纵的动机加上行为人客观上实施了法律明确禁止的操纵行为，就可以初步推定其有操纵的目的。随后，举证责任倒置，行为人必须证明有其他合法目的才能免责。这些动机包括持有大量即将行权的股票期权、持有大量股票待出售、维持已做借款质押的股票价格等。对于当事人之间的合谋，美国也降低了举证要求。与操纵者具备亲密关系、依据操纵者的信息进行交易的人、操纵者使用的他人账户都可以构成证明“合谋”的证据。[2]

英国 FCA 也利用间接证据来推定主观意图——“重大利益标准”。该标准要求对相关证券具有重大利益的市场主体在发布和传播信息时，必须对信息的真实性尽到合理注意义务。如果未尽到合理注意义务发布了虚假信息，并且与证券具有重大利益，即可推断信息披露主体具有操纵市场的主观故意。这些重大利益包括行为人自身持有股票、行为人的股票被质押、行为人持有买入期权、行为人沽售股票等。[3]

我国台湾地区用以证明操纵市场主观故意的方法被称为“客观行为相似性”理论。首先，根据市场上的异动来启动对涉嫌操纵行为的调查，进而通过异常交易或信息发布行为来推定犯罪嫌疑人的主观故意。这种推定方法的关键在于证明行为人的行为异于常人或异于

〔1〕 蔡奕：《信息型操纵基本法律范畴分析》，载黄红元、卢文道主编：《证券法苑》（第18卷），法律出版社2016年版。

〔2〕 马江河：《美国证券市场操纵认定标准研究》，载《证券市场导报》2005年8月。

〔3〕 蔡奕：《英国关于市场操纵的立法与实践》，载《证券市场导报》2005年2月。

常态。[1]

由此观之，为了化解主观意图难证明的困境，各国或各地区普遍认可基于客观事实证据对主观意图进行推定，并通过举证责任的重新分配降低监管部门或控方的举证难度。

2. 我国证明主观要件的考量因素

我国执法和司法机关通常利用直接证据并结合客观行为对操纵意图予以考量。直接证据是指当事人之间关于账户控制、交易配合、信息沟通等能够直接反映操纵意图和合谋的证据。在实践中的表现形式包括《研究顾问协议》《资产管理合同》《市值管理协议》等。这些证据通常直接反映了当事人合谋操纵的动机以及意思联络。比如朱某洪案中，朱某洪与资管机构约定如回购时股价上涨，后者有权收取股价上涨收益的15%或20%，这使双方具有了共同利益的基础和推动股价上涨的动机。阙某彬案中，《研究顾问协议》明确约定“以不低于20元/股的价格减持恒康医疗股票”，蝶彩资产为阙某彬提供“市值管理”服务，并按减持成交金额的12.5%计提顾问费，证监会据此认定行为人之间存在拉抬“恒康医疗”股价并减持获利的共同操纵故意。需要强调的是，证券市场行为人的获利或避损动机本身并不违法，但其背后所隐藏的对证券价格的人为设定目的触及了反操纵监管的红线。

间接证据主要是动机、行为、行为结果、市场状况等证据。有交易就必留痕，意图是可以用行动证明的。[2]对于利用信息优势操纵市场行为而言，通常结合如下间接证据推定主观操纵意图：（1）具有谋利避损动机，主要分为两种情况：其一，交易或即将交易相关股份。其二，为了谋取其他利益，如影响定向增发价格、股权质押价格、公司收购价格等。（2）信息披露内容的误导性、信息披露过程的草率性与信息披露时点的异常性、刻意性。通过对信息生成、信息内容、信息披露全过程的考察可以考量行为人对信息是否有人为异常控制，进而推定行为人利用信息以实现不正当的目的。如果是在股份减持、定向增发等敏感期内出现异常信息披露行为，更能增强证明力。（3）公司股价变化幅度与板块指数、行业指数、综合指数的偏离程度。利用信息优势操纵中，操纵行为对投资者投资决策的影响程度最终通过目标证券的价格变化予以反映。在阙某彬案、赵某案、孟某山案的处罚决定书中，证监会花费大量笔墨说明被操纵证券的上涨幅度明显大于当时的板块指数或大盘的振幅。如果行为人在股价出现异动后仍有信息披露行为，甚至增强了披露密度，则更能佐证行为人的操纵意图。（4）操纵行为后的反向交易获利行为也能辅助证明操纵故意的存在。若行为人在其发布的信息对市场的影响尚未消除时就开始卖出证券，则可自然推定他是为了操纵目的而发布信息。[3]反向交易行为既可以由控制信息发布的行为人作出，也可以由与前者具有合谋的关联

---

〔1〕 蔡奕：《我国台湾地区对证券市场操纵行为的法律界定与规制》，载黄红元、卢文道主编：《证券法苑》（第2卷），法律出版社2010年版。

〔2〕 郑彧：《从“结果主义”转向“行为主义”——论连续交易型市场操纵的认定》，载黄红元、卢文道主编：《证券法苑》（第26卷），法律出版社2019年版。

〔3〕 田宏杰：《操纵证券市场罪：行为本质及其司法认定》，载《中国人民大学学报》2014年第4期。

主体作出。

总而言之，任一前述要素均不能作为认定行为人具备操纵意图的直接证据，且都不能达到必然的证明程度。对操纵主观要件的证明仍有赖执法和司法机关结合具体案情、综合前述各要素，对行为人的主观状态进行综合考量，最终得出高度盖然性的结论。

四、利用信息优势操纵市场行为的客观构成

根据利用信息优势操纵市场的文义来看，其主要由“信息”“信息优势”“利用”三个部分构成，下文对利用信息优势操纵市场行为的客观构成进行了拆解并分别就其如何认定展开论证。

（一）“信息”的认定标准

“信息”是信息型操纵的操纵力来源，细化认定利用信息优势操纵市场客观构成的第一步便是明确“信息”的认定标准。

1. “重大性”标准

证券市场充斥着海量信息，其中很多信息只是噪声，只有具备重大性的信息才会影响投资者的决策。然而不同市场、不同环境下的投资者群体存在差异，因而不同市场上信息的“重大性”标准也存在区别。我国资本市场发展尚不成熟，存在如下特点：首先是信息不对称造成的“柠檬市场”。资本市场不诚信、透明度不足、信息披露质量低等原因造成不同市场主体之间存在巨大信息差，公开的信息难以满足投资者，特别是中小投资者科学理性决策的需求。其次，资本市场“政策市”的属性突出。股价与基本面严重脱轨，跟随政策起伏不定，市场在资源配置中的作用微弱。最后，市场对消息过度敏感。我国97%以上的投资者是缺乏经验、持股市值较低的中小投资者，他们大多抱着短期投机心理，更迷信消息、概念、市场走势。〔1〕因此，考虑到我国资本市场发展不充分、投资文化非理性，笔者认为应采取更为灵活、宽松的重大性判断标准。很多学者也认为，利用信息优势操纵中的“信息”不一定是法律明文规定的重大且需要披露的信息，一些不确定发生或不必要披露的信息，比如迎合市场炒作概念、高送转消息、策略性更名等，只要能博人眼球、引发市场交易价量的显著波动，都是行为人可以利用以进行操纵的信息。〔2〕

2. “引诱性”标准

操纵者利用信息引诱投资者按照其预期的方向进行交易以实现操纵目的，因此相关信息必须具备“引诱性”。但我国传统的证券监管往往只打击虚假信息，导致市场出现很多利用

---

〔1〕 李文华：《我国上市公司市值管理问题探析》，载《南方金融》2015年第5期。

〔2〕 方燕：《信息型操纵证券市场犯罪行为的防范与治理》，载《北京警察学院学报》2021年第1期；郑佳宁：《操纵证券市场行为法律认定标准的实证研究与再审视》，载《政法论丛》2016年第5期。

虚实混同信息、乃至真实信息进行操纵以规避监管的行为。在朱某栋操纵阜兴集团股票案[1]中，当事人以所披露的信息真实作为抗辩理由未获得证监会认可，证监会指出利用信息优势操纵的认定与信息是否真实无关。学者普遍认为，信息的真实性不影响利用信息优势操纵的认定。学者王明涛以金融学模型证明了基于真实信息操纵市场的可能性，跟风者是市场出现过度反应、市场效率低的主要因素。[2]此外，一些企业的经营规划、投资意向等信息本身属于中性信息，并且存在较大主观性和不确定性，没有真假之分。美国法院认为“半真半假（half－truths）或字面上真实但实际上造成误导印象的信息可以支持证券欺诈的指控”。[3]由此可知，“引诱性信息”不限于虚假信息，还包括真实但却不全面、用语模糊有歧义或未及时更新的信息。交易所一线监管人员发现，在迷信消息市、炒作概念股的市场环境中，上市公司常用的题材类公告包括：主动披露缺乏实质约束力的战略意向书；变更公司名称和股票简称；进入明显不具备实施条件的商业热点领域。[4]一方面，这些事项具有极大的不确定性，即便最终未能实现也不属于“虚假信息”的范畴；另一方面，这些信息具有巨大的估值想象空间，极易让普通投资者对公司未来经营业绩和发展前景产生错误认知，从而诱导其投资决策。[5]

3. “可控性”标准

有学者根据可控度将证券市场信息分为“零可控度信息”、“低可控度信息”和“高可控度信息”。“可控度”指信息受发行人及其内部人的控制程度，“高可控度信息”就是发行人及其内部人对相关信息的产生及发布、内容与形式具有很高自由度的信息[6]，这些信息往往关乎公司的经营决策，并由内部人主导掌控。以收购重组交易为例，发行人内部人对是否进行真实的收购交易、何时进行收购、收购的对价均具有相当大的自由裁量空间，收购过程涉及多次信息披露且均会对公司股价产生重要影响，因而也产生了人为操纵股价的机会。可控度越高的信息，越容易被发行人内部人滥用，更应引发监管的警惕。利用信息优势操纵市场最鲜明的特点即通过策划重大事项或者通过控制公司的信息披露来实现操纵目的，因此相关信息属于“高可控度信息”。常见类型包括：重大资产重组信息、公司业务转型信息、定期报告、送转股信息。宏观信息、行业信息、不受公司内部人控制的交易信息以及市场谣言等不符合“高度可控性”标准，应当被排除在外。

综上所述，对利用信息优势操纵中的“信息”进行认定时需注意以下几点：第一，应采

---

〔1〕 中国证监会行政处罚决定书〔2018〕77 号。

〔2〕 王明涛：《于真实信息的股票市场操纵与市场过度反应》，载《经济经纬》2007 年第 1 期。

〔3〕 Set Capital LLC v. Credit Suisse Grp. AG，996 F. 3d 64.

〔4〕 卢文道、陈亦聪：《题材股投机炒作的成因与监管逻辑》，载黄红元、卢文道主编：《证券法苑》（第 22 卷），法律出版社 2017 年版。

〔5〕 高海涛：《试论信息型操纵的违法性及防控对策》，载黄红元、卢文道主编：《证券法苑》（第 22 卷），法律出版社 2017 年版。

〔6〕 朱庆：《证券高可控度信息的相关法律问题——以股份回购为视角》，载《法学》2015 年第 1 期。

取更为宽松的“重大性”标准，法定披露义务以外的信息也有可能引发跟风炒作；第二，具有引诱性的信息既可能是虚假的，也可能是真实的；第三，信息生成到披露的全过程受发行人内部人的高度控制。

（二）“信息优势”的表现形式

利用信息优势操纵中的“优势”并非指信息本身具有优势，而是指行为人的信息优势地位，这是一种源自职权和身份的优势，实践中可以根据行为人是否具备信息事务主导权和市场影响力两个方面予以认定。

1. 信息主导权

一般认为，信息优势，是指行为人相对于市场上一般投资者对标的证券及其相关事项的重大信息具有获取或者了解更易、更早、更准确、更完整的优势。但此种定义将信息优势局限于信息的获取或了解方面，无法与虚假陈述和内幕交易中违法行为人具备的信息优势相区别，没有凸显利用信息优势操纵市场中“信息优势”的特殊性。利用信息优势操纵市场的行为主体往往是掌握重大经营决策权和信息披露事务主导权的发行人董监高和控股股东、实际控制人。他们既是披露信息所涉事项的实际决策者或执行者，又是信息披露事务的管理者或组织者。行为人不仅仅具有获取或了解信息的优势，还具备制造、加工、发布相关信息的优势，也即信息主导权。相较于被动接受相关信息的优势，利用信息主导权主动制造、拆分、加工、发布、传播各类重大信息的优势更为关键。[1]换言之，行为人不仅更接近信息源，多数情况下行为人本身就是信息源。这进一步加剧了行为人与监管者之间的信息不对称，也增加了行为隐蔽性和监管难度。但这种信息优势与行为人的职务便利密不可分，因此监管部门可以基于行为人在发行人中的特殊职务和身份直接推定其享有天然的信息优势。

2. 市场影响力

虽然理论上任何人均能成为信息型操纵市场行为的主体，但证券市场存在“明星效应”，一般投资者人微言轻，只有具备特殊身份的人，如网络红人、股评家和公司内部人才能仅靠信息手段实现操纵，因为信息的传播和被广泛接受有赖于信息发布者的公信力和市场影响力。美国学者 Benabou 和 Laroque 认为，发行人内部人更容易实现信息型操纵，因为投资者认为他们具有信息优势且值得信赖，会更愿意相信他们发布的信息。[2]他们拥有个股的“信息权限”，其公布的信息天然具有一定的“权威性”。[3]公司的董监高、控股股东、实际控制人作为公司经营决策主体和信息披露义务主体，一方面具有重大信息披露的专属资格，即在

〔1〕 商浩文：《论信息型操纵证券市场犯罪的司法认定路径——以 2019 年“两高”最新司法解释切入》，载《法学》2020 年第 5 期。

〔2〕 Benabou R. & Laroque G., *Using Privileged Information to Manipulate Markets: Insiders, Gurus and Credibility*, Quarterly Journal of Economics, Vol. 107, 1992.

〔3〕 Franklin Allen & Douglas Gale, *Stock Price Manipulation*, The Review of Finance Studies, Vol. 5, No. 3, 1992.

重大事件上享有独家话语权；另一方面负有披露真实、准确、完整的信息之义务，即受到法律责任的威慑和拘束。这种信息披露权力上的专属性和信息披露义务上的强制性导致其所发布的信息具有更强的市场影响力，容易被投资者不加辨析地接受。

（三）“利用”手段的类型化

“利用信息优势操纵”这一表述本身比较抽象且并不准确，缺少利用信息的具体行为要件。“利用信息优势”在具体案件中会客观化为一系列“信息手段”，在已有案例中，信息手段主要表现为如下几类：

1. 控制信息的生成

发行人内部人享有公司经营决策权，他们往往通过组织、策划公司重大资产重组、业务转型、分配股利等事宜，制造可以被利用来实现操纵目的的信息。在徐翔案中，发行人董事长或者实际控制人提出“高送转”方案，引入“乙型肝炎治疗性疫苗”“石墨烯”业务，制造热点题材信息用以哄抬股价。在朱某洪案中，朱某洪在1年的时间内为宏达新材策划一系列的并购重组活动，包括城市之光、千年设计、手游等项目，并披露了重组方案，但最终都未落实。[1]疫情期间，一些上市公司控制人将公司包装成“口罩概念股”，受到交易所自律处分；近来，一些公司的公告、公众号中频繁出现元宇宙相关概念，引发监管关注。[2]

2. 控制信息的内容

不真实、不完整的信息会对投资者产生误导作用，行为人通过对所披露信息内容真实性、完整性进行控制，“报喜不报忧”，可以实现操纵目的。文某永权案中，公司其他股东并无相应增持计划，但文某永权控制众益传媒发布《关于公司控股股东、实际控制人增持公司股票的公告》称公司控股股东、实际控制人文某永权及公司部分股东将联合对公司股票进行增持，虚构公司股票交易情况，对投资者产生误导作用。[3]在阙某彬案中，阙某彬控制恒康医疗公告称“DYW101”项目系经上海独一味（恒康医疗全资子公司）与另两家公司协作完成了第一阶段研发任务。但事实是上海独一味仅是该项目名义参与方，未实际参与研发。该公告未能准确说明上海独一味在此项目之中的地位与作用，容易误导投资者对上海独一味的研发能力产生过高预期，客观上有利于提升恒康医疗股价。[4]

3. 控制信息披露的时点和节奏

发行人内部人通过推迟或提前信息披露的时点，将本可一次性披露的利好拆成若干次间隔披露，在一段期间内增加利好信息披露的密度，从而向市场释放误导信号，实现操纵目

[1] 中国证监会行政处罚决定书〔2016〕32号。
[2] 上海证券交易所纪律处分决定书〔2020〕61号；深圳证券交易所创业板关注函〔2022〕第118号；深圳证券交易所公司部关注函〔2021〕第468号。
[3] 中国证监会行政处罚决定书〔2018〕25号。
[4] 中国证监会行政处罚决定书〔2017〕80号。

的。在何某模案中，何某模控制易事特提前披露高送转预案，该预案在资产负债表日前1个月即公告。而当时正处于2016年会计年度内，当年年度财务状况、经营成果及现金流量等尚未编制财务报表，也未经过注册会计师审计。相较于何某模以往提出分配利润预案的时点有明显提前。〔1〕在孟某山案中，2015年7月8日至8月12日股价拉抬期间，孟某山、杨某兴控制梅花生物持续披露员工持股计划、业绩增长数据、股东增持进展等多项利好信息，拖延发布拟终止重组的利空信息。〔2〕

其实，各类“信息手段”之间并非泾渭分明。真实的案例中，行为人往往综合运用多种手段，对信息的生成、内容、披露全过程施以人为干预，尽可能放大并强化操纵的效果。

五、利用信息优势操纵市场行为的结果要件

（一）结果要件的存废争议

原《证券法》第77条在列明的每一种操纵类型后，规定了“操纵”或“影响证券交易价格或者证券交易量”。2007年《操纵指引》第14条在解释该要素时明确，操纵行为需导致证券交易价格或证券交易量异常或形成虚拟水平，并且操纵行为是导致证券交易价量异常或出现虚拟水平的重要原因。由此确定了我国操纵市场行为的认定以操纵结果和因果关系为必要。2019年《证券法》第55条增加“意图影响”要素，与“影响”之间用“或者”连接，此规定表明操纵意图被证实的行为即便未造成实际后果也可以被认定为操纵违法行为，操纵结果不再成为操纵市场认定的必要条件。

境外各法域也呈现弱化操纵结果要件的态度。2014年欧盟颁布的《市场失当条例》第15条明确禁止企图操纵市场行为，将“操纵尚未开始”与“操纵已经开始但未完成”两种情形纳入反操纵监管范围。〔3〕《德国有价证券交易法》第20a条规定，在违反秩序的层面，行为人只要实施了市场操纵禁令所禁止的行为，即使没有对行情造成实际影响，也构成市场操纵。〔4〕美国商品期货交易委员会于2011年经《多德—弗兰克法案》授权，发布反操纵实施细则将“试图操纵”纳入监管范畴。SEC将此观点引入证券监管领域，行为人存在操纵市场的主观故意，且实施了促使该意图实现的显著行为，即使操纵最终没有成功，也属于违法操纵行为。〔5〕法院认为，带有操纵意图的行为已经向市场释放了错误信号，意图操纵和成功

〔1〕中国证监会行政处罚决定书〔2018〕36号。

〔2〕中国证监会行政处罚决定书〔2020〕93号。

〔3〕Regulation（EU）No. 596/2014 of the European Parliament and of the Council of 16 April 2014. 转引自刘春彦、林义涌：《欧盟反市场操纵制度的变革与启示》，载《德国研究》2021年第1期。

〔4〕高基生：《德国市场操纵证明之研究》，载《证券市场导报》2005年8月。

〔5〕SEC：In the Matter of the Application of EDWARD S. BROKAW，c/o Kevin T. Hoffman，Law Offices of Kevin T. Hoffman，151 Railroad Avenue，Greenwich，CT 06830（2013 SEC LEXIS 3583）.

操纵一样可诉。[1]

学者对于操纵结果要件是否应废除也存在不同观点。张子学、郑彧等学者指出行政违法层面的市场操纵应坚持客观行为归责，不以操纵结果为必要。操纵既包括“操纵了”即“成功操纵”的情形，也包括“试图操纵”的情形。[2]反操纵监管针对的是操纵行为本身的危险性而非操纵结果，市场操纵应转变为以“意图”为要件的行为主义监管模式。[3]但也有学者考虑到我国资本市场发展早期的国情，从市场效率和执法资源的角度，提出仍应保留市场操纵的结果要件。一方面，操纵行为与投机行为的边界并非泾渭分明，过于严格的监管会打击证券市场的积极性和活力。另一方面，我国证券监管机构的稽查执法力量相对有限，对于并未产生价量影响结果的操纵行为，其社会危害性有限，没有必要消耗本就有限的稽查执法资源。[4]如果行为人不当控制信息发布的行为对证券交易价量的影响很小，按信息披露违法违规处理更为合适。[5]

由上可知，弱化操纵市场的因果关系和结果要件，强调“主观意图＋客观行为”的归责模式已是学界以及世界各国反操纵监管的趋势和共识。我国也在最新的《证券法》中引入了“意图影响”的归责要件，但能否实现立法预期的规制效果，还有待未来实践检验。

（二）结果要件的认定难点

在认定操纵市场的结果之前，首先要回答什么是操纵市场的结果。根据我国现有法律条文的表述，操纵市场的结果为“影响证券交易价格或者证券交易量”。证监会的相关处罚决定也主要从股价波动幅度、与同期行业板块指数的偏离程度等角度阐明操纵行为的结果。但这种传统的“交易价量”标准存在诸多局限性：第一，判断证券市场交易价量是否处于异常和虚拟水平的前提是存在一个可供参考的正常、真实交易价量标准。但如何剥离证券市场的各种复杂要素，准确还原操纵行为发生时点，在没有操纵行为影响下证券市场的真实交易状况，是极其困难的。第二，即便借助金融建模等分析工具能够还原“真实价格和交易量”，何种程度的偏离可被称为异常仍然是个模糊的标准。市场上影响价格的因素众多，操纵行为与其他因素对证券价格的作用力可能相同也可能相反，在作用力相互抵销的情况下证券价量波动不大。而且个股之间可能存在巨大差异，简单比对有时候并不一定能够反映客观情况。第三，交易型操纵与信息型操纵的结果存在本质不同。交易型操纵通过交易行为直接对证券

---

〔1〕 SEC v. Martino, 255 F. Supp. 2d 268 (S. D. N. Y. 2003); SEC v. Marsi, 523 F. Supp. 2d 361, 372 n. 17 (S. D. N. Y. 2007).

〔2〕 张子学：《首例上市公司增发股份操纵股价处罚案分析与启示》，载《清华金融评论》2014 年 12 月。

〔3〕 郑彧：《从“结果主义”转向“行为主义”——论连续交易型市场操纵的认定》，载黄红元、卢文道主编：《证券法苑》（第 26 卷），法律出版社 2019 年版。

〔4〕 李珍、夏中宝：《新〈证券法〉中操纵市场条款修订的得失评析》，载《金融理论与实践》2020 年第 7 期。

〔5〕 黄江东、施蕾：《简析市值管理与操纵市场的法律边界》，载 http://www.cicjc.com.cn/info/1040/13553.htm，最后访问日期：2022 年 1 月 18 日。

市场价格、交易量施加影响或者控制，是典型的价量操纵。然而，信息型操纵是利用信息误导市场参与者资源配置决策，引诱市场中的资本要素朝着行为人预期的方向流动，这种资本的定向流动足够明显才能反映在交易价量波动上。信息型操纵的直接结果是影响投资决策和资本要素配置，间接作用于证券价格与交易量。因此，传统的“交易价量”标准与信息型操纵行为之间的关联不紧密，无法对信息型操纵行为的危害性作出准确评价。

此外，信息型操纵所采用的信息手段与“价量变动”的结果之间的因果关系很难建立。根据通说，判断因果关系的前提是行为与结果之间符合“but - for”条件关系的检验，即若无行为，则无结果。但证券市场的一大特点就是多因一果，在一些案件中，行为人均辩称操纵期间股价波动是受到其他重大事项影响。这种情况下，凭现有的技术很难证明操纵行为与价量变动的结果之间符合“若无则不”的条件关系。[1]另外，信息型操纵的因果关系具有间接性。利用信息优势操纵市场的机理是通过发布信息，直接影响投资者投资决策，间接影响证券交易价格和交易量。操纵行为与证券交易价量被扭曲的结果之间存在两层关系，行为与结果之间的客观距离过于遥远、事实联系过于间接，法律实践根本无法完成该种操纵行为与价格异动之间因果关系的证明。[2]证监会在处罚决定书中几乎未就信息型操纵市场的因果关系进行过详细说明，一般根据股价的异常涨幅、偏离度直接推定行为与结果之间存在因果关系。但这种双重因果关系推定的正当性和合法性存疑。

（三）结果要件的修正

由前述论证可知，将传统的因果关系理论和结果要件适用于利用信息优势操纵市场的认定，不仅存在理论上的争议，更存在实践证明的难题。对“价量变动”结果要件的过分苛求不仅有碍反操纵监管目的的实现，还会让执法和司法部门饱受“因果关系的折磨”。证券监管的宽严是个人交易自由与市场公共秩序之间的博弈，完全取消操纵市场的因果关系和结果要件固然能够加强对违法行为的打击力度，但也会落入主观归责的陷阱，造成行政权过于强势。证券违法行为认定要件的复杂化虽在一定程度上增加了行政执法的难度，但这是证券监管法治化过程中必须度过的“阵痛”，也是证券监管规范化、法治化必由之路。[3]学者也普遍认为对仅有意图而无结果的危险行为的认定应持审慎态度。在无法证明操纵结果或因果关系的情形下，必须实质地判断行为是否具有现实危险性。[4]其实，违法行为的结果包括一般意义上的危害结果和“危险”两种类型，表现为“可能的危害结果”和“实际的危害结果”

〔1〕贝金欣：《反思操纵证券市场结果及因果关系之构成要件地位——新修订〈证券法〉第55条“意图影响”要件之解释》，载黄红元、卢文道主编：《证券法苑》（第30卷），法律出版社2020年版。

〔2〕谢杰：《操纵证券、期货市场罪的实质解释——〈刑法〉第182条兜底条款的立法完善与司法解释优化》，载郭锋主编：《证券法律评论》（2017年卷），中国法制出版社2017年版。

〔3〕冯健：《论证券行政违法行为的成立要件》，载《行政法学研究》2021年第1期。

〔4〕贝金欣：《反思操纵证券市场结果及因果关系之构成要件地位——新修订〈证券法〉第55条“意图影响”要件之解释》，载黄红元、卢文道主编：《证券法苑》（第30卷），法律出版社2020年版。

两个阶段。[1]美国《证券交易法》第9（a）条对操纵结果的表述为“具有造成价格涨跌的可能性”（will or is likely to）。[2]因此，以“影响交易价量的可能性”代替原先狭隘的“实际影响交易价量”，定义操纵市场的结果可能更为恰当。

在前述重新定义的基础上，对利用信息优势操纵市场因果关系和结果要件的判断即转化为对客观行为危险性的判断。而这种定性的衡量在很大程度上取决于主体的经验。如蝶彩资产案判决书中写道：“考虑到证券市场的价格形成往往是多个因素促成的结果，且各个因素作用在各个价格形成阶段的比重各有不同，精确判断要素作用发挥程度及大小几无可能。因此，这一点可由证券执法人员根据证券市场有关状况或证券市场发展规律，依据普遍的经验法则和证券市场常识予以判断。”[3]（1）从市场状况来看，我国证券市场以散户为主，投资者辨别能力和投资理性不足，相较于其他成熟资本市场，同样的干扰信息对我国市场的影响力更强，所以我国市场上不正当信息发布行为的危险性认定标准应放宽松。（2）从市场影响力来看，操纵行为的信息发布主体是发行人享有经营决策权和信息主导权的内部人，发布渠道是官方规定的信息披露渠道，发布形式是发行人公告等法定形式，这些形式要件足以让相关信息具备市场权威性，从而很有可能影响交易价格和交易量。（3）从价值判断看，对信息的人为控制本就违反了信息披露的强制性规定，违反了行为主体应承担的高度注意义务，这种受到负面评价的行为，其所具有的危险性不言自明。具体危险程度需要结合个案中不正当信息手段的数量、频率、时长等情节综合认定。（4）从市场反映来看，操纵行为引起的市场反映不一定是价量波动，但可能表现为知名媒体广泛转载、股评家公开点评、股民热烈讨论、网络搜索数据激增等，应当通盘考虑这些因素，并最终判断行为的操纵危险性大小。

六、结语

证券市场瞬息万变，市场行为往往走在法律和监管的前面。利用信息优势操纵市场行为是近年来频发的典型违法行为，但监管部门对这种行为的认识还不到位，导致出现行为认定依据混乱、认定要件模糊的问题。

本文首先对此种新型操纵行为的认定依据进行了辨析，已有的法条无法全面准确评价利用信息优势操纵行为，有必要增设独立的认定依据。在此基础上，本文围绕行为的认定要件进行了针对性分析和论证。具体而言，主观要件对于市场操纵的认定必不可少，主观状态需要综合考虑行为人的谋利避损动机、重大利益关系、信息发布行为的异常性等客观证据进行

---

〔1〕 熊樟林:《行政违法真的不需要危害结果吗》，载《行政法学研究》2017年第3期。

〔2〕 Securities Exchange Act of 1934. Sec. 9.（a）（3）: If a dealer，broker... to the effect that the price of any such security will or is likely to rise or fall because of market operations of any 1 or more persons conducted for the purpose of raising or depressing the price of such security.

〔3〕 北京市高级人民法院行政判决书，（2019）京行终2328号。

推定；客观要件是行为认定的核心，可以从“信息”“信息优势”“利用手段”三方面进行衡量；结果要件饱受争议且认定困难，利用信息优势操纵市场的结果不一定是扭曲交易价量的现实结果，也可以是存在影响交易价量的危险。行为危险性需要结合多因素综合衡量，包括我国证券市场的生态，操纵者的市场影响力和信息手段本身的违法性等。当然，尽管本文对构成要件进行了拆解，但各要件之间并非割裂关系，而是相互联动的有机整体。利用信息优势操纵市场行为的认定既是技术问题，也更需要价值判断，考验着证券执法和司法人员的经验和专业。

债券承销商信托义务探析

吕志强 *

目 次

近年来，实体经济下滑导致债券违约风险持续爆发，证券公司因承销债券出现违规行为，导致被投资者追究巨额的民事赔偿责任。但在五洋债等多个司法案件中，关于债券承销商的承销民事责任的审理争议颇多，涉及承销义务的界定及义务履行标准、过错推定的追责原则以及因果关系界定等多个方面。根据《证券法》等法律规定，审慎核查义务是证券公司作为债券承销商乃至开展投行业务时的一项应尽义务。但对于该项义务究竟属于何种性质的法律义务，以及该种法律义务下还有无其他承销时须履行的义务问题，学术上较少讨论。笔者认为，义务的违反是责任承担的前提条件，债券承销商承担的义务涉及其民事乃至行政、刑事等法律责任的承担，因此，有必要深入探讨债券承销商所承担义务的性质、内

* 吕志强，法学博士。

涵以及相关义务的履行标准。

一、债券承销商承担信托义务的制度原理

美国《1933 年证券法》第 11 条第（c）款规定，证券发行人中介机构应以谨慎人管理自身财产应有之注意行事，这与传统信托法下受托人的注意义务相一致，且该要求显然高于一般代理人对于委托人的注意义务程度〔1〕。因此，证券发行中，中介机构的尽调核查之勤勉尽责注意义务要高于非证券发行业务中中介机构对于委托人的注意义务。〔2〕这也可以证明承销商所承担的义务是一种信托义务。

承销商对投资者的信托义务产生于承销过程中，承销商须将证券发行人的重要信息全部、及时地向投资者披露，并相应地承担违反义务的信托责任。信托责任理论是美国证券监管法规保护投资者利益的重要法律理论基础，承销商对投资者负有信托义务也得到了监管部门的认可。从美国证券立法史来看，证券监管部门在立法时就赋予了证券承销商信托责任及信托义务，即使后来立法态度有所演化，但并未改变承销商承销工作的实质定位。《1933 年证券法》第 11 条第（c）款明确规定"承销商是具有信托责任的人"（a person occupying a fiduciary relationship），后因证券业认为该标准过于严格，为了减少合理性标准的不确定性，在 1934 年修改证券法时用普通法信托义务的描述代替了信托责任，但该法规仍要求承销商作为受托人应承担对证券发行人的尽调核查之职责和义务。由此可见，美国证券法中承销商的法律责任基本上是以承销商违反对投资者的信托义务所产生的信托责任为基础加以设计的。〔3〕

投资者基于对发行人和中介机构的信任，缴纳认购证券的资金，债券和股票等证券才能顺利发行，因而，发行人和承销商应时刻为投资者的利益考虑。这种发行人和证券公司对投资者所负有的信赖义务即为信托义务。《证券法》关注的核心法律关系在于专家和投资者之间的关系，是基于专家的高度专业声誉而存在的特殊信赖关系。证券公司作为持有投行业务牌照的专家，投资者对其具有信赖利益，这种信赖利益本身就是信托义务的核心内涵。从证券发行以及承销的过程看，中介机构及发行人与投资者形成了有效的信托法律关系，前者应当承担《信托法》和招股说明书上的信托义务及相应的信托责任。〔4〕承销商失当行为损害了投资者的信赖利益所要承担的赔偿责任，本质上就是承销商的保证责任，这种责任是实现

〔1〕 在一般民事代理制度中，代理人对于委托人的注意义务仅限于"一般处于类似位置的人管理他人财产的注意"程度。

〔2〕 周淳：《证券发行虚假陈述：中介机构过错责任认定与反思》，载《证券市场导报》2021 年第 7 期。

〔3〕 赵英杰、杨卓：《美国证券发行承销商法律责任研究——以承销商职责界定和判断其是否尽职为视角》，载《证券法苑》2015 年第 3 期。

〔4〕 参见梅慎实：《信托责任缺失是最大症结》，载《董事会》2014 年第 3 期。

"看门人"制度功能的重要机制，也是证券法规制市场主体行为的关键制度措施。[1]

笔者认为，承销商将发行人发行的股票或债券依法销售给投资者的过程中，承销商对投资者的信托义务体现为忠诚守信和勤勉核查的义务。上述证券承销实质上可以理解为一种信托法律关系，委托人即为投资者或者投资者权益维护的代表即证券监管部门，受托人为承销商，受益人为投资者和发行人。因此，承销商对证券监管部门及投资者负有信托义务。其实，我们可以从监管部门将债券承销业务资格授予信托公司的这一行政许可试点行为看出，信托公司的信托人身份更能增强监管部门授权业务资格的合理性或法理性。2017 年 9 月，银行间市场交易商协会发布了《关于意向承销类会员（信托公司类）参与承销业务市场评价的公告》，在银行间市场试点信托公司承销债券业务，中信信托、兴业信托、华润信托等 6 家公司首批获准开展非金融企业债务融资工具承销资格。

债券承销商系信托受托人，债券承销商对证券监管部门及投资者具有忠诚守信和勤勉尽责核查发行人情况的信托义务，信托义务的履行也是承销商工作的核心和本质。信托义务的违反会引起法律责任的承担，并涉及责任认定问题。因此，有必要进一步阐释和分析承销商在承销过程中具体承担的信托义务的内容。笔者认为，结合承销商在债券发行中承担的主要职责，以及国内关于中介机构勤勉义务的认识及相关司法裁判案例的实践，并与境内外债券承销等投资银行承担的承销义务进行比较，信托义务统领下的义务群包括审慎核查义务、信息披露义务及相应保证义务、忠诚守信义务、债券销售适当性义务以及售后服务义务等。

二、债券承销商的审慎核查义务

（一）当前法律规制现状

为确保承销商切实勤勉尽责履行上述职责，发挥承销商制度设计的应有价值，法律对承销商的核查义务进行了明确规定。目前，承销商承销行为的规制主要有《证券法》以及相关司法解释。新《证券法》第 29 条[2]整合了 2005 年《证券法》第 31 条[3]规定以及第 191

---

〔1〕 陈洁：《证券虚假陈述中审验机构连带责任的厘清与修正》，载《中国法学》2021 年第 6 期。

〔2〕 新《证券法》第 29 条：证券公司承销证券，应当对公开发行募集文件的真实性、准确性、完整性进行核查。发现有虚假记载、误导性陈述或者重大遗漏的，不得进行销售活动；已经销售的，必须立即停止销售活动，并采取纠正措施。证券公司承销证券，不得有下列行为：（一）进行虚假的或者误导投资者的广告宣传或者其他宣传推介活动；（二）以不正当竞争手段招揽承销业务；（三）其他违反证券承销业务规定的行为。证券公司有前款所列行为，给其他证券承销机构或者投资者造成损失的，应当依法承担赔偿责任。

〔3〕 2005 年《证券法》第 31 条：证券公司承销证券，应当对公开发行募集文件的真实性、准确性、完整性进行核查；发现有虚假记载、误导性陈述或者重大遗漏的，不得进行销售活动；已经销售的，必须立即停止销售活动，并采取纠正措施。

条〔1〕相关内容，承继规定了承销商对债券募集文件真实性、准确性、完整性的核查义务，不得存在其他违反证券承销业务规定的禁止行为，如有违反则应承担虚假陈述行为的过错推定连带赔偿责任。新《证券法》第85条〔2〕也保留了2005年《证券法》第69条〔3〕相关内容，规定了承销商及相关人员与发行人的虚假陈述行为承担连带赔偿责任，但是能够证明自己没有过错的除外。此外，2003年《最高人民法院关于审理证券市场因虚假陈述引发的民事赔偿案件的若干规定》（以下简称2003年《虚假陈述若干规定》）第23条第1款也有类似规定。实际上可以看出，承销商对债券发行人的债券募集说明书等信息披露文件不存在虚假记载、误导性陈述或重大遗漏承担保证责任，如果未能保证，则要承担与发行人的连带赔偿责任。

从上述规定来看，承销商在提供债券承销中介服务中承担勤勉尽责的审慎核查义务是一项法定义务，当然不能根据发行人与中介机构的合同约定予以排除。因此，通常认为证券市场虚假陈述责任属于侵权法范畴，不以合同法进行规制。〔4〕

（二）审慎核查义务的勤勉尽责认定标准

目前，《证券法》仅规定承销商要对募集发行文件承担核查职责并规定了相应的法律责任。当前，法律法规未明确债券承销商证明自己没有过错的实体性或程序性规定。结合相关法规的演进及实践案例可以发现，实践中，行政监管或司法并不直接认定承销商在债券承销过程中具有过错情形，而是通过反向角度来判断其是否存在未勤勉尽责的情形，继而推断出承销商是否具有过错。结合新《证券法》第10条第2款及《证券发行上市保荐业务管理办法》第75条相关规定〔5〕，可以看出承销商能够证明已勤勉尽责地履行了核查与信息披露义

〔1〕2005年《证券法》第191条：证券公司承销证券，有下列行为之一的，责令改正，给予警告，没收违法所得，可以并处三十万元以上六十万元以下的罚款；情节严重的，暂停或者撤销相关业务许可。给其他证券承销机构或者投资者造成损失的，依法承担赔偿责任。对直接负责的主管人员和其他直接责任人员给予警告，可以并处三万元以上三十万元以下的罚款；情节严重的，撤销任职资格或者证券从业资格：（一）进行虚假的或者误导投资者的广告或者其他宣传推介活动；（二）以不正当竞争手段招揽承销业务；（三）其他违反证券承销业务规定的行为。

〔2〕新《证券法》第85条：信息披露义务人未按照规定披露信息，或者公告的证券发行文件、定期报告、临时报告及其他信息披露资料存在虚假记载、误导性陈述或者重大遗漏，致使投资者在证券交易中遭受损失的，信息披露义务人应当承担赔偿责任；发行人的控股股东、实际控制人、董事、监事、高级管理人员和其他直接责任人员以及保荐人、承销的证券公司及其直接责任人员，应当与发行人承担连带赔偿责任，但是能够证明自己没有过错的除外。

〔3〕2005年《证券法》第69条：发行人、上市公司公告的招股说明书、公司债券募集办法、财务会计报告、上市报告文件、年度报告、中期报告、临时报告以及其他信息披露资料，有虚假记载、误导性陈述或者重大遗漏，致使投资者在证券交易中遭受损失的，发行人、上市公司应当承担赔偿责任；发行人、上市公司的董事、监事、高级管理人员和其他直接责任人员以及保荐人、承销的证券公司，应当与发行人、上市公司承担连带赔偿责任，但是能够证明自己没有过错的除外；发行人、上市公司的控股股东、实际控制人有过错的，应当与发行人、上市公司承担连带赔偿责任。

〔4〕周卫青等：《债券违约情景下承销商虚假陈述民事责任及风险防范研究》，载《中国证券》2020年第4期。

〔5〕新《证券法》第10条第2款："保荐人应当遵守业务规则和行业规范，诚实守信，勤勉尽责，对发行人的申请文件和信息披露资料进行审慎核查，督导发行人规范运作。"《证券发行上市保荐业务管理办法》第75条："对中国证监会采取的监管措施，保荐机构及其保荐代表人提出申辩的，如有充分证据证明下列事实且理由成立，中国证监会予以采纳：（一）发行人或者其董事、监事、高级管理人员故意隐瞒重大事实，保荐机构和保荐代表人已履行勤勉尽责义务……"

务成为其没有过错的核心抗辩。[1]

1. 勤勉尽责标准的境外实践

（1）相关案件评析

第一，BarChris 案。Escott v. BarChris Construction Co. 系 1968 年纽约地区法院判决。该案的基本案情如下：1961 年 3 月，从事保龄球道建设的 BarChris 公司向美国证券交易委员会提交了预注册文件，同年 5 月进行了两次修正后生效，并完成债券融资。此后，BarChris 在向其客户收取应付款时遇到障碍，发生经营困难。1962 年 10 月，BarChris 公司向法院提出破产申请，并表示其将无法清偿于 1962 年 12 月 1 日届期的债券利息。债券持有人因而以《1933 年证券法》第 11 条起诉包括发行人和承销商在内的各方，认为 1961 年 5 月 16 日生效的注册文件中含有重大虚假陈述和重大遗漏。

该案有两个争议焦点。第一个争议焦点为，由于发行人已申请破产，注册文件中如何划分专家意见部分与非专家意见部分，从而要求中介机构担责。法官认为，不能因为律师准备了注册文件的文本，而将整个注册文件都视为专家意见；因本案聚焦于财务数据的解读，确认本案中仅审计结论构成专家意见，承销商对于经审计的财务数据得以产生合理依赖；注册报告中囊括了一份落款日期为 1961 年 2 月 23 日的报告，仅对截至 1960 年 12 月 31 日前的各项财务数据进行了验证核实。根据注册报告的表述，审计师从未就 1961 年的财务数据进行验证核实，且其中部分数据在债券募集说明书中有清晰的陈述，声明其根本未经审计。第二个争议焦点为合理尽调标准。合理调查的标准为《1933 年证券法》第 11 条第（c）项所述"谨慎之人在管理自己的财产时需要采取的标准"。法官最终认定本案中主承销商未尽合理调查职责。法官认为，主承销商仅审查发行人提供的表面数据不足以完成合理调查。主承销商依赖于公司提供相关数据内容，一味相信其真实性与准确性，从未进行有效的验证、核实；承销商如委托或要求顾问人员或第三方代为进行调查，则在相关受托人员未尽到合理调查义务的前提下，承销商要为他们担责。本案中的两位券商律师未就疑点问题进一步核实，未能合理尽调，主承销商应承担责任；合理调查并非形式调查，在进行调查后应达到"已无理由怀疑其准确性"的程度方可完成调查。尤其是在发现问题后应当及时跟进，直至相关问题得到合理解释或予以披露（本案中主承销商注意到异常情况仍未核实）。

第二，Feit 案。Dudley Feit v. Leasco Data Protection Equipment Corporation 系 1971 年纽约地方法院判决。该案的基本案情如下：投资者就消防安全保险公司 Leasco 公司发起的一项以可转换优先股换取 Reliance 公司普通股的融资对 Leasco 提起诉讼。投资者认为，Leasco 公司未在注册报告文件中合理披露该项高达 1 亿美元的换股计划相关情况，由此损害投资者利益。投资者基于《1933 年证券法》以及《1934 年证券交易法》提起诉讼，被告包括承销商。

〔1〕 参见邓晓明、卞舒雅：《债券违约中的承销商虚假陈述责任及其诉讼风险应对》，载 https：//pkulaw. com/lawfirmarticles/678c80f176fe328b502164e105877237bdfb. html，最后访问日期：2022 年 2 月 10 日。

该案的争议焦点为承销商是否履行了“合理尽调”的义务。法官最终认定本案中主承销商尽到了合理调查职责，并提出“公司内部事务”概念：承销商全面、独立地审查了他们能获取到的所有财务数据，完成了力所能及的各类询问调查，并委托承销商律师对 Leasco 公司会议纪要、公司记录、重大合同进行审查；承销商针对 Reliance 公司的前述计划进行了格外仔细的质询，包括研究各类报告，后在尽职调查会议上沟通讨论相关事项，基于调查及专业技能作出了相应的判断；承销商客观上不可能获得该计划的全部信息。Reliance 公司内部人员拒绝合作并多次对涉案发行提出异议，承销商无法从公司的管理团队获得足够的有效信息。对于 Leasco 公司提供的有关该计划的预期数据，承销商已尽力进行了验证核实。

第三，WorldCom 案。In re WorldCom，Inc. Securities Litigation 系 2004 年纽约地区法院判决。该案的基本案情如下：发行人、电子通讯行业巨头 WorldCom 公司内部执行人员自 2001 年年初起就参与相当数目的秘密财务造假活动，操纵 WorldCom 公司的财务数据，以使其在公开发行时获得更好的条件。WorldCom 内部执行人员和其他参与造假的管理团队几乎进行了完全的“暗箱”操作，公司的其他员工、外部审计师以及承销商都无从知晓。本案为一起证券集体诉讼案件。涉案共计两次债券发行，发行形式为美国证券交易委员会《415 号规则》下储架发行（shelf registration）。此后 WorldCom 公司倒闭，无力偿付所发行债券。

该案的争议焦点为，在财务造假问题已经坐实的前提下，对于中介机构而言，何种程度的尽职调查才能满足《1933 年证券法》第 11 条下的抗辩。法官认为，承销商不因储架发行结构带来的时限问题而得以降低“合理调查”的标准；承销商可以依赖于审计师的审计意见进行抗辩，但不能依赖于未经审计的数据（如本案中审计师对中期财务数据出具的安慰函）；对于“红旗事项”，承销商必须注意到异常且应独立进行进一步的核实调查，即便涉及财务造假、财务人员工作失误，承销商也不得进行依赖从而免责；但承销商没有义务披露他们关于发行人的内部评级情况。早在 2001 年 2 月，本案承销商已一定程度上发现了 WorldCom 公司的财务情况恶化，并在内部降低了对其评级。经查询公开信息，本案和解结案，和解金额合计达 61.3 亿美元。本案法官在结案时向承销商、董事（发行人内部人员）、被告审计师，被告管理层人员（前任 CEO、前任 CFO 等直接责任人员）四类人员下达裁决文书。

（2）境外承销商勤勉尽责标准评述

一是谨慎与勤勉的标准认定的核心或本质是态度与能力的结合。美国《1933 年证券法》第 11 条第（c）项确立的证券服务机构合理尽职调查和合理信赖的“合理”标准为应当达到“像谨慎人管理自己的财产一样”。该项标准自然要求中介机构在尽调核查相关事项时要有相当的精力和能力的投入，并在后续司法诉讼中接受司法机关的考察。美国法院在考察中介机构是否免责时，关注其在信息核验与加工过程中是否认真负责、是否客观上具备并主观上积极调动了自身发现和纠正不实信息的专业能力。[1]勤勉，即勤于勉力地从事某项工作，表现在尽调核查工作上首先要尊重并完成证监会、证券业协会规定的尽调核查法律法规、执业规则、指引和流程以及公司内部的规章制度的规定动作，当然并不是所有的疏漏都构成“不勤勉”，仍要结合承销商在具体项目中的态度和能力的表现。但如果因承销商因未遵守已明文制定的执业准则和规范流程等原因导致未能发现财务造假等虚假陈述的情形，则核查行为确实本身即构成了未勤勉尽责的证明。

美国 SEC 1981 年发布 Rule 176 规则，对于尽职调查标准提供了一些指导，认为尽职调查标准不是千篇一律的，应当综合考虑发行人情况、发行证券情况、责任人与发行人的其他关系、承销协议类型等相关考量因素，具体影响力也要根据个案分析。[2]我国香港特别行政区 2013 年修订生效的《证券及期货事务监察委员会持牌人或注册人操守准则》第十七部分也规定了举荐人合理判断、专业怀疑、适当确认、独立尽调程序等类似的合理尽职调查的因素。香港证监会指出：“我们无意按照事后标准来评估保荐人工作，并同意合理尽职审查的标准应在考虑提出上市申请时的所有相关事实及情况后，根据行业通行的执业标准来认定。”[3]在 Escott v. BarChris Construction Corp. 以及 Feit v. Leasco Data Processing Equipment Corp. 两个案例中，法官认为承销商尽力履职的程度须要达到相关领域从业人士通常被期望的水平，并能够证明上述努力的过程[4]。

二是区分专家陈述与否分为积极行动和消极信赖两类勤勉尽责标准，包括非专家陈述内容下的红旗或警报下的核查职责。美国法下，承销商是发行信息披露的“第一道防线”，对发行信披负有全面责任。在中介机构核查职责与边界方面，美国《1933 年证券法》第 11 条基于招股说明书中信息披露内容是否属于专家意见性质，区分承销商不同的注意义务标准，即“积极行动”与“消极信赖”，其中“专家陈述”是指承销商以外的律师、会计师等其他专家为注册报告出具的法律意见书、审计报告等。每个机构对其负责的内容均具有积极行动义务，即必须经过合理调查后形成对真实陈述的内心确信。非专业人士对专家陈述具有合理信赖标准，客观上减轻了承销商对律师、会计师、评级机构等专家陈述的注意义务。承销商在有相应专家陈述理由的情况下，可以信赖上述注册文件的专家性部分，无须自己主动作为去证明专家陈述的真实性，但信赖要合理，不能盲目，比如当审计报告出现明显的红色警报（red flags）时，承销商应当保持合理怀疑并进行必要的核查验证。法院认为，出于承销商在承销中承担的职责，其获得信息的能力较强且也具有相应的判断能力，其应当认识到上述警

[1] 周淳：《证券发行虚假陈述：中介机构过错责任认定与反思》，载《证券市场导报》2021 年第 7 期。

[2] See William K. Sjostrom, Jr, *The Due Diligence Defense Under Section* 11 *of the Securities Act of* 1933, Brandeis Law Journal, Vol. 44, 1990.

[3] 参见香港证券及期货事务监察委员会《有关监管首次公开招股保荐人的咨询总结》，载 https://www.sfc.hk/en/，最后访问日期：2012 年 12 月 12 日。

[4] 参见 Escott v. BarChris Construction Corp. and Feit v. Leasco Data Processing Equipment Corp。

报可能隐含着发行人的财务报告数据有造假的嫌疑。显然，每个中介机构及其从业人员对于某一事项是否可疑或者达到警报标准的判断是不同的，且要综合发行人、行业或者业务等各项因素，具有一定的特质性。一般来说，合理调查标准下“警报”所蕴含的虚假陈述风险应远远低于合理信赖标准下“警报”所蕴含的风险。[1]

香港证监会认为，虽不要求保荐机构达到专家的水平，但不能不加批判地直接引用专家报告，主张根据其了解获取到的材料去核查专家报告与实际情况的差异性。中介机构可以信赖专家报告相关内容，但要达到同行业认为客观适当的合理信赖标准。[2]因此，专家陈述之范围划定，本质上是在多大程度上允许发行人董事和承销商通过将其职责委托给专业人士来减轻甚至豁免自身的责任。[3]此外，我国台湾地区“证券交易法”第32条，以及《日本证券交易法》相关法规也根据公开说明书等证券发行文件是否经过专家机构签证或出具来区分注意义务的标准，且对专家制作或签证的文件规定了相对较轻的注意义务。[4]

勤勉尽责调查标准的模糊与不确定性，给司法裁判增加了审理困难，也导致中介机构对于执业后果判断的不确定性以及其本身在执业中的经营成本。美国证券监管部门在20世纪70年代也曾尝试制定证券行业中介机构尽调行为准则，但因证券机构会员反对未能成行。中介机构本应鼓励监管部门为其尽调标准制定一个原则性的框架或者一个行动指南，但我们应当知道明线规则反而扼杀了中介服务的价值，也产生被规避的风险。[5]因此，我们能吸取的经验就是，可以尝试制定一个相对宽松或者明确的尽调行为准则或者相对确定的勤勉尽责的判断标准，但仍要给中介机构或者监管部门一个灵活适度的判断空间，否则只会导致对于明线规则的形式遵守，而忽略了尽调对于风险事项的核查与披露实质。

此外，监管赋予中介机构与其尽调标准相对应的义务，并规定违反相应义务的责任大小。实践证明，中介机构在外部的强力监管约束下，防范发行人虚假陈述风险的能力也不是无限度的，其不可能完全消灭财务造假的风险。因为证券发行中的信息不对称与代理问题不可能完全消解，超出能力范围的义务与责任是无效的，只会导致中介机构缩小信披范围、降低信披数量。[6]此外，过度的监管问责会引致“劣币驱逐良币”的现象，即优秀的中介机构不再会选择具有较大项目风险的发行人，低质量的发行人仅能付出高额成本去聘请一般的或者执业能力相对较弱的中介机构去提供证券发行服务，而这正好与监管的风险导向是违背的，因为风险高的企业更需要执业能力强的中介机构去核查、发现和防范财务造假风险；同

---

〔1〕 周淳：《证券发行虚假陈述：中介机构过错责任认定与反思》，载《证券市场导报》2021年第7期。

〔2〕 参见夏东霞、范晓：《科创板注册制背景下对中介机构“看门人”角色的再思考》，载《财经法学》2019年第3期。

〔3〕 周淳：《证券发行虚假陈述：中介机构过错责任认定与反思》，载《证券市场导报》2021年第7期。

〔4〕 参见陈洁：《证券欺诈侵权损害赔偿研究》，北京大学出版社2002年版，第104页。

〔5〕 周淳：《证券发行虚假陈述：中介机构过错责任认定与反思》，载《证券市场导报》2021年第7期。

〔6〕 李某荣等与上海大智慧股份有限公司等证券虚假陈述责任纠纷案，上海市第一中级人民法院（2016）沪01民初877号民事判决书。

时，这无疑还提高了注册制下的中小企业的融资成本。我们可以从美国证券法对于虚假陈述责任主体是否普遍适用“严格责任”的巨大争议中看出对中介机构过度追责的危害。

2. 勤勉尽责宜结合行业尽调指引及个案情形予以认定

笔者认为，开展债券承销、股票上市保荐等投行类业务必须取得证券公司、银行等金融机构牌照，且从事相关业务的人员需要通过证券承销发行资格考试并注册为保荐代表人，其显然属于专家机构的专业人士提供的专家服务范畴，就其“勤勉尽责义务”应当适用客观过失中的“专家人标准”。〔1〕但国内理论和实践对上述专家人标准的具体内涵少有阐述。在法律层面，新旧《证券法》均未明确提及承销商的勤勉尽责核查义务。如前文所述，新《证券法》规定承销商的法定核查义务对象限于“公开发行募集文件”，对比新《证券法》第10条的规定，承销商的审慎程度低于保荐人。但证监会的部门规章对债券承销的勤勉尽责义务进行了规定，《公司债券发行与交易管理办法》第7条〔2〕规定，承销机构等专业机构和人员应当勤勉尽责，按规定和约定履行义务。在规范性文件层面，中国证券业协会于2020年1月22日修订发布了《公司债券承销业务尽职调查指引》（以下简称《尽调指引》，中证协发〔2020〕12号），详细规定了开展公司债承销业务尽职调查的范围、手段和方法，以掌握发行人经营情况、财务状况和偿债能力。当然，该指引规定是尽调工作的一般要求，承销商还应当核查可能对投资者决策能力产生重大影响的其他事项。

在债券承销商与其他债券服务机构的核查责任方面，最高人民法院于2020年7月15日商相关监管部门同意后制定发布了《全国法院审理债券纠纷案件座谈会纪要》（以下简称《审理债券纠纷纪要》），其参照证券律师相关注意义务的区分规定〔3〕，首次确立了承销商等中介机构过错认定的总体原则，即未对与自己专业相关的业务事项核查履行特别注意义务，未对其他业务事项核查履行普通注意义务。以此为基础，《审理债券纠纷纪要》在第29条〔4〕直

〔1〕“专家人标准”指具有特定技能或知识的职业人员应当表现出符合职业水准的“谨慎或审慎”。参见程啸：《侵权责任法》（第2版），法律出版社2015年版，第283页。

〔2〕《公司债券发行与交易管理办法》第7条：为公司债券发行提供服务的承销机构、资信评级机构、受托管理人、会计师事务所、资产评估机构、律师事务所等专业机构和人员应当勤勉尽责，严格遵守执业规范和监管规则，按规定和约定履行义务。

〔3〕《律师事务所从事证券法律业务管理办法》（证监会令第41号）第14条已规定，律师在出具法律意见时，对与法律相关的业务事项应当履行法律专业人士特别的注意义务，对其他业务事项履行普通人一般的注意义务，其制作、出具的文件不得有虚假记载、误导性陈述或者重大遗漏。

〔4〕《审理债券纠纷纪要》第29条：债券承销机构的过错认定。债券承销机构存在下列行为之一，导致信息披露文件中的关于发行人偿付能力相关的重要内容存在虚假记载、误导性陈述或者重大遗漏，足以影响投资人对发行人偿债能力判断的，人民法院应当认定其存在过错：（1）协助发行人制作虚假、误导性信息，或者明知发行人存在上述行为而故意隐瞒的；（2）未按照合理性、必要性和重要性原则开展尽职调查，随意改变尽职调查工作计划或者不适当地省略工作计划中规定的步骤；（3）故意隐瞒所知悉的有关发行人经营活动、财务状况、偿债能力和意愿等重大信息；（4）对信息披露文件中相关债券服务机构出具专业意见的重要内容已经产生了合理怀疑，但未进行审慎核查和必要的调查、复核工作；（5）其他严重违反规范性文件、执业规范和自律监管规则中关于尽职调查要求的行为。

接规定了司法应当认定债券承销机构的五种过错情形，其中两种为故意情形，包括协助参与发行人造假或明知而故意隐瞒，以及故意隐瞒发行人经营活动、财务状况、偿债能力和意愿等重大信息；两种为过失情形，包括未按原则开展尽职调查，随意改变尽调计划或省略规定核查程序，以及对其他专家意见产生合理怀疑时未能审慎核查。同时，《审理债券纠纷纪要》在第 30 条[1]规定了司法应当认定债券承销机构不存在过错的四种具体免责抗辩事由，主要包括依照相关规定开展了合理尽调工作；尽调工作存在的瑕疵与未发现虚假陈述行为基本无关；另外两种情形是区分了承销商不同程度的勤勉尽责义务，一是未有专业意见作为支持的，承销商有更高的尽职调查义务，在尽调基础上独立判断并达到合理、谨慎的有理由相信的程度；二是有专业意见作为支持的，承销商须在履行审慎核查和必要的调查、复核工作的基础上排除原先的合理怀疑。最高人民法院于 2022 年 1 月修订的《关于审理证券市场虚假陈述侵权民事赔偿案件的若干规定》（以下简称 2022 年《虚假陈述规定》）第 17 条[2]新增了承销机构、保荐机构及证券服务机构人员的过错抗辩事项，在承销机构方面借鉴了《审理债券纠纷纪要》上述规定，规定了三项过错抗辩事由，相关规定基本一致，只是文字略有调整。不难看出，具体免责抗辩事由也是对承销商履行勤勉尽责义务的判断和认定标准。

笔者认为，司法机关在诉讼程序中可以参照《尽调指引》等规范性文件的规定，参考行业通行的做法，认定债券承销过程中对发行人财务会计信息、诚信情况、资信评级、增信措施、募集资金使用用途、偿债安排计划及保障措施等方面的“勤勉尽责”的构成标准，再结合个案判断是否还有其他重大事项需要予以关注和核查。此外，在需要证明勤勉尽责的事项明确后，证明材料应当包括承销商的书面或电子的尽职调查工作底稿以及公司质控、内核、合规风控等内部控制审核流程材料。总体来看，在过错认定方面，我们已经从单纯地让承销商证明根据相关法律法规、规范性文件等规则已勤勉尽责地开展尽调工作、履行了尽职核查义务，演进为在司法解释或行业规范性文件中明确列举过错认定情形和具体抗辩事由，尝试

---

〔1〕《审理债券纠纷纪要》第 30 条：债券承销机构的免责抗辩。债券承销机构对发行人信息披露文件中关于发行人偿付能力的相关内容，能够提交尽职调查工作底稿、尽职调查报告等证据证明符合下列情形之一的，人民法院应当认定其没有过错：（1）已经按照法律、行政法规和债券监管部门的规范性文件、执业规范和自律监管规则要求，通过查阅、访谈、列席会议、实地调查、印证和讨论等方法，对债券发行相关情况进行了合理尽职调查；（2）对信息披露文件中没有债券服务机构专业意见支持的重要内容，经过尽职调查和独立判断，有合理的理由相信该部分信息披露内容与真实情况相符；（3）对信息披露文件中相关债券服务机构出具专业意见的重要内容，在履行了审慎核查和必要的调查、复核工作的基础上，排除了原先的合理怀疑；（4）尽职调查工作虽然存在瑕疵，但即使完整履行了相关程序也难以发现信息披露文件存在虚假记载、误导性陈述或者重大遗漏。

〔2〕2022 年《虚假陈述规定》第 17 条：保荐机构、承销机构等机构及其直接责任人员提交的尽职调查工作底稿、尽职调查报告、内部审核意见等证据能够证明下列情形的，人民法院应当认定其没有过错：（一）已经按照法律、行政法规、监管部门制定的规章和规范性文件、相关行业执业规范的要求，对信息披露文件中的相关内容进行了审慎尽职调查；（二）对信息披露文件中没有证券服务机构专业意见支持的重要内容，经过审慎尽职调查和独立判断，有合理理由相信该部分内容与真实情况相符；（三）对信息披露文件中证券服务机构出具专业意见的重要内容，经过审慎核查和必要的调查、复核，有合理理由排除了职业怀疑并形成合理信赖。在全国中小企业股份转让系统从事挂牌和定向发行推荐业务的证券公司，适用前款规定。

尽可能地明确规定承销商债券承销执业行为的合规底线，使行政监管部门和司法机关在承销商过错认定过程中更具有可操作性，同时会督促承销商恪尽职守、勤勉尽责，当然也从融资端保护了债券投资者的合法权益。

在五洋债案件中，承销商辩称，证监会对其作出的处罚决定仅认定承销商在应收账款核查等问题上未尽勤勉义务，上述事项均与发行人应收、应付账款“对抵”无关，应收、应付账款“对抵”事项属于会计师基于会计准则作出的专业判断事项，超出了承销商的普通注意义务，承销商对财务核查不负有特别注意义务。一审法院直接判决承销商在关注到发行人应收账款回收风险问题时，未充分履行核查程序，调查企业应收账款形成原因、收回可能性，并结合投资性房地产核查以及房地产转让等其他两个核查问题认定承销商对相关债券得以发行、交易存在重大过错，但未明确界定承销商对上述三个事项应该承担何种注意义务。笔者认为，鉴于学术界、司法解释已取得基本共识，勤勉尽责的标准建立在区分中介机构特殊注意义务、普通注意义务的基础上进行履职尽责评价，法院应当在判决说理中予以积极回应，明确上述三个事项核查的注意义务类型，并在此基础上判断承销商是否履行了上述义务，并相应地对其过错及程度进行分析认定。

3. 债券和股票的发行制度中勤勉核查标准的异同

债券和股票两个品种的发行区分适用债券承销商制度以及股票保荐人制度。债券市场相较于股票市场，证券化风险相对较低，投资者类型相对更加成熟或机构化，投资者保护之法益的程度相对较低，发行募集的公开性程度更弱，因此，监管对于债券发行采取债券承销制度，而对股票发行采取保荐人制度。两种制度相比，债券承销商在发行事项的核查范围和深度方面未有保荐人深入全面，承销商的核查义务也未有保荐人严格，制度设计也影响了两者勤勉尽责义务的履行和过错情形的认定。

（三）勤勉尽责认定实践中的难点及相关建议

目前，在行政监管及司法实践中，关于勤勉尽责的标准认定方面尚存在以下难点：

1. 尽调标准规定层级过低、核查边界仍不够清晰

上述细化债券承销过程尽调核查标准系由证券业协会出台的自律规范性文件，在法律适用中虽然可以通过法规中的兜底性条款予以引用，但因其效力层级较低导致权威性和公信力不足，且对承销商执业实践的规范性和约束力效果不甚理想，建议上升到证监会的规范性文件层面。

《尽调指引》提供了一个基本的承销商尽调工作裁判指引，但勤勉尽责的标准没有统一的裁判尺度，行政监管上也难以提供一个确切的标准，在不同承销商的项目质控水平、人员专业素质良莠不齐、业务量较大且承做时间较短的情况下，各家承销商关于勤勉尽责严谨水平的判断差异较大，行业也没有形成统一的操作惯例。因此，目前仍难以明确承销商完全履行勤勉尽责义务的核查边界，有关法律问题的认定较为依赖行政监管部门的意见以及承销商

在司法程序中的举证能力。

2. 司法裁判应避免“后见之明”

司法裁量承销商对具体事项核查充分性的空间仍然很大，对于审判人员专业水平要求很高，尤其在目前基本未有参考判例的情况下，司法裁判面临一定挑战，建议必要时适当引入专家证人给予金融实践经验等智力支持。我们应当避免司法裁判出现“后见之明”[1]的现象。在事后财务造假等虚假陈述的结果发生后，证券监管部门甚至司法部门容易从事后出现问题之处，倒推中介机构在尽调过程中可以发现或核查到此问题而应当采取的措施或手段，一旦中介机构遗漏就推断其未能勤勉尽责核查。此种认识偏见经常得出对中介机构并不公平的结论。法经济学者早已指出，后见之明可能把宣称的过错实际上都转变为严格责任。[2]因此我们更应当基于中介机构核查发行人的当时情况及环境去对其核查的过程作出中肯的评价。

实践中，我们对中介机构虚假陈述的行政处罚案例在一定程度上即表现出较强的结果论倾向。如上所述，证券监管部门制定了大量的尽职调查的形式规则，如编制查验计划、制作目录索引、访谈对象时需要访谈对象签字等程序。但明线规则在具体执行过程中很容易被操纵，中介机构形式化的执行规定的流程、指引，未必代表中介机构关注认知到了发行人的核心风险环节并加以调查和防范，相反，形式上存在一定执行的问题或瑕疵，也未必表明中介机构就未勤勉尽责。因此，根据事后爆发的风险或问题事件去倒查事前的风险防范，一定会发现或多或少的形式瑕疵。但我们仍要避免单以形式瑕疵作为中介机构的执业行为不审慎合理的证明或得出类似结论。一旦监管部门过于注重尽调流程的标准和细节的完美，要求中介机构必要怀疑与小心验证的规范目的也就隐匿不显了。[3]

建议充分发挥专家证人作用，增加司法审判的专业化程度。《全国法院民商事审判工作会议纪要》第六章引言部分[4]明确要求，为了使涉及职业判断的问题更加符合证券市场的普遍认知和经验法则，可以咨询外部专家证人。《上海市高级人民法院关于群体性金融纠纷示范判决机制的规定》也规定了“专家辅助”和“专家陪审”机制。从了解的情况，“ST中安”案件二审审理过程中，各方当事人申请专家辅助人出庭发表了意见。北京金融法院2021年5月25日开庭审理“1号案”，大连机床5亿元债券违约，四家中介机构成为被告。该案由3名法官、4名陪审员组成合议庭。笔者认为，“专家辅助”和“专家陪审”的审理

[1] 认知心理学将人们事后知晓特定结果时夸大该结果发生可能性的现象称为“后见之明”。

[2] 参见 Klausner M, et al. *State section* 11 *litigation in the post－cyan environment*, Business Lawyer, 2019, 75 (2): 1775。

[3] 周淳:《证券发行虚假陈述：中介机构过错责任认定与反思》，载《证券市场导报》2021年第7期。

[4]《全国法院民商事审判工作会议纪要》第六章“关于证券纠纷案件的审理”引言部分明确指出，在案件审理过程中，对于需要借助其他学科领域的专业知识进行职业判断的问题，要充分发挥专家证人的作用，使案件的事实认定符合证券市场的基本常识和普遍认知或者认可的经验法则。

机制，应当成为涉及中介机构虚假陈述案件的常态化审理机制，通过专家参与陪审，专家辅助人出庭，当事人对专家辅助人进行充分询问，从而使得对案件的判断符合专业性并具有说服力。

3. 同类案件中介机构勤勉尽责义务的责任认定应基本统一

就类案而言，同类性质行为的过错大小认定，同类中介机构的责任份额分配应当大致相当，防止类案中酌情认定“比例责任”时出现偏差过大的情形。如在上市公司并购重组信息披露等行政违法案件中，监管部门要对不同中介机构违反勤勉尽责义务的责任形成基本共识，不能在此案件中对相关中介机构予以行政处罚，而在其他类似违规情节的案件中未予处罚，尤其是法院等司法机关在同类案件中可能会认定相关中介机构的尽职调查存在一定的过错并承担民事赔偿责任，在此背景下市场难免会形成对中介机构执业行为执法公平性的质疑。这也会倒逼监管部门对中介机构的责任认定和处罚做到更加专业、明晰、严谨，经得起司法检验和社会公众的监督。如在“ST 中安”案件中，法院在证监会并未对并购重组财务顾问招商证券相关执业行为进行处罚的情况下，依然认定招商证券的尽职核查存在过错并承担比例连带责任。

4. 须同时关注中介机构的执业结论及其执业行为过程

如在认定中介审计机构是否勤勉尽责的问题上，应对其过程性特征而非单纯的审计结论等给予充分关注，需要审查其审计行为以及在审计过程中是否运用合理职业判断、保持合理职业怀疑，并据此设计和实施了与之相适应的审计程序并降低审计风险。如证监会行政处罚决定书〔2020〕85 号中对兴华会计师事务所出具审计报告存在虚假记载、未勤勉尽责进行处罚，认定依据为其审计程序执行不到位，未获取充分适当的审计证据。再如，在瑞华会计师事务所因华泽钴镍被处罚案的审理过程中，法院认定，在认定注册会计师是否勤勉尽责的问题上，应对其过程性特征而非单纯的审计结论给予充分关注，应当考虑注册会计师是否遵循审计准则，是否获取合理保证，是否在整个审计过程中始终运用职业判断和保持职业怀疑，在识别评估重大错报风险、设计实施应对措施、获取评价审计证据、形成审计意见等重要审计环节体现出注册会计师的高度专业性和应有的职业水准，从而减少发表不恰当审计意见的可能性，降低审计风险。〔1〕

5. 探索梳理中介机构未勤勉尽责处罚的“门槛”和“深度”裁判标准

建议尝试探索梳理中介机构未勤勉尽责处罚的“门槛”和“深度”裁判标准，便于量化分析未勤勉尽责的程度或影响。首先，在日常监管实践中，结合查办案件的情况，建议梳理研究中介机构未勤勉尽责的行为达到可以行政处罚的一般“门槛”，如制定营业收入、净利润占比等量化违法违规的财务重要性指标，影响发行注册条件的实质性法律指标、投资者

---

〔1〕 参见王某江等与中国证券监督管理委员会二审行政判决书，（2020）京行终 618 号（瑞华会计师事务所因华泽钴镍被处罚案）。

权益损害严重性指标等主观或客观的“重大性”指标或维度。因尽职调查标准不是千篇一律的，应当综合考虑发行人情况、证券发行情况、责任人与发行人的其他关系、承销协议类型等相关考量因素，具体影响力也要根据个案分析，所以可以针对不同的案件情况予以具体分析，但达到上述制定的一般“门槛”指标后，一般可以考虑予以立案稽查。其次，在上述一般“门槛”标准之上，制定具体处罚幅度等责任分配的“深度”标准，如考虑专业或非专业领域、故意或过失的主观态度、业务主导配合情况、业务收入分配情况、执业行为恶劣程度、对资本市场造成的影响大小等因素。建议制定上述中介机构未勤勉尽责处罚的“门槛”和“深度”裁判标准，便于量化分析中介机构未勤勉尽责的程度或影响，统一系统内中介机构未勤勉尽责执法的标准，提升打击证券违法活动的效能，提高证券执法的公平性。

三、信息披露义务及相应保证义务

（一）督促、协助发行人信息披露义务

证券业协会于2015年10月发布了《公司债券承销业务规范》，其中第五章为信息披露章节，规定了承销机构应该对发行人信息披露的真实性、准确性、完整性负有督促、核查和配合协助义务。相关信息披露文件载体包括债券募集说明书，披露信息刊登载体一般为债券交易场所的互联网网站，虽然该《公司债券承销业务规范》第31条仍要求同时将披露的信息或信息摘要刊登在至少一种中国证监会指定的报刊，但实践中因为互联网信息的公开性和传统纸质媒体宣传效果的式微，已不再做强制性的要求。信息披露时点除了在债券申请注册过程中，也包括在核准注册后发行结束前的时段，一旦该时段发生导致可能不再符合发行条件的重大事项，承销商仍要督促发行人及时履行报告义务。

（二）信息披露义务

1. 法定文件信息披露义务

新《证券法》第78条扩大了信息披露义务人的外延，在原有“发行人、上市公司”的基础上，进一步增加了法律、行政法规和国务院证券监督管理机构规定的其他负有信息披露义务的主体，从而为全面加强信息披露监管及追究相关主体信息披露法律责任提供了法律依据。根据《证券法》《公司债券发行与交易管理办法》《公司信用类债券信息披露管理办法》等相关法律法规、部门规章及中国证监会的相关规定，公司债券的信息披露义务人包括发行人，发行人董监高人员、股东、实际控制人，公司债券承继方、担保机构，法律、行政法规和中国证监会规定的其他承担信息披露义务的主体。[1]

---

〔1〕 参见《证券法》第84条第2款、《公司债券发行与交易管理办法》第45条第2款及第51条第2款、《公司信用类债券信息披露管理办法》第26条、第27条及第41条。

《上市公司信息披露管理办法》将中介机构明确为“为信息披露义务人履行信息披露义务出具专项文件的证券公司、证券服务机构”。新《证券法》第19条[1]规定，证券服务机构及其人员须保证所出具文件的真实、准确和完整性。在证券发行活动中，除了发行人作为法定的信息披露义务人需要承担信息披露义务外，发行人聘请的证券服务机构也会为证券发行过程出具债券募集说明书等各种证券发行文件，是部分申请文件的出具主体，也是具有专业能力资格的背书人。另外，在公开发行可转债业务中，发行人还需要依法聘请保荐人，保荐人还应当出具发行保荐书。[2]

另外，《最高人民法院印发〈关于为创业板改革并试点注册制提供司法保障的若干意见〉的通知》规定[3]要厘清发行人及其和实控人、控股股东信息披露的第一责任及中介机构的核查把关责任。承销商等中介机构首先需要承担核查把关责任，对于发行人的信息披露文件展开尽调。其如果认为相关信息披露内容符合合规要求，那么则同意出具债券募集说明书等证券发行文件，证券监管部门才能受理、审核并同意注册；其如果不认可相关披露内容的真实、准确、完整，那么则不会同意发行人的相关信息对外公开。公司信用类债券协调机制办公室有关负责人就《公司信用类债券信息披露管理办法》有关问题答记者指出，在强化发行人及其控股股东及实控人信息披露主体责任的同时，也要明确中介机构相应的信息披露义务和职责。因此，笔者认为，承销商等中介机构被强制要求出具相关信息披露文件，即意味着承销商等证券服务机构需要对其出具的文件承担信息披露义务。同时，法规明确发行人、控股股东、实际控制人及其董监高相关信息披露主体责任的同时，并未否定承销机构等中介机构的信息披露义务和职责，《证券法》等相关规定本身也并未直接否定中介机构作为出具部分发行文件的主体可能成为信息披露主体或者成为信息披露辅助者的可能性。

2. 其他方式的信息披露义务

承销商在承销过程中，除了在法定的信息披露文件中向投资者披露以及保证发行人及其发行核查文件真实、准确、完整外，还在路演、推介等非法定文件披露的承销活动中承担发行人与投资者的信息沟通中介作用。承销商在路演中会向具有意向的投资者推介发行人的收入、利润、业务增长以及发行证券的未来核心投资价值等，并与发行人一起回应投资者的关注问题。承销商的推介以及其本身附加的声誉价值对投资者的投资决策影响较大，能够提高认购的成功率，且大部分销售对象与承销商可能保持着良好的合作关系以及一定程度的价值

---

〔1〕 新《证券法》第19条规定，为证券发行出具有关文件的证券服务机构和人员，必须严格履行法定职责，保证其所出具文件的真实性、准确性和完整性。

〔2〕 参见新《证券法》第16条。

〔3〕《最高人民法院印发〈关于为创业板改革并试点注册制提供司法保障的若干意见〉的通知》规定，在证券民商事案件审理中，要严格执行证券法关于民事责任承担的规定，厘清不同责任主体对信息披露的责任边界，区分不同阶段信息披露的不同要求，严格落实发行人及其控股股东、实际控制人等相关人员信息披露的第一责任和证券中介机构保护投资者利益的核查把关责任。

认同。多数学者也认为承销商对投资者的选择具有重要影响。如 Dana B. Klinges 认为，声誉卓著的投行的名字如出现在墓碑广告的承销商名单中，可以提高先前不为人知的发行人的可信度，投资者则可能仅以承销商的声誉为依据决定是否购买所发行的证券。[1] 因此，承销商在推荐等法定的信息披露文件活动中的信息陈述或者公开表达也是一种强烈的履行披露义务的方式。

（三）信息披露内容的保证义务

发行人自行披露并承诺披露信息无误是其内在职责，即使不承诺也要当然地承担虚假信息披露的违法责任。但法规为了保证信息披露制度的有效实施，又额外引入第三方担保机制，即中介机构在信息核查后的担保机制，要求承销商等中介机构作为特定主体，必须保证其制作核查的信息披露文件的真实、准确和完整性，并承担相应的投资者损害赔偿的民事责任。[2] 根据现行《证券法》的规定，承销商除了需要承担相关内容的信息披露义务外，还必须保证其所出具文件的真实性、准确性和完整性[3]，并承担违反保证义务的民事、行政乃至刑事责任。承销商等中介机构承担信息披露的保证义务，实质上是在为证券发行人的证券发行文件提供增信，为证券发行活动的顺利进行起到促进和保障作用。因此，信息披露担保是一种法定担保，无须经过当事人的特别约定即可在信息披露担保人与因虚假披露而遭受损害的投资者之间产生法律约束力。[4]

（四）承销商信息披露义务履行能力的完善

以信息披露为核心明确执业标准、压实执业责任。美国证监会的上市审核以信息披露为核心，针对公开发行证券（包括 IPO 及其他形式的证券发行）设置了一系列复杂、细致的披露规则，拟上市企业和证券服务机构在上市申请过程中有明确的披露章法可循；香港联交所在发行上市审核中存在一定程度的实质性判断，通过公开发布判例和规则解读指引供市场参考。在我国证券发行上市由“核准制”转向“注册制”的进程中，应当逐渐淡化实质性审核，不断完善信息披露的标准和要求，使其“成文化、公开化”；同时，为有效把控信息披露质量，可以借鉴境外市场的有效实践，采取有效措施督促中介机构归位尽责，促进信息披露更加简明清晰、通俗易懂，进一步完善信息披露制度。

1. 优化和明确注册审核标准

通过公开发布审核案例与行业审核指引、更新审核问答等方式，进一步明确审核标准和要求，提高审核效率。建议在债券注册发行、科创板等注册制改革进一步深化过程中，借鉴

---

〔1〕 See Dana B. Klinges, *Expanding the Liability of Managing Underwriters Under the Securities Act of 1933*, Fordham L. Rev., Vol. 53, 1985.

〔2〕 参见陈甦：《信息公开担保的法律性质》，载《法学研究》1998 年第 1 期。

〔3〕 参见新《证券法》第 19 条。

〔4〕 李国安：《虚假陈述的监管与信息披露担保——基于虚假陈述民事赔偿责任的若干思考》，载《河北法学》2005 年第 3 期。

境外市场的有效经验，结合审核实践定期或不定期地发布对实践具有指导意义的案例及指引；可结合热点行业、新兴行业、难点行业发行审核情况，发布特定行业审核和信息披露指引；可根据审核工作中遇到的新情况、新问题，不断对审核问答进行补充更新，进一步明确审核标准和要求，更好地指导发行上市各主体进行尽职调查、编制上市申请材料，提高上市申请材料质量，进而提升审核效率。

2. 引入与申报材料信息披露质量挂钩的“退表”机制

现行法规[1]规定了对保荐机构及其保荐人制作或出具的申请材料不齐备、信息披露质量不过关的情形进行相应处罚，但上述处罚是对保荐机构及其保荐人的事后监管，有一定滞后性，且不涉及发行人；科创板现行制度规定，对一年内累计两次不予受理保荐人报送的科创板发行上市申请，将暂停受理该保荐人报送的材料 3 个月，但交易所是否受理一般仅取决于申请材料是否齐备，与信息披露质量没有直接关系。因此，建议借鉴香港实践，引入与申报材料信息披露质量挂钩的“退表”机制，督促和警醒发行人、保荐机构共同提高申报材料信息披露质量。

3. 简化债券募集说明书等证券发行文件披露内容

修改注册制招股书披露的内容格式准则，简化诸如历史沿革、行业分析、公司治理和独立性、财务分析等信息的披露，关于合规性、规范性的信息可以在问询中提出并在问询回复中反映，将大量的中介机构分析、说明、验证及有关背景信息等，从《债券募集说明书》《招股说明书》调整到《律师工作报告》、《承销工作报告》、《保荐工作报告》或《审计师工作报告》，从而简化债券募集说明书、招股书等篇幅，增强信息披露的针对性、有效性。

四、忠诚守信义务

忠诚守信义务，就是承销商在承销过程中以对待自己的利益一样执行信托事务，履行发行文件的核查职责，尤其是在与自身的利益冲突时是否优先考虑和保护投资者的利益。从制度建构意义上，《证券法》规制中介机构的核心要义是督促承销商勤勉尽责，而这种规制本身就是以承销商与委托人的独立性为前提的。

（一）利益冲突的信息披露义务

在券商承销债券过程中，券商自营业务或作为资产管理人可以投资参与自身承销的债券，承销商一般还作为债券的受托管理人受托管理债券。此时，券商在承销债券业务过程中面临了多重角色，包括承销商、受托管理人、投资者。券商在债券市场的多重角色使其很有可能在利益冲突中无所适从。比如，承销商如果作为投资者（包括代表资产管理计划产品）

---

[1]《证券发行上市保荐业务管理办法》（2020 年修订）第 66 条。

参与了自身承销的债券，其可能会相较于其他投资者具有天然的信息优势，存在为了优先保护自身利益而采取买卖或赎回操作的可能性，进而损害其他投资者的利益。

忠实义务强调（undivided loyalty），其中的核心因素为是否存在利益冲突（conflict of interest），因为利益冲突情况下，存在典型的“委托—代理”风险，仅靠承销商自律很难实现忠实于委托人——投资人的利益，从而损害了证券公司忠实义务履行的基石。作为“看门人”的承销商要保持与发行人之间的独立性，以避免利益冲突。正如美国经典判例“U. S. v. Arthur Young & Co. et al. 案”中，联邦最高法院首席大法官 Willian Burger 指出，“会计师作为社会公众的‘看门人’，应对投资者的信赖负有绝对的义务。其在任何时候都要保持与发行人之间的完全独立。”[1]因此，制度设计上，如果法律允许有一定的利益空间，则要先考虑能容许存在利益冲突的最大限度，突破了这一极值则无法通过制度设计来防范利益冲突带来的受托人自私自利行为的风险；同时，在容许的利益冲突空间内，还要通过制度设计来尽可能地消除或降低利益冲突可能给委托人带来的利益损害。因此，在承销商承销业务存在上述利益冲突的情形下，需要通过事前的说明义务预先防范这种风险，承销商应当在募集文件中告知投资者其参与认购此次发行债券的方式和具体比例。上述机制是忠实义务设置的初衷，“防微杜渐”地让受托人只为受益人的利益服务。

目前，法律法规未对债券发行及承销环节规定承销商的利益冲突情形、防范利益冲突的解决机制等，证监会《公司债券发行与交易管理办法》第 58 条[2]仅规定了受托管理人在履行受托管理职责过程中的利益冲突披露义务。未来在修订相关法规时，应进一步完善债券承销环节的利益冲突防范机制，规定承销商的利益冲突信息披露义务。

（二）向投资者如实告知债券发行的不利信息

如果承销商明知按照目前的债券利率水平、市场环境、宏观因素等原因或者企业自身资质等原因，债券无法顺利成功发行时，未告知投资者该等原因，协助发行人发行结构化债券，提高债券发行价格，说明承销商未能对投资者尽到忠诚履职的信托义务。中国证券业协会于 2015 年 6 月发布的《公司债券承销业务规范》第 20 条也规定，承销机构和发行人不得直接或通过其利益相关方向参与认购的投资者提供财务资助。

新《证券法》第 29 条规定，承销商发现公开发行募集文件有虚假记载、误导性陈述或者重大遗漏的，不得销售，已销售的必须立即停止并采取纠正措施。证券公司不得进行虚假

[1] John C. Coffee Jr，Gatekeepers：The Professions and Corporate Governance，Oxford University Press，2006，p. 90 –142.

[2]《公司债券发行与交易管理办法》第 58 条：债券受托管理人由本次发行的承销机构或其他经中国证监会认可的机构担任。债券受托管理人应当为中国证券业协会会员。为本次发行提供担保的机构不得担任本次债券发行的受托管理人。债券受托管理人应当勤勉尽责，公正履行受托管理职责，不得损害债券持有人利益。对于债券受托管理人在履行受托管理职责时可能存在的利益冲突情形及相关风险防范、解决机制，发行人应当在债券募集说明书及债券存续期间的信息披露文件中予以充分披露，并同时在债券受托管理协议中载明。

的或者误导投资者的广告宣传或者其他宣传推介活动。上述规定说明承销商对投资者负有忠诚守信的义务，不能在承销活动中误导、欺骗投资者购买所发行的证券，采取停止销售、督促发行人回购所发行证券等方式纠正措施，以保护投资者的利益为价值依归。

（三）不得利用承销职责谋取不正当利益

承销商在承销活动中一旦谋取了不当利益，则必然失去了独立性，容易与发行人串通谋利，比如与发行人合伙欺骗投资者，甚至充当发行人的恶意帮凶，协助发行人进行造假或者明知有欺诈却选择沉默而不予指正和披露，严重损害投资者的利益。因此，监管对此选择零容忍并明确禁止此行为。例如，中国证券业协会于2015年6月发布的《公司债券承销业务规范》第20条规定，承销机构和发行人不得操纵发行定价、“暗箱”操作，不得以代持、信托等方式谋取不正当利益或向其他相关利益主体输送利益。

五、债券销售适当性义务

（一）债券销售适当性义务

在公司债券销售的适当性管理方面，证监会部门规章《公司债券发行与交易管理办法》第9条第2款规定，证券自律组织应当制定相关业务规则，明确公司债券发行、承销以及投资者适当性管理等具体规定，报证监会批准或备案。根据上交所于2017年修订发布的《上海证券交易所债券市场投资者适当性管理办法（2017年修订）》（以下简称《债券投资者适当性管理办法》）规定，债券市场投资者适当性管理，是指对不同特征和风险水平的公司债券、企业债券、资产支持证券等的发行认购、上市交易及挂牌转让做出分类，并区别不同产品风险和风险承受能力的投资者，引导其参与相应类型债券认购、交易及转让的制度安排。根据财产状况、金融资产状况、投资知识和经验、专业能力等因素，公司债券投资者可以分为普通投资者和专业投资者。《债券投资者适当性管理办法》还规定了具体投资者适当性分类以及承销机构具体的投资者适当性管理要求。

《债券投资者适当性管理办法》第3条〔1〕规定，债券承销机构应当了解和评估客户的风险识别与承受能力，建立以分类管理为核心的客户管理和服务制度，选择适当的投资者参与相应类型的债券认购，切实履行投资者适当性管理职责。债券承销商应当建立债券市场投资者适当性管理制度，依照《证券期货投资者适当性管理办法》、自律办法及相关行业协会自律规则规定，采取有效措施，确保债券投资者符合上交所投资者适当性管理规定，并确认债

---

〔1〕《公司债券发行与交易管理办法》第3条：从事债券经纪业务的本所会员、债券承销机构和其他证券经营机构（以下统称证券经营机构）应当了解和评估客户的风险识别与承受能力，建立以分类管理为核心的客户管理和服务制度，选择适当的投资者参与相应类型的债券认购、交易及转让（以下简称交易），切实履行投资者适当性管理职责。

券投资者具有债券投资的风险识别能力和承受能力。在承销非公开发行债券时，承销机构应当充分了解和评估投资者对非公开发行公司债券的风险识别和承担能力，确认其为专业投资者，并充分揭示风险，同时确保不得通过任何方式进行公开发行。

（二）适当性义务与如实告知义务区别

我们不赞同将债券承销商承销债券时所要履行的告知说明义务与适当性义务等同的观点[1]。销售债券产品或提供服务过程中的告知说明义务有广义和狭义之分。前者是指金融机构应当向客户如实陈述产品的类型、投向、基准收益率等基本信息以及各项或有投资风险信息、限制客户权利内容、首次购买及后续情况变化时适当性匹配双方风险评级及匹配结果调整等信息，涵盖对产品基本信息或销售机构利益冲突的信息披露、风险警示、适当性匹配信息等内容。而狭义的告知说明义务，是指针对不特定公众的信息披露义务，使投资者在充分获取产品或服务信息后再进行自主投资决策。由于金融消费者难以理解金融活动的专业性以及充分获取金融产品设计、运作、风险收益特征等信息，这就需要金融机构承担对消费者的说明义务，从而尽可能地平衡交易双方的力量和地位，以减轻甚至消除金融机构与投资者之间的信息不对称，充分保护金融消费者的知情权。由此可见，狭义的告知说明义务可以理解为信息披露义务，其内涵并不包括适当性匹配信息。

但因金融市场的复杂性及其固有限制等原因，狭义的告知说明或者信息披露的有效性逐渐式微，难以实现其预期的制度目标。大量披露的信息被搁置一旁或者容易让人产生误解，一方面导致资源的浪费，另一方面因错误的信息披露更多地影响到没有其他信息渠道来源的中小散户，大大减弱了信息披露立法的效果。而实际上人们寻求的同时也是市场应当供给的，并非信息，而是建议，尤其是来自专业人士的建议。让金融机构承担建议提供的职责自然成为另一种监管制度安排。因此，建立适当性制度，即让专业人士将适当的产品推荐给适当的客户，是在时间上先于信息披露制度的监管工具选择。适当性管理作为第一道防线，与信息披露制度共同构筑投资者保护的双重防护机制。

因此，落实适当性义务是告知说明义务的前提，告知说明义务是落实适当性义务的延伸。宏观视角上可以认为告知说明义务与适当性义务有所交叉。

六、售后服务义务

笔者认为，承销商承销债券时还有销售后继续服务的义务，简称售后服务义务。在销售一般的货物产品时，产品卖家需要向产品买家提供安装、使用等问题咨询、产品保养及问题

---

〔1〕 该部分参见吴弘、吕志强：《金融机构适当性义务辨析——新〈证券法〉及〈纪要〉视角》，载《上海金融》2020年第6期。

维修等售后服务。如同产品销售一样，在债券销售后，投资者对于债券发行人的经营重大变化等可能影响到债券本息兑付的重大信息享有知情权，因此法律也规定了承销商需要履行债券后续管理或者受托管理的义务，包括在债券存续期间的承销商后续信息披露义务。结合上述对于债券承销商与相邻主体身份的区别，其此时与债券后续管理人或者债券受托管理人的职责有交叉和重合的问题。广泛意义上，可以理解上述债券存续期间的后续管理人和存续管理人履行的义务即是此处的售后服务义务，这也是监管的应有之义，上述债权存续期间的义务是债券承销义务的当然延伸。为了保护投资者的合法权益，承销商不可能进行“一揽子买卖”，即销售后不再与投资者、发行人产生任何联系。

在银行间市场，债券主承销商仍需要履行一定的后续管理义务，如对发行人和提供信用增进服务机构进行动态监测，督导发行人合规使用募集资金、披露信息等[1]；而在交易所市场，主承销商不再履行所有的存续期管理义务，相对而言，银行间市场上需要继续履行义务的主承销商更像是被赋予了售后服务义务。当然，如果交易所存续期内的受托管理人仍与承销商系同一主体，则本质上两者都是在履行售后服务义务。

如果说发行人或债券的风险监测、债券本息的兑付、发行人募集资金的督导和信息披露等重要事项均系法律或部门规章规定的债券存续期间主承销商或者受托管理人需要履行的法定职责，那么承销商对于投资者尤其是机构投资者日常的关于发行人的资本融资计划或者经营情况、利息或本金提前准备情况等债券或发行人的一般问题咨询，则属于承销商对于投资者承担的非典型但常规发生的售后服务义务范围。

七、结语

根据前述债券承销商各项具体信托义务内涵的论证，五项具体信托义务之间并非独立，而是有密切联系。信息披露及保证义务，是审慎核查义务的自然延伸，与忠诚义务、适当性义务、售后服务义务共同构成了承销商履行信托义务的具体义务群或义务体系。在严格核查把关发行人相关信息披露内容的基础上，忠诚守信地向投资者披露对其权益影响较大的全部信息，并同意出具部分证券发行文件，在确保发行人履行自己义务的前提下，同时履行自己应尽的信息披露义务，在承销环节对投资者履行适当性管理义务，并衍生出一定的承销后的关于承销行为的服务义务，以此充分保护债券投资者的利益。

---

〔1〕 参见《受托义务指引》第 10 条、《银行间债券市场非金融企业债务融资工具主承销商后续管理工作指引》第 2 条。

数字代币发行（ICO）的法律定性与监管路径*

李文莉　宋华健**

目　次

由于其固有的去中心化以及不可篡改的特性，区块链技术一经诞生就受到了各方的高度关注，国务院早在2016年印发的《“十三五”国家信息化规划》就将区块链技术列为战略性前沿技术，之后在一系列政策的扶持之下区块链技术开始在我国与各行业发展深度融合，并且吸引了许多互联网公司进行战略布局。根据国际数据公司IDC的数据，自2016年起以区块链技术为核心的初创企业进入发展的快车道，整体产业规模从2017年的0.85亿美元快速发展至2020年的5.61亿美元。除直接投资之外，区块链本身所带来的科技创新以及传统融资手段在这一领域的局限性催生了一种名为ICO的新的融资方式，尤其在区块链创投领域，ICO已经逐渐取代传统的风险投资（Venture Capital，VC）成为最热门的融资手段。

---

* 本文系2021年上海市浦江人才计划课题《数字金融的监管与国际治理》的阶段性成果。
** 李文莉，华东政法大学教授、法学博士；宋华健，华东政法大学经济法博士研究生。

在全球范围内仅2021年通过ICO方式进行募资总额就接近60亿元美元。尽管ICO融资模式极大地拓宽了区块链公司的融资途径，降低了融资门槛，然而由于其法律定性尚不明确，许多项目正处于缺乏法律监管的“灰色地带”，投资者权益无法得到有效保护。如何对ICO进行明确的法律定性以构建起完善的监管框架已经成为区块链技术发展中的关键命题。

一、数字代币发行（ICO）的法律定性

（一）数字代币发行（ICO）的内涵

ICO是英文“Initial Coin Offerings”的缩写，由于“Coin”一词颇具争议，通常又被替换成“Token”，新加坡金融管理局（Monetary Authority of Singapore，MAS）在其发布针对ICO的调查报告时就使用了“DigitalToken”的表述，因此ICO往往被译为“数字代币发行”。[1]尽管目前还没有对于ICO的权威性定义，但是我们可以从各国的监管报告中归纳出一般性的结论，上文提到的MAS初步监管报告认为ICO是一种“通过发行数字代币（Issue of Digital Tokens）进行资金募集的融资手段”（as a Means of Raising Funds）。美国证监会（Securities and Exchange Commission，SEC）通过初步调查认为ICO的发行主体通常为“虚拟组织”（Virtual Organizations）抑或“资本募集实体”（Capital Raising Entities），以“区块链技术”（Blockchain Technology）或者是“分布式账本技术”（Distributed Ledger）为技术基础。[2]综上，ICO是资金募集实体或去中心化的虚拟组织基于区块链技术发行初始的数字代币，出售给项目参与者从而募集资金，用于项目开发的一种融资方式。ICO融得的资金通常不是法币，而是比特币、以太币或其他发行的数字代币。融得的代币一般是从项目的实际情况出发，综合考虑受众范围、投资者便利性、代币流动性以及与ICO代币之间的技术联系等多方面因素进行选择。[3]

（二）数字代币发行（ICO）的业务模式

目前已知的最早的ICO项目为Mastercoin，在2013年7月在Bitcointalk（一个比特币以及数字货币的社区论坛上）宣布接收比特币并且给予投资者相应的项目代币进行ICO。以太坊作为一个智能合约的应用平台是近两年最成功的ICO，也是至今为止除比特币以外市值最高的数字货币以及区块链项目。在2014年，为期42天的以太币预售中一共募集到30 000多个比特币。通过对目前已经成功完成资金募集的诸多ICO项目的归纳，可以大致将ICO的业

---

〔1〕 See MAS Report：MAS clarifies regulatory position on the offer of digital tokens in Singapore，http：//www. mas. gov. sg/News－and－Publications/Media－Releases/2017/MAS－clarifies－regulatory－position－on－the－offer－of－digital－tokens－in－Singapore. aspx，last visit on August 23，2021.

〔2〕 See SEC Report：Report of Investigation Pursuant to Section 21（a）of the Securities Exchange Act of 1934：The DAO，https：//www. sec. gov/litigation/investreport/34－81207. pdf，last visit on August 23，2021.

〔3〕 参见姚前：《数字货币的发展与监管》，载《当代金融家》2017年第7期。

务模式归纳如下：

第一步，制定与形成项目白皮书阶段。此阶段是ICO的目标事件以及代币的发行总量规划阶段。ICO的发起者通常为一些在加密货币社区中已经具有公信力的技术专家，因为人们往往对这些发起者施加更高的信任。此外，由于项目白皮书是代币购买者了解项目的唯一渠道，项目细节的全面性以及透明性是获取信任与支持的关键，因此发起者通常会在白皮书中解释技术工作的原理，代币的作用及其价值来源，包括颁发代币和获取募集资金的机制。

第二步，代币发行阶段。此阶段通常是在自建网络上接受比特币或者是其他数字代币，也有部分ICO项目会在其他专业网站上进行。首先，数字代币的出售，并通过代币赋予投资者一定的权益。其次，ICO通常会设定一定的融资期间，部分项目还会设定一定额度。项目一般会持续一段较长的时间以便项目方尽可能地募集到更多的资金。在个别项目中，发行方还会设置一个最低的代币募集额度，在一定时间内达到这一额度，整个项目才会进入下一阶段，否则将会被认定为ICO失败，支持者的所有资金将返回到支持者的手中。

第三步，代币流通阶段。在整个ICO期限结束或者是达到最低额度达成之后，ICO所对应的项目开发便开始启动。ICO发行的代币将会在相关的交易平台上与其他的法币或者是代币进行交易，其价格受到整个数字代币市场波动、该项目的具体进展情况以及潜在风险或新增特性的影响。[1]

以著名的ICO项目The DAO为例：

1. DAO概念的提出

“去中心的自动化组织”（Decentralized Autonomous Organization，DAO）的设想，最早由德国公司Slock. it（一家致力于解决区块链以及互联网相关事务的公司）提出，旨在利用区块链技术取代传统的公司治理以及管理机制，用软件对有关合同条款进行形式化确认，以内置的代码进行自动化实施，从而创建一个组织网络中的分散个体进行共同决策，并以电子方式签订合同的智能化协议。首席技术官ChristophJentzsch撰写的DAO概念白皮书认为所有公司实体都受制于“允许”抑或“禁止”的规则条款。这些规则有可能存在于公司所有者之间的私人合同（如公司章程或股东协议），也可能被法律施加强制性效力。纵观整个公司发展历程，公司通常只能由人或者最终由人控制的公司实体来运行，这也就带来了两个根本性的问题，即无论私人之间的合同抑或出台的法律怎么要求：（1）规则并不总是被遵守；（2）规则存在滞后性。不采用公司形式的单纯合作也无法解决这一矛盾，并且通常还会引入新的问题。区块链技术的发展带来了解决这一矛盾的契机，即利用区块链技术将特殊的编程

〔1〕 参见《报告| 从数字货币与区块链看ICO的起源与发展（全文）》，载http：//www.cbdio.com/BigData/2017-07/27/content_5565688.htm，最后访问日期：2021年8月23日。

语言和智能合约的处理功能进行结合形成了 DAO 概念雏形[1]。

2. DAO 概念的具体实施

“The DAO”是 DAO 概念实体化的第一代版本，它开始是致力于创建一个智能投资合同来募集资金，利用区块链技术对公司进行投资。Christoph Jentzsch 将他对 The DAO 构思描述为“营利性的 DAO 实体”。项目参与者将向 The DAO 提供以太币，以购买 DAO 代币，代币持有者将拥有投票权并且分享利润的权利。Christoph Jentzsch 将此比喻为“在公司中购买股票并获得股息”。所有募集到的以太币，其投资行为都由代币持有者投票决定。其本质更像是一种完全自动化的投资协议。为了推广这一项目，Slock. it 的联合创始人推出了一个网站进行项目的 ICO，该网站介绍了 The DAO 的运作方式，并且包含了可以购买代币的链接。网站中还包含了一个白皮书的文件，其中提供了有关 The DAO 实体结构及其源代码的详细信息，并与网站一起作为 The DAO 项目宣传材料的主要来源。最终根据美国 SEC 的官方数据，从 2016 年 4 月 30 日至 5 月 28 日，The DAO 项目在仅仅一个月的时间内发布并出售了约 11. 5 亿个项目代币，募集到约 1200 万个以太币。以当时以太币的价值统计，该项目募集到了超过 1. 5 亿美元的资金。[2]

（三）数字代币的法律定性

1. 数字代币的法律界定

根据 MAS 发布的《MAS 针对数字代币发行的监管立场》（MAS Clarifies Regulatory Positionon the Offer of Digital TokensinSingapore）[3]中的定义，数字代币是指代币持有者（Token – holder）获得某种利益或执行特定功能权利的加密安全化凭证（Cryptographically – secured）。尽管目前的 ICO 市场上存在不同的投资标的，我们需要明确的是，ICO 是区块链技术发展的产物，其最终目的是推动区块链技术的发展。而线下实体公司以及实物类的 ICO 原可以通过传统的融资手段解决，其本身有着规避监管之嫌。因此根据定义，ICO 语境下的数字代币主要有两种，一种是权益凭证，另一种则是内置的功能执行令牌。尽管从广义上来说，虚拟货币是一种特定类型的数字代币，通常用作交换媒介，账户单位或价值存储。然而在 ICO 模式中的虚拟货币超脱了本身的货币属性，扩大了其权益凭证的特质。区块链投资平台 Neufund 领导的欧洲监管计划（The European Regulatory Initiative）发布了一份名为《作为新型资产的代币》（Token As Novel Asset Class）的报告，该报告对 ICO 中的两种类型的代币

---

[1] See Christoph Jentzsch，Decentralized Autonomous Organization to Automate Governance Final Draft – Under Review，https：//download. slock. it/public/DAO/WhitePaper. pdf，last visit on August 23，2021.

[2] See SEC Issues Investigative Report：Concluding DAO Tokens，a Digital Asset，Were Securities，https：//www. sec. gov/news/press – release/2017 – 131，last visit on August 23，2021.

[3] See MAS Clarifies Regulatory Position on the Offer of Digital Tokens in Singapore，http：//www. mas. gov. sg/News – and – Publications/Media – Releases/2017/MAS – clarifies – regulatory – position – on – the – offer – of – digital – tokens – in – Singapore. aspx，last visit on August 23，2021.

进行了区分介绍。

（1）内置代币。这种类型的代币是完全固有的、内在的。它仅仅代表区块链上的权利或资产。这将允许代币的持有者拥有使用某一特定区块链的权限，因此，这类代币是在特定的区块链上完成交易或者是合同的关键。另外，这类代币是使用基于区块链技术搭建起来的各种协议的必需品，即作为用户使用该产品特定功能的凭证，将在使用过程中消耗掉或其他方式流转。这些协议在区块链上编码，由区块链强制执行，并管理其代币的可能用途。上述代币并不由任何主体发行、承兑或承诺赎回（不存在任何主体对该代币承担除使用功能质量保证之外的金钱性义务）。

（2）权益凭证类代币。不过这类代币代表的是与物质资产无关的某些权利。其核心特征在于相关代币并不具有实质性使用功能，而是代表了对于相关"基础资产"（underlying assets）的未来收益权，因此持有人可以在未来时间内定期或不定期的获得特定收益。〔1〕总体来说，是一种用于持有区块链应用的股份，享有收益分红的权利，通常还包括区块链上应用投票权的凭证如上文所说的 The DAO 项目。

2. 数字代币的本质：证券

尽管上述两种主流模式的代币在其所代表的具体权益上有所不同，但是其法律本质具有一定的共性。上文已经阐明，ICO 指的是 ICO 项目方通过出售发行的数字代币筹集资金，资金用于项目方启动资金或实现项目由概念设计向现实转化的行为。对 ICO 法律性质的探讨聚焦于该数字代币是否为证券？数字代币是否属于证券中的"投资合同"属性？

美国《1933 年证券法》第 2（a）（1）条对"证券"进行了明确定义，它包括票据、股票、债券数种金融工具，其中还包括"投资合同"。〔2〕由于投资合同的含义更为宽泛，当不符合其他定义时，"投资合同"往往被用来作为甄别是否符合证券定义的最终方式。我国《证券法》修订草案（"一读"草案）最早于 2015 年 4 月提交给全国人民代表大会常务委员会进行审议，其中第 3 条也明确指出本法中"证券"是指代表特定的财产权益，可均分且可转让或者交易的凭证或者投资性合同。因此是否可以将 ICO 纳入证券法监管取决于代币是否为"证券"。美国最高法院在证券交易委员会诉 W. J. Howey 案中明确了"投资合同"需满

〔1〕 See the Report：Token as Novel Asset Class，https：//www. coindesk. com/icos – eu – will – slow – giant – regulate – tokens/，last visit on August 23，2022.

〔2〕 美国《1933 年证券法》第 2 条第 1 项规定："证券"一词是指任何票据、股票、国库券、债券、无担保债券、任何利润分享协议的利息或参与证、从属信托证、公司设立前的证书或认股证、可转让股权、投资合同、表决权信用证、存股证、石油、天然气或其他矿藏权利的未分割的部分利益，任何证券、存款证、一组证券或者指数（包括任何利益或者基于价值所生利益）的任何卖出股权、买入期权、跨期买卖或者是优先权、在全国性证券交易所交易的与外汇相关的任何卖出期权、买入期权、买入卖出选择权或优先权、或者总而言之，通常称为"证券"的任何利益或工具，或上述任何一种的利益证书或者是参与证书，或上述任何一种的暂时或临时证书、或接收、担保、认购或购买的授权或权利证书。［美］托马斯·李·哈森：《证券法》，张学安等译，中国政法大学出版社 2003 年版，第 24 页。

足的四个条件：金钱投资、投资于一个共同的事业、预期获得利益、仅依赖他人的努力。[1]我们在 Howey 框架下并且参考之后的判例法，将结合代币对照这四个条件逐一分析：

（1）金钱投资。根据金钱的字面意思以及之后的判例法，我们可以发现投资的资金不仅包括资本，资产和现金的提供，还包括货物，服务或期票。[2]ICO 的投资者用相应的数字货币进行投资，并收到相应的项目代币。早前在 SEC 诉 Shavers 案件中法院就认为用比特币虚拟货币进行投资，符合 Howey 测试的金钱投资要求。[3]这种行为是在 Howey 标准下可以创建投资合同的价值贡献类型。因此这一要素毫无疑问得到满足。

（2）投资于一个共同事业。根据美国最高法院 Curran 诉 MerrillLynch 的判决，投资于一个共同的事业被定义为存在多个投资者将资金投入投资，每个投资者的利润与其他投资者的利润相关。还有另一个关键问题是资金是否集中，因为在没有分享利润或资金集中的情况下，一个共同的事业可能不被视为存在。[4]Hirk 诉农业研究委员会案中，法院就判定自由裁量的未来交易账户不是投资合同，因为没有资金汇集。[5]从这一标准上来说，ICO 项目应当被认为是一个共同的事业，因为它涉及区块链代币持有者（或许其他人）创建，更新和增强并且被区块链代币的使用者以及第三方所使用，这满足每个投资者之间利益相关的条件。此外往往区块链代币发行人使用发行所得的资金来创建、支持或维持该制度，因此资金集中的条件也得到了满足。

（3）预期获得收益。在 Inc. v. Forman 案中，最高法院特别详细地阐述了“预期获得利益”的要素。在此，最高法院分别分析了“利润”和“合理预期”的含义。最高法院认为利润指初始投资开发获得的资本增值，如同 Joiner 案（该案中石油租赁权出售是以发起人同意开发探井为条件的），也可指使用投资者的资金产生的收益之参与权。并且最终美国联邦最高法院还对利润下了定义：“利润包括股息，其他定期支付的收益以及投资价值的增加。”

根据美国 SEC 针对 The DAO 的调查报告，投资者以以太币去换取对应 The DAO 项目的代币时对通过该项目获得预期利益应当有合理的期待。The DAO 项目募集大量的以太币来进行项目（或者合同）的投资。如果拟议合约被管理者列入白名单，The DAO 代币持有者可以就 The DAO 是否应为合同提供资金投票。根据每项特定合约的条款，The DAO 代币持有人可以从投资合同中分享潜在的利润。因此，有合理的理由认为至少其中有部分投资者用以

---

〔1〕 See SEC v. W. J. Howey Co. , 328U. S. 293, 298 -301 (1946).

〔2〕 See Int' l Bhd. Of Teamsters v. Daniel, 439 U. S. 551, 560 n. 12 (1979); Hector v. Wiens, 533 F. 2d 429, 432 -33 (9th Cir. 1976); Sandusky Land, Ltd. V. Uniplan Groups, Inc. , 400 F. Supp. 440, 445 (N. D. Ohio 1975).

〔3〕 See SEC v. Shavers, No. 4: 13 - CV - 416, 2014 WL 4652121, at * 1 (E. D. Tex. Sept. 18, 2014).

〔4〕 See e. g. , Curran v. Merrill Lynch, 622 F. 2d 216 (6th Cir. 1980).

〔5〕 See e. g. , Hirk v. Agri - Research Council, Inc. , 561 F. 2d 96, 101.

太币投资该项目是为了分享潜在的投资收益。[1] 而其余种类的代币，其本身由于项目发展现状以及外界的预期会产生代币价值上的波动并且可以直接在交易平台上进行交易，因此满足资本增值所产生的利润。综上我们可以认为预期获得利益的这一条件是满足的。

（4）仅依赖他人努力。目前较为可取的观点是，Howey 案标准中要求的利润“仅”来自他人的努力不能简单地从字面上去理解。美国 SECv. GlennW. TurnerEnter 案法官作出了更加合理的解释，即只要“投资者以外的他人努力是不可否认的重要因素，即是影响成败的重大管理活动”就应该被认为符合这里的仅依赖他人的标准，该自由解释至少已经被 10 个巡回法庭所采纳。[2]

以 The DAO 项目为例，该项目的投资者有合理理由相信项目的发行者及管理者将在项目推出后基于投资者利益提供优质的管理服务，而这也是投资者获取投资回报的关键。The DAO 的创作者和管理者的专业知识对于监督 The DAO 的运作，维护投资者资金，以及确定拟议的合同是否应当进入投票程序至关重要。在发售代币时，The DAO 的协议已经由 Slock. it 及其联合创始人预先确定，包括管理者可以行使的控制权。Slock. it 及其联合创始人对选取的管理者以内置代码对其职责进行明确：①审查承包商；②决定是否及何时提交投票书；③确定提交表决的提案的顺序和次序；④确定是否将某些提案成功投票所需的默认法定人数减半。因此，管理者对提案的顺序和频率拥有重大的控制权，并且可以强加自己的主观标准，以便该提案是否被列入白名单最终由代币持有者进行投票。所以，我们可以推断出投资者以外的他人努力对 ICO 项目的成功是不可否认的重要因素，即符合依赖他人努力的定义。

2017 年 7 月 25 日，SEC 发布了一份《关于 The DAO 适用于 1934 年证券交易法 21（a）的研究报告》（Report of Investigation Pursuant to Section 21（a）of the Securities Exchange Act of 1934：The DAO）[3]，报告重申了美国联邦证券法的基本原则，并明确其同样适用于以下虚拟组织抑或融资实体：以区块链技术为依托，通过公布技术白皮书发行代币，该代币可以在指定交易所中自由交易，最终实现资金募集。区块链技术带来的某些自动化功能，类似于“智能合同”，或者是“计算机代码”并不能使其脱离美国联邦证券法的规制范围。并且报告还强调不仅这类产品，包含新兴技术并且作为两端投资接口的交易平台也要遵守联邦证券法的注册条例。这份报告也正式宣布了 SEC 将 ICO 纳入监管范围。

尽管上述过程未将所有的 ICO 项目一一列举论证，然而我们从代币的价值来源出发，主流 ICO 项目在法律定性上存在一定的共性。基于研究报告，代币的价值主要源于两方面。一

---

[1] See SEC report：Report of Investigation Pursuant to Section 21（a）of the Securities Exchange Act of 1934：The DAO，https：//www. sec. gov/litigation/investreport/34 -81207. pdf，last visit on August 23，2021.

[2] [美] 罗思、[美] 赛里格曼：《美国证券监管法基础》，张路译，法律出版社 2008 年版，第 208 页。

[3] See SEC report：Report of Investigation Pursuant to Section 21（a）of the Securities Exchange Act of 1934：The DAO，https：//www. sec. gov/litigation/investreport/34 -81207. pdf，last visit on August 23，2021.

是功能价值（functional value），功能价值就是代币在整个项目中所扮演的角色本身，也包括投资功能；二是投机价值（speculative value），也可以引申为投资价值，投资价值是代币持有者在相互的交易中产生的。无论投资功能还是投机功能，均属投资价值，而投资价值是目前 ICO 投资者狂热的一个主要诱因，如果投资价值成为了代币的主要属性，上文所述的第 3 条“预期获得利益”的适用就有了普遍性，那么主流的 ICO 项目应当均符合证券定义中的“投资性合同”属性，即代币属于证券，因此数字代币发行因纳入证券发行监管的范畴。

（四）数字代币发行（ICO）的本质：证券发行

证券发行分为公开发行（公募发行）和非公开发行（私募发行或定向发行）。私募发行指发行人依法直接向特定投资者销售新发行的有价证券而募集所需资金的一种证券发行方式。[1] 美国在 1990 年 4 月颁布了 144A 法案（Rule 144A），以期提高私募证券的流动性从而建立一个有效的私募证券法人二级市场，吸引更多的外国公司到美国筹集资金。以私募方式发行的证券可以援引 144A 法案免除注册手续。而美国 SEC 的报告并不认为以 The DAO 为代表的相关 ICO 项目可以获得豁免，并且未具体阐明可以获得豁免的具体标准，可知至少 ICO 中的大部分不会被纳入私募发行的范畴。[2] 美国证券法并未具体定义何为公开发行，但可以从五个方面来判断，即要约人数量、要约人之间以及要约人与发行人之间的关系、发行份数、发行规模和发行方式。1953 年，美国最高法院判决 SEC v. Ralston Purina Co. 案，法院认为受要约人人数不是判断公开发行的关键要素。相反，关键在于受要约人的成熟度，应取决于受影响的特定人群是否需要证券法的保护。[3] 我国最新的《证券法》（一读草案）第 12 条规定只要向不特定的对象发行证券抑或向特定对象发行证券累计超过 200 人的即可被认定为公开发行，除非获得相应的豁免。从这一规定上看，ICO 更符合公开发行的定义，然而由于 ICO 融资主体突破了实体性并且区块链技术去中心化的特点决定了传统公开发行的定位并不利于 ICO 的发展即 ICO 对传统的证券发行监管提出了新的挑战。

二、数字代币发行对传统证券监管的挑战

（一）ICO 对传统公开发行监管的挑战

1. 不适用原有的信息披露标准

美国《证券法》《萨班斯—奥克斯利法案》等法规要求企业在进行证券的公开发行的时候要满足持续的强制性披露要求，具体包括：年度和季度报告；关于公司运营、财务状况、

---

〔1〕 参见冯果：《证券法》，武汉大学出版社 2014 年版，第 36 ~37 页。

〔2〕 SEC report：Report of Investigation Pursuant to Section 21（a）of the Securities Exchange Act of 1934：The DAO.

〔3〕 See SEC v. Ralston Purina Co.，346 U. S. 119（8th Cir. 1953）.

运营结果、风险因素以及管理的事实等一系列实体信息。我国证监会颁布的《上市公司治理准则》以及上海证券交易所《股票上市规则》同样也对上市公司的信息披露作出了一些标准化的要求。然而，由于ICO的发行方往往并不是实体企业，而是由一个团队或者是个人甚至是计算机中的自动化程序所发起的项目，并且在发行时ICO项目往往处于技术孵化阶段，商业模式还未成型，很难依照传统的信息披露标准提供有价值的信息，加上技术的颠覆性和开创性很强，监管者难以像IPO上市审批一样，对ICO项目的前景和价值做出专业、合理的评价。

2. 投资者自我保护能力有限

投资者的自我保护能力主要体现在风险识别能力和风险承受能力上，但相比私募发行中的合格投资者，ICO主要面向普通投资者，普通投资者在风险识别以及承受能力方面均处于弱势地位。

首先，普通投资者的风险识别能力有限。信息披露制度是规范公开发行的主要手段，该理论是假设知晓必要信息的投资者有能力处理这些信息并作出有理性的投资决定。[1]然而，普通投资者——那些最需要证券法保护的人——通常没有这种能力。[2]区块链作为一种新的科学技术，具有极强的专业性，目前市场中真正落地的区块链项目十分有限，虽然区块链技术拥有可观的发展前景，目前其普及率并不高，这也加大了普通民众对其产生直观认识的难度。ICO是随着区块链技术的发展而产生的一种融资手段，大多数普通投资者对其并不熟悉，也不具备相应的专业知识充分理解项目的总体筹划以及技术背景。其次，互联网时代信息日益复杂，导致投资者较少依靠专业建议而依靠互联网上未经检测的信息甚至是部分投机团体的鼓动而盲目投资，也从侧面反映了普通投资者的风险识别能力不足。此外，普通投资者的风险承受能力有限。普通投资者的收入较低、资产较少，难以承受投资失败的风险，一次失败的投资很可能使其陷入持久的生存困境。最后，由于ICO目前处于监管的空白地带，整个市场异常混乱，充斥着以圈钱为目的的不法分子以及所谓的“庞氏骗局”。这更加剧了投资者集中投资失败的风险。ICO所面向的普通投资者人数众多，若数以万计的普通投资者利益受损，则会打击投资者信心，不利于良好资本市场的培育，甚至对社会稳定构成威胁。

（二）对传统证券交易所的挑战

2017年7月25日国家互联网金融安全技术专家委员会发布了《2017上半年国内ICO发展情况报告》，报告将目前的ICO平台分为四种模式。一是专营第三方平台，该类平台专门

---

〔1〕 See Troy A. Paredes, Blinded By the Light: Information Overload and Its Consequencesfor Securities Regulation, 81 WASH. U. L. Q. 2003, p. 417 –418.

〔2〕 See Milton H. Cohen, “Truth In Securities” Revisited, 79 HARV. L. REV. 1966, p. 1351 –1352; Troy A. Paredes, Blinded By the Light: Information Overload and Its Consequencesfor Securities Regulation, 81 WASH. U. L. Q.

为各种项目提供ICO服务；二是传统众筹与ICO的混合模式，即同时提供传统产品众筹/股权众筹和ICO服务，部分众筹平台开始向ICO平台转型；三是“虚拟货币交易+ICO”模式，借助用户充值、充币和代币上线交易的便利性，该类平台同时提供虚拟货币交易和ICO服务；四是其他模式，如虚拟货币钱包服务商、导航门户网站提供ICO等。四种模式的平台具体分布如图1所示。其中第三方专营和“虚拟货币交易+ICO”模式占绝大多数。[1]

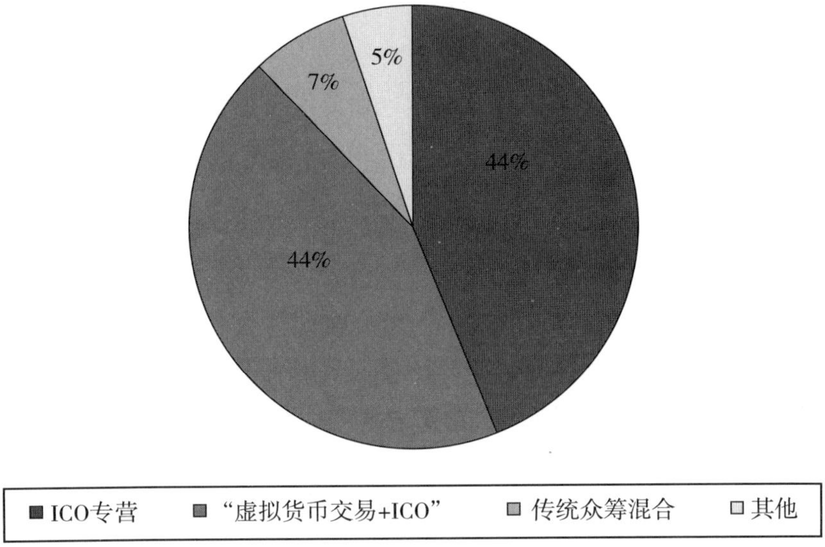

图1 ICO平台的四种模式

资料来源：国家互联网金融安全技术专家委员会。

由于缺乏相应的监管，目前国内ICO的交易平台的设立并没有明确的标准，这为投资者保护埋下了巨大的隐患。而美国《1934年证券交易法》第5条规定，任何经纪人、经销商或者交易所，通过直接或者间接的手段，来实现任何证券交易或者在洲际贸易中报告任何此类交易，除非根据该法案的第6条进行注册，成为全国性的证券交易所，或者是得到相应的注册豁免，不然都将被认为是非法的。并且该法案第3（a）（1）条对交易所作出了定义：“任何组织，协会或者是团体，无论是法人组织抑或是非法人组织，只要构成、维护或者提供一个市场场所或者是设施，并将证券的买方和卖方聚集在一起或以其他方式履行证券交易所的职能。”[2]

《1934年证券交易法》第3b－16（a）条提供了一个功能测试来评估交易系统是否符合第3（a）（1）条下的履行证券交易所职能。如果该组织，协会或一组人员：（1）汇集多个

---

〔1〕参见国家互联网金融安全技术专家委员会：《2017上半年国内ICO发展情况报告》，载http://app.ifcert.org.cn/share/notice/report1/Index－1707－7－1.jsp，最后访问日期：2021年8月23日。

〔2〕See Securities Exchange Act of 1934（As Amended Through P.L. 112－158，Approved August 10，2012），Sec 3（a）（1）.

买卖双方的证券订单；（2）使用既定的、非自由的方法（无论是通过提供交易设施还是设定规则），这些订单相互交互，买卖双方同意交易条款则可以被认为系履行证券交易所的职能。任何符合第3b－16（a）条的规定，并且不排除在第3b－16（b）条之下的系统，必须根据《1934年证券交易法》第5条和第6条注册为国家证券交易所，除非获得相应的豁免。[1]根据美国SEC基于The DAO项目发布的报告，认为相应的ICO交易平台为用户提供了一个电子系统，该电子系统与多方订单匹配，以购买和销售ICO代币，已经符合第3b－16（a）条的标准，并且没有被排除在第3b－16（b）条之外，也不符合规定的豁免条件，因此需要根据相关的法律注册成为证券交易所。反观我国已经发行的证券法以及正在制定中的《证券法》（一读草案），均没有对证券交易所的设立作出具体的规定，这对我国借鉴美国的监管经验设置了极大的障碍。

（三）区块链新技术带来的法律风险

区块链技术包含一个去中心化分布式的数据共享技术，采用个体之间直接信息交互的模式使得所有节点的网络实现数据共享。每一个网络参与者都能够通过分布式账本来共享和保持交易数据，并通过密码设置来保证数据的安全。同时也催生了一些基于区块链网络的特定数字化资产，如比特币。这也带来了一些特有的法律风险。

1. 身份识别风险

ICO与传统股权众筹以及IPO融资方式相比的一大区别就在于其融资资金为比特币、以太币或其他数字加密代币；IPO、股权众筹的融资资金为法币。以比特币为首的数字代币，本质是一种虚拟货币。根据美国SEC官网所给出的定义，虚拟货币是指可以进行数字交易，是价值的数字化表现形式，其功能如下：（1）交换媒介；（2）账户单位；（3）价值储存手段，但没有法定地位（在向债权人投标时，是有效和合法的付款要约）。它不是由任何管辖区发布或保证，只能通过虚拟货币用户社区内的协议来履行上述功能。早在2013年，我国银监会联合各部门就发布了《中国人民银行等部门关于防范比特币风险的通知》，报告中明确说明了比特币由于没有集中发行方并且总量有限、使用不受地域限制和匿名性，不认可比特币的货币属性，其本质更像是一种虚拟商品。由于以比特币为代表的数字代币的特殊属性，同时引发了一系列的其他风险。

根据西方七国首脑会议设置机构金融行动特别小组FATF（Financial Action Task Force）提交的报告[2]《虚拟货币，主要定义和潜在的AML／CFT风险》（Virtual Currencies，Key

---

〔1〕 See Securities Exchange Act of 1934（As Amended Through P. L. 112－158，Approved August 10，2012），Sec 3b－16（a）.

〔2〕 See FATF Report，Virtual Currencies，Key Definitions and Potential AML/CFT Risks，FINANCIAL ACTION TASK FORCE（June 2014），http：//www. fatf－gafi. org/media/fatf/documents/reports/Virtual－currency－key－definitions－and－potential－aml－cft－risks. pdf，last visit on August 23，2021.

Definitions and Potential AML/CFTRisks），虚拟货币所隐藏的风险：其较于传统货币的非现金支付方式存在更大的匿名性并且通常在互联网上进行交易，通常以非面对面的客户关系为特征，并且可能允许匿名资金（通过交换的第三方资金不能正确识别资金来源）的存在，有被洗钱以及恐怖组织融资滥用的潜在可能性。尤其在当下 ICO 融资活动中，由于投资者可以来自世界各地，目前尚未有统一的条例对参与者进行身份识别，使这部分隐患更加突出。

2. 技术故障风险

技术故障风险既包括技术本身运行产生的问题也包括受到黑客等组织攻击产生的风险。SEC 在最早期针对区块链技术进行分析报告时就提出了对技术故障（Technological Malfunction）产生的担忧，技术故障会妨碍客户对自身数字资产的访问从而对整个交易系统造成影响。另外，频发的数字代币被恶意攻击失窃事件对各国投资者的权益造成了极大损害进而吸引了监管部门的目光，先前 The DAO 项目就曾遭遇黑客袭击丢失了大概 360 万枚以太币，总价值超过 6000 万美元。

三、我国数字代币发行的监管路径与建议

ICO 伴随区块链技术的发展而产生，是区块链技术发展过程中各项目建设者的一种重要融资手段。区块链技术特有的去中心化、不可篡改性、可追溯性、透明性以及智能合约实现的协议自动执行，自发形成了特有的民主化网络治理机制，在一定程度上也降低了监管过度涉入的必要。然而，在我国数字代币 2017 年上半年在北京中关村开始流行，部分不良创业者迅速发展成为“庞氏骗局”，数字代币的发行混乱形成“柠檬市场”。因此，2017 年 9 月 4 日，中国人民银行等七部委发布《关于防范代币发行融资风险的公告》（以下简称《公告》），《公告》指出，代币发行融资本质上是一种未经批准非法公开融资行为，并采取“一刀切”的方式予以禁止。从此，国内彻底清除代币的发行，投资人纷纷出海投资避险，也就是说，国内金融监管通过一道禁令切断了区块链中的链，但国外代币发行仍然方兴未艾，投资人由境内转入境外、由公开转入地下，代币的买卖仍在继续，投资人的处境仍不容乐观，更为重要的是，作为区块链背景下的金融创新数字代币在科技浪潮的推动下在国外得到有序发展，而在我国“一刀切”监管模式下健康合法金融创新探索受到遏制，不利于我国金融市场的发展与国际接轨。因此需要积极探索借鉴国外先进监管经验，改变我国目前“一刀切”的监管模式，推动我国数字金融的发展与良性动态监管。

金融美国证券业以及金融市场协会（Securities Industry and Financial Markets Association，SIFMA）在对美国金融业监管局（Financial Industry Regulatory Authority，FINRA）发布的针对分布式账本技术（Distributed Ledger Technology，DLT）（ICO 的底层技术）的研究报告时阐明，我们针对分布式账本技术的首要监管原则就是：不会阻碍新科技的持续创新能力，同

时也要满足最基本的监管目标即不会对投资者权益造成损害。[1] 美国现在对待数字代币为主的数字资产的监管方式，主要是通过 SEC 的创新和金融技术战略中心“FinHub”的工作人员依据《数字资产的“投资合同”分析框架》的内容与 ICO 创新企业充分的沟通交流后，通过豁免函的方式进行柔性监管，保证创新型企业金融创新的同时纳入监管。同时，欧洲证券及市场管理局（European Securities and Markets Authority，ESMA）在区块链技术应用于证券业也阐明了自己的立场，ESMA 认为，目前采取强硬监管行动的条件尚未成熟，因为技术仍处于发展的早期阶段。在这方面，委员会正在寻求利益相关者关于如何促进区块链技术在金融部门应用的意见，同时维护市场诚信，确保投资者保护和金融稳定。这些原则同样可以借鉴到对 ICO 的监管之中，针对 ICO 的发展现状以及我国的监管环境，可以采取两步走的监管策略。

（一）引入监管沙盒进行充分测试

监管沙盒（Regulatory Sandbox）的概念由英国政府于 2015 年 3 月率先提出。2016 年英国金融行为监管局（FCA）针对区块链金融科技创新发布了金融沙盒的报告。[2] 按照英国金融行为监管局的定义，监管沙盒是一个安全空间，在这个安全空间内，金融科技企业可以测试其创新的金融产品、服务、商业模式和营销方式，而不用在相关活动碰到问题时立即受到监管规则的约束。[3] 当前，中国已经完全具备了实施监管沙盒的基础条件。首先，现有的金融监管框架并不排斥监管沙盒；其次，现有的金融监管体系在应对金融科技创新时存在严重不足而监管沙盒的采纳刚好有效弥补了这一缺点。ICO 作为金融科技发展带来的新的融资手段同时也是当下金融监管的盲区，监管部门完全可以在完整的监管框架出台之前先将其放入监管沙盒进行充分测试，对其可能引发的一系列风险进行成体系的评估，为最终的政策出台提供相关数据上的支持。

（二）确立数字代币的分析框架，事前引导市场创新行为

正如前文阐述，美国 SEC 的 FinHub（创新金融战略中心）出于帮助那些寻求遵守美国联邦证券法的持续努力创业者的宗旨，发布一个《数字资产“投资合同”分析框架》，用于分析数字资产是否作为投资合同提供和出售，是不是一种证券。该框架并非旨在对法律进行详尽的概述，而是作为一种分析工具，帮助市场参与者评估联邦证券法是否适用于特定数字资产的发售、销售或转售。[4] 此外，SEC 的上市公司财务监管部正在对不采取行动的请求作出回应，表明如果请求中描述的数字资产未经美国联邦证券法注册而提供或出售，该部门将

---

〔1〕 See Sifma Comment on FINRA's Report "Distributed Ledger Technology: Implications of Blockchain for the Securities Industry", http://www.finra.org/sites/default/files/Blockchain - SIFMA - Comment.pdf, last visit on August 23, 2021.

〔2〕 参见李文莉、杨玥捷：《智能投顾的法律风险与监管建议》，载《法学》2017 年第 8 期。

〔3〕 参见胡滨、杨楷：《监管沙盒的应用与启示》，载《中国金融》2017 年第 1 期。

〔4〕 See http://www.sec.gov/finhub. last visit on July 12, 2022.

不会向委员会建议采取执法行动。这样既保障了金融创新又有效防范了金融风险。

我国证监会成立了科技金融监管局专门负责科技金融的监管，建议由证监会牵头组织有关专家加强研究，由证监会联合其他有关部委发布有关数字资产的证券或投资合同的分析报告，供各金融监管部门监管参照，同时形成市场指导或市场指引金融创新型企业的数字代币发行，使市场创新行为有据可依，减少市场的不确定性对金融创新的伤害。

（三）出台或修改相关法律法规对ICO进行统一规制

尽管目前世界各国对待ICO的态度并不相同，然而成熟法规的出台必然是完善监管框架的终局。结合上文提到的对传统证券发行监管的挑战，我国证监会政策的出台以及证券法的完善可以从以下几个方面着手：

1. 信息披露体系的完善

（1）发行前：白皮书披露的规范化

根据ICO的发行流程，项目白皮书是投资者获得项目信息的主要来源，然而目前尚未有白皮书披露的统一标准。证监会应当出台相关的标准性文件并对其进行形式审核，即只审核白皮书的内容是否全面真实并不对其具体项目内容作出评价。

先前ICO行业自律组织就发表了文件对ICO项目白皮书的规范化进行了总结，具有相应参考价值。一份合格的项目白皮书应当包括：①对公司业务和性质的介绍，即对项目或理念的说明，此项目的创新之处，以及本项目拟解决的问题、该问题的发展现状以及本项目的顺利实施对解决该问题的意义。并且包括区块链项目用于何种场景，以及如何在该场景落地。②发起人信息，ICO项目往往由在圈内具有公信力的人员发起，并且对投资者的选择具有重大的影响力，因此应对发起人作出如下规制；团队成员的姓名、身份和经历等详细信息；发起团队至少一名成员具有中华人民共和国国籍；最近3年未受过刑事处罚；最近5年未因经济犯罪而受到处罚；未被中国证监会认定为证券市场禁入者，或者已过禁入期的。其中后四条适用于国内项目，国外项目遵循当地基本的公开发行交易管理层约束原则。③资产创设与分配，即计划募集的资金数额及截止期限，代币的分销计划，如何对募集到的虚拟货币进行利用以及最终的分配方案等。④产品形态，既包括产品的展现方式，也包括与用户的交互模式，也体现出产品的商业模式。⑤技术实现，其中包括概念证明、技术架构、技术路线开源进度。⑥风险警示，针对潜在的风险对投资者进行全面的阐述，具体包括政策风险，信用风险以及技术风险等。[1]

（2）发行后：持续的信息披露完善

大部分ICO项目融资时的概念性以及融资主体的非实体性决定了其比传统的证券公开发

---

〔1〕《ICO信息披露指引：信息披露助力区块链行业健康发展》，载 http：//www. gongxiangcj. com/show－22－3842－1. html，最后访问日期：2021年8月23日。

行有更高的持续性信息披露义务：ICO应当持续向投资者披露项目的具体进展，技术路线的开发进度以及项目进展过程中遇到的相关风险。并且要求发行方对代币的分销进度以及项目进展过程中的资金分配作出具体说明。由证监会或者具体的发行部门定期对信息披露的真实性进行审核。

2. ICO交易平台监管：统一注册

目前针对ICO平台的监管思路，有的专家认为要成立类似众筹平台的ICO平台，承担投资者教育、风险提示、ICO项目审查、资格认定、资金托管、敦促信息披露、督察资金使用、反洗钱等相关职责；或者是以数字代币交易所为监管方式，但这种方式的缺点在于，即使管住了代币交易所，它还可以去中心化地来做交易。而笔者认为应当将其定位成一个证券交易所，借鉴美国SEC的监管经验，ICO交易平台更多是一个聚集买方以及卖方，匹配双方交易订单的电子系统的角色。然而，无论是成立ICO交易平台还是数字代币交易所抑或是注册成为证券交所，证监会都应当出台统一的注册标准，并且对交易过程中买卖双方的交易条款进行明确。

3. 投资端监管：合格投资者制度及投资者教育

（1）合格投资者的完善

尽管对投资者的限定是私募发行中的特点，但是证监会在对ICO这一新生事物进行监管时也可以合理借鉴这一制度，对投资者准入设置门槛，从而筛除那些风险承受能力差的投资者。虽然各国的法律法规对合格投资者的规定各有不同，但是除去专业的机构投资者，针对个人投资者基本上都是从个人资产净值抑或近几年的稳定年收入水平加以规制。美国SEC认为在美国证券法下的合格投资者应当符合以下标准之一：①近两年的收入超过20万美元抑或和配偶一起的总收入达到30万美元，并且对当年收入保持稳定有合理的预期。②净值超过100万美元，无论是自身或者是夫妻共同的资产价值（主要居所的价值不被纳入其中）。[1]而我国已经公布的《证券法》（一读草案）第16条第5项也明确阐述了应当是“年收入不低于五十万元、金融资产不少于三百万元、具有二年以上证券、期货投资经验的个人”。尽管具体数额不一定适用于目前的ICO模式，然而证监会以及相关立法部门可以进行合理的借鉴，通过科学的市场调查以及数据统计结合社会发展的现状对投资者门槛进行限制。

（2）加强投资者教育

加强对投资者的教育，帮助投资者准确认知和把控其本身需求及其所处的经济环境。用户应评估他们对区块链技术的知识掌握程度是否足够充分并且对投资的项目白皮书内容是否

---

〔1〕 See SEC Report：What Does It Mean To Be An Accredited Investor?，https：//investor. gov/additional - resources/news - alerts/alerts - bulletins/investor - bulletin - accredited - investors，last visit on August 23，2021.

已经完全知悉并且理解。另外，还需评估自己的投资需求和风险接受度，从而给出合适的投资决策。如果投资者对项目有疑虑，应当及时询问专业的技术人士或者要求发行方进行解释说明。无论项目是否最终能够实现，投资者都应该对项目的进程进行持续关注并且监督资金的使用情况。同时监管部门也有义务对广大投资者进行专门教育尤其是风险警示。美国 SEC 近期也发布了针对 ICO 的投资者公报，亦归纳了投资者在加入 ICO 之前所需明确的几个重要问题：①明确资金的用途，同时也要明确数字代币将会赋予投资者的权利。另外，投资者还需详细询问自身是否可以收回自己的投资，如果可以的话收回的具体时间以及方式，抑或询问是否可以转售自己手中的代币，具体的实现路径是什么。②询问该项目的区块链是不是公开的，代码是否已经发布，以及是否进行了独立的网络安全审核。③欺诈者经常以创新和新技术为噱头来实施欺诈性投资计划。欺诈者可以通过兜售 ICO 投资“机会”或保证高投资回报的途径来吸引投资者。投资者应该时刻对强行推销行为和承诺的超额回报保持警惕。④要牢记风险意识，数字代币或虚拟货币均有被黑客窃取的风险。[1]

（四）全球协作：建立统一的用户识别计划

在区块链网络中，ICO 发行方可能会与各种未知方及其在网络上的客户相关联，包括在外国司法管辖区域的实体。发行方有义务考虑这将如何影响与各种反洗钱（AML）和客户识别监管义务相关的合规计划。美国《1970 年银行保密法》（Bank Secrecy Act，BSA）要求所有券商，除特殊情况外，需要执行合规计划以发现和防止洗钱犯罪行为。此外，FINRA 第 3310 号文件（反洗钱合规计划）要求所有券商开发和维护一个书面的反洗钱计划，以符合 BSA 的要求。BSA 还要求，作为反洗钱计划的一部分，券商必须建立、记录和维护一个合理的客户识别程序（CIP），除其他事项外，要求券商核实所有建立了正式的关系来影响证券交易方面的身份。[2] FINRA 规则 2090（KnowYourCustomer，KYC）要求证券经销商“对每个账户的开放和维护进行合理的努力，了解（并保留）每个客户的基本事实，并掌握每个客户的权限与代表此类客户的具体群体”。因此全球的 ICO 参与者可以探索建立集中式身份管理功能，以便一旦客户的身份被网络上进行实体验证，该信息就可以被提供给网络上的所有各方。这样做可以消除各实体的重复工作，以验证客户身份，从而创造效率。[3] 可以综合考虑各种模型来建立这样的集中式身份管理功能，包括共享由受监管实体在网络上执行的验证，或者潜在地使第三方供应商代表所有参与者为网络提供该功能。

---

〔1〕 See SEC Report：Investor Bulletin：Initial Coin Offerings，https：//www. sec. gov/oiea/investor – alerts – and – bulletins/ib_coinofferings，last visit on August 23，2021.

〔2〕 See FINRA Rule 3310：Anti – Money Laundering Compliance Program，http：//finra. complinet. com/en/display/display_main. html? rbid =2403&element_id =8656，last visit on August 23，2021.

〔3〕 See FINRA Rule 2090：Know Your Customer，http：//finra. complinet. com/en/display/display _ main. html? rbid =2403&element_id =9858，last visit on August 23，2021.

四、结语

区块链技术的诞生对传统信任冲击所产生的“蝴蝶效应”势必会让传统的金融监管、法律规范以及商业模式成为过去式。以数字代币为代表的数字资产的诞生在积极推进区块链技术发展的同时，也突破了现有法律规定所建构的边界。截至目前，除了美国和新加坡等少数国家正式将其纳入证券监管之外，其他国家尚处于观望阶段。资本竞相逐利使各方矛盾愈加凸显并且让整个 ICO 市场呈现极高的风险性。金融创新，只有依法合规才有生命力，任何违规和滥用都将适得其反。区块链技术带来的融资界的“新生儿”正在热切地呼唤法律规范的回应。但过度监管一定会扼杀创新，特别是世界各国均在加强数字金融的发展与竞争，若我们采取“一刀切”的监管方式，必然使国内投资者转入地下投资国外数字代币，不利于国内投资者保护，更为重要的是这样会遏制我们的金融创新并在新一代科技浪潮下丧失竞争力，处于落后被动局面。加强数字资产的典型代表数字代币发行的法律性质与监管路径任重道远。

破产法制

论破产程序中担保权益的清偿顺位*

程　威**

目　次

一、问题的提出

通常来说，破产程序主要解决：谁有权以多少债权额按照何种清偿顺位参与破产财产的分配？其中有权参与的主体与债权额的确定主要与债权申报、破产债权范围等有关，虽然也涉及实体权利的确认，总体上并不会产生法政策上的争议。[1]破产法上担保权益清偿顺位的确定不仅关涉实体性权利的性质判断，也与特定法政策的价值偏向密不可分。在清偿顺位的排序中，各国立法均肯认担保债权在破产程序外优先受偿的实体性效力继续延伸至破产程序之内。也就是说，在破产程序中，担保债权的受保障性功能应予以维护。然而，由于破产本身作为一

* 基金项目：国家社会科学基金青年资助项目（17CFX030）；安徽大学经济法制研究中心招标资助项目（psc2021yjs-6）。

** 程威，法学博士、华东政法大学经济法学院助理研究员。

〔1〕 参见韩长印：《破产优先权的公共政策基础》，载《中国法学》2002 年第 3 期。

种概括性的集体清偿机制，信守“平等即衡平”（equality is equity），侧重于债权人之间的公平分配，在这一价值引导下，往往会对担保债权的优先性产生或多或少的限制，在我国这类情况层出不穷。[1]其中的原因在于：第一，我国《企业破产法》虽然在重整程序中规定了担保债权暂停行使的要求，并未在清算程序中对此做出明确回应，这导致司法实践中法官缺乏明确的规范指引而作出失衡判断。第二，《全国法院破产审判工作会议纪要》第25条中规定，在清算与和解两种程序中，担保权人可随时主张变价清偿，但个别处分降低整体价值的则需概括处分。最高人民法院的会议纪要虽属司法解释性质文件之一并在实践中发挥着统一裁判标准、执行或创制公共政策与填补漏洞等功能，但其约束力仍然弱于成文法，适用会议纪要的方法与程序均未达成共识，[2]同样难于为司法实践提供一锤定音的指引效果。更重要的，该条的但书条款以“整体价值优先”作为标准，赋予法官裁量权，架空了前半部分的支持性规定。第三，破产程序作为一个多元主体共商的平台，充满并重复着债权人、债务人、第三人、法官甚至政府等利益相关者之间的动态博弈，担保债权人的利益仅是其中一环，若从法律外的公共政策视角来看，牺牲部分担保债权人的利益有利于填补、扩充整体效益，则法官有激励去剥夺担保债权人的优先性。[3]第四，我国破产司法的审判水平虽然不断提升，对破产审判的专业化仍然存在区域差异、个人差异，破产法官在公平分配与维护法体系稳定之间寻求平衡存在较大压力，特别是认知流畅度可能会影响审判结果，这在相当程度上形成对担保债权优先性的外生风险。

担保权益的清偿顺位在与其他类型的债权进行比较中凸显出来，从范围来看，主要是与破产外的法定优先权、破产法内的清偿顺位规则即《企业破产法》第113条中的优先债权以及理论上与非合意性债权的顺位关系等之间的顺位厘定。这三类债权的核心范畴，主要是税收、劳动与侵权。是以，本章旨在将担保债权与这三类债权进行顺位比较，从法律解释学和法经济学的角度指出担保权益绝对优先更为合理。

二、担保债权与税收债权顺位厘定

税收债权是以国家税务利益为保障对象、基于税法的法定赋权而对纳税企业享有的请求权。[4]将税收法律关系界定为债之关系，是对传统“税收权力说”的突破，反映出国家公权

〔1〕 参见徐阳光：《破产法视野中的担保物权问题》，载《中国人民大学学报》2017年第2期。

〔2〕 参见彭中礼：《最高人民法院会议纪要研究》，载《法律科学》2021年第5期。

〔3〕 一个典型的论断认为，在担保债权这样一种非对称性的资产分割模式中，会增加债务评估成本、弱化债权人监督和拖延冗长的破产程序，还会剥夺一些非调整性债权人如侵权债权人的利益，理应加以限制。See Richard Squire, *The Case for Symmetry in Creditor's Rights*, 118 Yale Law Journal 806 (2009).

〔4〕 参见徐阳光：《破产程序中的税法问题研究》，载《中国法学》2018年第2期。

力在私法语境下具有可适用、可协商、可规制的特点。考虑到税款的特殊性，规范上一般均为其设定优先权，主要理由在于税收债权具有以下性质：其一，公益性。税收与公共利益服务密不可分，税款收入是国家或地方公共团体重要活动的基础，而私权的实现，实际上也离不开国家权力的保护。也就是说，离开税款资源补充和保证，其他私权的实现将受到相当程度的限制。其二，强制性。税收符合法律规定的课税要件时，当然发生缴纳义务，国家或地方公共团体无法如许多的私法上债权，自由选择有能力、有意愿履行者为义务人。正如富兰克林的名言所示，人生于世，唯有死亡与纳税不可逃避。其三，无对价性。税款债权并未如多数的私人债权，具有直接的对待给付，故任意的履行可能性较低。[1]所以，政府通常在分散损失方面处于有利地位，在税款债权保障上并不乐于栖身他者之后。[2]

担保债权是针对特定物或权利的私法上优先权，而税收债权是针对债务人企业一般责任财产的私法上含有公法属性的优先权，二者之间的关系主要依赖法政策的选择而有侧重。不过，税收债权优先性受制于一系列因素的复杂影响，并非税务机关为了公权利益可任意而为的事项。[3]从比较法上来看，多认为税收债权既然以债之关系建构，在私法框架下则不应优先于担保债权，[4]当债务人财产大幅缩水的条件下，强行从待清偿额度内划出确定的一部分交予公法人，貌似能实现公益性的目的，然而，其他私权得否实现在具体的破产案件中与取得税收的税务机关或政府关系不大，即便政府力求破产案件得以转为重整避免资源耗费而主动介入其中，也是出于维护地方稳定的政治性因素考虑，而非仅考虑税收保障。此外，更为重要的是，有些债务人企业甚至可能因偿付完税收债权后而无剩余资金以供清偿其他债权人，传导至市场融资层面会进一步抬升企业融资成本甚至使企业无法获得救急资金。对税收债权的优先性进行适度限制，反而更能够实现其公益性目的。在中国法上，对税收债权与担保债权之间顺位的分析需要结合相关法律条文的具体规定展开分析，应综合考虑税收债权在实践中的表现形式，廓清二者的边界。

（一）担保债权与税收债权冲突之表现

我国法上担保债权与税收债权的主要冲突，来自《税收征收管理法》第45条与《企业

---

〔1〕 参见黄健彰：《法定优先受偿权》，台北，元照出版有限公司2018年版，第232页。

〔2〕 且不说要优先于普通债权，甚至试图优先于担保债权，担保债权与税收债权之间的优先次序之争在域外亦不罕见。See Jacob S. Ziegel, *Preferences and Priorities in Insolvency Law: Is There a Solution*, 39 Saint Louis University Law Journal 793, 801-802 (1995).

〔3〕 影响因素一般包括税收制度的结构及其基础政策、税法中体现的现有执行制度、破产制度的目标及其所反映的政策立场（包括企业复兴作为经济政策目标的意义）以及协助国家机构和私人贷款机构可能采取的冲突性措施。See Morgan K. Morgan, *Should the Sovereign be Paid First—A Comparative Interntional Analysis of the Priority for Tax Claims in Bankruptcy*, 74 American Bankruptcy Law Journal 461, 462 (2000).

〔4〕 See Jacob S. Ziegel, *Preferences and Priorities in Insolvency Law: Is There a Solution*, 39 Saint Louis University Law Journal 793, 801-802 (1995).

破产法》第 113 条在清偿顺位规定上的不一致。前者规定了税收优先于无担保债权,[1]将担保所针对的特定财产的价值入库作为整体清偿的财产，从而就债务人所有责任财产而言，税收债权可优先于担保债权清偿。《企业破产法》则以尊重非破产法规范原则为价值导向，确认了担保债权的特别优先权。[2]

承认税收债权有条件优先于担保债权，存在一些难以圆融的争议。

首先，根据税收相关法律的逻辑，破产中，因担保标的物纳入债务人破产财产之列，所以税收债权具有对作为破产财产的担保物求偿的可能。如果税收债权在成立时间中占据优势，则尊重这种优先性。此时的核心问题在于对“欠缴税款发生在财产担保之前”的识别。将欠缴税款进行解析，可以得出税款发生时间与税款欠缴时间两种分析选择。就税款发生时间而言，根据税收债务产生的构成要件说，税收之债满足要件的时点即为其发生时间，至于税务机关回应的处分行为等并不发生生成法律关系的效果。税款欠缴时间则是指税款发生后，在法定缴税日期仍未缴税，其次日即发生滞纳，以该次日为税款欠缴时间。对于这两个时间点何者为《税收征收管理法》第 45 条所定时间，税法学者认为后者更为合适，因为税款发生至缴纳税款之间具有时间差，这相当于是合同生效与履行期限届满，债务人就该时间段内享有期限利益。[3]从税务机关角度来看，根据债法关系的构成要件学说更有利于落实税权保护，考虑到其在债权人集体中具有较高的议价权利，在破产程序中就欠缴税款发生时间点的准确厘定，并非不言自明。[4]

其次，与前一问题密切关联的是税务机关如何表征其欠缴税款发生时间，主要围绕税务部门是否刊登欠税公告而议。有观点认为，税收的公共债权性质决定了，如果不履行债权公开义务，则与纳税人打交道的债权人特别是担保债权人无从知晓纳税人是否欠税，进而影响其行为预期，这在一定程度上破坏了其他债权人的合理期待，欠税公告是债权公示的重要手段，可缓解税收债权无从为第三方所知的尴尬处境。[5]有学者旗帜鲜明地反对将欠税公告的刊登作为税收优先权行使的依据，认为税收优先权是法定优先权，法律本身即具有向第三方公示的效果，而且担保债权人可以通过欠税公告之外的途径获取纳税人是否欠税的信息，如果没有履行该注意义务，应由其自身承担所遭遇的交易风险。[6]这种根据公示与否而对税收债权优先性展开的解释论分歧，已然说明税收优先权的行使范围争议突出。

---

〔1〕 根据税款欠缴的时间先后，规定当符合“纳税人欠缴税款发生在纳税人以其财产设定抵押、质押或者纳税人的财产被留置之前的”条件时，税收优先于前述典型担保债权。

〔2〕 参见浙江省绍兴市中级人民法院民事判决书，(2017) 浙06 民终 1119 号。

〔3〕 参见李刚、郑晶晶:《有关税收优先权的司法案例实证分析——兼评〈税收征管法修订草案（征求意见稿)〉相关条文》，载《税务研究》2020 年第 7 期。

〔4〕 实务中，有法院认同税务机关关于欠缴税款时间为税款发生时间的观点。参见省绍兴市中级人民法院民事判决书，(2016) 浙0603 民初 10874 号。

〔5〕 参见曹艳芝:《论税收优先权的效力冲突》，载《中国法学》2004 年第 5 期。

〔6〕 参见杨亮:《破产程序中税收优先权的捍卫和思考》，载《税务研究》2020 年第 8 期。

再次，税法上规定的根据发生时间而确定两项债权顺位的规定中，抵押以不转移占有为特征，当税务机关申请对抵押财产实行受偿时并无窒碍，但质押与留置均以担保权人占有控制担保物为表征，即便税务机关请求执行该破产财产时也需要质押权人、留置权人配合交还担保物，且不说后者主观上均不愿意配合税务机关的请求，特别是留置权人以对担保物之增益行为取得优先权，对之予以限制可能剥夺权利人的生计，极不合理。

最后，破产法适用语境下，前述关于税务机关优先权利的实现还涉及是否应肯认税务机关申请债务人企业破产的主体资格。尽管根据《企业破产法》第 7 条规定债权人可以申请债务人清算或重整，而税收关系的债之定性将税务机关确定为私法上的债权人，由税务机关申请债务人企业破产似乎事属应当。税收债权具有浓厚的公权属性，公权力的行使应当秉持法无授权不可为的约束，根据法律规定,〔1〕行政法规赋予了税务机关被动地获知债务人破产信息报告的权利，以及未结清税款在清算中的程序性权利，且在实践中已经出现税务机关申请债务人企业破产的案件，而广东、上海、浙江等法院的破产审判规范指引中亦明确肯定税务机关的破产申请人资格。〔2〕然而，更重要的是，当税务机关动辄因债务人企业未能足额缴纳欠缴税款而申请破产，很可能造成债务人企业无法正常营运，进而危害到整体债权的偿付。

（二）担保债权与税收债权冲突的原因

担保债权与税收债权在实践中的冲突会引发一系列问题，问题产生的根源则是税法性规范与破产法私法规范的不一致，这并非立法本身的问题所致，在承认法律体系内部形式理性的视野下，真正的缘由则是实务界与学术界对两种规范之间关系的误读。

1. 特别法与一般法之争

当两项法律规范条文之间出现不一致，而这种不一致恰恰是聚焦于同一问题，则法律的适用规则上需要遵守特别优于一般的原则。质言之，《税收征收管理法》与《企业破产法》关于税收优先性的议题发生争议时，谁是应当适用的特别法？主张前者为特别法的认为，《税收征收管理法》为针对征税行为的专门性立法，其所处理的税款征收内容包括实体与程序二元内容，而税收债权有条件优先于担保债权即为实体性规范，《企业破产法》同样是兼具实体与程序双重规范的法律部门，却并不专门处理涉税问题，就此而言，前者为特别法，后者为一般法。主张《企业破产法》为特别法的理由是，该法为针对企业破产这一具有特殊情况的规范，当企业进入破产后，固然应尊重非破产法规范，也需要考量破产财产价值最大化的利益需求，所以该法所规范的内容必须得到优先适用。〔3〕

---

〔1〕《税收征收管理法实施细则》第 50 条规定，纳税人有解散、撤销、破产情形的，在清算前应当向其主管税务机关报告；未结清税款的，由其主管税务机关参加清算。

〔2〕如参见《广东省高级人民法院关于审理企业破产案件若干问题的指引》第 9 条。

〔3〕参见周宇、李晖：《破产程序中税收债权与担保物权的冲突与弥合》，载《税务研究》2021 年第 3 期。

2. 物权与债权之争

民法学说上有物权优先于债权的论断，即物权乃是针对不特定对象的对世性权利，债权则是针对特定主体的对人权，前者应优先于后者。将这一观点适用于税收债权与担保债权之间的关系，担保债权是以担保物的变价权为支撑对象，所以理应将担保物权置于优先地位。《税收征收管理法》虽然作出了有条件的优先规定，税收债权就其本质而言仍然是一项债权。是以，二者之间的关系可以归结为物权与债权的竞争关系。不过，正如傅鼎生教授所言，物权优先于债权的说法本身是有问题的：物权的客体是特定物而非种类物，债权客体为特定人的行为，两个特定标的不同，风马牛不相及，显然无法比较谁者优先。〔1〕所以从物债二分视角理解针对债务人的给付，仍然面临一定的困难。

3. 法律漏洞的理解

有观点将税收债权与担保债权之间的冲突认定为存在法律漏洞。〔2〕法律漏洞的概念并非一望而知，学说上经常运用比喻（metaphor）的方法描述漏洞的形态，如黄茂荣以“锅子上的洞、天窗上的裂口”等比拟法律漏洞，意在说明本该无洞而有洞，进而存有功能疏漏，从漏洞的功能目标来看，其旨在描述对象品质具有影响其功能的欠缺，且该欠缺是不受欢迎的。〔3〕易言之，漏洞必然是不该存在却存在了的，而且并非法外空间，它是立法计划不圆满性所导致的结果。从这个意义上来看，关于漏洞存在与否的认定，不免受到价值判断影响，即法律评价所要求的圆满性是漏洞的前提，而该法律评价必然是超实证法的主观标准，离不开解释者评价问题的内心活动。〔4〕以计划内的圆满状态作为比较项，其完整性所包涉的内容如何厘定或探寻，同样是缺乏既定的标准从而需要法解释学的继续作业。这给漏洞认定增添了难度，尽管不断有学者认识到漏洞认定的重要意义，却较少提及漏洞认定的具体方法。〔5〕漏洞认定与漏洞填补是一体两面，我们在探寻具体漏洞时，对生活事实初步判定，设若其处于脱法状态，法律并无确定的或妥当的规范予以调整，即可认定存在规范漏洞，进而需要进行填补。

在近期的《税收征收管理法》修订过程中，立法者并没有借机消除两种权利之间的矛盾，而是放任其自来自去。从利益集团行动视角来看，未作协调的决定有可能是立法者不想

---

〔1〕 参见傅鼎生：《傅鼎生讲物权法》，上海人民出版社2017年版，第17页。

〔2〕 参见周宇、李晖：《破产程序中税收债权与担保物权的冲突与弥合》，载《税务研究》2021年第3期。

〔3〕 参见黄茂荣：《法学方法与现代民法》，植根法学丛书编辑室2020年版，第685页以下。

〔4〕 参见吴从周：《民法上之法律漏洞、类推适用与目的性限缩》，载《东吴法律学报》2006年第2期。

〔5〕 对此，卡纳里斯教授的观点颇值赞许，即“类推适用不仅仅是法律漏洞填补的方法也是用来认定漏洞的方法，因为借由平等原则探知现行法的不完整性，并且在此种平等原则的探知上所作的比较，进而回溯到制定法的评价，也就是立法目的时，无非表明在漏洞的问题上，一个制定法所规定的案例与制定法所未规定的案例间是否具有法律上的类似性，攸关重要，而这正是意味着漏洞是透过类推适用（填补漏洞）的途径而被认定的”。Canairs, Lücken, S. 72. 转引自吴从周：《民法上之法律漏洞、类推适用与目的性限缩》，载《东吴法律学报》2006年第2期。

"趟这趟混水"，避免因偏向某一特定利益主体而受到另一群体的"围攻"。由是可知，法律解释学上将其视为有认知的漏洞，通过漏洞填补的作业有利于问题的解决。

（三）担保债权与税收债权冲突的消解

以上原因探寻为解决问题冲突提供了一个方向。正如下面的论证所显示的，每一种方法的最终解释选择均指向担保债权优先于税收债权，而不论税收债权发生时间为何。

1.《企业破产法》的特别法地位

在特别法优于一般法的规则适用中，需要思考三个问题：是不是同一机关制定？是否存在"不一致"？如何识别特别规定与一般规定？首先，《税收征收管理法》与《企业破产法》均为全国人大常委会制定，系属同一机关。其次，根据法律规范作用于同一事项所产生的后果可以将两种规范之间的关系分为重合、包含、相交和相离，后三者即所谓的"不一致"。[1]《税收征收管理法》与《企业破产法》之间关于税收优先权的规定是内容上完全相反的规定，即相离规定，应属不一致。最后，关键问题在于如何识别特别规定与一般规定。两部法律都是实体与程序兼具的规范，对于税收优先权的规定同属实体性规范，所以不存在规范性质不同的比较。

本文认为，应将《企业破产法》视为关于税收债权与担保债权处理的特别法。特别法之于一般法的特别之处在于构成一般法的例外，是对一般法处理特定问题时进行例外处理的规范，也就是说，如果对于某一适用领域，存在需要特殊考虑的事项，但一般法却并未规定，此时应当通过特别法来加以处理。比较而言，《税收征收管理法》对税收债权有条件优先于担保债权的规定，是就企业债权清偿语境下进行的规范，并未区分是企业正常运营期间还是破产程序期间，属于对两类债权关系规范的一般性规定。然而《企业破产法》作为单独处理破产企业债务清偿的法律规范，其所规定者旨在限于破产程序这一具象化的范围之内，厘清担保与税收两种债权的评价关系，无疑是对税收相关法律一般性规定的例外化、特殊化，对此应当予以优先适用。[2]同样地，税法上关于税款债权如何于破产之际得以实现的程序内容未为制度供给，这更进一步证明了，尊重破产法在处理税收债权之于破产程序的特别法地位，更有务实的积极意义。

2. 物债区分的逻辑展开

既然担保债权与税收债权均针对债务人的给付行为，自然不可轻易得出结论认为谁者更为优先。不过，债权经过一定的公示程序可以形成类似物权的效果，如预告登记。如果税收债权经过某种具有物权意义的公示机制，则可能取得针对担保物权因"时间在先、权利优先"的优先性。目前对于税收债权而言仅有所谓欠税公告的公示方法，这一公示方法并没有

---

〔1〕参见顾建亚：《"特别法优于一般法"规则适用难题探析》，载《学术论坛》2007年第12期。

〔2〕参见王雄飞、李杰：《破产程序中税收优先权与担保物权的冲突和解决》，载《法律适用》2018年第9期。

通过第三方登记制度获得对抗不特定第三人的效力，所以难以肯认其特殊地位。相反，担保债权以特定担保物的变价清偿为保证，即便担保物属于特定财产，不同担保方法仍然具有较强公示手段，如动产抵押的登记、质权与留置权的直接占有。从公示公信视角来看，税收债权的效力较为薄弱，如果仍然强行得出税收债权优先的结论，则会形成“隐形优先权”的效果，将不利于交易秩序的稳定。

3. 漏洞填补的机理

承前所述，税法性规范与破产法规范之间的冲突也反映出漏洞的客观存在，这一漏洞并非通过立法填补方能解决，而是要根据法律解释学的方法填补。[1]此际，漏洞填补所需思考的，即多元因素渗透、竞争下对两种利益之间保护优先性的权衡。首先，担保债权为典型的私法上债权，其优先性保护有利于促进融资效率和各方当事人的利益期待，税收债权有为公共利益考虑的意涵，将其置于私法利益之上必须有坚实的理由，而且公共利益的保护也应当严格遵循比例原则、上位法明确授权等要求，显然，在企业破产清偿债务的背景下，保护税收债权并不具有特别的价值考量，缺乏明确的上位法授权。其次，通过比较法的立场来看，尽管较为成熟的市场经济国家也在相当程度上赋予了税收优先权，但并不严格追求其绝对化保护。如美国法上对税收优先权进行了相当程度的限制，对于未经公告的税收优先权，管理人可以予以撤销，即便是经过公告的税收优先权，其也仅享有第八顺位。[2]

综合而言，破产法语境下，为了保护担保债权的优先受偿，不应抬高税收债权的受偿顺位。实际上，正如下文探讨的议题显示，税收债权的优先性在整个破产清偿顺位之中都居于较次地位，从而保障破产清偿效果的整体公平。

三、担保债权与劳动债权顺位厘定

我国破产法关于各类债权清偿顺位的条文中，劳动债权是处于明文规定的次于破产费用、共益债之后的第一顺位，但该条未将担保纳入，引发不明。联合国国际贸易法委员会的《破产法立法指南》中亦推荐将劳动债权作为破产中的一个优先债权类别，甚至在某些情况下，其排序高于大多数其他优先债权，这与非破产法领域向员工提供的特别保护理念是一致的，与关于员工的国际条约做法也契合。[3]我国《企业破产法》的立法者认为，破产人所欠职工工资和社会保险费用的偿付，关系着劳动者的切身利益，我国作为社会主义国家，应当

〔1〕 如根据包括类推适用、目的性限缩、目的性扩张、创制性补充在内的法律补充方法的选择解决漏洞填补的问题。参见黄茂荣：《法学方法与现代民法》，植根法学丛书编辑室 2020 年版，第 826 页以下。

〔2〕 参见［美］查尔斯·J. 泰步：《美国破产法新论》，韩长印、何欢、王之洲译，中国政法大学出版社 2017 年版，第 699 ~700 页。

〔3〕 联合国国际贸易法委员会：《破产法立法指南》（2006 年），第 241 ~242 页。

优先保护劳动者的合法权益。[1]学者总结认为，劳动债权的优先权基础在于：劳动力市场中，劳动者的谈判地位相对较低，受到盘剥的可能性较大；企业主拖延工资的现实可能性以及劳动者回应这种风险的防范手段欠缺；劳动者依附于企业后产生的资产专用性显著从而导致其转换成本极高；劳动者对无法获得工资的风险难以承受。[2]从以上论断可见，劳动者在法律上天然地符合弱者保护理念，对其工资债权予以优先偿付具有现实意义，在破产法上则呈现为公平保护的法理，问题的关键在于，该优先权保障的强度或范围应当有多大？是否可以为了公平而压制效率？这就涉及劳动债权与担保债权之间的优先权顺位。

我国破产法的立法承担着国有企业改革的效率与公平实现的职责，效率层面体现为通过破产法消化臃肿低效甚至连年亏损的国有企业，打破预算软约束，倒逼国企改革以优化市场竞争机制，公平层面则表现为妥善处置国企因破产造成的职工安置问题。缘起于 20 世纪 80 年代的国有企业改革对破产法的引入本身就争议不断，在学者看来，通过破产法处理下岗工人权益安置是立法者不得不谨慎回应的重大问题。[3]实际上，保守人士所担心的是“破产”的字眼会带来一些负面的社会经济效果，他们对破产法本身的认识并不深刻，这种偏见反而影响到我国的破产立法：在法律起草中，均会专章规定有关企业破产中国企职工利益的保护性规范。[4]在 20 世纪 90 年代国有企业政策性破产的浪潮中，困难的问题是如何避免企业破产后大量职工无法获取供其生计转换所需资金，对此，政府颇费思量，其方式不外乎两种：一为扩大可供分配的财源；二为劳动债权设定绝对优先。在一项通知中，[5]政府一方面通过土地使用权的转让增加了企业财产总额，另一方面规定劳动债权相对于其他任何债权的绝对优先，双管齐下保障了被迫下岗的工人群体利益问题。[6]受劳动债权的超级优先地位影响最为显著的即为担保债权，因为就彼时的国有企业破产而言，大多数都是在设置多重担保、进行垂死挣扎后而陷入破产的，但凡是有价值的资产基本均处于抵押状态，强调劳动债权优先无异于直接宣告担保债权必然受损。毫无疑问，破产法外的非法理因素介入破产程序，影响到整个利益群体的平衡。

在 2006 年破产法起草中，学术界与实务界再次就劳动债权是否优先于担保债权产生激烈辩论。总体而言，支持担保债权优先具有更为现实的意义。原因在于：第一，政策性破产环境下将劳动债权优先于担保债权清偿的规则不仅并未解决工人下岗并转业这一严峻的民生问题，而且导致银行利益等金融机构利益受损。如果继续这一偏袒性安排的思路，将会令银

---

〔1〕 安建：《中华人民共和国企业破产法释义》，法律出版社 2006 年版，第 157 页。

〔2〕 参见韩长印：《破产优先权的公共政策基础》，载《中国法学》2002 年第 3 期。

〔3〕 阎天：《破产法上劳动者形象的变迁及其宪法根源》，载《中国法律评论》2020 年第 6 期。

〔4〕 有关这一段的历史，参见陈夏红：《从核心到边缘：中国破产法进化中的职工问题（1985 -2016）》，载《甘肃政法学院学报》2016 年第 4 期。

〔5〕 即《关于在若干城市试行国有企业破产有关问题的通知》（国发〔1994〕59 号）第 2 条、第 3 条、第 5 条。

〔6〕 See Charles D. Booth, *Drafting Bankruptcy Laws in Socialist Market Economies: Recent Development in China and Vietnam*, 18 Columbia Journal of Asia Law 93, 100 (2004).

行等金融机构调整其贷款政策，如缩减对可能破产的小微企业的资金投放，或要求后者履行经常性的财务信息披露并定期偿付贷款本息，这一套操作的结果只会是让需要资金的企业举步维艰。第二，破产法之外劳动债权并不优先于担保债权，进入破产程序之后应当尊重这一顺位。尽管破产法上的“传统主义”（traditionalist）立场认为，应将破产视为推进包括各类债权人以及其他利益相关者在内的各种主体的整体福利，〔1〕可并未特别倾向于劳动债权者，而且，破产法本身仍然是一种程序规范的集合，破产法之外的权利规范在进入破产平台中必须得以维持，否则将影响各方主体的预期和激励，可能致使不同的主体在其中上下其手、扭曲利益结构。〔2〕第三，对企业职工的劳动债权保护并非破产法所能解决，必须意识到社会生活是复杂关系的集合体，不同的法律部门仅能调整有限的社会关系，破产法所能解决的是最低共识层面的各方主体利益均衡，它不能回应部分权利主体的特殊保护。对于劳动债权的特殊保护，根本上更依赖于社会保障制度的完善。第四，即便承认劳动债权优先于担保债权，也只能是在特定时间范围内以政府政策所要迫切解决的问题为限，这是一个例外性的情况，将例外事项常态化，违背了私法法理，造成严重的政策干预私法困局，更重要的是，作为一种政策性的安排，涉及行政权力的运用，应受比例原则限制。此外，不同时代环境下，劳动者形象并非是铁板一块，其在劳动市场上的自主谈判力量并不是一直处于弱势地位，在企业破产法将高级管理人一体纳入劳动者范畴后，劳动者群体的整体谈判力量随之抬升。

正如王利明教授所指出的，在破产法立法的特定时点，我国面临转轨时期市场经济没有完全建立、劳动债权存在拖欠等历史积弊，如果担保债权全额清偿，可能并不利于社会稳定。〔3〕他认为，应规定例外情形，如劳动债权的拖欠早于担保债权的设立，或者企业进行担保融资时告知债权人其存在一笔劳动债权的事实，此际可赋予劳动债权优先于担保债权的清偿顺位。〔4〕然而，以上所列的例外情形并不合理：其一，劳动债权拖欠的事实本身缺乏可公知的公示方法，刻意设置公示机制会抬高制度运作的成本，由任一主体公示均会产生增加额外负担的弊病，假如由企业自行公示，还会造成企业本身已经无力复兴的假象，使本有机会避免进入破产程序的企业加速倒闭。其二，企业不采取公告方式而是个别通知交易相对人，由相对人自行权衡交易风险，貌似客观合理，可告知的范围有多大、告知的内容有多少等，加重企业运营的包袱之外，也增加了交易相对人的审查成本，使得原本具有效率的一场交易因前期成本的耗费而铩羽。

综合来看，《企业破产法》在附则部分规定的分段处理规则，将《企业破产法》公布之日前形成的一系列劳动债权优先于担保债权，这样做的好处是既结合了时代特点的需要，又

〔1〕 See Elizabeth Warren, *Bankruptcy Policy*, 54 University of Chicago Law Review 775 (1987).

〔2〕 See Thomas H. Jackson, *Bankruptcy*, *Non-Bankruptcy Entitlements*, *and the Creditors' Bargain*, 91 Yale Law Journal 857 (1982).

〔3〕 参见王利明:《关于劳动债权与担保物权的关系》，载《法学家》2005 年第 2 期。

〔4〕 参见王利明:《关于劳动债权与担保物权的关系》，载《法学家》2005 年第 2 期。

有效地保证了担保债权优先性的根本法理。现实中，新破产法公布之日前所发生的涉破产型劳动债权清偿问题，在时下基本绝迹。不过应防止彼时彼刻所争议的劳动者优先保护的理念规范仍然在今后的市场化破产背景下复活，特别是避免“僵尸企业”清理过程中可能涉及的破产法外因素对劳动债权绝对优先清偿提供契机。坚持担保债权优先于劳动债权，一方面确认了担保信贷支撑经济发展的基石性作用，另一方面也倒逼政策上完善劳动者权益保护的破产外基础规范。

四、担保债权与侵权债权顺位厘定

对于法律已然进行规定的内容，即便存有争议，也可以在比较学说效用、检讨既有实践等的基础上，通过有序的意见竞争平台消解。税收与劳动这两项债权的定位即属此例。对于侵权债权与担保债权之间优先顺位关系的讨论则纯粹是一场“学术界的狂欢”，尽管讨论所涉及的方案并未形诸于现行有关破产法的规范性文件，但有助于我们思考在破产程序中对担保债权施加限制的意义。

需要注意的是，根据侵害对象的性质分类，侵权债权可以分为人身侵权债权与财产侵权债权。一般认为，人身侵权债权相对于财产侵权债权的保护更具有紧迫性，本部分所讨论的也主要是人身侵权债权，主要的考虑在于：财产侵权在现代社会中多有预先的保险机制等作为赔付的基础，保障性较强；此外，财产类侵权主要表现为环境债权，而环境债权出现的场合仍然主要伴随着人身侵权债权，从这一层面来看，通过具象化地讨论人身侵权债权，在一定意义上可将财产类的侵权债权涵摄在内。

（一）侵权债权特殊性甄别

在我国现行《企业破产法》关于债权清偿顺位的规定中，侵权债权根据其性质置于普通无担保债权之列，需待顺位优先的其他各类优先债权清偿完毕之后才能取偿，众所周知，当一个破产企业清偿完其他优先级债权之后，普通无担保债权要么无法获得任何清偿，要么只能获得少许偿付，对于侵权债权人的保护必然有所弱化。

与其他普通无担保债权所不同的是，侵权债权具有以下独特性：第一，侵权债权人亦即侵权行为受害人，在侵权之债的成立上并非依当事人合意，受害人是被动陷入债之关系中，通常无法寻求事先的机制予以避免，而且也无法判断在债务人破产后，债务人的对外担保行为是否对自身债权在将来的实现产生何种影响，进而无法与债务人协商沟通以调整其债权之内容与数额，此即所谓“不可调整的债权人”（non – adjusting creditors），[1]在法律的天平上

〔1〕 参见韩长印、韩永强：《债权受偿顺位省思——基于破产法的考量》，载《中国社会科学》2010 年第 4 期。

天然地属于弱势群体。第二，在破产法的语境下通常所发生的侵权事件一般是“大规模侵权”（mass torts），这源于现代社会在工业化、信息化环境下因产品质量、安全生产、信息保护等产生的事故，如某化学工厂因排污致周边居民生命健康受到危害、某互联网企业在数据处理中措施不当致数量众多的用户信息泄露。

实际上，关于侵权债权顺位省思的讨论风潮也正是源于 2009 年发生的“三鹿破产案”，该案中，作为乳制品行业的著名企业，三鹿集团因三聚氰胺用料的过量使用导致全国计约 30 万名婴幼儿受到损害，如此大规模的侵权行为产生极为恶劣的社会后果，对于受害者的侵权索赔随之在三鹿集团破产清算程序中成为难题。相对来讲，大规模人身侵权债权具有以下特征：其一，受害人的广泛性，呈现不同地区数量众多的受害人群体，而数量众多的受害人群体可能在空间上具有关联性，也有可能处于不同管辖区从而面临集体行动层面的难题；〔1〕其二，因果关系识别的不确定性，侵权行为与损害后果之间难以依据传统的过错责任规则寻求因果关系解释，而需要进行适当的归责原则调整；其三，单个的侵权比较容易确定一个有上限的损失，而大规模侵权产生的损害赔偿数额巨大；其四，损害结果发生本身具有迟滞性，如三鹿案件中，加入过量三聚氰胺的奶粉对婴幼儿造成的损害后果并非立即发生，而是要经过一个时间段，这为前述因果关系的识别增加了不确定性因素。

以上原因显示出对于侵权债权理应提供特殊保护，或至少应有相应的机制填补、保障其利益受损后得以维护，而非陷入无力获救的局面、加重受害人的损失。

（二）侵权债权优先于担保债权的理据与方案

1. 提升侵权债权人受偿顺位的理由

在为侵权债权提供特殊性保护的各种构想中，将侵权债权优先于担保债权或令担保债权为侵权债权的受偿提供相应的份额（以下统称侵权债权优先于担保债权）是一个容易被提起的思路，因为相对于各种破产财产的优先受偿权而言，担保债权的优先性更为突出，多数情况下，当破产企业清偿完担保债权人的债权后，后续各类债权人将难以获得清偿，〔2〕所以寻求对担保债权人的债权予以限制成为其他债权保护的重要立论，这些讨论中主要围绕着担保债权优先性的不效率与不公平、侵权债权作为普通债权的不合理等因素展开。详言之：

第一，从侵权债权居次处理的规则本身来看，它违反了法律规则对自由、平等与安全等价值的追求。〔3〕首先，破产法将侵权债权列入普通债权处理，不仅违反了私法上对权利人自由受损后的补救原则，也违反了侵权法上行为人自由与权益保护平衡的原则。其一，私法以

〔1〕 See Elizabeth Chamblee Burch, *Mass Tort Deals: Backroom Bargaining in Multidistrict Litigation*, Cambridge University Press, 2019, p. 1.

〔2〕 See Charles M. Elson & Robert K. Rasmussen, *Switching Priorities: Elevating the Status of Tort Claims in Bankruptcy in Pursuit of Optimal Deterrence*, 116 Harvard Law Review 2541, 2541 –2542 (2005).

〔3〕 参见林一：《侵权债权人在破产程序中受偿地位之重塑理由》，载《法学》2010 年第 11 期。

追求当事人意思自治实现为自身立法的效果，正向表达为通过合同自由的理念助力当事人自行筹划彼此的权利义务关系（在公序良俗等约束下、对抗国家干预），负向呈现为对违反意思自治的行为施以制度性补救。前者即为合同法的根本遵循，后者则形塑了侵权法律规范。在侵权法语境下，受害人所受损害应当得到及时填补，在特定情形下甚至可以主张惩罚性赔偿。在破产法之外，侵权行为受害人可以通过侵权责任法的补偿原则获得较为充分的救济，显示出法律对于侵害当事人意思自由行为的矫正，可在破产法中却任其受损而不予照顾，难谓合理。其二，侵权责任法所探讨的各项课题，是游移在被害人权益保护与一般人活动自由之间。[1]也就是说，除非有特别理由如行为人过错或严格责任要求等，一般人的活动自由不应受到法律的制裁，被害人的损害亦应自行填补。毫无疑问，这样的理念追求有利于每个人在现代社会的自由行为不受非合理性约束，避免动辄得咎产生的拘束局面，但“对于文明群体中的任一成员，所以能够施用一种权力以反其意志而不失为正当，唯一的目的只是要防止对他人的危害”，[2]任何一个公正有序的社会，对于自由的保护都不是绝对的，如果行为自由造成了损害却不承担必要的责任，则是对于群体利益中特定主体自由利益的特殊保护，与对自由价值的真正追求截然相反。

其次，侵权债权在破产程序中居次处理也背离了对安全价值的追求。安全与自由的联系较为紧密，安全是自由的前提，自由是安全的保障。私法上对安全价值的追求集中表现为《民法典（人格权编）》中，典型如生命权、健康权与身体权。随着工业化、信息化时代的不断演进、深化，各种侵害行为层出不穷，信息泄露等产生的人格权益减损同样普遍化，个人对于安全价值的追求更为强烈。法律对于安全价值的追求并不意味着法律可以直接干预或实现人在风险社会中避免受害的现实条件，这不可能也无必要，不光是抽象上的法律规则，物理世界的科学技术也无法实现这一目标，所以法律对于安全价值的理解主要是指切实通过对当事人人格权益的充分保护以减少非法行为造成的危害。由此，在破产程序中忽视侵权债权受害者的权益保护，恰恰与安全价值背道而驰。

最后，将侵权债权与普通无担保合同债权置于同一顺位似乎契合私法上的平等原则，然而平等原则的理解具有多元性。王轶教授在寻求对价值判断合理性的挖掘中提出通过实体性论证规则及对应的论证负担规则，以程序性技术推动民法学者达致最低限度的共识。[3]在具体利益的配置中存在两类平等对待规则，所谓强势意义上的平等指的是，在法律规范面前，每个人都被视为同样的人，亦即均质化的人群界定，它要求不得对各类主体施以分类从而避免差异化对待，这种平等类似于利益配置上的平均主义，其本质是在规范框架下对当事人多

---

〔1〕 参见陈聪富：《侵权行为法原理》，台北，元照出版有限公司2017年版，第2页。

〔2〕［英］约翰·密尔：《论自由》，许宝骙译，商务印书馆2007年版，第10页。

〔3〕 其中第一项实体性论证规则中明确指出，“在没有足够充分且正当理由的情况下，应当坚持强式意义上的平等对待”。参见王轶：《民法原理与民法学方法》，法律出版社2009年版，第37～38页。

元化利益的整体作均质化考虑，防范差别处理导致各方期待受损从而产生较大的异议；而弱势意义上的平等对待指的是需要根据一定的标准对特定的群体进行类型化，实现“同一组别相同对待、不同组别不同对待”的规范目标，一般而言，这种类型化兼顾到利益配置的效率与公平面向。[1]破产法以追求弱势意义上平等对待为主旨，通过将债权人分类为不同组别，从而在权利赋予、清偿位序等方面体现差异化，之所以采此规则其目的自然是以公共政策需求为依归，通过梳理债权位序实现更有效率的权利配置，所以是对经济现实的适应性调整。在侵权债权与担保债权之间的顺位界定上，将侵权债权与无担保债权作同位处理的规则是强势意义上的平等原则，这未考虑到侵权债权相较于无担保债权的保护特殊性，合理的路径是提升侵权债权的清偿顺位，以回应弱势意义上的平等原则。

第二，由前述违反平等价值所衍生开来的是，侵权债权与普通无担保债权之间存在根本性的不同。[2]其一，救济目的不同。合同债权不能实现时，以违约责任承担为救济方式，其救济方式主要是以合同的实际履行或损失赔偿来调整合同失败造成的利益状态，此外还有以违约金的方式担保其利益维护在一定的基准，所以其救济目的表现为恢复至合同未产生时的原初状态，特别是保护非违约方的利益；侵权债权中，受害人所受人身利益损害即便是换算为相应的价款，也难以真正填补真实的人身损害，因为在法律价值的追求中，人身利益天然地优先于财产利益，人身权益受损后金钱填补仅仅是不得已而为之的方式，所以其救济目的是尽量满足受害人人身利益损害的缺失性，而非完全填补。其二，风险回应能力不同。合同是当事人自愿形成的法律关系，合同内容承载着各自的真实意思表示，即便合同中存在某一当事人可能利益受损的条款，也是其自身在自行筹划后理性的风险权衡，所以合同债权中当事人的风险回应能力具有伸缩性；相对而言，侵权债权中，受害人被迫陷入债权债务关系，其回应风险的能力具有概率性，比如，如果侵权行为人完全无力支付受害人的损害赔偿金，此时受害人恰好为自己购买了额外的保险，则该部分风险具有缓释可能性，假如受害人也没有其他额外的保险赔付，只能自己吞下飞来横祸的苦果。其三，对债权无法实现的容忍度不同。作为一种交易工具，合同债权自其成立伊始便存在风险，实践中交易者多将合同目的不能实现的风险加权到合同内容中，以交易价款表达出来，即使最终合同债权无法实现，也能容忍该交易失败。侵权债权中，受害人无法获得偿付很可能表示着其人身的残缺甚至是生计受到影响，如受害人因身体的残缺导致无法找到合适的工作以维持将来的生存。所以综上而言，将侵权债权与合同债权等同视之显然缺少对侵权债权足够的社会关怀。

第三，具体到与担保债权的关系，提升侵权债权清偿顺位甚至将其置于担保债权之前，

---

〔1〕 参见王轶：《民法原理与民法学方法》，法律出版社2009年版，第39页。

〔2〕 参见韩长印、韩永强：《债权受偿顺位省思——基于破产法的考量》，载《中国社会科学》2010年第4期。

也源于担保债权本身产生的消极因素，以及担保债权对无担保债权的权益侵害。[1]在经典的担保制度效率性解释中，担保信贷与合同自由息息相关，通过当事人之间关于借贷关系的意思自治达成谈判的任何结果本身都是符合其利益要求的，更重要的是，担保制度有利于减少债务人不当行为与监控成本，比如为防止债务人增加担保贷款风险，担保债权人可以将注意力集中在其担保品的持续可用性上，并在很大程度上自由地无视债务人对剩余财产的任何处理行为，通过这种方式限制其注意力，担保债权人可减少其监测任务的数量和复杂性，从而大大节省监测成本。[2]LoPucki 教授则批评称，如此这般以谈判模型解释担保债权制度，建立在两项错误的解释之上：其一，它假定无担保债权人在违约时自愿将其债权从债务人的财产中从属于担保债权人的债权，即无担保债权人默示同意了其劣后清偿的地位；其二，谈判模型假定无担保债权人在同意其劣后清偿地位时，也清晰地意识到因担保存在导致其所需承受风险的确切水平，说明无担保债权人清楚自己的风险地位并可通过其他方式或者化解该风险，或者具备风险承受能力以自行消化该风险。[3]换言之，法律经济学者认定，在均衡状态下，担保提供方与担保获得方通过担保制度寻求对整体效益的增加时仅仅考虑到有限的双方之间利益，而并未将无担保债权人置于考虑范畴，这忽视了担保的负外部性效用。

在此基础上，Bebchuk 与 Fried 教授总结了在破产程序中过度保护担保债权所产生的问题：其一，与禁止非自愿居次的规定相矛盾。破产分配中的基本规则是债务人不得在未经债权人同意的情况下将其债权清偿顺位劣后处理，避免以牺牲该债权人为代价增加某一债权人的破产分配，在遵循这一规则的范围内，可以阻止债务人订立仅将破产价值从一个债权人转移到另一债权人的减值安排，可担保债权的全额优先清偿显然违背了这一规则。其二，产生价值转移与效率问题。如果合同的双方当事人能够从非自愿的第三方转移财产利益时，即使造成一定范围的整体价值受损，合同双方也具有作出该行为的激励。破产程序中通过担保权的设置，债务人能在未经其他债权人同意的背景下，将破产财产中的价值转移至担保债权人，假使该担保权的设立并不能够实现预期的经济效率，这种转移行为本身的合理性就备受质疑。此外，放任这种担保行为的设置，将会扭曲债务人在投资过程中的考量因素，而且也会减少担保债权人对担保信贷发放时所履行的尽职调查等持续性监督义务。[4]以此为背景，

[1] See Lynn M. LoPucki, *The Unsecured Creditor's Bargain*, 80 Virginia Law Review 1887 (1994); Lucian AryeBebchuk & Jesse M. Fried, *The Uneasy Case for the Priority of Secured Claims in Bankruptcy*, 105 Yale Law Journal 857 (1996); Lucian AryeBebchuk & Jesse M. Fried, *Uneasy Case for the Priority of Secured Claims in Bankruptcy: Further Thoughts and a Reply to Critics*, 82 Cornell Law Review 1279 (1996–1997).

[2] See Thomas H. Jackson & Anthony T. Kronman, *Secured Financing and Priorities among Creditors*, 88 Yale Law Journal 1143, 1153 (1979).

[3] See Lynn M. LoPucki, *The Unsecured Creditor's Bargain*, 80 Virginia Law Review 1887, 1893 (1994).

[4] See Lucian Arye Bebchuk & Jesse M. Fried, *The Uneasy Case for the Priority of Secured Claims in Bankruptcy*, 105 Yale Law Journal 857, 868–872 (1996).

联系到侵权受害人在破产程序中的非自愿非调整性债务人属性，不得不认为应当为该类无担保债权提供一定的保护机制，以尽可能地消除一些不利于该类主体的权益侵害，有效提升破产环境下的经济效率。

2. 提升侵权债权人受偿顺位的方案与评价

学者提出了各种提升侵权债权受偿顺位的方案，或多或少均以与担保债权的关系为方案设计的重点。

第一种是中位优先权方案，将侵权债权置于无担保债权之前、担保债权之后的受偿顺位。[1] 中位优先方案增加了债权清偿顺位的次序组别，将会产生两项直接后果：其一，担保债权人仍优先于侵权债权，很难说对担保债权人的行为预期产生实际影响；其二，无担保债权人进一步居次，其在破产状态下的预期回报率下降，特别是在大规模侵权背景下，侵权债权人对债务人企业的索赔金额越多，用以满足无担保债权人的资产余额就越少，导致其投资风险叠加。在设定侵权债权中位优先的制度条件下，无担保债权人将与债务人之间展开博弈：为了回应债权实现风险，无担保债权人将会提高对债务人的利率，但债务人为限制资金使用成本、降低利率，将与无担保债权人合作进行更为广泛的监控，以预防债务人经营风险触发的财务危机，从而促使债务人更为谨慎地行事。[2] 此外，为了避免破产风险殃及自身，无担保债权人可能会向债务人施加压力，要求债务人为其不能有效偿付无担保债权人的损害可能性提供风险对冲机制，如为后者购买保险，或者提供保证（而非物上担保）。由此，更加密切的监督、高水平的保险补偿和合适的侵权索赔预期价值增加，将令公司的侵权损害风险社会化。然而，该方案的弱点也恰恰源于其妥协与退让的特点，即没有打破担保权的优先：当债务人资产全部偿付完担保债权之后，侵权债权仍面临无法实现的窘境；而且，无担保债权人多为分散的贸易债权人，受制于集体行动的困境，他们集合监督或向公司施压的理想情况不太容易实现；另外，担保债权人不受影响，其行为预期稳定，也就不会增加对债务人行为的有效约束。由此可见，中位优先权的方案对侵权债权的保护仍有不尽周到的结果，还可能产生一些难以预料的弊端。

第二种方案是将侵权债权的优先顺位抬升至与担保债权同一水平。由于无担保债权人的顺位因此劣后于侵权债权，所以其反应将类似于中间优位方案，可能形成更为广泛的监督机制。在与担保债权形成竞争的条件下，结合我国《民法典》第 414 条、第 415 条，侵权债权是否优先于担保债权则主要依据先来后到规则。所以，如果担保债权发生在侵权债权形成之前，则对其并无影响。对于后来的担保债权人，将不得不提高利率并加强监督，以防范其债

---

〔1〕 See Christopher M. E. Painter, *Tort Creditor Priority in the Secured Credit System: Asbestos Times, the Worst of Times*, 36 Standford Law Review 1045, 1077 -1079 (1984).

〔2〕 如果某一与借款相关的风险对于债务人而言具有专用性（firm -specific），而非系统性或市场性风险，借款人将参与对债务人企业的监控，降低借款成本的同时，及时获得资金回报。

权无法实现的风险。这一方案的不足之处在于：其一，担保债权的类型众多，特别是非典型担保的客观存在，增加了两种权利之间在清偿关系上的论证难度，[1]以致在债权申报阶段要为其预留不确定的份额，这可能导致一系列的债权因此受损。其二，根据担保的顺位确定规则，先行成立的担保债权人并无动力监督企业行为，即便是在侵权债权之后成立的担保债权，只在其全额受偿的利益受到威胁时，也即先前的侵权债权超过公司资产的预期价值，或者侵权债权规模存在不确定时，才会积极履行监督职责，[2]这将不仅提高每一个后位担保债权人调查核实企业先前行为的成本，还可能形成集体行动困境，如居于侵权债权之后第一顺位的担保债权人被寄予行使监督权的厚望，其他更居次的担保债权人则保持理性沉默。其三，根据民法典对于优先债权登记保护的规范期待，侵权债权则须借助一定的登记备案程序方可证明其时间上的优位和外观上的强势保护，即便如此，《民法典》第416条所规定的购买价金担保权仍然得对抗侵权债权，也就是说，在信用交易背景下，购买价金担保权可对抗在先设立的除留置权以外的其他各种担保权，侵权债权自然属于可对抗之列。由此，在先设置的侵权债权的优先性也将受到压制。其四，先前为企业提供担保信贷的债权人因为资金投入行为而令企业有了后续展开持续经营的基础，因此在持续经营中所产生的侵权行为在责任上应与先前信贷资金提供的债权人存在一定联系，而先前的担保债权人并不实际为此承担责任，反倒是将风险落在居于侵权行为发生后且对侵权发生没有“资助”的债权人身上，这显然并不公平。[3]

第三种方案则是建立在对第二种方案的反思基础上，将侵权债权置于针对公司所有的债权索求之前，相当于为其特设一种超级优先序列，以力求高水平偿付，并减轻其被迫参与担保优先权顺位制度中的不公平性。按照之前的分析，在侵权债权之后的各种类型的债权人都会通过提高利率、加强监督、拒绝提供信贷等方式敦促债务人遵守更为谨慎的行事标准，借此将债务人活动的成本内部化。[4]这一优先权方案使每一个与债务人企业打交道的债权人都不得不将企业破产时的侵权成本纳入考虑，提升其他债权人的监督动机。由于超级优先权方案会倒逼企业寻求购买保险以消解可能造成的未来不可承受的损害，从而将风险转移至更具承受能力的保险公司身上；也将敦促董事采取积极措施防范经营风险，在信义义务的执行标

---

〔1〕 参见王欣新、方菲：《破产程序中大规模人身侵权债权清偿问题探究》，载《政治与法律》2013年第2期。

〔2〕 See Christopher M. E. Painter, *Tort Creditor Priority in the Secured Credit System: Asbestos Times, the Worst of Times*, 36 Standford Law Review 1045, 1080 (1984).

〔3〕 See Christopher M. E. Painter, *Tort Creditor Priority in the Secured Credit System: Asbestos Times, the Worst of Times*, 36 Standford Law Review 1045, 1080 (1984).

〔4〕 See Christopher M. E. Painter, *Tort Creditor Priority in the Secured Credit System: Asbestos Times, the Worst of Times*, 36 Standford Law Review 1045, 1080-1081 (1984).

准上进行要素更新。[1]不过，存在以下问题：首先，虽然增加的信贷成本可能会被事故成本的下降所抵销，但生产危险产品或提供危险服务的公司其借贷利率和保险费率可能令人望而却步。其次，将债务人过错行为造成的成本强加给其他可调整的债权人是不公平的，而且如前所述，这在产生集体行动成本的同时弱化实际监督效果。最后，执行侵权债权优先权的方案将剧烈搅动现有的利益格局，对担保债权人权益影响极大，在自由市场中，担保债权人的谈判力量最为雄厚，很可能会抵制这一方案。

第三种是部分优先权方案，它是对完全清偿的担保优先权所进行的一种矫正，通过限制完全优先权的份额，将担保财产中的一部分或一定比例转化为无担保债权的清偿基础，以尽可能公平地实现各方主体在破产程序中的债权利益。主要分为“可调整优先规则”与“固定比例优先规则”。

可调整优先权方案的前提是，对担保债权的完全清偿实际上是允许债务人从其他债权人处转移价值至担保债权人，而其他债权人并不能够调整其债权以回应这种被迫的价值转移。[2]所以，它要求将担保债权全额实现中所转移的那部分普通债权人的价值予以回转，从而保障后者的权益。设若法院能够确定被转移价值的债权人权益，则这项规则的运行如下展开：假设某一企业陷入破产后，资产余额为300万元，待清偿的债务总额高达600万元，包括：担保债权200万元，普通无担保债权200万元，侵权债权（不可调整债权）200万元。在不考虑担保优先性的前提下，根据破产法的公平等额清偿规则，则三类主体分别获偿100万元。在承认担保债权全额优先的条件下，则分配结果为：担保债权200万元，普通无担保债权50万元，侵权债权50万元。也就是说，担保债权的全额实现剥夺/转移了来自普通无担保债权与侵权债权合计100万元的价值（各50万元）。按照可调整优先权的规则，担保债权应将从侵权债权处转移的50万元予以回转，从而得到最终的分配结果：担保债权150万元，侵权债权100万元，普通无担保债权50万元。可见，担保债权的全额受偿受到一定程度的限制，而侵权债权也没有全额受偿，而是复归到不承认担保债权优先性时的平均分配份额。根据Bebchuk与Fried的观点，这种规则能够消除全额清偿优先权引起的低效率：担保权益的低效使用、契约与担保权益的扭曲选择、信贷水平的错位，从而增加预防水平、改善契约的次优使用与执行。[3]然而，可调整优先权会打破担保债权人的预期，特别是当其在提供担保的时候，无法预知将来债权实现的具体份额，因为侵权债权数额的不可知性会影响到担保债权最后的分配额度，在上述例子中，如果企业破产时侵权债权数额为800万元，则担保债权

[1] See Ross Grantham & Charles Rickett, *Directors' Tortious Liability: Contract*, Tort or Company Law, 62 Modern Law Review 133 (1999).

[2] 这种价值转移反过来导致低效率。See Lucian AryeBebchuk & Jesse M. Fried, *The Uneasy Case for the Priority of Secured Claims in Bankruptcy*, 105 Yale Law Journal 857, 895 -903 (1996).

[3] See Lucian AryeBebchuk & Jesse M. Fried, *The Uneasy Case for the Priority of Secured Claims in Bankruptcy*, 105 Yale Law Journal 857, 906 (1996).

人不得不回转 120 万元给侵权债权人,[1]会造成担保债权人 120 万元的受偿利益被裁减，随着侵权数额的加大，担保债权的实现份额也就越小，这将严重影响到担保债权的预期及借贷行为。

固定比例优先规则是另一种部分优先权方案，它是指担保债权人必须将全额清偿的固定比例继续作为担保债权，其余部分则归入无担保债权范畴进行清偿。假如法律规定了 80% 的固定比例，则担保债权人可以对全部债权的 80% 予以优先受偿，剩余 20% 与其他无担保债权合并处理。仍然延续之前的例子,[2]根据 80% 的比例，担保债权可优先清偿的份额为 160 万元，剩余部分 40 万元将作为无担保财产，与剩下的两项债权合并平等受偿，在余下的 140 万元普通无担保债权中，分配情况为：担保债权人的不固定优先部分的清偿额 12 万元、侵权债权 64 万元、普通债权 64 万元。[3]由此，最终的分配情况显示为：担保债权人 172 万元、侵权债权 64 万元、普通债权 64 万元。相较于担保债权绝对优先条件下的清偿份额来看，担保债权人的债权有部分缩减、侵权债权与普通债权均得到相应的提升。相较于可调整优先权方案来看，侵权债权的保护虽然略有下降，不过仍然有所抬升，而且，对于担保债权人而言，其预期损失受到固定比例的限制，所以在信贷发行时有充分的预期，从而可以通过抬高利率或施加监督等方式减少全额受偿可能遇到的风险，如利息增加份额会填补并超越所削减的比例份额。

相较于前述各种方案而言，固定比例优先权显然更为可取，关键的问题在于，固定比例的确定对立法者而言是一项不小的挑战，因为设计的太高则担保债权基本不受影响，设计的太低会触发担保债权人群体的集体反对。德国破产法委员会在 1985 年的修改过程中曾试图引入 75% 的固定比例，可其最终并未出现在 1994 年的新破产法中，从侧面印证了固定比例从理念走向现实的困境。

3. 反驳侵权债权优先于担保债权的理据

尽管将侵权与无担保置于同一顺位可能会令受害者无法获得切实保护，而理论上也论证了侵权债权与担保债权在清偿顺位、清偿份额等问题上的调整意义和方案设计。通过观察比较法而言，对于为侵权债权设定较高受偿位阶并未有立法例支持；相反，各国破产法制遵循与我国相同的立场，没有给侵权债权特殊保护。总结而言，具有以下原因：

第一，破产法中对于债权清偿顺位的规范选择是在“尊重非破产法规范原则”引导下所

---

〔1〕 根据担保债权 200 万元、侵权债权 800 万元、普通无担保债权 200 万元的债权数额，对于既有的 300 万元财产总额，不考虑担保债权优先性，分配效果为担保债权人 50 万元、侵权债权人 200 万元、普通债权人 50 万元。考虑担保债权优先性，分配效果为担保债权人 200 万元、侵权债权人 80 万元、普通无担保债权人 20 万元。相当于担保债权人分别从侵权债权人与普通债权人处转移了 120 万元、30 万元的价值。

〔2〕 即假设企业破产时资产为 300 万元，未清偿债务为 600 万元，分别为担保债权 200 万元，普通无担保债权 200 万元，侵权债权（不可调整债权）200 万元。

〔3〕 分别为 40/（40 +200 +200） ×140、200/（40 +200 +200） ×140、200/（40 +200 +200） ×140。

确立的，而非破产法规范主要是私法规范，其对各种权利位序的界定遵循着自然演化与法政策倾斜之间的平衡。从制度形成的视角观察，担保债权之所以优先，源于在经济实践中各方主体以商业理性自行谈判所进行的选择，其对各方权利主体的切实保护，如对借款人的行为约束、对出借人的利益保障，尽管对此可能会有不同的实证意见，但担保信贷的效率流动在某种程度上已经说明担保信贷本身仍然是具有价值的。保守主义的知识形态认为，尊重传统是重要的美德，它有利于秩序稳定，避免社会工程引入后的秩序坍塌。

法政策的倾斜可能构成对自然演化的冲击，而且法政策的确立应当具备充足的理据。如前所述，有观点认为应当对侵权债权与普通无担保债权区分对待，坚持在破产程序中采取对侵权债权进行弱势意义上平等保护的立场，然而，正如据以援引的学者观点所示，弱势意义上的平等对待必须要有足够充分且正当的理由。〔1〕如果认为侵权债权居次的处理规则有失公允，其他各类普通无担保债权居次的规则是否应当同步调整？在破产程序中贯彻弱势意义平等保护原则的界限在哪里？是否应当认为担保债权人的全额保护必然是造成侵权债权受损的直接或主要原因？等问题，尚难以直接从法理上得出清晰的结论。正如许德风教授所指出的，即便侵权债权的超级优先地位成立，在这样一种知识背景下，试图论证人身侵权、担保、财产侵权这样一个逐次递减的顺位也是困难的，因为财产与人格的关系无法割裂，财产是人格的前提，所谓无财产者无人格，从价值上来看，财产与生命并无本质差异。〔2〕此外，如果认为在破产程序中应当给予侵权债权优先保护，则作为对非破产法规范的突破，可能产生的现象是任何企业一旦面临大规模侵权，保护侵权债权人的主要手段便是申请企业破产，这将造成本不该破产的企业被迫离场，从而造成资源浪费。综合以言，这种对侵权债权在法政策意义上的倾斜保护理念仍然需要更为坚实和充分的依据加以论证，特别是接下去的理由所表明的，对于侵权债权的保护并非以对担保债权的限制为主要甚至是唯一途径，可供选择的工具箱众多。

第二，破产法终究只是一项私法性的程序平台，作为众多法律部门中的一个构成部分，也仅调整特定的法律关系，这就预示着，对于侵权债权的保护存在非破产法意义上的替代性机制。其中包括责任保险与赔偿基金、经营者连带责任制度等。

首先，在责任保险与赔偿基金制度中，侵权债权实际上以责任保险或基金赔付，而非由债务人企业以现有的破产财团支付，这就相当程度上减轻了破产债务人的清偿压力，也能够有效地增加侵权债权实现的可能性。比如在破产案件中的环境侵权，比较法上通过构建环境保护基金制度减轻债务人负担，环境保护基金一般通过政府或企业事先出资形成资金池，待到企业发生环境侵权并陷入破产境地时，该笔资金将单独清偿环境债权。〔3〕责任保险制度同

〔1〕参见王轶：《民法原理与民法学方法》，法律出版社2009年版，第38～48页。
〔2〕参见许德风：《论破产债权的顺序》，载《当代法学》2013年第2期。
〔3〕参见张钦昱：《企业破产中环境债权之保护》，载《政治与法律》2016年第2期。

样可以承担类似的功能，由保险赔付债务人企业对侵权债权人的法律责任，而债务人企业的成本则是购买保险时所支付的保险费用，相比于侵权行为造成的巨额损害，保险费用的成本相对而言就小得多。

其次，通过经营者连带制度同样可以适当缓解侵权债权赔偿的困境。理论上就法人与法人内机关（如董事等经营管理者）之间的关系有所谓代表说与代理说之区分，两种学说的法理基础分别对应法人实在说与法人拟制说，前者认为法人为具有行为能力之主体，法人机关与法人之间的关系并非两个主体之间的关系，法人机关行为代表法人行为且为法人所吸收，经营管理者的侵权行为自然就归于企业行为；后者认为“得为权利义务主体者，仅限于具有自由意思的自然人，法人只是依法律规定而拟制的财产交易主体，性质上仅为一种拟制的人，由于法人并无意思能力，因此也无侵权能力”,〔1〕董事等主体在经营管理过程中造成他方主体权益损害，只能通过代理理论将法律效果施加于公司。两种学说尽管对法人本质认识不同，解释上一般都适用代理的规定，也就是说，董事等主体在经营管理行为上发生的一切行为均应以公司为责任承担主体。然而正如学者所指出的，经营管理者的个人性在职务活动中仍然存在，其对公司不当行为的发生也具有风险识别与承受能力，法律技术的形式逻辑不应忽视经营管理者在团体行为之外的个人行为。〔2〕根据过错责任原则，经营管理者如果在对外经营行为中因过错造成侵权，应负担相应责任，如《瑞士民法典》第 55 条规定：“……（二）法人对其机关所为之法律行为和其他行为，负其责任；（三）行为人有过错的，亦应负个人责任。”比较法上针对大规模侵权如环境侵权，将过错责任升格为连带责任，如美国《超级基金法》针对责任人建立了严格、连带且具有溯及力的法律责任。这也表示，在债务人破产语境下，如若发生大规模侵权，侵权债权人可以寻求对经营管理者问责，由于经营管理者群体本身的责任承担能力较强而且其通过董事责任险等制度在一定程度上进行了转移，可以适当减轻债务人企业的清偿负担，并为侵权债权人提供较为切实的保护，最重要的是，从反面来看，可以形成对董事行为的监督，以遏制其不加检讨的冒险行为。

第三，在对侵权债权优先性保护的讨论上，始终贯彻的立场是对担保债权进行不同程度的限制，有力的观点认为担保制度本身存在一定的效率成本（efficiency cost），如 Bebchuk 与 Fried 教授坚定地认为，担保制度实际上就是通过转移其他债权人利益给予担保债权人特权，从而形成一种不公平。此处的假设建立在担保交易的外部性认识之上，也即债务人与担保权人通过将破产成本转嫁给普通债权人的方式，进行超越一般风险水平的投融资活动，为了消除负外部性，应当立法干预担保权的优先受偿地位，〔3〕矫正包括侵权债权人在内的各类

〔1〕 陈聪富：《民法总则》，台北，元照出版有限公司 2019 年版，第 98 ~99 页。

〔2〕 参见王长华：《公司法人机关理论的再认识——以董事对第三人的责任为视角》，载《法学杂志》2020 年第 6 期。

〔3〕 参见廖志敏：《担保的效率之谜——兼谈法律经济学方法》，载《法学》2007 年第 1 期。

主体权益的失衡现象。但是，这一有关担保债权效率的负面评价本身漠视了市场中其他因素的影响，不仅没有意识到担保机制形成过程中当事人谈判的合意有效性，也未考虑法律干预的运用中会衍生的成本。

细言之，在法律经济学的畛域，首先必须认识到担保权也是一项稀缺资源，“稀缺的定义是多胜于少，人们要争取多一点，那么一定会付出一点代价，因此凡是有人愿意付出代价来争取多一点的物品，都是缺乏的、不足够的”。[1]在企业破产时，优先清偿的权利就成为各方主体争夺的资源，由于竞争本身有利于资源的优化配置，所以此时不应想当然地认为竞争中必然产生部分主体的权益损失而强求对损失予以补偿，问题的关键在于担保的优先权怎样配置有利于体系内的整体资源优化。换言之，对于侵权债权人、普通无担保债权人等，之所以在清偿顺位上劣后，原因是在与债务人企业产生的各项交易、互动（包括侵权行为产生）过程中，担保权人之外的其他债权人并未及时调整自身与债务人之间对交易、互动关系的定价。事前层面，包括消费者、供应商等在内的债权人在合同签订时对担保权的估值较低，因此无法参与担保权的竞争，[2]而事后层面，侵权债权人并未就所受侵权损害向债务人索取更高位阶的优先权，说明其对所受损害在与担保权竞争时，给自己的估值较低，在市场本身有足够的试错环境下，说明已有其他机制可以填补、消除侵权债权的损失。质疑意见则认为问题是担保权市场本身的交易成本过高所致，对有关担保权设定的搜寻成本、对担保资源如何配置的议价成本、执行担保权的成本都超出了其他普通担保权人的承受范围。[3]如果考虑到私产对于权利人的约束与激励，则能够推理出担保权交易费用并非太高：私产之于个人而言，是展开权益配置谈判的主要依据，个人在对担保权的竞争中也是以保护并实现自己权益最大化为目的，如果边际上出价超越自身对担保权的最高估值，继续购买便会得不偿失，放弃转而成为最优选择；从债务人角度来看，担保物的产权清晰明了，担保权的内容可以借助法律与合同界定，说明界权成本不高，而不管是动产担保物还是不动产担保物，转移占有与登记均大幅减省监督的难度，更重要的是，担保物变现有程序法上的非讼程序和当事人在事后达成合意的处理方式，压缩执行成本。[4]可见，担保权市场交易成本过高的观点难谓合理。

相反，如果通过法律强行干预破产企业债务的清偿顺序，打破担保权的优先性，反而会扭曲当事人的激励结构、产生干预成本。法律干预并不一定能够产生资源的优化配置，而是事先界定各方的权利份额，引导当事人自行谈判，“只有当法律干预的成本小于市场交易费

---

〔1〕 张五常：《经济解释卷一·科学说需求》，中信出版社 2019 年版，第 104 页。

〔2〕 参见廖志敏：《担保的效率之谜——兼谈法律经济学方法》，载《法学》2007 年第 1 期。

〔3〕 关于交易成本的分析，参见 Robert Cooter & Thomas Ulen：《法律经济学》，温丽琪、顾慕尧编译，华泰文化出版 2013 年版，第 99 ~100 页。

〔4〕 参见廖志敏：《担保的效率之谜——兼谈法律经济学方法》，载《法学》2007 年第 1 期。

用、并且小于边际调整的收益时，法律干预才是经济的”。[1]然而，立法者一方面无法清晰计算出破产债务人、包括侵权债权在内的普通无担保债权人以及担保权人的边际效用评价；另一方面市场本身对边际效用的测度完全是通过市场自发调整、私有产权的约束条件等展开，立法者受自身条件的限制，无法掌握完全信息，而且存在寻租的空间，市场参与者则因为切身利益而及时调整预期回应价格信息变化，两相比较，法律干预成本通常都高于价格机制的稳定运作。

（三）重申担保债权绝对优先的立场

对于侵权债权与担保债权顺位调整的问题讨论加深了对两种债权在破产中如何评价的认识，然而从现实层面担保债权始终保持优先顺位的法定立场可以说明，动辄对担保债权优先性进行限制与调整，至少在破产清算程序中并非适宜的选择，如果强行干预，将引发未曾预料的不良后果。正如 Harris 与 Mooney 教授所言，“（担保制度）作为一项政治议题，居次的建议并未得到广泛支持与采用，（因为）创业精神是美国社会结构中的本质特征，如果假定提高市场准入门槛会促进效率，令那些拥有大量非杠杆资本的人才能负担，则会导致大多数主体选择离场，最终，市场参与者的需求与热望将决定他们才是胜利者”。[2]

五、余论

担保债权的清偿顺位依据非破产法规范原则展开是符合破产程序中立性属性的，担保权益的绝对优先应当贯彻，这是因为担保权益的优先受偿有充足的经济理性支持，动辄挫败担保权益优先性的规则可能导致破产程序中不当动机频出，如无担保债权人知晓破产程序会改变担保债权的受偿顺位或受偿份额，则会千方百计申请进入破产程序谋求不当利益，可能会形成对破产财产的无须攫夺。只有尊重非破产法上确立的担保债权优先顺位，才能保证破产程序中的债权竞争与谈判趋于理性化。

---

〔1〕 廖志敏：《担保的效率之谜——兼谈法律经济学方法》，载《法学》2007 年第 1 期。

〔2〕 Steven L. Harris & Charles W. Mooney, Jr., *Measuring the Social Costs and Benefits and Idetifying the Victims of Subordinating Security Interests in Bankruptcy*, 82 Cornell Law Review 1349, 1371 - 1372 (1997).

律师实务

政府投资基金退出机制研究

谢美山　张艺伟 *

目　次

相比较前几年高涨的投资热情，随着最近几年经济形势下行，投资领域的失败案例不断增加，基金如何从被投项目退出、投资者如何从所投基金退出已成为私募股权投资基金领域的热点问题。作为私募投资基金主要资金来源[1]的各级政府投资基金同样面临退出不畅的难题，特别是“投资引导”任务与“国有资产保值增值”压力也使各级政府投资基金不得不重新审视现行的退出规则及实践难度，以解决自身在子基金退出难的问题。

---

* 谢美山，上海市锦天城律师事务所资深律师；张艺伟，上海市锦天城律师事务所律师。

〔1〕 2021 年 9 月 5 日，第十二届全球 PE 论坛在 2021 年中国国际服务贸易交易会上举办。论坛上，清科集团管理合伙人符星华表示：“从募资结构来看，70% 以上的资金是国有资本和政府引导基金。”参见冉学东、付乐：《地方政府筑巢引蝶　政府引导基金成 PE 募资主角》，载 https：//www.chinatimes. net. cn/article/110627. html，最后访问日期：2022 年 6 月 9 日。

根据《政府投资基金暂行管理办法》（财预〔2015〕210号）规定，政府投资基金是指由各级政府通过预算安排，以单独出资或与社会资本共同出资设立的资金。实践中，政府单独出资，或与国有出资主体共同出资、或通过预算安排指定国有出资主体单独或共同出资设立的基金称为政府投资基金，政府投资基金与社会资本共同出资设立的基金则称为市场化子基金。本文仅就政府投资基金在不同情形下从市场化子基金中退出的机制进行分析，以期对政府投资基金退出难题的解决有所助益。

一、子基金招募/遴选过程中的退出

在子基金招募/遴选过程中，政府投资基金是否有退出的自由？对此问题，需要结合政府投资基金招募/遴选子基金行为的性质进行分析。

（一）政府投资基金招募/遴选子基金行为性质分析

实践中，政府投资基金一般通过公开招募的方式遴选市场化子基金。是否允许其他方式，《政府投资基金暂行管理办法》没有明确规定。根据《政府投资基金暂行管理办法》第8条的规定，设立政府投资基金，可采用公司制、有限合伙制和契约制等不同组织形式。因契约制基金不具备民事主体资格，在进行股权投资时存在不便，市场化子基金在实务中较少采用契约制形式。公司制基金具有法人资格，有限合伙制基金虽然不具备法人资格，但同样具备民事主体资格，在股权投资活动中与公司制基金的权利能力、行为能力相当。同时，因为有限合伙制在决策、事务管理等方面相较公司制有更多便利，因此市场化子基金在实务中更多的是采用有限合伙制形式。

在市场化子基金具备独立民事主体资格的情形下，从表面上看，市场化子基金是独立与子基金管理人签订委托管理合同，委托管理人为子基金提供基金管理服务，管理人据此收取管理费，因此子基金与基金管理人间成立委托合同关系，而政府投资基金与子基金管理人则不存在直接的委托管理关系。据此，不能认定政府投资基金向子基金管理人采购基金管理服务。从投资角度来看，政府投资基金与社会资本共同出资设立子基金，或新设子基金，或加入存量子基金，属于共同投资行为。如子基金管理人同时担任有限合伙制基金的普通合伙人，则子基金管理人也属于共同投资人，政府投资基金与子基金管理人之间也构成投资合同关系。

基于政府投资基金与社会资本出资设立子基金属于共同投资行为的认定，该等共同投资行为显然不能适用《招标投标法》，而由于政府投资基金不与子基金管理人直接发生委托法律关系，政府投资基金不能将子基金管理服务纳入采购范围，也不能适用《政府采购法》。另外，政府投资基金系与社会资本共同投资市场化子基金，从政府投资基金的角度来看，是参加一项投资，加入一个共同投资法律关系中，基于这个事实，政府投资基金通常以子基金作为招募或遴选对象，但子基金管理人的相关内容是子基金申报方案中最重要的组成内容。

综上所述，政府投资基金与子基金及社会资本之间构成共同投资关系，政府投资基金系以子基金为招募/遴选对象，因此不受《招标投标法》《政府采购法》等法律限制。但由于政府投资基金投资子基金不仅涉及政府财政预算，需要引入监督机制，而且涉及与社会资本的合作，需要公开透明，需要公平的程序，因此在法无明文规定的情况下，政府投资基金通常借鉴《招标投标法》《政府采购法》的规定，制定子基金招募/遴选办法。具体而言，招募/遴选市场化子基金一般需经过以下流程：(1) 公开征集（政府投资基金发布申报指南）；(2) 递交材料（子基金管理人或其他发起人递交申请材料）；(3) 尽职调查（政府投资基金自行或委托第三方专业机构对子基金和基金管理人进行尽职调查）；(4) 综合评审（政府投资基金自行或委托专家对子基金和基金管理人进行评审）；(5) 结果公示（评审结果进行公示，公示期间无异议的，将遴选结果报主管部门审核）；(6) 协议磋商（政府投资基金与子基金管理人、社会资本进行子基金合同条款磋商）；(7) 签约。

子基金合同是政府投资基金与社会资本订立的书面合同，因此在上述招募/遴选市场化子基金流程中，“公开征集”是政府投资基金希望与社会资本向自己发出订立基金合同的意思表示，应被界定为要约邀请；“递交材料”是社会资本向政府投资基金表达愿意订立基金合同的意思表示，应被界定为发出要约，政府投资基金通常也对子基金申报材料的形式和内容提出要求，特别是要求申请人对子基金方案作出明确的陈述和承诺（“受拘束的意旨”）；“结果公示”是政府投资基金在经过尽职调查并评审确认子基金和基金管理人进行符合招募/遴选要求的条件，一旦将结果公示且公示期满即构成针对前述要约的有效承诺；而“协议磋商”属于对要约承诺内容的细化；“签约”后，基金合同就成立，除各方就合同生效另有约定外，基金合同在签订后即生效。

（二）政府投资基金中途退出的法律后果

如上所述，政府投资基金招募/遴选子基金是一个基金合同订立的过程，那么在社会资本递交材料发出要约后，政府投资基金是否有决定承诺与否的自由？在“结果公示”后，政府投资基金是否有决定签约与否的自由？

在社会资本递交材料发出要约后，政府投资基金有接收申请材料的义务，这是其在公开征集（发出邀约邀请）时默示的义务。但在对子基金和基金管理人进行尽职调查并评审时，如子基金和基金管理人不符合招募/遴选要求的条件，政府投资基金有拒绝承诺的权利。如子基金和基金管理人符合招募/遴选要求的条件，基于政府公开征集的公信效力，政府投资基金原则上应接受子基金的要求。如果符合条件的基金的数量或申请出资金额超过政府投资基金的招募计划，则政府投资基金一般按尽职调查后的评分结果择优录取。

在“结果公示”后，除非省政府投资基金存在免责事由，否则政府投资基金更不具有决定签约与否的自由。在此种情形下，政府投资基金拒绝签约，将被认定为违背诚信原则，依据《民法典》第500条规定，给子基金及基金管理人造成损失的，政府投资基金应当承担缔约过失责任。

二、政府投资基金主动提前退出

自《政府投资基金暂行管理办法》实施以来，各级政府陆续设立政府投资基金。在2015年、2016年政府投资基金对外投资设立的一些子基金，目前投资期基本都已届满并进入退出期。一方面，如投资引导达到预期目标，《政府投资基金暂行管理办法》允许政府投资基金通过股权回购机制等方式适时退出（第19条）；另一方面，出于滚动投资或减轻财政负担的考虑，一些政府投资基金也倾向于提前退出。提前退出方式一般是基金份额转让（包括回购）。

（一）基金份额的性质与转让程序要求

政府投资基金转让所持子基金财产份额时是否需要按照《企业国有资产交易监督管理办法》（国务院国资委、财政部令32号，以下简称32号文）规定履行审计、资产评估、信息披露以及进场交易等程序，一直是实务中存在争议的问题。

政府投资基金的出资人是财政机关或国有出资主体，因此政府投资基金是否应认定为32号文所指的国有企业或国有控股企业？相应地，政府投资基金所持子基金财产份额是否也应认定为国有资产？政府投资基金转让所持子基金财产份额是否应适用32号文的规定？2019年5月27日，国务院国资委于在其网站上发布问答予以答复："《企业国有资产交易监督管理办法》适用范围是依据《中华人民共和国公司法》设立的公司制企业。国有企业转让有限合伙企业份额的监督管理另行规定。"但遗憾的是，时至今日，关于国有企业转让合伙企业份额的监督管理规定尚未出台，给实务界留下一个巨大的争议。

通过梳理我国国资监管的政策演变可以发现，自2003年起，国务院国资委产权政策规范的对象都是《公司法》确定的组织形式，即有限公司或股份公司。根据2019年"国资委5.27问答"，32号文明确规范的转让方是有限公司或股份公司，转让标的是有限公司或股份公司对外持有的有限公司或股份公司的股权。根据国务院国资委发布的《关于进一步明确非上市股份有限公司国有股权管理有关事项的通知》（国资厅产权〔2018〕760号），特别明确非上市公司使用32号文。因此，政府投资基金若要求回购或转让其在公司制子基金中持有的基金权益（股权），应当适用包括32号文在内国资委系统关于国有产权交易的所有规定。但子基金若为合伙企业，则不受32号文等规定的规范，国务院国资委目前也没有另行规定。但《政府投资基金暂行管理办法》第21条规定，政府出资从投资基金退出时，应当按照章程约定的条件退出；章程中没有约定的，应聘请具备资质的资产评估机构对出资权益进行评估，作为确定投资基金退出价格的依据。因此，从目前的监管规则来看，对政府投资基金转让子基金财产份额强制要求进行评估，但并没有明确要求进场交易。实务中，为稳妥起见，除非有权国资监管部门对该等事项作出了豁免性规定，否则政府投资基金转让所持有限合伙制子基金财产份额都会履行审计、评估和进场交易等程序。

（二）产权市场

根据32号文规定，国有产权转让原则上通过产权市场公开进行。各地都设有产权交易所、产权交易中心，是默认的国有产权转让的区域性“官方”产权市场。近几年，中国证监会开始试点推动地方股权交易中心作为股权投资基金份额转让的交易平台。2020年12月10日，中国证监会批复同意在北京股权交易中心开展区域性股权投资和创业投资份额转让试点，并于2021年6月21日出台《关于推进股权投资和创业投资份额转让试点工作的指导意见》（京金融〔2021〕217号，以下简称《指导意见》），北京股权交易中心成为国内第一家基金份额交易平台。2021年11月29日，中国证监会批复同意在上海区域性股权市场开展私募股权和创业投资份额转让试点，上海股权交易中心也由此成为第二家私募股权和创业投资份额转让平台。之后，深圳市、广州市也分别依托深圳前海股交中心、广东股权交易中心设立交易平台。

就政府投资基金而言，以《指导意见》为例，其第2条规定：“支持各类国资相关基金份额（包括但不限于国家出资企业及其拥有实际控制权的各级子企业出资形成的基金份额、各级政府投资基金出资形成的基金份额）通过北京股权交易中心份额转让试点转让交易。”《指导意见》还提出：“简化国资相关基金份额转让审批流程，采取市场化方式确定最终转让价格。首次转让报价应以评估或估值结果为基准。”意在简化32号文对政府投资基金财产份额转让的限制，但具体如何操作需要有关部门进一步作出详细规定。

（三）受让人

各种第三方主体都可能成为政府投资基金出让份额的受让人，这里着重介绍S基金（secondary fund）。有限合伙制基金份额通常存续期限不超过10年，合伙人持有财产份额通常“持有至到期”。但自2017年起，有限合伙制基金份额转让需求被激发起来，主要原因是：（1）《关于规范金融机构资产管理业务的指导意见》（以下简称《资管新规》）出台后，银行等主流金融机构需要按政策规定批量退出；（2）新一轮产业结构调整，基金投向转变，资金要从原来的产业结构中退出来；（3）政府投资基金在2015年、2016年发起设立或参加投资的子基金投资期届满，政府投资基金需要提前退出；（4）经济形势不佳，部分合伙人需要变现回笼资金，或出现出资障碍需要将未出资部分财产份额转让。相应地，市场上专门从投资者手中收购基金份额、投资组合或出资承诺的S基金应运而生。同时，S基金的出现也进一步推动并活跃了私募股权投资基金二级市场的发展。就政府投资基金进行S基金交易的实操而言，笔者提出如下三方面建议：

首先，基金份额转让一般会历经意向接触、保密协议、项目初步分析、立项、尽职调查、撰写投资建议书、投决会决策、投资方案及条款协商、划款等过程，进而导致出资人退出流程被拖延。因此，政府投资基金在选择交易对手进行基金份额转让时，尽量选择与自身具有关联关系或良好合作关系的交易方，减少双方信息的不对称，从而使基金份额的估值定价更容易，推动政府投资基金份额转让的进程。

其次，政府投资基金进行基金份额转让所涉企业应当具备盈利能力及预期，且估值合理。基金份额转让的目的就是解决流动性，基金份额所涉企业的业务模式应当成熟且具有一定的盈利能力，否则受让方将没有意愿进行交易；同时，若所涉企业估值很高，受让方无法预期自身能从该项交易获利，则交易亦无法完成。换言之，基金份额转让所涉企业应当“又便宜又好”。因此，并不是所有的基金份额都适合进行S基金交易。

最后，S基金份额转让交易主要发生在头部基金管理人所管理的基金之间，这意味着政府投资基金若将基金份额转让作为退出子基金的主要路径之一，则在招募子基金管理人时，应更多地考虑头部基金管理人并出资其管理的子基金。一是头部基金管理人管理的基金更易获得市场认可；二是在整个S基金份额转让的交易中，基金管理人才是起主导作用的一方，头部且具备相应交易经验的基金管理人更能促进份额交易的完成。

三、基于行使抗辩权而退出

（一）政府投资基金行使先履行抗辩权

普通合伙人认缴出资额小，通常不会出现出资障碍，而社会出资人因为经济形势变化、资金周转需要可能出现出资困难。出于督促社会投资者及时缴纳出资的考虑，子基金合同中通常会对各出资人实缴出资的顺序做出约定，普通合伙人需要在子基金成立后一定期限内将其首期应缴出资实缴到位，才能向全体合伙人发出出资缴付通知书，在社会资金完成出资后，政府投资基金才押后出资。在社会出资人因故未能完成出资的情况下，政府投资基金可以根据《民法典》第526条规定行使先履行抗辩权而中止出资。

在社会出资人因逾期出资导致被除名的，子基金合同可以约定，执行事务合伙人应当在限期内补充募集资金，如执行事务合伙人不能在约定期限内补充募集足额资金，政府投资基金有权终止合作并选择退伙。

（二）政府投资基金行使不安抗辩权

如基金管理人或执行事务合伙人出现“（一）经营状况严重恶化；（二）转移财产、抽逃资金，以逃避债务；（三）丧失商业信誉；（四）有丧失或者可能丧失履行债务能力的其他情形”，将被视为危及政府投资基金在子基金财产安全的情况，政府投资基金可以根据《民法典》第527条第1款规定行使不安抗辩权，中止履行出资义务。在政府投资基金中止履行后，基金管理人或执行事务合伙人在合理期限内未恢复履行能力且未提供适当担保的，视为以自己的行为表明不履行主要债务，政府投资基金可根据《民法典》第528条规定，解除子基金合同并可以请求对方承担违约责任。

四、因执行事务合伙人过错而提前强制退出

（一）基金合同约定的强制退出事由

关于政府投资基金有权提前强制退出的纲领性文件是《政府投资基金暂行管理办法》，之后各地政府投资基金管理办法及实施细则对提前退出情形作出了更为细化的规定。2021年4月13日，国务院印发《关于进一步深化预算管理制度改革的意见》，对包括政府投资基金在内的国有资金的使用效率提出总体要求，这项要求对政府投资基金行业意义重大。这里择取部分有代表性的规范性文件并列示如表1所示。

表1　相关规范性文件

规范性文件名称	条文内容
《国务院关于进一步深化预算管理制度改革的意见》 （国发〔2021〕5号）	（十七）推动预算绩效管理提质增效。将落实党中央、国务院重大决策部署作为预算绩效管理重点，加强财政政策评估评价，增强政策可行性和财政可持续性。加强重点领域预算绩效管理，分类明确转移支付绩效管理重点，强化引导约束。加强对政府和社会资本合作、政府购买服务等项目的全过程绩效管理。加强国有资本资产使用绩效管理，提高使用效益。加强绩效评价结果应用，将绩效评价结果与完善政策、调整预算安排有机衔接，对低效无效资金一律削减或取消，对沉淀资金一律按规定收回并统筹安排。加大绩效信息公开力度，推动绩效目标、绩效评价结果向社会公开。
《政府投资基金暂行管理办法》	第十四条　财政部门应与其他出资人在投资基金章程中约定，有下述情况之一的，政府出资可无需其他出资人同意，选择提前退出： （一）投资基金方案确认后超过一年，未按规定程序和时间要求完成设立手续的； （二）政府出资拨付投资基金账户一年以上，基金未开展投资业务的； （三）基金投资领域和方向不符合政策目标的； （四）基金未按章程约定投资的； （五）其他不符合章程约定情形的。
《关于加强政府投资基金管理　提高财政出资效益的通知》 （财预〔2020〕7号）	四、健全政府投资基金退出机制。设立基金要规定存续期限和提前终止条款，并设置明确的量化指标。基金投资项目偏离目标领域的，财政部门应会同行业主管部门及时纠正；问题严重的，报经本级政府批准后，可中止财政出资或收回资金。基金绩效达不到预期效果、投资进度缓慢或资金长期闲置的，财政出资应按照章程（协议）择机退出。基金未按约定时间完成设立、开展业务，或募集社会资本低于约定下限的，财政出资可提前退出。

续表

规范性文件名称	条文内容
《江苏省政府投资基金子基金合伙协议（模板）》	第一百零五条　本合伙企业发生下列情况之一的，省政府投资基金还可终止合作并选择退出，违约责任由普通合伙人承担： （一）未按《江苏省政府投资基金管理办法》等要求、本协议的约定开展投资业务的； （二）本协议签订后，基金管理人未按约定程序和时间要求办理基金备案手续的； （三）未按本协议约定缴付首期出资或首期出资实缴到位满1年未开展投资业务的； （四）投资项目严重偏离目标领域、投资进度过于缓慢导致无法实现预期政策目标的； （五）因其他合伙人未按本协议约定缴付出资等导致本合伙企业突破本协议约定的最低出资规模或导致省政府投资基金出资突破最高比例限制的； （六）省政府投资基金对本合伙企业进行年度绩效评价，连续两年评价结果低于60分的，并在规定的整改期内未完成整改的； （七）出现其他因普通合伙人故意或重大过失行为可能严重损害省政府投资基金利益的情况； （八）本协议约定的省政府投资基金可以终止合作并选择退出的其他情况。
《浙江省产业基金管理办法》（浙财建〔2021〕75号）	第二十八条　省产业基金应在章程或协议中约定，有下述情况之一时，省产业基金可选择提前退出： 1. 章程或协议签署后超过6个月，未按规定程序和时间要求完成设立或增资手续的。 2. 省产业基金拨付子基金账户1年以上，子基金未实际出资的。 3. 未完成返投目标等子基金严重偏离章程或合伙协议约定投资的，且造成省产业基金重大损失的。 4. 政策性子基金投资项目不符合本办法及相关运作方案政策导向的，或绩效达不到预期效果的。 5. 发现其他严重危及省产业基金安全或违背政策目标等事前约定退出情形的。
《上海市创业投资引导基金管理办法》（沪府发〔2017〕81号）	第十三条　引导基金参股创业投资企业时，引导基金受托管理机构应当与其他出资人在合同文件中约定，有下述情况之一的，引导基金可无需其他出资人同意，选择提前退出： （一）创业投资企业方案确认后超过1年，未按照规定程序和时间要求完成设立手续的； （二）引导基金出资拨付创业投资企业账户1年以上，创业投资企业未开展投资业务的； （三）创业投资企业投资领域和方向不符合政策目标的； （四）创业投资企业未按照合同文件约定投资的； （五）其他不符合约定情形的。

续表

规范性文件名称	条文内容
《深圳市政府投资引导基金 2018 年度拟参股子基金申报指南及管理机构遴选办法》	4. 市引导基金强制退出权 有下列情况之一的，市引导基金有权要求退出，子基金其他出资人应签署一切必要的文件或履行所有必要的程序以确保引导基金退出，退出价格按照子基金合伙协议或公司章程规定的方式计算，但原则上不得低于引导基金实缴出资本金及按同期银行贷款利率计算的利息之和，因引导基金退出而产生的风险和损失由子基金管理机构承担（若子基金管理机构与子基金申请机构不一致，则由子基金申请机构与子基金管理机构承担连带责任）： （1）子基金未按合伙协议或公司章程约定投资且未能有效整改的； （2）引导基金与子基金管理机构签订投资或合作协议后，子基金未完成工商设立登记或首期资金未实际到位超过一年的； （3）引导基金出资资金拨付至子基金账户后，子基金未开展投资业务超过一年的； （4）子基金投资项目不符合《管理办法》规定的政策导向的； （5）子基金运营有违法违规行为并被依法查处的； （6）子基金管理机构发生实质性变化且未经子基金相关权力机构表决通过的。实质性变化包括但不限于：1. 子基金管理机构的主要股东（公司制）或普通合伙人（合伙制）发生实质性变化；2. 锁定的子基金投委会委员或管理团队核心成员半数（含）以上发生变化等情况。

上述文件关于政府投资基金提前/强制退出的事由大体一致，主要适用情形有：（1）子基金未能在规定期限完成设立、增资等手续；（2）子基金未能在规定期限内开展投资业务；（3）子基金未按照基金合同进行投资，投资领域和方向不符合政策目标；（4）子基金运营有违法违规行为或基金管理人存在故意或重大过失行为可能严重损害政府投资基金利益等情形。结合实践中的常见情形，分析如下：

1. 子基金未能在规定期限完成设立、增资或备案等手续

因中国基金业协会对私募投资基金备案从严把关，实践中出现部分私募投资基金无法备案的情形。但随着各地政府投资基金陆续制定了子基金合同模板，子基金无法获得中国基金业协会备案通过的可能性就基本消除了。而增资的问题通常只是个工商变更登记手续，实务中发生此类障碍的情况也非常少。发生问题的往往是子基金未能在规定期限完成设立，原因一般有：

（1）未能在规定期限完成最低比例的社会资金募集

政府投资基金在子基金中的出资比例一般有最高限，既限制出资比例，又限制出资金额。政府投资基金出资之外的部分，子基金管理人需要自行向社会募集。受经济形势下行的影响，近几年社会资金相对紧张，子基金管理人未能完成社会募资的情况时有发生。

（2）子基金的普通合伙人未能设立

这种情况发生于子基金的普通合伙人需要新设的情形，常见的原因有两种，一种是政府投资基金的关联方或基金的基石出资人与基金管理人合作新设子基金的普通合伙人未果；另一种是子基金申报的“渠道方”与基金管理人牌照的“出借方”之间因为利益分配未能达成一致。政府投资基金的关联方参与新设子基金普通合伙人主要是为了让子基金普通合伙人去申请基金管理人登记，地方政府通过与基金管理人合作培养管理人才。此类情形发生僵局而无法推进的情况相对较少。在信息不对称的情况下，一方优先获知招募信息，而且有“渠道”；另一方是知名基金管理人，有“牌照”，二者合作的情况也屡见不鲜，但因为在利益分配上未能达成一致，进而发生僵局，无法推进的情况则时有发生。

（3）子基金管理人未能完成私募基金管理人登记

部分地方政府投资基金允许非基金管理人（一般是基金的基石出资人）申报子基金，在申报成功之后再去申请设立基金管理人。也有部分政府投资基金出于招商业绩的考虑，要求申报的外地基金管理人在当地设立子公司并申请基金管理人登记。随着2018年4月《资管新规》以及《私募基金管理人登记须知》等涉及私募基金行业监管的新规定和自律规则的出台，中国基金业协会对私募基金管理人登记从严把关，实践中出现大批私募基金管理公司无法通过登记成为私募基金管理人的情形。为了防止该等情形出现，“子基金管理人必须在申报前完成私募基金管理人登记”成为政府投资基金筛选子基金管理人的前提条件之一，部分政府投资基金也放弃了对新设子基金管理人的要求。

为了消除因为未能完成私募基金管理人登记造成的基金设立障碍，政府投资基金在招募公告中通常明确要求申请人须是已登记的私募基金管理人，申报的基金方案须是相对成熟的，即社会资金应“基本”募集到位，同时在对子基金和管理人进行尽职调查并评分时予以从严把握。

2. 子基金未能在规定期限内开展投资业务

导致该情形出现的原因主要包括：（1）子基金的其他出资人未能依约出资；（2）子基金管理人投资能力不足、未能在投资期内开展投资业务；（3）子基金管理人突然出现违法犯罪情形。

为防止该等情况出现，政府投资基金在对子基金和管理人进行尽职调查并评分时应相应从严把握以下几个事项：（1）落实基金出资人的出资能力；（2）加强对子基金管理人投资能力的考核，不能仅根据管理人在部分投资项目的历史业绩进行判断，更要注重管理人在子基金拟投领域的落子与布局，加大对子基金储备项目的核查并在子基金合同等文件中落实“关键人士”条款；（3）通过尽职调查排除子基金管理人突发违法犯罪的情形；（4）应在子基金合同等文件中约定，政府投资基金仅在其他出资人出资后方打款。

3. 子基金未按照基金合同要求进行投资，投资领域和方向不符合政策目标

对此类情况，政府投资基金一般通过对子基金进行年度绩效考核来把握，从而提前发现子基金及管理人存在的问题，避免子基金走向不如预期。绩效考核已逐渐成为政府投资基金约束子基金及管理人的主要手段。政府投资基金的早期绩效考核较为简单，流于形式，但随着经济的下行趋势、子基金的表现不及预期，政府投资基金愈加重视发挥绩效考核的作用，不仅不断细化绩效考核指标，严格监管基金管理人的投资获得，而且将绩效考核结果与政府投资基金让利进行挂钩。

4. 子基金运营有违法违规行为或基金管理人存在故意或重大过失行为可能严重损害政府投资基金利益

常见的情形是子基金或基金管理人涉及非法集资、诈骗等，特别是其间子基金管理人利用了政府投资基金的信用从事了不恰当的行为损害了政府投资基金的形象。

对上述政府投资基金提前强制退出的规定执行比较到位的是深圳。2019 年 9 月 5 日，深圳市投资基金同业公会、深圳市私募基金协会发布《深圳市问题私募投资基金退出操作参考(试行)》。12 日，深圳市政府引导基金与深圳市创新投资集团有限公司在官网发布《关于公示深圳市政府投资引导基金清理子基金及缩减规模子基金名单的通知》，对已过会一年内未签署基金合伙协议、已签署基金合伙协议但一年内未完成工商登记或首期资金未实际到位、完成首期实际出资后一年内未开展投资业务的子基金进行清理，并对签约规模小于过会规模且无后续融资进展的子基金进行梳理统计。根据该通知内容显示，清理的子基金共 25 只，基金总规模达 645. 526 亿元；缩减 12 只子基金出资规模，收回子基金的承诺出资金额超 140 亿元。之后，深圳市政府引导基金与深圳市创新投资集团有限公司每年对子基金进行一次清理。深圳这一做法的示范意义和警示意义明显，在行业内引起强烈反响。

（二）提前强制退出路径之一：转让

当出现政府投资基金有权强制退出的情形时，政府投资基金倾向于尽可能通过协商方式确定政府投资基金退出子基金的具体路径。若协商无果，但子基金合同对于具体退出路径有明确约定的，政府投资基金可以依约行使退出权。但因为政府投资基金的国有企业身份，其转让所持子基金财产份额在转让程序上会受到前述国资监管相关规则的限制。

（三）提前强制退出路径之二：回购

回购属于转让方式之一，因回购主体是执行事务合伙人，比较特殊，所以单列讨论。为约束执行事务合伙人的行为，子基金合同通常会约定，政府投资基金有权利要求普通合伙人或其指定的第三方以约定的价格回购政府投资基金持有的财产份额。回购价格的确定方式一般有两种，一种是政府投资基金实缴出资本金加计期间利息，另一种是对政府投资基金出资部分进行评估确定价值。出于国有资产保值增值的考虑，政府投资基金有权选择两种方法中的孰高者。

有疑问的是，上述回购价格的限定是否与财政部《政府投资基金暂行管理办法》中的"利益共享、风险共担"原则及中国证券投资基金业协会"不得变相保底保收益"的有关规定存在冲突。一旦各方就强制退出事宜产生争议，政府投资基金的相对方可能会以此抗辩，主张相关条款因违反公序良俗而无效。相反的观点是，该等约定可以理解为违约金、损害赔偿金的计算方式，不能认定为"保底保收益"。该问题涉及规范性文件之间、金融秩序与国有资产保护等公序良俗之间的冲突与调和，在学理上和实务中均存在较大争议。

司法实践中，部分法院认为"有限合伙人有权要求普通合伙人或其指定的第三方以约定的价格回购其持有的财产份额"系各方真实意思表示，内容不违反法律法规的强制性规定，各方均应诚实履行相应义务，从而支持有限合伙人的回购诉求。[1]部分法院则认为，若回购方系基金管理人（担任普通合伙人），因其受到《私募投资基金监督管理暂行办法》第15条"私募基金管理人、私募基金销售机构不得向投资者承诺投资本金不受损失或者承诺最低收益"、《资管新规》第2条"金融机构开展资产管理业务不得承诺保本保收益。出现兑付困难时，金融机构不得以任何形式垫付兑付"的规制，基金管理人对有限合伙人作出的"保底保收益"承诺无效；若回购方并非基金管理人等受到法律规制的主体，则其作出的回购承诺有效，应当依约回购有限合伙人持有的财产份额。[2]可见，具体的认定标准仍有待司法实践的进一步明确。

（四）提前强制退出路径之三：减资退伙

如子基金合同未就强制回购进行约定，政府投资基金转让所持子基金份额时，可能因为对应的被投企业业绩不佳的原因面临"有价无市"的局面。在无法通过转让退出的，政府投资基金可基于子基金合同的相关约定要求退伙并取回出资款。

受我国《合伙企业法》关于合伙企业是"人合"企业这个假设的限制，债权人基于对原合伙人的信用而与合伙企业进行交易，在合伙人发生变动后，出于对债权人利益的保护，法律将突破概括转移原则，要求原合伙人需就该等信任负责。《合伙企业法》第53条规定，（普通合伙企业）退伙人对基于其退伙前的原因发生的合伙企业债务，承担无限连带责任；第81条规定，有限合伙人退伙后，对基于其退伙前的原因发生的有限合伙企业债务，以其退伙时从有限合伙企业中取回的财产承担责任。

有争议的地方是，依据《合伙企业法》第81条规定，有限合伙人仅需以其"退伙时"从有限合伙企业中"取回的"财产承担责任为限承担责任，对于退伙前已取回的财产、已获

〔1〕 详见广东省深圳市中级人民法院民事判决书，（2021）粤03民终17081号（深圳市鸿海环球控股集团有限公司、付某等合伙协议纠纷二审）、（2021）粤03民终15019号（深圳市信诚达资产管理有限公司、张某娣等合同纠纷二审）等。

〔2〕 详见江苏省南京市中级人民法院民事判决书，（2020）苏01民终10942号［上诉人高某明与被上诉人深圳市金色木棉资产管理有限公司、深圳市锦安控股有限公司、深滨贸易（深圳）有限公司合同纠纷案］。

得的收益在所不同。似乎有限合伙人可在有限合伙的配合下先行取回（大）部分出资，待“退伙时”仅取回（小）部分出资，从而达到规避责任之目的。实践中，多数有限合伙制私募基金在收回部分投资后就将之分配给合伙人，而非待有限合伙清算时或有限合伙人退伙时统一分配。因此，严格按照字面意思适用《合伙企业法》第 81 条规定，将造成该退伙合伙人责任逃避，这是一个法律漏洞。为填补该漏洞，可考虑方案是：一是对“退伙”做广义（扩张）解释，包括全部退伙和部分退伙。二是通过修法将有限合伙人“退伙前”“获得的收益分配”和“取回的财产”都纳入其承担责任的范围。

因转让财产份额而退出合伙企业，原合伙人丧失合伙人资格，属于退伙，可将之称为“转让退伙”，与从合伙企业取回财产的“减资退伙”对应。但《合伙企业法》并没有明确规定“转让退伙”或类似措辞，第二章第五节“入伙、退伙”也未将转让财产份额作为退伙情形之一种。因此，就该法第 53 条规定的文义而言，可适用于减资退伙和转让退伙两种情形，但就体系解释而言，应限缩解释仅可适用于减资退伙。至于就该法第 81 条规定的文义而言，可以直接排除转让退伙情形的适用，同时也从体系角度反证第 53 条限缩解释的合理性。

但值得注意的是，政府投资基金采用退伙方式退出的，需要子基金其他合伙人的配合。若某一个或多个合伙人不配合的，实操中可能存在一定障碍，这种障碍可能在一定程度上影响法官的判断。因此，笔者建议，政府投资基金应当进一步细化子基金合同等交易文件，保障政府投资基金在强制退出条件满足且僵局形成时具有切实可行的退出路径和明确的请求权基础，尽量避免本可预见的诉讼风险。

（五）提前强制退出路径之四：解散并清算

若政府投资基金通过上述路径仍无法实现退出目的，可以要求解散并清算。如其他合伙人不同意解散，则政府投资基金可以向人民法院提起解散合伙企业诉讼。

1. 管辖法院

根据最高人民法院于 2009 年 11 月 4 日印发的《关于审理公司强制清算案件工作座谈会纪要》规定，公司强制清算案件的管辖法院为公司住所地的人民法院，即公司主要办事机构所在地法院；公司主要办事机构所在地不明确、存在争议的，由公司注册登记地人民法院管辖。同时按照公司登记机关的级别确定级别管辖，即基层人民法院管辖县、县级市或者区的公司登记机关核准登记公司的公司强制清算案件；中级人民法院管辖地区、地级市以上的公司登记机关核准登记公司的公司强制清算案件。在实务中，合伙企业的强制清算案件通常由合伙企业的注册地人民法院管辖。政府投资基金通过行使强制清算权追讨出资，应向子基金主要办事机构所在地或者注册地申请强制清算。

2. 强制清算程序

人民法院审理私募基金强制清算案件一般历经申请、听证会、受理、指定清算组、申报债权、核算清理基金财产、处理基金财产、终结清算等程序。其中，听证会是法院审查申请材料决定是否受理私募基金强制清算案件的核心环节。在听证会上，相关利害关系人（申请人以外的其他出资人）可以就申请人的申请资格、合伙企业/公司是否已经发生解散事由、强制清算申请是否符合法律规定内容提出异议。法院如认为异议成立就会裁定不予受理合伙企业/公司的强制清算申请，异议不成立则私募基金进入清算程序。

尽管法律对私募基金的强制清算有规定，但实务操作中，受各方面因素影响，强制清算程序周期较长，投资人需要经过长期等待才能实现退出。为此，笔者建议政府投资基金在签署子基金合同时，应特别注意清算条款，尽可能保留自己选任基金清算人的权利，避免在子基金合同中直接约定由普通合伙人或管理人担任清算人。

五、出现基金僵局的司法解散请求权而退出

我国《公司法》第182条规定了公司经营管理发生严重困难，继续存续会使股东利益受到重大损失，通过其他途径不能解决时，持有公司全部股东表决权10%以上的股东，可以请求人民法院解散公司。即公司陷入治理僵局时，法律赋予股东强制司法解散请求权。

尽管《合伙企业法》未明确规定合伙人对合伙企业有强制司法解散请求权，但就司法判例而言，当合伙企业出现合伙目的不能实现的情形时，合伙人之间就解散及清算事宜无法形成决议，异议合伙人起诉解散合伙企业也存在被法院支持的可能。例如，在“上海上咏资产管理合伙企业（有限合伙）与上海上投资本管理有限公司其他合伙企业纠纷案”中[1]，上海市第二中级人民法院以合伙目的已无法实现，合伙企业继续存续将不利于各合伙人的合法权益，支持异议合伙人诉请，判决解散合伙企业。

六、以让利为目的而退出

《政府投资基金暂行管理办法》第2条规定，政府投资基金，是指由各级政府通过预算安排，以单独出资或与社会资本共同出资设立，采用股权投资等市场化方式，引导社会各类资本投资经济社会发展的重点领域和薄弱环节，支持相关产业和领域发展的资金。因此，采用“政府投资基金”这个名称主要是从财政出资用于从事股权投资的角度来理解的，而从其功能、设立目的和宗旨来看，政府投资基金又可称为“政府引导基金”。为实现上述宗旨，政府投资/引导基金需要采取一定的措施，其中“政府让利”是最常见的。

（一）规范性文件的相关规定

《政府投资基金暂行管理办法》第13条第2款规定，为更好地发挥政府出资的引导作

〔1〕 上海市第二中级人民法院民事判决书，（2021）沪02民终264号。

用，政府可适当让利，但不得向其他出资人承诺投资本金不受损失，不得承诺最低收益。这是关于政府投资基金政府让利问题的最早的规范性文件。国家发改委 2016 年 12 月 30 日印发的《政府出资产业投资基金管理暂行办法》（发改财金规〔2016〕2800 号）第 7 条规定，政府出资产业投资基金可以综合运用参股基金、联合投资、融资担保、政府出资适当让利等多种方式，充分发挥基金在贯彻产业政策、引导民间投资、稳定经济增长等方面的作用。国家发改委也将政府出资适当让利作为政府出资产业投资基金引导民间投资的一种方式。

各地省市也在国家部委规定的基础上，在各自的规范性文件中明确了让利的态度。这里择取部分有代表性的规范性文件并列示如表 2 所示。

表 2　相关规范

规范性文件名称	条文内容
《江苏省政府投资基金管理办法》（2019 年版）	第十七条　按照子基金风险、收益偏好和行业支持需求的不同，基金在符合规定条件的情况下，可以对子基金中的其他参与主体适当让利。
《浙江省产业基金管理办法》（浙财建〔2021〕75 号）	第四章　投资管理程序 第十八条　省产业基金政策性项目投资管理一般程序为：制定运作方案、项目征集、项目立项、尽职调查、投资决策、公示、投后管理等。 …… 3. 省级项目主管部门组织召开投资决策委员会会议对项目进行立项决策，立项决策结果需经分管省领导审定，项目投资方案应提出项目总规模、省产业基金出资比例、政策目标、让利方案、退出安排等事项，并形成书面文件交由基金管理公司。
《湖北省长江经济带产业基金管理办法》（鄂政办发〔2016〕17 号）	第三十四条　引导基金中的政府出资可通过适当让利的方式，引导长江产业基金加强对湖北战略性新兴产业的投资。具体让利方案由产业基金管理公司会同省长江投制定，报基金管委会审定。
《山西省政府投资基金管理暂行办法》（晋政办发〔2017〕49 号）	第二十九条　政府投资基金实行收益共享、风险共担原则。为体现政府资金的政策性要求，政府投资基金可根据母基金投资领域、投资阶段、风险程度等，给予其他社会出资人适当让利，让利方案由省级政府投资基金管理公司确定后，通过基金章程或合伙协议予以明确。当基金清算出现亏损时，首先由基金管理公司以其对基金的出资额承担亏损，剩余部分在一定幅度内，政府出资可适当负担较大比例，具体比例在基金设立方案中确定。

续表

规范性文件名称	条文内容
《苏州市产业引导基金管理办法》（苏府〔2017〕4 号）	第二十三条　为体现政府资金的政策性，引导基金在投资各专业基金时，可根据基金投资领域、投资阶段、风险程度等，给予其他社会出资人适当让利。但相关让利政策需在招标文件中明确，原则上投资期内不予调整。
《厦门市产业引导基金管理办法》（厦产业投资基金理事会办〔2019〕1 号）	第二十条　引导基金参股的产业子基金在基金清算时，在完成引导基金相关规定和基金协议中关于投资于厦门市企业等约定目标且运作符合引导基金相关规定和基金协议要求的前提下，原则上产业子基金投资于厦门市企业的总退出收益中归属于引导基金的收益，部分可让利予产业子基金的其他出资人或产业子基金管理团队。

可见，各省市已普遍将“政府让利”作为政府投资基金的一项引导政策确定下来，部分省市还将其拔到“总体思路”的高度。通过将返投比例、投资绩效和让利挂钩，以“政府让利”激励社会出资人、基金管理人带动产业/项目落地，可以更好地发挥政府出资的产业投资引导作用。

（二）政府投资基金让利的具体操作

1. 让利的前提

如前所述，政府投资基金让利给其他出资人是有前提的。就前述规范性文件的表述来看，主要有两方面：就经济效益而言，政府投资基金从子基金所获得的收益超过其预期的最低值（一般是指投资本金加门槛收益）；就政策、社会效益而言，子基金完成了既定的投资任务，实现了政府投资基金入股子基金的目的。至于如何认定子基金实现了政策、社会效益，政府投资基金一般通过对子基金进行绩效考核来把握。

2. 让利的时间点与让利的方式

前述规范性文件对于让利的时间点并没有限定必须是在子基金清算时。由于政府投资基金所获得的收益在子基金清算时才能最终明确下来，对于明确让利比例的规范性文件而言，必须等到子基金清算时确认了投资收益后，再按约定比例将收益“赠与”给其他出资人。有疑问的是，子基金存在多个投资项目的情况下，子基金在存续期内陆续收回投资并进行分配，留到清算时分配的收益相对较少，政府投资基金如何进行“赠与”？如果让政府投资基金从账户中直接拨付款项给其他出资人，这可能会受到国有企业预算、结算规则的限制，操作起来难度较大。实务中变通的方式是，在最后二三个项目退出时不急于分配，留待清算时用于“调剂”，将原本应分配给政府投资基金的部分投资收益直接按照约定结算并分配给其他出资人。

实务中，在子基金投资项目整体质地良好，政府投资基金预计收回资金可以达到投资本金加门槛收益时，也会考虑提前通过份额转让方式退出，从而将收益留给其他出资人。采用这种方式，一方面，可以让政府投资基金提前收回资金用于滚动投资，有利于预算有限而投资引导任务较重的地方政府；另一方面，在子基金预期收益良好的情况下，让利力度可能非常可观，因此颇受市场欢迎。当然，政府投资基金如果是提前通过份额转让方式退出的，同样需要履行前述的国有资产转让程序，此处不赘。

七、结语

基于目前经济环境的变化，如何有效退出市场化子基金已经成为各级、各地政府投资基金面临的大难题。各级、各地政府投资基金已经陆续改变过往的管理思路，重新审视并完善对市场化子基金的监管规则，通过灵活运用各种“退出”手段，既鼓励市场化子基金积极开展投资，又给市场化子基金套上“紧箍咒”，以期达到预定的政策目标。当然，政府投资基金退出机制本身是一个值得不断研究的话题，其中很多问题无论是在理论界还是实务界都仍然存在争议，本文希望能够为政府投资退出机制的完善提供一些新思路，以期更多的思维火花得以碰撞。

股权回购与业绩补偿同时适用的裁判分歧与应对

陈静华　安薪丞阳 *

目　次

一、引言

在我国私募股权投资活动中时常见到对赌协议的身影，PE/VC投资人通过与目标公司的创始股东或实际控制人（以下简称目标公司股东）签订对赌协议来控制投资风险与预留投资退出通道。众所周知，对赌协议实质是估值调整协议，在我国语境下其内容主要包括股权回购条款与业绩补偿条款，且这两个条款又常常在投资协议中并用。一旦投资协议约定的股权回购条件与业绩补偿条件均触发时，投资人往往会同时要求目标公司股东既回购股权又进行业绩补偿，但目标公司股东一般不会痛快地履行相关义务，这使得对赌

---

* 陈静华，法律硕士、上海市锦天城律师事务所合伙人；安薪丞阳，法学硕士、上海市锦天城律师事务所实习律师。

协议引发的投资合同纠纷大多最终诉诸司法途径解决。近期，在我们代理的一个因对赌协议引起的股权转让合同纠纷案件中发现，各地法院对于投资人同时主张目标公司股东履行股权回购与业绩补偿义务的裁判意见存在重大分歧。尽管《全国法院民商事审判工作会议纪要》对“对赌协议”的效力及履行问题进行了回应，但并未就投资人同时主张股权回购与业绩补偿款时如何适用进行解释。鉴于此，本文拟通过梳理《全国法院民商事审判工作会议纪要》出台后的最新司法裁判观点，以期帮助投资人更好地在投资协议中约定对赌条款。

二、投资人同时主张股权回购与业绩补偿的裁判分歧

自《全国法院民商事审判工作会议纪要》颁布以后，各地法院对投资人同时主张股权回购与业绩补偿的请求是否给予支持仍存在较大分歧。各地法院裁判意见的分歧点并非在于这两个条款的效力，而是对两个条款的性质理解、适用条件与情形、能否同时适用、回购价款与业绩补偿款是否适用违约金调整规则等方面存在争议。对此，我们检索了大量因履行对赌条款产生纠纷的案件，发现各地法院对于投资方同时主张目标公司的股东回购股权和业绩补偿的诉讼请求在裁判上存在较大分歧，我们筛选出 5 个同时支持两项诉请的案件和 5 个不予同时支持两项诉请的典型案件，并对裁判意见梳理如表 1 所示。

表 1　相关案例

序号	审理法院	案号	裁判时间	裁判意见
支持股权回购条款与业绩补偿条款可以同时适用的相关案例				
1	最高人民法院	（2019）最高法民申 5691 号	2019 年 12 月 24 日	业绩补偿适用的条件是宏力热泵 2012 年净利润达不到 4500 万元的情形，而股权回购适用的条件是宏力热泵不能于 2014 年 12 月 31 日前在 A 股上市，两者适用条件和约定的行权时间并不相同。业绩补偿条件成就之时，案涉股权回购条件尚未成就，普凯天吉和普凯天祥仍为宏力热泵的股东，并不存在宏力集团主张的普凯天吉和普凯天祥不是股东，不享有业绩补偿权利，同时支持业绩补偿和股权回购权利存在矛盾的问题。

续表

序号	审理法院	案号	裁判时间	裁判意见
2	北京市高级人民法院	（2021）京民终 102 号	2021 年 6 月 29 日	首先，案涉协议为对赌协议，是盛世聚浦合伙和时空汽车公司对时空能源公司的估值进行调整的协议。案涉相关协议同时设置业绩补偿条款和股权回购条款，构成盛世聚浦合伙以高溢价认购时空能源公司股权的前提与基础。因为有业绩补偿条款和股权回购条款，盛世聚浦合伙才会愿意在信息不对称且无法控制时空能源公司经营管理的情况下以高溢价认购目标公司股权。时空汽车公司的业绩补偿和股权回购义务是和盛世聚浦合伙高溢价认购目标公司股权相对应的，符合权利义务相一致的原则。其次，业绩补偿条款和股权回购条款并非对盛世聚浦合伙的保底。盛世聚浦合伙投资时空能源公司获得股权，目的并非按期获得固定收益，业绩补偿条款和股权回购条款也并非盛世聚浦合伙逃避投资风险的保底条款。盛世聚浦合伙和时空汽车公司真实的交易目的是通过增资为时空能源公司的经营获得资金，从而完成对赌协议设定的经营目标业绩，达到双方共赢的局面。时空能源公司的净利润目标能否成就取决于该公司的经营，在签订对赌协议时是不确定的，能否主张以及主张的数额都是不确定的。因此，同时支持业绩补偿和股权回购，并不会脱离设置对赌协议的初衷。最后，股东身份的变化并不会导致业绩补偿和股权回购存在矛盾。盛世聚浦合伙要求业绩补偿和股权回购的原因是时空能源公司未达到经营目标业绩，导致实际估值与签订对赌协议时的预设估值有差距，与是否保持股东身份没有因果关系。只要盛世聚浦合伙在业绩补偿条件成就时是股东身份即可。此外，业绩补偿金和股权回购款是对投资方收益的补偿和退出路径，与违约金的性质明显不同，不应适用《合同法》第 29 条的规定。

续表

序号	审理法院	案号	裁判时间	裁判意见
3	北京市高级人民法院	（2020）京民终308号	2020年12月15日	首先，《补充协议》中既约定了业绩补偿条款也约定了股权回购条款，两个条款均是独立的并行条款。上述条款是各方当事人的真实意思表示，亦未违反我国法律法规的强制性规定，故应当尊重当事人的意思自治。其次，中信资本公司要求谢立新给付业绩补偿款及股权回购款的依据是目标公司未达到经营目标业绩，导致实际估值与签订对赌协议时的预设估值有差距，与中信资本公司是否保持股东身份没有因果关系。本案中业绩补偿款的支付主体是谢立新而非目标公司，亦不存在股东身份的障碍。最后，《补充协议》是投融资双方对目标公司未来的估值进行调整的协议。投资人在投资当时，对于投资收益的期望本身也就包含了每年度业绩收入带来的收益和最终退出时股权产生的溢价两个部分，投资人以高溢价认购公司股份，其中对于目标公司的估值也是以上述两种收益作为基础的。因此，股东或者实际控制人的业绩补偿及股权回购义务是和投资方高溢价认购目标公司股权义务相对应的，符合合同相对人权利义务相一致的原则，亦不会违反公平原则。
4	北京市高级人民法院	（2019）京民终154号	2021年8月19日	本案系典型的因投融资对赌而产生的纠纷，汇信广瑞中心、安凤占、刘庆芬作为星烁公司的股东，约定由部分股东在一定条件下回购其他方股东的投资，系理性的商事主体之间通过合同对自身权益作出“一揽子”安排的行为，故依据意思自治和诚实信用原则，对于股东之间的回购约定，应依法予以支持。现星烁公司在2016年9月30日前未实现在全国中小企业股份转让系统挂牌，《股权投资协议》约定的回购条件已经成就。故汇信广瑞中心要求安凤占和刘庆芬按约定回购其所持有的星烁公司股权的诉讼请求，一审法院予以支持。根据《股权投资协议》第3条第3款约定，若经三方认可的会计师事务所对星烁公司财务审计后，星烁公司在2016年度未能实现净利4000万元，则汇信广瑞中心有权要求安凤占和刘庆芬以现金进行业绩补偿。与前述股份回购约定相同的道理，股东之间的业绩补偿约定，系商事主体之间通过合同对自身权益作出的安排，依据意思自治和诚实信用原则，汇信广瑞中心要求安凤占和刘庆芬按约定支付业绩补偿款的诉讼请求有相应的合同依据。

续表

序号	审理法院	案号	裁判时间	裁判意见
5	广东省高级人民法院	(2019)粤民终1694号	2021年1月13日	涉案增资协议、补充协议是各方当事人达成股权性融资合意时为解决交易双方对目标公司未来发展的不确定性、信息不对称等问题而设定的包含股权回购、金钱补偿等对未来目标公司估值进行调整的对赌协议。补充协议第2条约定的业绩补偿条款针对广发信德公司投资绿A公司后绿A公司2010年、2011年、2012年3个年度的净利润设定了业绩目标，用以鞭策融资方和目标公司创造更高的经营业绩，进而保障投资方能够在一定期限内获得预期的投资收益。补充协议第1条约定的股权回购条款约定广发信德公司可以在绿A公司未能上市或者绿A公司的净利润无法达到预期等情况下请求普罗菲莫公司、拉姆塞公司、富领公司向其回购股权，用以保障投资方能够在满足一定条件时收回投资并顺利退出目标公司。增资协议第5条、补充协议第2条针对普罗菲莫公司、拉姆塞公司、富领公司未经广发信德公司同意转让或质押绿A公司股权的行为约定了违约金条款，用以限制融资方擅自处分目标公司股权的行为，进而保障目标公司股权结构的相对稳定及其能够正常开展经营。上述股权回购条款、业绩补偿条款、违约金条款是各方当事人在投融资交易过程中经过平等协商而自愿达成的有效条款，其合同目的各有不同，相互之间并无抵触，均受法律保护。
不支持股权回购条款与业绩补偿条款可以同时适用的相关案例				
6	北京市高级人民法院	（2021）京民终272号	2021年4月22日	《补充协议》第2条股权回购义务第2款中约定：若宏睿投资企业选择行使回购权，宏睿投资企业此前从九次方公司获得的所有分红或从王叁寿得到的补偿将冲抵其应得的回购价款。从该条款的文意理解，宏睿投资企业在选择行使股权回购权利的同时，要扣除已获得的分红或补偿款。故宏睿投资企业仅能择其一进行主张，不能同时主张王叁寿支付现金补偿和回购股权。

续表

序号	审理法院	案号	裁判时间	裁判意见
7	上海市高级人民法院	（2021）沪民终 486 号	2021 年 11 月 30 日	业绩补偿条款虽然与股权回购条款在功能上具有控制投资风险、鼓励与约束原股东或实际控制人履约践诺的利益激励与责任约束作用，但业绩补偿条款与股权回购条款系不同的估值调整方式，投资人行使股权回购条款将产生股权变动的合同之债，该条款的适用结果意味着投资人放弃股东身份；而业绩补偿条款系投资人持股过程中因企业估值变化而产生的投资交易对价调整，该条款的适用须以投资人股东身份的存续为前提。现投资人已依据第 7.2 条约定以标的公司未于 2016 年 12 月 31 日前挂牌为由要求行使股权回购请求权，即其已决定放弃目标公司股东身份，无权再依据第 9.1.4 条主张业绩补偿款。
8	河南省高级人民法院	（2020）豫民终 1312 号	2022 年 2 月 16 日	《投资人保障协议》中虽然没有约定现金补偿与股权回购是选择行使还是二者同时行使，但根据《投资人保障协议》的约定，其目的在于保障凌济政投资期间获得稳定收益。其中，现金补偿是以民正农牧公司三年净利润低于协议约定的标准为前提，以承诺的 2017 年、2018 年、2019 年三年累计净利润与实际累计净利润之差乘以凌济政的持股比例计算。支付股权回购款前提条件是 2017 年至 2020 年公司净利润复合增长率低于 20%，按照凌济政投资额加上年化 15% 的收益计算。因此协议约定凌济政请求现金补偿与股权回购款的行权条件均是以民正农牧公司的经营利润指标下降为前提，即在民正农牧公司经营业绩下滑、利润下降的情况下，存在同时符合现金补偿和支付股权回购款条件的可能性，存在重合之处。故现金补偿与股权回购属于二者择其一的关系。

续表

序号	审理法院	案号	裁判时间	裁判意见
9	湖北省高级人民法院	（2020）鄂民终495号	2020年10月28日	关于深圳创投公司主张华博电机公司应向其支付现金补偿款的请求。投资方请求目标公司承担金钱补偿义务的，人民法院应当依据《公司法》第35条关于“股东不得抽逃出资”和第166条关于利润分配的强制性规定进行审查。经审查，目标公司没有利润或者虽有利润但不足以补偿投资方的，人民法院应当驳回或者部分支持其诉讼请求。今后目标公司有利润时，投资方还可以依据该事实另行提起诉讼。本案中，首先，目标公司华博电机公司为有限责任公司，根据《公司法》第35条、第166条和第34条规定，深圳创投公司应按照实缴的出资比例分取红利，其主张华博电机公司应根据合同约定的支付条件和计算方式向其支付现金补偿的请求没有法律依据；其次，深圳创投公司并无证据证明华博电机公司2011年至2012年的利润金额，其上述请求亦无事实依据。
10	广东省深圳市中级人民法院	（2020）粤03民终19235号	2021年7月28日	对赌协议作为估值调整机制，一方面是为了防控投资人的投资风险，另一方面，其并不是投资人规避风险、保证收益的工具。对赌协议防控的风险是对目标公司未来发展的不确定性、因不参与目标公司的经营而与目标公司信息不对称的风险，而不是为了让投资方获得确定的保障或者获取较高的投资回报。无论是股权回购，还是业绩补偿，均是估值调整的安排。当投资人同时主张股权回购款和金钱补偿时，对投资人的司法保护应限定在其实际投资本金及适当的资金占用补偿之和范围内。虽然协议约定如王若明、王继文及王昌国违约时，徐伟平有权按照案涉补充协议约定向王若明、王继文、王昌国主张业绩补偿及随时要求回购股份，但原审已判决支持全额返还徐伟平投资款9 025 740元以及按照年利率12%标准支付利息，该利息已远远高于中国人民银行同期贷款利率标准，若再同时支持现金补偿款5 119 255.69元，则徐伟平所主张的综合投资回报率明显过高，有违对赌协议的初衷，也违背了创业投资的商业规律。

分析上述裁判意见可以发现，支持投资人同时主张股权回购与业绩补偿的裁判依据主要有：（1）股权回购条款与业绩补偿条款“适用条件和约定的行权时间并不相同”；（2）业绩

补偿条款和股权回购条款是独立的并行条款，是各方当事人的真实意思表示，亦未违反我国法律法规的强制性规定，故应当尊重当事人的意思自治；（3）主张业绩补偿与是否保持股东身份没有因果关系，只要投资方在业绩补偿条件成就时是股东身份即可；（4）股份回购和业绩补偿约定，系商事主体之间通过合同对自身权益作出的安排，依据意思自治和诚实信用原则，投资方要求股权回购与业绩补偿款的诉讼请求有相应的合同依据；（5）股权回购条款、业绩补偿条款、违约金条款是各方当事人在投融资交易过程中经过平等协商而自愿达成的有效条款，其合同目的各有不同，相互之间并无抵触，均受法律保护。

相反，不支持投资人同时主张股权回购与业绩补偿的法院裁判依据主要有：（1）投资方在选择行使股权回购权利的同时要扣除业绩补偿款，即投资方对股权回购与业绩补偿只能择一主张，不能同时主张支付现金补偿和回购股权；（2）业绩补偿条款与股权回购条款系不同的估值调整方式，投资人行使股权回购条款将产生股权变动的合同之债，该条款的适用结果意味着投资人放弃股东身份，而业绩补偿条款系投资人持股过程中因企业估值变化而产生的投资交易对价调整，该条款的适用须以投资人股东身份的存续为前提，因此投资方只能择一主张；（3）投资协议中虽没有约定现金补偿与股权回购是选择行使还是二者同时行使，但协议约定投资方的请求现金补偿与股权回购款的行权条件均是以目标公司的经营利润指标下降为前提，若目标公司存在同时符合现金补偿和支付股权回购款条件的，两者存在重合之处，故而，现金补偿与股权回购属于二者择其一的关系；（4）投资方请求目标公司承担金钱补偿义务的，人民法院应对目标公司的利润分配的强制性规定进行审查，若审查发现目标公司没有利润或者虽有利润但不足以补偿投资方的，人民法院应当驳回或者部分支持其诉讼请求；（5）当投资人同时主张股权回购款和金钱补偿时，对投资人的司法保护应限定在其实际投资本金及适当的资金占用补偿之和范围内，同时支持股权回购与业绩补偿可能导致综合投资回报率明显过高，有违对赌协议的初衷，也违背了创业投资的商业规律。

三、对赌协议同时约定股权回购与业绩补偿应关注的重点

如前所述，各地法院就对赌协议中同时包含股权回购条款和业绩补偿条款的投资协议效力基本没有异议，只要不存在合同无效事由，皆认可其有效性。然而，对于投资人能否同时主张股权回购款及业绩补偿款则存在较大分歧，裁判意见不尽相同。在这样的背景下，我们认为投资人在与目标公司股东协商签署对赌协议时，应着眼于协议履行的确定性，尤应关注下述几个方面：

（一）选择合适的“对赌”主体

在私募股权投资领域，对赌纠纷第一案“海富案”确立了投资方与目标公司的股东对赌

有效，与目标公司对赌无效的区分规则。[1]这一裁判结果曾一度使目标公司远离“赌局”，实践中投资方亦将对赌主体调整为创始股东，由创始股东承担对赌失败的股权回购与业绩补偿责任。尔后，“瀚霖案”以目标公司承担连带担保责任的方式，使目标公司实质上又承担了对赌的法律责任，自此目标公司再次成为投资人设定对赌的主体。[2]显然，在过去的一段时期内，投资人能否将目标公司作为对赌主体一直不明确。直到《全国法院民商事审判工作会议纪要》的颁布，最高人民法院借此确立了全新的裁判思路，即明确投资人与目标公司对赌有效（除非具有法定无效事由），但投资人向目标公司主张股权回购或业绩补偿时，应受到公司资本维持原则即减资程序与利润分配强制性规定的制约。例如，在深创投诉华博电机公司合同纠纷一案中，[3]投资人同时向目标公司与创始股东主张股权回购与业绩补偿，要求目标公司承担业绩补偿的责任，湖北高院认为深创投未能举证证明华博电机公司存在可分配利润，据此驳回了其关于业绩补偿款的请求。又如，在北京银海通诉新疆西龙股权转让纠纷案中，[4]最高人民法院认为投资人主张股权回购需以目标公司完成减资程序作为前提。

由于目标公司作为股权回购义务人在履行回购义务时受到减资与利润分配的程序性限制，而该等事项的执行又需要以股东会多数表决权的通过为前提，实践中容易出现僵局，同时公司减资还需通知债权人、进行公告等，这些程序使投资人无法在短时间内获得股权回购对价。因此，投资人在选择对赌的主体时应当以目标公司的创始股东或实际控制人为主，谨慎选择目标公司。当然在投资协议的谈判博弈中，如果创始股东坚持以目标公司作为股权回购义务人的话，我们建议投资方可以要求创始股东对目标公司的股权回购义务承担连带责任，且约定目标公司履行回购义务的期限，如其在约定的期限内无法履行股权回购义务的，则投资人可以直接要求创始股东履行股权回购义务。

此外，有时候创始股东会提出其履行股权回购的责任以其持有目标公司的股权或股权价值为限。投资人在接受该条件时，可以同时设定责任限制的例外情形，如创始股东向投资人披露的目标公司的经营状况存在欺诈或过分夸大的情况，或者在陈述与保证条款下的内容被证明存在不真实或严重不符的情况时，则构成其责任限制的例外。

（二）注意保持“股东”身份

“对赌协议”旨在解决交易双方对目标公司未来发展的不确定性、信息不对称性以及代理成本过高等问题。投资人在订立“对赌协议”之后，投资人便具有了双重身份，其不仅具有目标公司股东身份，亦是目标公司的债权人之一。因此，投资人主张同时适用股权回购与业绩补偿时，提出这两项请求的顺序和身份也是法院重点审查的地方。有的裁判观点认为投

〔1〕 参见最高人民法院民事判决书，（2012）民提字第11号。
〔2〕 参见最高人民法院民事判决书，（2016）最高法民再128号。
〔3〕 参见湖北省高级人民法院民事判决书，（2020）鄂民终495号。
〔4〕 参见最高人民法院民事裁定书，（2020）最高法民申2957号。

资人在主张业绩补偿价款时，其应当具备股东身份。例如，在天津普凯诉宏力集团公司增资纠纷一案中，[1]合同约定的业绩补偿条款触发时间是目标公司2012年净利润未达到4500万元，而股权回购的触发时间是目标公司不能于2014年12月31日前在A股上市。最高人民法院认为在业绩补偿条件成就之时，案涉股权回购条件尚未成就，投资人仍为目标公司的股东，因此享有业绩补偿权，同时支持业绩补偿和股权回购不存在相互冲突的情况。上海高院在（2021）沪民终486号案中则认为，业绩补偿条款与股权回购条款系不同的估值调整方式，投资人行使股权回购条款将产生股权变动的合同之债，该条款的适用后果意味着投资人放弃股东的身份，而业绩补偿条款系投资人持股过程中因企业估值变化而产生的投资交易对价调整，该条款的适用须以投资人股东身份的存续为前提。本案中，业绩补偿条件的成就时间晚于股权回购条件的成就时间，当投资人请求对赌的股东回购股权后，其已经决定放弃股东身份，投资人因此丧失了请求主张业绩补偿款的基础。对于投资人在请求业绩补偿款时是否应当具有“股东”身份这一问题，实务中亦有观点认为：“从逻辑关系上，如投资人主张股权回购，即选择恢复至未进行投资的状态，嗣后即使业绩补偿条件成就，投资人再行要求以业绩补偿的方式调整交易对价则缺少了基础。就这一角度而言，如果同时主张业绩补偿和股权回购，股东身份可能会成为障碍。”

鉴于司法实践存在因投资人不具备“股东”身份而不支持业绩补偿款的情形，建议投资人在设计股权回购条款与业绩补偿条款时，应当注意“股东”身份与行权时间的顺序衔接。一方面，投资人可以将股权回购的触发时间安排在业绩补偿条件成就之后。另一方面，即便约定的股权回购触发时间早于业绩补偿成就时点，投资人可以先行锁定回购权，待业绩补偿条件成就之后再请求创始股东或实际控制人回购股权，从而避免因其不具备股东身份而影响其主张业绩补偿款。

（三）避免设置相同的对赌条件

值得注意的是，部分投资人在投资协议中将股权回购条款与业绩补偿条款的触发条件设置为单一指标（如净利润、营业收入），这样可能会产生法院要求投资人择一适用股权回购条款与业绩补偿条款的风险。例如，在凌济政诉张现伟等股权转让纠纷案中，[2]业绩补偿条款是以目标公司三年净利润低于协议约定的标准为条件，而股权回购条款则是以目标公司净利润复合增长率低于20%为条件。据此，河南高院认为投资人请求业绩补偿与股权回购的行权条件均是以目标公司的经营利润指标下降为前提，二者存在重合之处。故，业绩补偿与股权回购属于二者择其一的关系。类似地，在广州星海诉刘宇兵合同纠纷案中，[3]业绩补偿条款是以目标公司实际利润少于6000万元作为条件，而股权回购条款同样是以实际利润作为

[1] 参见最高人民法院民事判决书，（2019）最高法民申5691号。
[2] 参见河南省高级人民法院民事判决书，（2020）豫民终1312号。
[3] 参见广州市中级人民法院民事判决书，（2021）粤01民终1354号。

指标，当该标准低于 8000 万元时触发回购。因此，广州中院认为股权回购与业绩补偿的适用条件相同，均为目标公司未达到实际利润这一指标，两个条款只是分属于不同利润空间范围的对应方式而已。当目标公司实际利润低于 6000 万元时，股权回购与业绩补偿属于二者择其一的关系。

鉴于此，投资人在设计股权回购条款与业绩补偿条款时，应当注意对两者进行区分，设定不同的适用情形与触发条件。具体而言，针对股权回购的条件，除了约定目标公司 IPO 或被收购外，还可以根据行业特点加入取得特定的监管批准（如生物医药行业设置取得临床批件、药品注册批件、生产批件等），或者目标公司控制权发生变更或目标公司主营业务无法正常开展等情况。而业绩补偿的条件，可以根据目标公司的估值设定合理的营业收入、净利润、息税前利润等财务类指标或市场拓展、研发成果进度等非财务类指标等。总而言之，应该避免对股权回购与业绩补偿设置单一的同类条件。

（四）合理约定股权回购价与业绩补偿金额的计算标准

实践中，对于股权回购价款的计算标准通常以初始投资金额乘以一定的年化利率（单利或复利）进行计算，该计算标准实质上已涵盖了投资人的回报收益率（投资收益）。而业绩补偿款通常以初始投资金额作为基础，根据已实现的业绩指标与承诺的业绩指标（如净利润）之间的差额计算比例并进而得出最终应当补偿的现金金额。在约定股权回购价与业绩补偿金额时，应注意以下问题：

1. 单利与复利

我们通过检索大量案例，发现对于股权回购价款，司法实践一般会认可年化单利 15% 以内的投资收益。然而，对于是否可以采用复利这一计算标准，司法实践中存在一定分歧。在盛世聚浦诉时空汽车股权转让纠纷案中，[1]北京高院支持了 8% 的年化收益率（复利），在此案中，由于案涉股权回购时间较短，因此复利计算并不会导致投资收益率过高的问题。然而，在天星资本诉李琦股权转让纠纷案中，[2]陕西高院则认为《人民币利率管理规定》是针对金融机构利率问题设定，复利的计算对象仅限于金融机构，复利的收取属于金融机构的专属性权利，天星公司不属于金融机构，不具有向李琦主张收取复利的权利。

因此，结合司法实践，法院可能不支持非金融机构采用复利计算投资年化率的约定，当然该问题的本质依然在于法院依据公平原则去衡量双方约定的股权回购价款是否合理。

2. 违约金调整

在对赌协议中，双方通常还针对目标公司或股东未及时履行股权回购义务约定逾期付款违约金，随之而来的问题便是违约金调整的标准。考虑到对赌协议主要应用于商事交易之

[1] 参见北京市高级人民法院民事判决书，（2021）京民终 102 号。
[2] 参见陕西省高级人民法院民事判决书，（2020）陕民终 619 号。

中，司法实践中一般会尊重当事人的意思自治。典型如盛世聚浦诉时空汽车股权转让纠纷案[1]和蓝海济世诉森林工业股权转让纠纷案。[2]然而，通过观察近期部分案例，司法实践倾向将《最高人民法院关于审理民间借贷案件适用法律若干问题的规定》中规定的年利率24%（《最高人民法院关于审理民间借贷案件适用法律若干问题的规定》修订前）或一年期贷款市场报价利率（LPR）4倍作为调整违约金上限的原则性标准。典型如银润传媒诉陈向荣股权转让纠纷案[3]、天津天源通诉刘波等合同纠纷案。[4]我们还发现，法院裁判思路通常为将投资收益和违约金作整体评价，使投资综合回报率原则上不突破年利率24%（《最高人民法院关于审理民间借贷案件适用法律若干问题的规定》修订前）或4倍LPR的标准。然而，需要指出的是，《全国法院民商事审判工作会议纪要》第50条强调针对借款合同以外的双务合同，给付行为中的价金不应当被理解为借款合同项下的还款义务，进而民间借贷利率上限并非当然成为判断违约金是否过高的标准。因此，部分法院仍以年利率24%或4倍LPR的标准来衡量投资综合回报率并决定是否调整股权回购价款，该法律适用依据仍值得商榷。

因此，投资方在投资协议中应合理约定股权回购价款与对方逾期履行的违约金。以投资收益率作为考量标准设计股权回购价款时，应当避免选择复利的计算模式，并且将投资收益利率控制在年利率（单利）8%～15%的范围内。对于逾期支付股权回购款的违约金计算，应与年化投资收益率相结合再考虑其上限的合理性，或者针对具体的违约事项约定明确的违约金，以争取获得法院的支持。

四、结语

在私募股权投资领域普遍接受“对赌协议”的背景下，PE/VC投资人应结合司法裁判的观点和依据，在投资协议中合理拟定对赌条款，加强对赌条款履行的确定性，从而真正实现控制投资风险之目的；另外，也希望各地法院对于投资人能否同时主张股权回购款及业绩补偿款形成统一的裁判标准，从而保护商事主体的合理预期，进一步释放我国投融资市场的活力。

---

〔1〕 参见北京市高级人民法院民事判决书，（2021）京民终102号。
〔2〕 参见最高人民法院民事判决书，（2019）最高法民终1642号。
〔3〕 参见最高人民法院民事判决书，（2020）最高法民终575号。
〔4〕 参见北京市第二中级人民法院民事判决书，（2021）京02民终10192号。

域外法制

欧盟金融服务领域的监管数据战略*

翟嘉诗　译

1. 背景

随着数字化程度的不断提高[1]和欧盟向2030年数字化目标的迈进[2]，新的挑战和机遇正在出现，并影响着社会和经济的所有领域，包括金融部门。在过去的几年里，数字科技已经改变了金融市场参与者生产、交流和使用信息进行决策的方式，这正是金融的命脉所在。数据是这种转变的核心。

欧盟委员会在其作出的欧洲数据战略中[3]，强调了数据是欧盟经济增长和创新的潜在来源，并强调需要通过建立共同的欧洲数据空间以更好地获取数据和分享数据。欧盟委员会数字金融战略的首要任务之一[4]是促进数据驱动型的金融创新，包括促进报告和监管工具的创新，以及建立一个共同的金融数据空间，涵盖商业间数据、公开披露的数据和监管数据。

金融机构和其他活跃在金融市场的企业需报告有关其财务状况和活动的广泛数据。欧盟和国家监管机关需要这些数据来监管金融机构和金融市场。数据使监管者能够监测风险，确保金融稳定和市场诚信，并保护欧盟的投资者和金融服务的消费者。

---

* 欧盟委员会致欧洲议会、欧洲理事会、欧洲经济和社会委员会及欧洲区域委员会的信函（2021）798号，《欧盟金融服务领域的监管数据战略》最终版由欧盟委员会于2021年12月15日颁布。

〔1〕参见 https：//digital－strategy. ec. europa. eu/en/policies/desi。

〔2〕参见信函（2021）118号最终版。

〔3〕参见信函（2020）66号最终版。

〔4〕参见信函（2020）591号最终版。

在过去的十年里，为实现监管目的而报告的数据的数量和清晰度都有了很大增长。总体来说，欧盟的金融机构需要履行500多项报告义务，包括1000多个表格和7万多条单独的数据信息〔1〕。更严格的报告义务有助于填补全球金融危机期间发现的信息缺口，反映金融系统日益复杂和相互关联的特点。虽然这极大弥补了监管疏漏，但也给报告主体和接收分析数据的监管机关造成了越来越大的负担。

数字技术可以大大减轻报告负担，使监管者能够更有效地从报告数据中获取信息。为了应对数据驱动型监管的机遇和挑战，全球的监管机关正在努力使其管辖范围内的报告工作现代化〔2〕。欧盟的监管报告以及监管机关收集和使用数据的方式需要跟上这些发展的步伐。

欧盟已经在一些关键领域实现了改进〔3〕，并在国际讨论中发挥了主导作用〔4〕，以促进全球层面的金融数据协调统一。为了提高欧盟监管报告框架的有效性和效率，还需要做更多的工作。

欧盟需要对监管报告系统加以改进，使监管者能够：

- 以更高的精准度和速度跟踪金融系统中各市场、金融工具和金融部门的变化。
- 作出更明智和更快的决定以保障金融稳定、市场诚信和保护消费者，并实现其他目标，如监测欧盟立法的转换和有效执行。
- 通过更一致和可互操作的数据集，更好地协调数据集之间的关系并实现监管的趋同。
- 同时，根据欧盟委员会制定的更优监管原则，以及系统主动地减少立法负担的承诺，尽量减少合规负担。〔5〕

在与利益相关者进行广泛讨论的基础上，〔6〕欧盟委员会提出了此项战略，概述了欧盟实现现代化监管报告系统的方法。该战略有助于实现欧洲数据战略和数字金融战略的目标，促进欧洲的数字创新。通过支持监管趋同，也有助于实现欧盟资本市场联盟的目标。

2. 当下的挑战

在对欧盟监管报告要求的全面检查中，〔7〕欧盟委员会得出结论，欧盟法律中的现行报告要求在向监管者提供相关数据方面是有必要且有效的。然而，在明确报告要求和收集数据的

---

〔1〕 有关报告要求的详细内容和计数，参见工作人员文件（2019）402号最终版，第52~55页。

〔2〕 参见国际清算银行金融稳定局《关于政策执行的见解》第29期。

〔3〕 概述请参见工作人员文件（2019）402号最终版，第19~23页。

〔4〕 包括例如在金融稳定委员会、支付和市场基础设施委员会、国际证券委员会组织和法律实体标识符监管委员会的国际讨论。

〔5〕 参见信函（2021）219号最终版。

〔6〕 参见 https：//ec. europa. eu/info/business – economy – euro/banking – and – finance/financial – supervision – and – risk – management/supervisory – data – collection_en。

〔7〕 参见工作人员文件（2019）402号最终版。

方式上存在效率低下的问题。这对报告数据的质量和可用性产生了不利的连锁反应，降低了监管者履行其职能的能力。这种低效也给报告主体带来了额外的成本，这可能相当于每年需要多达 40 亿 ~ 120 亿欧元[1]来履行欧盟的报告要求。此外，报告框架并没有充分利用现代信息科技工具。

全面检查确定了五个需要改进的主要领域：

- 报告要求的连贯性和统一性。报告要求和详细的数据规格没有得到充分的协调，包含了一些不一致和含糊之处。对通用数据标准、格式和标识符的使用不足。
- 数据共享和使用。不同的机关有时会收集部分重叠的数据或相似的数据。数据在各机关之间没有得到有效的共享和再利用。
- 立法程序和文书。报告要求，包括授权欧洲监管机关制定的技术标准，在框架上并不总是一致。短暂的实施时间和频繁的规则变化增加了报告主体和监管者的成本。
- 治理。在制定报告要求时，往往没有考虑已经存在的问题。从早期设计阶段到监管机关之间的数据共享过程中，利益相关者之间有更多的协调和合作空间。
- 技术。目前监管报告要求的设计并不允许在所有领域进行自动化、直通式的数据处理。不够标准化的数据也阻碍了报告主体和监管机关对现代科技的应用。

基于上述发现，欧盟委员会与欧洲监管当局已经对不同部门立法中的监管报告进行了有针对性的改进。然而，一些事项也适用于整个金融服务部门，因此应作为更广泛的跨部门数据监管的一部分来解决。

3. 我们的目标

欧盟委员会的长期目标是使欧盟的监管报告现代化，并建立一个系统，向欧盟和国家层面的监管机关提供准确、一致和及时的数据，同时尽量减少所有利益相关者的总体报告负担。

实现这一目标需要修正当前监管报告框架以及收集和处理金融数据的方法。根据从全面检查中获得的经验以及与利益相关者的进一步讨论，欧盟委员会得出结论，报告系统应包括以下基本要件：

（1）一致性和标准化的数据。数据标准化和对不同框架下收集的数据的共识，将使数字科技更容易适用，并简化数据传输、数据验证和数据分析。数据规格应依靠清晰和通用的术语，通用的标准和格式，以及唯一标识符的使用。这将避免数据解释上的歧义，更易于达到合规要求。

---

〔1〕 参见 ICF 咨询公司和欧洲政策研究中心：《金融业合规成本研究》（2019 年），第 164 页。履行欧盟报告要求的增量成本约占运营成本的 0.5%。

（2）数据的共享和再利用。促进欧盟和国家监管机关之间报告数据的共享和再利用，将避免重复的数据报告要求，减轻报告主体的负担。同时也将使监管者能够克服法律和技术障碍，使用另一个监管者持有的数据。促进数据共享和再利用，需要一个专门的监管框架和安全的现代信息科技环境来简化数据流、验证和交换机制，也有赖于数据集的规范化和标准化。

（3）改进报告要求的设计。精心设计和起草的立法对于实施一个有效和高效的报告系统至关重要。应在立法和技术标准规范之下，基于当前监管报告适用“更优的监管”〔1〕原则的良好实践，改进报告要求的设计过程。应确保这些原则在整个报告框架中，即从最初要求的制定到后续审查中，得到一致和系统的应用。

（4）联合治理。设计、实施和维护一个现代化的、更先进的监管报告系统需要有力的治理安排，以提高协调性，促进不同监管机关和其他利益相关者之间的合作，使各主体能够分享专业知识和交流信息。

构建这些基本要件将使现代科技得到更有效和更高效的利用，包括监管科技和超级科技〔2〕的利用。使用这些解决方案将进一步减轻报告主体的合规负担，提高监管机关收集数据的准确性和及时性，增强分析数据的能力。

4. 改变监管报告

建立一个现代化的、更加综合的监管报告系统是一项雄心勃勃的、复杂的和长期的工作。目前的报告框架及报告目标在不同的金融服务部门、欧盟和国家层面之间存在很大差异。数据的交换往往涉及多个独立的机关。向共同系统的过渡需要考虑欧盟和各国在立法框架起点和目标上的差异，并需要金融服务行业和监管机关的承诺和协调。需要重新设计一些报告和数据收集流程，取代传统的技术方案。

虽然监管报告的现代化和改进预计会带来巨大的长期利益和成本节约，但也不可避免地意味着在过渡期间需要资源投入。因此，欧盟的监管报告现代化需要采取渐进的方法，以减少实施风险和实施成本。这种方法既包括对部门措施的有针对性的修正，也包括影响更深远、更长期的跨部门改进。

具体而言，欧盟委员会将利用定期审查程序，对个别立法进行有针对性地改进，包括：（i）消除一个立法法案中或多个法案之间的重叠或不一致之处；（ii）消除多余或过时的报告

〔1〕 参见 https：//ec. europa. eu/info/law/law - making - process/planning - and - proposing - law/better - regulation - why - and - how_en。

〔2〕 监管科技是比现有水平更有效和更高效履行监管要求的技术。超级科技使用创新技术来支持监管，并帮助监管机关将报告和监管流程数字化。参见第 4.5 节。

要求；（iii）提供或澄阐明体定义；（iv）简化监管机关之间的数据流动；（v）酌情强化报告要求的相称性。

同时，欧盟委员会将授权欧洲监管机关利用技术专长，评估并采取必要的措施进一步整合报告，提高部门内部的一致性和数据标准化。

在随后的阶段，在各部门获得进展的基础上，欧盟委员会将完成基本要件的实施，并采取任何必要的额外措施，打造一个跨所有金融部门的综合欧盟监管报告系统。2023 年，欧盟委员会将会编写一份报告，说明在实施该战略方面取得的进展和汲取的经验。

4.1 一致性和标准化的数据

为了提高报告要求的一致性，欧盟委员会已经对一些立法框架进行了有针对性的改进，并将引入其他改进作为定期立法审查的一部分。然而，欧盟委员会将主要依靠对欧洲监管机关的授权来确保不同部门内的一致性。

在银行业，欧洲银行管理局已经按照《资本要求条例》[1]中的授权，就审慎数据、统计数据和决议数据收集整合的可行性进行了评估。虽然重点是银行业，但这项工作涵盖了数据的一致性和标准化以及战略中的其他关键因素，如数据共享和治理。从报告的角度来看，银行业规模大且复杂，因此可以把银行业发展出的优良实践作为试点。考虑到欧洲银行管理局做出的结论和建议，欧盟委员会将在必要时提出对法律框架的调整，以实现数据收集的一致性、标准化和一体化[2]。

在保险业，近期欧盟委员会针对偿付能力Ⅱ指令做出审查提议[3]，授权欧洲保险和职业养老金管理局与其他欧洲监管机关及欧洲中央银行合作，提高报告框架和数据标准的一致性。欧洲保险和职业养老金管理局应优先考虑集合投资产品数据和衍生品数据报告，这些领域的数据重叠问题最为突出。欧洲保险和职业养老金管理局还将致力于识别和解决与其他部门框架的重复或不一致之处。偿付能力Ⅱ审查还提出有针对性的简化要求和对报告相称性的加强。

在投资基金业，在针对 2021 年 11 月欧盟资本市场联盟“一揽子”计划[4]中通过的《另类投资基金管理人指令》[5]审查提议中，欧盟委员会提议授权欧洲证券及市场管理局改善另类投资基金管理人的数据收集，并协调欧盟可转让证券集合投资计划的数据报告要求。在修订或开发新的报告模板之前，欧洲证券及市场管理局需要与欧洲央行和欧洲保险和职业养老金管理局合作进行技术评估，评估的目的是确保数据收集要求与其他投资基金的报告要

[1] 参见条例（欧盟）2019/876，第 430c 条。

[2] 欧洲银行管理局《关于〈资本要求条例〉第 430 条规定的综合报告系统的可行性研究的讨论文件》于 2021 年 3 月发布，最终版本在 2021 年 12 月底发布。

[3] 参见信函（2021）581 号最终版。

[4] 参见信函（2021）720 号最终版。

[5] 参见信函（2021）721 号最终版。

求保持一致，特别是欧洲中央银行系统为统计目的已经收集的数据。

在金融市场的报告方面，框架之间的不一致已经在《欧洲市场基础设施管理条例》[1]改革中得到解决，欧洲证券及市场管理局正在技术层面上实现进一步的改进。在针对欧盟资本市场联盟"一揽子"计划中通过的《金融工具市场条例》[2]审查提议中，欧盟委员会提议调整欧洲证券及市场管理局采用技术标准的权力，确保这些框架中交易报告要求的一致性。此外，欧洲证券及市场管理局还将评估进一步整合报告和精简数据流的可行性。《金融工具市场条例》审查还推进了创建股票和债券综合互动，目的是确保与已经报告的数据保持一致，并为互动制定透明度标准，作为报告要求的一部分。这将提高数据质量，避免给行业带来不必要的额外成本。

在上述行业措施的基础上，欧盟委员会将协调开发一个通用数据字典，以确保各金融部门的一致性和标准化。有了确立数据格式的共同标准，更易于不同部门之间分享和再利用数据。此外，数据字典将有助于实现其他长期目标，如使报告要求可机读和执行。

字典将以结构化、全面、一致并明确的方式，规定在不同报告框架下收集数据的内容和格式，并使用立法规定的术语，在需收集的数据项和相关立法要求之间建立关联性[3]。相关当局将实施该字典规定的技术要素。欧盟委员会将为字典的使用和管理制定规则。

认识到这项任务的复杂性，欧盟委员会将利用欧洲监管机关和欧洲中央银行的技术专长，他们在创立部门的数据字典方面已经有经验。欧洲证券及市场管理局最近已经开始在其领域内开始创立数据字典的工作。欧洲保险和职业养老金管理局和欧洲银行管理局共享相同的数据表述方法，并正努力使他们的数据字典更加一致。在欧洲中央银行的指导下，欧洲中央银行系统已经建立并继续扩充了其单一数据字典，用于其综合报告框架[4]下的银行部门统计报告。欧盟委员会已经汇总了现有的报告要求，并开展了一个试点项目[5]，即使用机器学习的方法建立一个概念词汇表。该词汇表将列出立法中使用的术语及定义，有助于明晰和精简在共同数据字典中的法律概念。数据字典将列明需要报告的各个数据字段。目标是在 2024 年之前将基于概念词汇表的部门数据字典创立完毕。

确保数据一致性的一个关键要素是充分使用国际公认的通用识别符，如唯一产品标识符、唯一交易标识符和法律实体标识符。法律实体标识符可以对实体进行独特和明确的识

〔1〕 参见条例（欧盟）2019/834。

〔2〕 参见信函（2021）722 号最终版。

〔3〕 数据字典将是一个需要报告的信息的储存库。字典将用法律和商业术语确定需要报告的数据，并包括使用数据所需的其他信息，如允许值、格式、访问权限、与其他数据项的关系（例如，是其他数据项的一部分或其他数据项的总和）。示例可见支付和市场基础设施委员会和国际证券委员会组织发布的《关键场外衍生品数据要素的协调》，以及欧洲中央银行系统和银行业开发的银行综合报告字典。

〔4〕 参见欧元系统的《综合报告框架倡议》，预计在 2024 ~2027 年实施。

〔5〕 参见《通过训练机器学习实现监管概念和报告义务的字典化》最终版，2021 年由 Crosslang、ID Lab 和 Milieu 编写。

别，是金融部门最广泛使用的全球实体标识符，特别有助于连接各个数据集来促进监管。因此，欧盟委员会将进一步扩大和促进法律实体标识符在金融部门的使用，填补一些关键的缺失，并在相关立法[1]中引入使用法律实体标识符的要求。根据欧洲系统风险委员会的建议[2]，欧盟委员会将在2023年之前就是否对欧盟范围内更多的法律实体强制使用法律实体标识符做出报告。最后，欧盟委员会将在国际论坛上继续努力，以促进法律实体标识符和其他通用标识符在全球金融部门的应用。

举措1　为了提高报告数据的一致性和标准化，欧盟委员会将：

a）进行授权，如有必要时建议在关键立法中加强对欧洲监管机关的授权，以进一步整合其主管领域内的报告；

b）更新金融部门报告要求的制定，建立一个综合的词汇表，以明晰和精简所使用的一系列法律概念；

c）与欧洲监管机关和欧洲中央银行合作，开发并推广使用通用数据字典，首先在2024年之前创立部门字典；

d）在相关报告框架中提出修正案，系统地要求拥有法律实体标识符的实体报告其法律实体标识符，并在2023年之前报告是否对更多的法律实体强制使用法律实体标识符。

4.2　加强数据的共享和再利用

数据应该只报告一次，然后由监管欧盟金融系统的不同机关根据需要共享和再利用。因此，欧盟委员会计划建立一个系统，让报告主体提供高质量的数据，监管机关则尽可能多地、有效地分享他们收集的数据，同时确保数据安全和保密。

为此，在《另类投资基金管理人指令》审查提议中，欧盟委员会提议修改相关条款以确保监管机关之间进行更有效的数据共享。此外，正在进行中的《中央证券存管机构条例》[3]审查预计在2022年第一季度完成，欧盟委员会探讨如何促进中央证券存管服务的跨境提供，并建立监管机关进行合作的正式和标准化程序，包括数据的共享。2022年，欧盟委员会还将依照《货币市场基金条例》[4]第46条规定的审查要求来评估数据共享条款。

欧盟委员会支持欧洲监管机关正在进行的技术工作，加强各部门报告数据的共享和再利用。欧洲证券及市场管理局的目标是成为欧盟证券市场的数据中心，并在欧盟层面为其他机关、投资者和市场参与者提高信息的可获取性。根据其综合报告任务，欧洲证券及市场管理局正在评估嵌入中央数据登记册的报告系统的可行性，即为监管当局提供一个唯一的联络

---

〔1〕 例如，欧盟委员会建议更多在支付中使用法律实体标识符，并作为反洗钱“一揽子”立法的一部分。

〔2〕 参见欧洲系统风险委员会2020年12月文件。

〔3〕 参见欧洲议会和欧洲理事会2014年7月23日“关于改善欧盟证券结算和中央证券存管”的（欧盟）909/2014条例，并修订了98/26/EC和2014/65/EU号指令以及（欧盟）236/2012条例。

〔4〕 参见欧洲议会和欧洲理事会2017年6月14日关于货币市场基金（欧盟）2017/1131条例。

点，提供额外的支持和协调，以便数据查询传输和信息交流。欧洲银行管理局的欧洲集中式数据基础设施[1]数据中心已经涵盖了欧盟银行业的所有监管数据和措施数据，欧洲银行管理局将在其综合报告项目的实施阶段继续推进这个数据中心的建设。最后，欧洲保险和职业养老金管理局正继续开发其数据框架，以安全地收集、管理、分析、分发和发布数据。其核心是一个中央存储库，欧洲保险和职业养老金管理局将在实施技术改进的同时维护该存储库。

欧盟委员会将会与欧洲监管机关、欧洲中央银行及其他机关合作，在2023年前审查相关立法，以确定在共享监管数据、统计数据和措施数据方面的其他法律障碍，并准备在必要时予以清除。这项工作将建立在相关欧盟立法的规定之上，这些规定已经提供了欧盟和国家层面当局在严格条件下的数据共享机制。加上通用数据字典的创立，将为监管数据空间[2]奠定基础，在保护数据保密性和安全性的同时，所有相关机关都可以访问、共享和再利用数据。

欧盟委员会将提出一套确立数据访问权和分配数据质量评估责任的规则，以及各主管机关在增加、修改和终止报告要求之前应遵循的程序。欧盟委员会还将通过使用通用数据字典来实现数据集的进一步标准化，并支持发展一个安全的网络科技环境，无论数据的实际存储位置如何，在这个环境中都可以安全地访问和交换数据。欧盟委员会将继续与各监管当局密切合作，特别是与欧洲监管机关、欧洲中央银行、欧洲系统风险委员会和单一处置委员会一起，确定监管数据空间的精确设计。

监管者应能够无须收集额外数据，将监管数据和公开披露数据无缝结合，以获得对金融系统更全面的了解。拟定的欧洲单一接入点[3]将协助监管者更容易地获取受监管主体公开披露的数据。协调监管数据空间的数据以及金融部门内受监管主体公开披露的数据的规则，以确保各自数据集的可比性和互通性。

此外，一些公开披露信息可以使用监管数据进行汇编。在2021年10月27日通过的银行业“一揽子”计划[4]中，欧盟委员会提议授权欧洲银行管理局集中管理各个银行的披露信息，以增加对审慎数据的获取。提议还要求欧洲银行管理局根据需要向监管机关报告数据，公布小型和非复杂银行的披露信息，以消除银行的额外披露成本。欧盟委员会将继续与欧洲监管机关合作建立一个框架，特别是在制定欧洲单一接入点技术标准期间，在监管数据中整合披露信息，并进一步协调公共数据和监管数据。

报告的监管数据是潜在信息的宝库。为了最大限度地发挥其价值，在适当和可行的情况下，

---

〔1〕 参见欧洲银行管理局第2020/335号决定。

〔2〕 数据空间是在更宽泛的欧洲数据战略中引入的，指的是数据共享和汇集的具体安排。参见信函（2020）66号。

〔3〕 参见信函（2021）723号最终版，信函（2021）724号最终版，信函（2021）725号最终版。

〔4〕 参见信函（2021）663号最终版，信函（2021）664号最终版，信函（2021）665号最终版。

欧盟委员会鼓励监管机关主动进行市场分析，并为监管者、市场参与者和广大公众传播信息。

欧盟委员会还将研究如何在保护信息保密性的同时，更广泛地提供数据用于支持研究和创新。在2023年的进展报告中，欧盟委员会将评估是否可以进行监管调整，以便能够为创新目的共享和再利用报告数据。

举措2　为了加强数据的共享和再利用，并为监管数据空间奠定基础，欧盟委员会将与欧洲监管机关和其他欧盟监管当局合作：

a）确定数据共享的法律和技术障碍，并在2023年的进展报告中提供监管数据空间的设计方案；

b）提议消除监管当局之间共享数据的任何不当法律障碍，包括在即将到来的2022年和2023年的立法审查中提出提议；

c）支持发展一个安全的网络技术环境，可以安全地访问和交换数据；

d）协调监管报告数据和公开披露数据所要求的数据规格，在2021年的欧洲单一接入点提案之后制定技术标准时也遵循这一做法，并评估能够再利用监管数据进行公开披露的可行性，以及；

e）与数据金融专家小组合作，研究如何利用监管数据进行研究和创新。

4.3　改进报告要求的设计

全面检查指出了在设计和制定监管报告要求中存在的一些缺陷。基于这些发现，欧盟委员会将加倍努力，确保更优的监管原则得到严格遵守。同样的要求也适用于制定监管报告要求，包括欧盟委员会最近关于“联合起来制定更好的欧盟法律并为未来做好准备”[1]的信函中宣布的改进措施。作为努力的一部分，欧盟委员会还要求欧洲议会和欧洲理事会在考虑制定额外的报告要求时，遵守更优的监管原则[2]。

为了反映和强调制定监管报告要求的特殊性质，2022年欧盟委员会将编制一套准则，以进一步规范欧盟金融部门立法的设计和起草过程。准则将涵盖以下内容：（i）确保报告要求在实现政策目标方面的作用得到更明确的阐述；（ii）避免立法中出现技术细节，加强对欧洲监管机关的授权，以便在技术标准中制定一致和精确的规范；（iii）制定时间表和生效日期，使欧洲监管机关有足够的时间制定技术标准；（iv）提高变动报告要求的计划性；以及（v）更好地协调报告的截止日期和报告频率。

欧盟委员会还呼吁欧洲监管机关和其他欧盟和国家当局根据更优的监管原则，评估各自制定的技术报告指令的影响，尤其要：

- 定期审查所收集的数据及其使用情况，确保只收集政策目标所需的数据；

---

〔1〕参见信函（2021）219号最终版。

〔2〕根据2016年4月13日欧洲议会、欧洲理事会和欧盟委员会《关于更好地制定法律的部门间协议》中的承诺，参见《欧盟官方期刊》2016年12月5日，第1页。

- 在不同的立法框架中使用清晰、一致和标准的术语；
- 使用共同的标准、格式、模型和标识符；
- 在监管机关之间协调报告要求的制定，并在设计收集和处理数据的技术基础设施方面进行密切合作；
- 尽可能减少额外的国家报告要求和特别的数据要求，并确保任何此类要求遵循标准设计原则，以及；
- 确保报告要求尽可能地考虑到标准商业流程。

为了建立一个公共的监管文化，欧洲监管机关将制定和更新最新的关于监管金融市场参与者的联盟手册[1]。欧盟委员会将要求欧洲监管机关在手册中纳入并定期更新与监管数据收集有关的最佳实践、方法和程序。

最后，欧盟委员会将评估各种方案，包括起草一份新的法律文件，以简化目前制定监管规则和实施监管报告技术标准的冗长且复杂的过程。方案的目的是在采用或修改报告要求中的高技术性内容时给予欧洲监管机关足够的灵活性，同时保持足够的控制力和问责空间。

举措 3　为了改进报告要求的设计，欧盟委员会将会：

a）根据更优的监管原则，在 2022 年制定一套起草报告要求的专门准则；

b）要求欧洲监管机关在其监管手册中纳入并定期更新关于监管数据收集的最佳实践、方法和程序，以加强各国方法之间的衔接；以及

c）在 2023 年之前，评估是否有可能建立一个更加有效、高效和灵活的监管程序，以确立监管报告要求中的高技术性内容。

4.4　联合治理与实施

过渡到一个适合未来发展的更先进的欧盟监管报告系统，需要所有利益相关者的共同努力和承诺。需要一个合适的论坛来进一步讨论技术细节，并确定实现长期目标所需的额外举措。需要一个合适的治理结构，以确保不同的参与机关之间以及与行业之间的持续合作、协调和信息交流。这样的治理结构将确保工作的及时有效开展，并确保不同部门的倡议得到充分协调，以确保后续的跨部门桥梁能够建立起来。

为了确保成功，治理结构必须包括欧盟委员会、三个欧洲监管机关、欧洲中央银行、单一处置委员会和欧洲系统风险委员会[2]，既要在董事会层面确保各方遵守承诺，又要在技术层面解决报告出现的实际问题，并就任何可能需要的立法或非立法行动提供技术咨询。此外，未来的治理结构应包括国家主管部门，并在需要时引入行业专家。

根据欧盟委员会循序渐进的方法，为了最大限度地减少资源浪费，避免处理监管报告的

〔1〕参见（欧盟）2019/2175 条例。
〔2〕未来的治理结构还可能包括信函（2021）421 号最终版中提出的新的反洗钱和打击资助恐怖主义管理局。

机构激增，将尽可能地利用现有的组织结构。欧盟委员会已经建立了一个非正式的协调机构（“监管报告圆桌会议”），由上述所有欧盟当局的报告专家组成。这个小组指导了监管报告要求的全面检查的准备工作，并在之后一起合作，就未来的报告制度交换意见并找到共同立场。在第一阶段，欧盟委员会将继续依靠这个小组，进一步深化跨部门的协调与合作，推进每个基本要件的构建工作。

至2023年，随着战略工作的推进，欧盟委员会将与欧盟相关机关合作，正式确定治理安排。在银行业内，《资本要求条例》中的授权已经提供了建立一个联合数据委员会的可能性，以有效推进银行综合报告系统的发展，并将该项目推向实施阶段。这有可能成为未来跨部门治理结构的蓝图。

鉴于金融系统的全球性质，协调和合作的需要超越了欧盟的范围，延伸到我们的国际伙伴。国际协调和各管辖区更一致的报告可以在全球范围内实现更有效的监管，并有助于避免各管辖区之间的套利。有国际活动的大型欧盟金融主体必须向几个管辖区的当局报告，更大范围的合作将减轻这些主体的报告负担。欧盟委员会与其他欧盟当局协调，已经积极参加了各种国际倡议[1]，这些倡议旨在防止进一步的分裂，并促进各机构更多使用共同的监管数据要素。我们将继续参与这些活动以推动国际协作，在符合欧盟利益的区域加强数据标准化和报告要求的一致性，并推广欧盟的解决方案。

委员会认识到，除了这一战略预期带来的重大利益外，随着时间的推移，对报告主体和监管者来说也将产生相当大的调整成本。然而，在联合治理和利益相关者密切协作的支持下，议定的循序渐进方法将产生足够的时间进行调整和实施，实现最佳路径。这将有助于使与实施未来监管报告制度有关的成本得以最小化，并为所有利益相关者带来最大的利益。

欧盟委员会将探索和促进不同利益相关群体之间的合作和共同投资的模式，以确保有必需的资源，并为战略实施提供良好的激励[2]。欧盟当局和其他利益相关者一样，已经将预算的很大一部分用于改善报告程序和相关能力。欧盟委员会随时准备向实施行政或结构性改革的成员国提供支持，如帮助建立数字能力[3]。此外，支持欧盟数字能力发展的欧盟专项计划[4]，可用于支持标准化活动和项目，以进一步健全欧盟和国家监管机关的技术基础设施和工具。

---

〔1〕 如由金融稳定委员会、巴塞尔银行监理委员会、支付和市场基础设施委员会、国际证券委员会组织和监管委员会领导的国际倡议。

〔2〕 如欧洲证券和市场管理局开发的数据项目和为国家主管部门开发的系统；在欧洲中央银行的协调下，欧洲中央银行系统成员共同开发数据基础设施；欧洲保险和职业养老金管理局开发了帮助小型保险公司以 XBRL 格式编制偿付能力 II 报告的工具；一些成员国建立了公共/私人合作伙伴关系。

〔3〕 参见欧洲议会和欧洲理事会（欧盟）2021/240 条例，为准备和实施行政和结构性改革建立了一个技术支持工具。目前正在进行一个项目以提高国家主管部门的数据驱动型监管能力。

〔4〕 如欧盟委员会的欧洲标准化年度联盟工作计划，或新的欧洲数字计划。

举措 4　为了确保战略的有效实施，欧盟委员会将会：

a）至 2023 年，在“监管报告圆桌会议”的基础上，正式确定一个治理结构，以实施和维护未来的报告系统；以及

b）通过欧盟现有的“标准化和发展数字能力及技术基础设施”的资金计划，支持欧盟和国家监管机关。

4.5　促进现代科技的使用

现代信息技术在促进数据驱动型监管方面具有关键作用。这项战略将为优化使用监管科技和超级科技工具创造必要条件。监管科技可以通过帮助报告主体更准确、更迅速地提供数据，实现更具成本效益、高度自动化的报告。超级技术可以帮助监管机关，对报告数据进行更快的处理和更准确、更复杂的分析，以支持做出决策。还需要合适的技术来实施和维护未来报告系统的关键要素，如通用数据字典和监管数据空间。

为了加快这些技术的应用，欧盟委员会将与欧洲创新促进者论坛[1]合作，开发和测试新的技术解决方案。欧盟委员会还将在国家层面的监管机关报告的基础上[2]，在 2024 年之前编写一份报告分享最佳实践。正如数字金融战略中所宣布的，欧盟委员会将在 2022 年启动欧盟数字金融平台，以连接整个欧盟的利益相关者和公共监管当局。这将为企业提供开发和测试创新工具的机会，从而促进监管条例和监管技术的创新。

提高监管报告要求的清晰性和一致性以及提高数据标准化，是推动在监管报告中运用现代技术不可或缺的第一步。一致和明确的报告要求和清晰的规则将促进更易行的监管科技方案。这对规模较小的报告主体很有利，因为他们不太能负担复杂的信息科技设置或第三方供应商的服务。更加一致和高质量的数据也将使监管者能够实施有效的超级科技方案。

展望未来，欧盟委员会的目标是使报告要求可由机器阅读和执行（同时也可由人读取）。机器可读和可执行的要求（MRER[3]）可以大大简化监管报告，因为不需要人为阅读、解释和遵守。MRER 将以精确、一致、适合机器执行的指令为基础，确保完全消除定义上的模糊。目前正在进行一个试点项目，以评估各种可能性并确定过渡到 MRER 的先决条件，外部研究结果将于 2022 年年初公布[4]。项目完成后，欧盟委员会将考虑在选定的报告框架中引入 MRER，并在 2023 年的进展报告中报告相关情况。

欧盟委员会还将探索开发新型的数据收集方法。在金融市场，分布式账本技术（DLT）使监管者可以实时监控交易，并允许监管者直接从交易系统中提取交易报告（而不是等待交

〔1〕 参见信函（2020）591 号最终版的数字金融战略。

〔2〕 如奥地利（参见 https://www.aurep.at/），意大利（参见 https://www.cooperazionepuma.org/）和丹麦（参见 https://arkitektur.digst.dk/sites/default/files/white_paper_on_a_common_public-sector_digital_architecture_pdfa.pdf）等。

〔3〕 即用逻辑和一致的顺序表达的指令，并且可以直接被一个确定的计算系统所使用。

〔4〕 招标文件 FISMA/2020/OP/0001。

易方发送报告)。最近由共同立法者通过的市场基础设施 DLT 试点[1]为欧盟委员会提供了一个契机，以评估使用 DLT 进行报告的优势，并在受控条件下测试该技术。为此，在之前测试 DLT 获取受监管金融信息试点的基础上[2]，欧盟委员会将要求欧洲证券和市场管理局调研 DLT 用于监管报告的情况。这项工作也将涵盖衍生品市场，为扩大试点制度、使基于 DLT 的交易系统和交易后基础设施建设得以正式化做准备。同时，应欧洲议会的要求，欧盟委员会正在筹划一个嵌入 DLT 的监管技术试点项目。欧盟委员会将利用在建设公共部门欧洲区块链服务基础设施（EBSI)[3]上的专业知识，支持欧洲证券和市场管理局的调研。

举措 5　为了充分利用和促进现代科技在监管报告中的使用，欧盟委员会将会：

a）与欧洲创新促进者论坛合作，为监管报告开发和测试新的技术方案，特别是让小规模企业获益；

b）在 2023 年的进展报告中，在进行中试点的基础上，评估在选定的框架中以机器可读和可执行的形式公布监管报告要求的可行性；以及

c）在 2022 年对嵌入 DLT 的监管进行研究，并要求欧洲证券和市场管理局调研并编写一份关于市场基础设施 DLT 试点下的新数据收集方法报告。

5. 结论

对欧盟金融系统的监管有赖于及时、关联和高质量的数据。目前的监管报告要求在向监管者提供相关数据方面是有效的。然而，还需要做更多的工作，使欧盟的监管报告适应未来的发展——减少低效和不必要的负担，提高质量，确保报告数据得到最佳利用，并使报告主体和监管当局能够充分利用现代科技带来的优势。

欧盟委员会对欧盟金融服务的监管数据的长期愿景集中在四个方面：(1）提高数据的一致性和标准化；(2）监管部门之间更好地分享数据；(3）改进制定和采纳报告要求的程序，以及（4）联合治理。实现这些目标将使现代科技得到更有效和更高效的利用。

欧盟委员会将采取一些重要举措，并做出合适的治理安排，以促进关键利益相关者之间的合作和协调。同时，欧盟委员会呼吁欧盟各国的监管人员共同努力，精简欧盟金融服务监管报告，并使之现代化。欧盟委员会还邀请金融行业继续进行具有建设性的沟通，开发能加强金融监管的方案和技术，同时将成本降到最低。

至 2023 年，欧盟委员会将报告在实施该战略方面取得的进展和汲取的经验。

---

〔1〕 参见信函（2020）594 号。

〔2〕 参见前述的欧洲金融透明度网关试点，展示共享金融数据的效率以实现数据的可追溯性，增强数据管理。

〔3〕 参见 https：//digital - strategy. ec. europa. eu/en/policies/european - blockchain - services - infrastructure。

公司治理改进和投资者保护法案*

杨菁云　鲁淑婷　编译

为披露上市公司的其他重大信息、成立可持续金融顾问委员会及其他目的制定本法案，本法案被引用时可被称为《公司治理改进和投资者保护法》（Corporate Governance Improvement and Investor Protection Act）。

第一章　ESG 披露的简化

本章所介绍的法案为 2021 年《ESG 披露简化法案》（ESG Disclosure Simplification Act of 2021）。

一、背景

经过调查，美国国会认为美国证券交易委员会（The Securities and Exchange Commission，SEC）对于要求披露符合投资者利益或对投资者至关重要的信息有着广泛的权力，但其并不强制要求公司披露有关环境、社会和治理（Environmental，Social，Governance，ESG[1]）的信息，也不要求公司遵守此类信息的披露规则。而投资者报告显示，当前公司对 ESG 的自愿披露并不充分，但是 ESG 对于投资者保护又至关重要，因此 SEC 应当要求披露该等信息并确立相关披露标准。

---

* 《公司治理改进和投资者保护法案》由美国第 117 届国会第一届会议于 2021 年 6 月 17 日通过并颁布。

〔1〕 ESG 是英文 environmental（环境）、social（社会）和 governance（公司治理）的缩写，是一种关注企业环境、社会、治理绩效而非财务绩效的投资理念和企业评价标准。为简便目的，本文中涉及 environmental，social and governance 的均以 ESG 代替。

二、具体内容

该法案是对《1934 年证券交易法》（Securities Exchange Act of 1934）第 14 节（15U. S. C. 78n）的补充规定，作为第 14（k）条，具体内容如下：

1. ESG 指标的制定与披露要求

SEC 应当修订《联邦法规》第 17 章第 210 节（或其任何后续规定），以确定 ESG 指标，并要求各发行人在应当提交的经审计的财务报表文件中披露 ESG 指标（可以于申报材料的附注部分披露）。SEC 可以对小企业发行人分阶段适用 ESG 指标，并可基于此确定适用于小企业发行人的披露标准。此外，SEC 可以在其认为适当的时候吸纳国际公认的、独立的、涉及多方利益的 ESG 指标。

根据《1934 年证券交易法》第 4（k）条新设的可持续金融顾问委员会（Sustainable Finance Advisory Committee，本章中简称为委员会）应当在首次会议召开之日起 180 日内，就 ESG 指标披露要求向 SEC 提出建议。

任何根据《1934 年证券交易法》第 12 节[1]进行证券登记的或根据第 15（d）条[2]的规定须提交年度报告的发行人，应当在股东大会的代理声明和同意征询材料中披露说明发行人关于 ESG 指标与长期经营战略之间联系的观点，以及发行人用以确定 ESG 指标对长期经营战略影响的方案。

2. 可持续金融顾问委员会

SEC 应当新设一个常设咨询委员会，称为“可持续金融顾问委员会”。

（1）委员会的职责

包括：①其在委员会第一次会议召开之日起 18 个月内向 SEC 提交报告，为投资者确定与可持续金融[3]有关的挑战和机遇，以及提出促进可持续投资，尤其是与环境相关的政策建议。SEC 应当在委员会提交报告后的 6 个月内公布答复；②列席会议时就可持续金融向 SEC 提出建议；③提供有关可持续金融的咨询交流。

（2）委员会的成员构成与选任

委员会由不超过 20 名成员组成，每届任期 4 年。成员应当为对可持续金融感兴趣的个人或实体的代表，包括：可持续金融领域的专家；金融基础设施运营商；为促进可持续金融

---

〔1〕《1934 年证券交易法》第 12 节规定了美国证券的登记注册要求，内容包括登记注册的一般要求、登记注册的程序及应当提供的信息、登记注册的生效日及撤回、未上市交易特权的保留、应当由发行人进行证券登记注册的情形及其豁免、以规则和规章免除受登记约束的情形、对银行发行证券的处理、登记注册的否决、暂停或撤回、暂停证券交易的情形等内容。参见 15 U. S. Code § 78l。

〔2〕《1934 年证券交易法》第 15（d）条规定了提交补充和定期信息的规则，根据该条规定，发行人应当按照 SEC 为维护公共利益和保护投资者而必须适当规定的规则和规章，向 SEC 提交依据《1934 年证券交易法》第 13 节要求的与第 12 节注册发行有关的补充和定期信息、文件和报告。参见 15 U. S. Code § 78o。

〔3〕“可持续金融”系指考虑 ESG 因素的情况下就投资提供融资。

提供分析、数据或方法的实体；保险公司、养老基金、资产管理人、保管机构、信用合作社；为可持续金融提供投资中介或管理可持续发展有关风险的其他金融机构。但是任何成员不得仅代表单个个人或实体，而应当代表其所在的可持续金融相关利益领域。

SEC 应当在 SEC 网站和《联邦公报》上公布委员会成员的选任标准；并在 SEC 网站和《联邦公报》上发布招聘。SEC 的每位委员有权挑选人数相等的委员会委员。每一位成员的姓名及其所代表的个人或实体均应当在 SEC 网站上公布。

（3）其他规定

委员会委员不能因其为委员会服务而获得薪酬，但可根据《美国法典》第 5 章第 57 篇分篇的相关规定获得差旅费或交通费。

SEC 投资者权益倡导者办公室[1]全体致力 ESG 问题的工作人员应当对委员会提供支持。

3. 有关股东集体行动的研究

在本条颁布之日起 1 年内，SEC 应当就下述问题展开研究：其一，希望促进就业和提升 ESG 指标的股东集体出现的可行性及重要性；其二，股东集体行动发生的可能性及规模，对《1934 年证券交易法》项下的披露要求会有何影响；其三，与股东集体行动相关的反竞争行为。

SEC 应当就前述研究结果，向国会提交一份包括以下内容的报告：其一，对于不涉及公司控制问题的股东，其参与活动的指引，该指引可以包含一份经同意的清单；其二，以维护经济公平、环境系统平衡和社会制度完善，以及公司股东和其他利益相关者的共同利益为目标，就可持续发展保障措施和对被投资公司行为的类似限制提供监管安全港的建议。

第二章　股东政治透明度

本章所介绍的法案为 2021 年《股东政治透明披露法案》（Shareholder Political Transparency Act of 2021）。

一、背景

经过调查，美国国会认为公司在直接或间接地影响候选人的选举、支持或反对政治事业等政治活动上存在重大的政治献金和支出。然而，决定将公司资金用于政治献金和支出的通常是公司董事会和高级管理人员而非股东，股东无从知晓或影响公司的政治活动。公司有义务为了其所有者，即股东的最大利益服务。股东和公众有权知道公司经理层如何运用公司资

[1] 投资者权益倡导者办公室（The Office of the Investor Advocate）于 2014 年 2 月 24 日经国会授权，在美国 SEC 成立。虽然该办公室需要向 SEC 主席报告，但该职位仍涉及一定程度的独立性，法律要求直接向国会提交报告，而无须专员或 SEC 工作人员的任何事先审查。该办公室具有四项核心职能：为投资者提供发言权、协助散户投资者、研究投资者行为、支持 SEC 投资者咨询委员会。

金进行政治献金以及其为候选人、政党、政治事业提供资助的开支。在作出影响联邦治理和公共政策的政治献金或支出时，公司应当对股东承担责任。

二、具体内容

该法案是对《1934 年证券交易法》第 13 节（15U. S. C. 78 m）的补充规定，作为第（13）s 条，具体内容如下：

1. 披露要求

“政治活动支出”具有如下含义：①是指一项独立的支出；[1]②为竞选通讯以及为任何将通过广播、有线或卫星通讯成为竞选通讯的公共通讯支出的费用；③向《1986 年国内税收法》第 501（c）条所述行业协会或组织支付的、并根据该法第 501（a）条予以免税的，[2]或者为前述之目的，有合理预期会被使用或转让给另一协会或组织的应付款或其他款项。但不包括：①通过发行人聘用的注册游说说客直接进行游说的支出；②发行人对其股东、高级管理人员或行政人员及其家庭人员的竞选通讯支出；③设立和管理公司为公司政治目的的独立基金的支出。此外，前述“发行人”不包括根据《1940 年投资公司法》第 8 节[3]注册的投资公司。

在本条通过之日起 180 日内，SEC 应当修改报告规则，要求根据第 12 节登记注册权益证券的发行人向 SEC 和股东提交季度报告，内容包括：①上一季度任何政治活动支出的说明；②政治活动支出的日期；③政治活动支出的金额；④如果政治活动支出是为了支持或反对某候选人，应当列明候选人的姓名、参选的职位及所属政党；⑤收取前述应付款或其他款项的贸易协会或组织的名称或身份。SEC 应当确保公众可以在 SEC 网站和 EDGAR 系统[4]上通过搜索、分类和下载的方式获取季度报告。

在本条通过之起 180 日内，SEC 应当要求发行人在其年度报告中包含如下内容：①上一

[1] 参见 1971 年《纽约州联邦竞选法》（Federal Election Campaign Act of 1971）第 301（17）条规定：该独立的支出是指一个明确主张支出或者反对某一候选人的支出，且该支持或反对不是与该候选人、该候选人授权的政治委员会或其代理人、或政党委员会或其代理人共同或合作进行的，且不是根据该候选人、该候选人授权的政治委员会或其代理人、或政党委员会或其代理人的要求或建议进行的。参见 52 U. S. Code § 30101。

[2] 《1986 年国内税收法》第 501（c）条规定了一系列的组织类型，包括根据国会法案组建的、作为国家工具的任何公司、为持有财产所有权或从中收取收入并将全部数额减去费用而组织起来的公司、专门为宗教、慈善、科学、公共安全检测、文学或教育目的，或为促进国家或国际业余体育比赛（但仅限于其活动的任何部分不涉及提供体育设施或设备）或为防止虐待儿童或动物而组织和运营的公司以及任何公益金、基金或基金会（净收益的任何部分均不致于任何私人股东或个人的利益）、公民联盟或组织起来并非以营利为目的，但专门为促进社会福利而运作的组织、纯属本地性质的教师退休基金协会等组织，这些组织可以根据 1986 年《国内税收法》第 501（a）条进行免税。参见 26 U. S. Code § 501。

[3] 《1940 年投资公司法》第 8 节规定了投资公司的注册的相关规则，主要内容包括投资公司的登记通知及登记生效日期、登记声明及其内容、备选资料、单位投资信托基金的登记、未提交登记说明或遗漏重要事实、停止作为投资公司的存在 6 条内容。参见 15 U. S. Code § 80a - 8。

[4] EDGAR，是 SEC 的证券信息电子化披露系统，全称为 Electronic Data Gathering，Analysis，and Retrieval System，是美国一个以电子化方式（主要是通过互联网）提交、传递、接收、审核、接受、加工存储和分发证券信息。

年度每项超过 10 000 美元的政治活动支出总表，以及每项总额超过 10 000 美元的各项选举活动支出的总表；②在发行人已知具体性质的范围内，对发行人计划在下一会计年度作出的用于政治活动的任何支出的具体性质作出的说明；③发行人在下一会计年度计划用于政治活动的支出总额。

2. 其他规定

SEC 应当对发行人遵守《1934 年证券交易法》第 13（s）条的情况进行年度评估，并向国会提交包括这一评估结果的年度报告。

美国审计总长〔1〕应当定期评估并向国会报告 SEC 根据前述报告和披露规定进行监督的有效性。

第三章　加强薪酬问责制

本章所介绍的法案为《2021 年加强薪酬问责制法案》（Greater Accountability in Pay Act of 2021）。

该法案是对《1934 年证券交易法》第 13 节（15U. S. C. 78 m）的补充规定，作为第（13）t 条，具体内容如下：

需要提交年度报告的发行人，若非新兴成长型公司，应当在报告中包括以下内容：①发行人所有高级管理人员的年度薪酬总额的中位数在上一个完整的会计年度中的增长百分比；②发行人全部雇员（不包括高级管理人员）年度薪酬总额的中位数在上一个完整的会计年度中的增长百分比；③前两项所述的百分比之比；④第①项所述的百分比与劳工部劳工统计局公布的同期全城市消费者消费价格指数的变化百分比进行的比较；⑤第②项中所述的百分比与劳工部劳工统计局公布的同期全城市消费者消费价格指数的变化百分比进行的比较。

第四章　气候风险披露

本章所介绍的法案为《2021 年气候风险披露法案》（Climate Risk Disclosure Act of 2021）。

一、背景

经过调查，美国国会认为气候变化对美国经济的增长和稳定构成了重大且日益严重的威胁，美国的许多经济部门和企业都面临与气候有关的风险，其中包括气候变化的自然影响以及由自然影响导致的经济破坏和安全威胁。为避免气候变化带来的最坏影响，联邦、州、部

〔1〕 美国审计总长是美国政府问责局的负责人，负责制定和监督会计政策。

落、地区和地方政府通过制定政策以将全球平均地表温度升幅控制在工业化前的1.5℃以内。

评估气候风险对国家和国际金融系统的潜在影响是一个需要迫切关注的问题。对于发行人而言，与气候变化及全球减少温室气体排放相关的短期、中期、长期的金融、经济风险和机遇构成特定的信息，此类信息经合理预期可能影响股东决策，应当定期识别、评估和披露。伴随着投资者、债权人和保险公司对持续的、可比较的、可靠且明确的气候风险信息的需求与日俱增，公司有义务披露气候变化带来的金融风险。SEC有义务促进建立一个有风险意识的、值得公众信任的证券市场，因此应当要求公司披露与气候相关的风险敞口及风险管理策略，鼓励向清洁和可再生能源、低排放经济平稳转型，引导资金配置用于减小和适应气候变化影响，降低气候事件和灾害造成的损失。

二、具体内容

该法案是对《1934年证券交易法》第13节（15U.S. C.78 m）的补充规定，作为第（13）u条，具体内容如下：

1. 规则制定与披露要求

SEC同适当的气候负责人[1]磋商，应在本条实施之日起2年内，发布相关发行人的披露规则，并且这些规则将：

其一，构建与气候相关的风险披露制度。①应当在可行的范围内，专门针对特殊经济部门的行业，其中应当包括：金融、保险、交通、电力、采矿和不可再生能源部门；以及SEC与适当的气候负责人磋商后认定的适当的任何其他部门。②包括估算和披露相关发行人及其任何关联机构的直接和间接温室气体排放量的报告标准，应当在可行的范围内，对相关发行人的每一种特定温室气体的总排放量进行分列，以及包括相关发行人在披露期间的温室气体排放量。③包括相关发行人披露的报告标准，涉及相关发行人拥有或管理的化石燃料相关资产的总额，以及化石燃料相关资产在相关发行人拥有或管理的总资产中所占的比例。④规定并且披露气候情景分析中使用的输入参数、假设和分析选择，包括现值折扣率；以及需要考虑的时间范围，包括5年、10年和20年的时间范围。⑤包括信息的报告标准和指引。

其二，要求相关发行人就本条要求进行披露。①在该披露中一并提供：支持相关发行人作出的任何定性声明的定量分析，规则，行业特定指标，相关发行人为应对已识别的风险而采取的具体风险管理行动，对任何风险管理策略的短期、中期和长期应变能力的讨论，以及相关发行人适用的风险指标的演变，以及可归因于相关发行人直接和间接温室气体排放的总成本。②在编制本披露所载的任何定性或定量风险分析说明时，考虑包括气候变化实际影响的基线假设情景、1.5℃目标，以及SEC与适当的气候负责人协商后认为适当的任何其他气

---

〔1〕 是指国家环境保护局局长、国家海洋和大气管理局局长、行政与预算办公室主任、内政部长、能源部部长，以及其他由SEC确定的适当的联邦机关负责人。

候分析假设情景。③如果相关发行人从事化石燃料的商业开发，应当在披露中包括：相关发行人直接和间接温室气体排放的总量和分列数量的估计值，该等直接和间接温室气体排放可归因于以下原因：燃烧、燃烧的碳氢化合物、制程排放、直接排气排放、逃逸性排放或泄漏、土地使用变化。并对于以下内容进行说明：化石燃料储备水平对纳入社会碳成本的未来价格预测情景的敏感性；相关发行人准备金的百分比，以及在对每项准备金的发展前景的预测；包含在已探明和可能的储量中的直接和间接温室气体排放的潜在量，每项计算均以总量和储量类型细分的类别列报呈现；相关发行人检测和减少逸散甲烷排放的方法，包括对相关发行人的相关资产进行甲烷泄漏观测的频率、相关发行人用于检测甲烷泄漏的流程和技术、相关发行人根据该方法所检查的资产的百分比，以及相关发行人关于减少甲烷泄漏的数量和时限目标；相关发行人从淡水资源中获取的用于经营活动的水量；来自缺水地区或应当进行污水管理的水的比例。

其三，SEC 认定为必要的、对保护公众利益是适当的，或者旨在保证投资者可获知前述研究成果的信息披露。

其四，相关发行人根据《1934 年证券交易法》第 13（s）条规定的披露，如何在年度财务申报中以及在何处说明本条要求的信息披露的制度。

相关发行人应当在年度报告中一并提供以下信息：①对下列事项有关的任何风险管理策略的评估的识别：气候变化给相关发行人带来的自然风险；以及气候变化对相关发行人造成的过渡风险;〔1〕②用于识别、评估和管理气候风险的任何既定的公司治理程序和架构的描述；③相关发行人为降低已识别的风险而采取的具体行动的描述；④相关发行人在考虑到不同气候情况下应对气候风险的任何战略应变能力的说明；⑤相关发行人如何将气候风险纳入总体风险管理战略的说明。但是规定不得解释为排除相关发行人须提交的年度报告中包括的该段未明确提及的任何信息。

SEC 应当要求发行人以交互式数据格式披露信息，并为这种格式制定标准，其中应当包括 SEC 确定的具有下列特征的信息的电子标签，即必要的、对保护公众利益是适当的；或者旨在确保投资者对国会调查结果的获知。

SEC 应当定期更新根据本条发布的规则。SEC 应当尽可能地在 SEC 网站上向公众提供发行人根据本条披露的信息汇编，并且至少每年更新一次该汇编。

SEC 应当对相关发行人遵守本条要求的情况进行年度评估，并向国会委员会提交一份报告，报告中应当包括各项评估的结果。此外，还需向公众提供此等报告。美国审计总长应当定期评估，并就 SEC 实施和执行本条的效果向国会委员会提出报告。

---

〔1〕 是指可归因于减缓和适应气候变化的财务风险，包括为减少温室气体排放和增强抵御气候变化带来的不利影响的能力所作的努力，包括以下方面有关的费用：国际条约和协议，联邦、州和地方政策，新技术，变化的市场，与消费者行为变化有关的声誉影响，诉讼；以及由于前述任何成本而可能损失价值或被搁置的资产。

2. 其他规定

（1）后备方案

如果在本条通过之日起 2 年内，SEC 尚未发布《1934 年证券交易法》第 13（u）条的相关规则，若相关发行人年度报告中的披露符合金融稳定委员会气候相关财务信息披露工作组[1]在 2017 年 6 月报告或任何后续报告中的建议，并经过 SEC 的补充或调整，应当被视为遵守了该第 13（u）条。

（2）授权拨款

授权 SEC 划拨执行本条和由本条所作的修正所必需的款项。

第五章　避税天堂与离岸业务的披露

本章所介绍的法案为《避税天堂与离岸业务披露法》（Disclosure of Tax Havens and Offshoring Act）。

该法案是对《1934 年证券交易法》第 13 节（15U. S. C. 78 m）的补充规定，作为第（13）v 条，具体内容如下：

1. 披露要求

各相关发行人应当向 SEC 提交一份报告，内容包括报告期内[2]的所需信息，以及 SEC 要求的其他信息。“所需信息”包括：

其一，相关发行人的组成实体的信息，包括：①组成实体的完整法定名称；②组成实体为税务目的作为居民的税务管辖区（如有）；③组成实体组织或成立的税务管辖区（如与居民税务管辖区不同）；④组成实体所在税务管辖区的税务局为该组成实体使用的税务识别号（如有）；⑤组成实体的主要业务活动或活动。

其二，一个或多个组成实体作为居民的税务管辖区的信息，每个税务管辖区的组成实体的信息以汇总合并形式呈现，包括：①与其他组成实体交易产生的收入；②与其他非组成实体交易产生的收入；③所得税前利润或亏损；④以现金支付给所有税务管辖区的所得税总额；⑤计入应税利润或亏损的应计税费总额；⑥法定资本；⑦累计收益总额；⑧全职员工总数；⑨有形资产的账面净值，不包括现金或现金等价物、无形资产或金融资产。有关“税务管辖区”的信息应当以汇总合并的形式提供给任何组成实体或没有居民税务管辖区的实体。此外，如果某一组成实体是另一组成实体的所有者，且后者不具有居民税务

[1] 气候相关财务信息披露工作组（TCFD）由金融稳定委员会（FSB）于 2015 年成立，旨在制定一致的气候相关财务风险披露，供公司、银行和投资者在向利益相关者提供信息时使用。

[2] “报告期”是指相关实体为 12 个月期间编制适用财务报表的期间，该期间等同于或短于相关发行人的纳税年度。如果相关发行人未编制年度适用财务报表，则本款所涵盖的报告期为 12 个月，截至相关发行人纳税年度的最后一日。

管辖区，则该所有者在后者的收入和利润中的份额将与所有者的居民税务管辖区的信息汇总合并。

发行人应当在到期日（包括延期）当日或之前，向 SEC 提交本条要求的报告，其中包括相关发行人的跨国企业集团所在税务管辖区的纳税申报表。

2. 其他规定

SEC 应当与美国国税局局长和财政部长协商颁布执行本条的法规，这些法规需要符合美国或国际标准，其中包括美国国税局颁布的法规，并要求披露用于计算根据本条提交的每份报告中所包含的信息的会计方法。

SEC 应当在本条颁布之日起 1 年内，发布执行本条的拟议规则和所作修正；以及在本条颁布之日起 18 个月内，发布执行本条的最终规则和所作修正。

发行人应当以 SEC 规定的机器可读格式在报告中提供本节要求提供的信息，该报告应当以 SEC 规定的机器可读格式在网上向公众提供。

《1934 年证券交易法》第 13（v）条应当在 SEC 根据本条发布最终规则之日起 1 年后生效。

第六章　劳动力投资的披露

本章所介绍的法案为《2021 年劳动力投资披露法》（Workforce Investment Disclosure Act of 2021）。

一、背景

经过调查，美国国会认为 10 年间的有效数据表明，这一时期企业对员工的培训投入减少而非增加。2008 年国际金融危机爆发后，整体商业投资出现了明显的下滑，这一下滑与员工工资两极分化以及股票回购和股利支出的增加相吻合，导致一些研究者得出结论，公司正在以增加股东回报为代价以减少投资，而全球流行病的暴发可能使这种趋势更加恶化，特别是在对员工的投资方面。基于此，上市公司受到激励继而选择优先投资实物资产而非劳动力，这意味着这些公司正在投资于机器人而非个人。事实上已经有迹象表明，新冠肺炎疫情大流行期间工业自动化程度有所提高。在本条颁布之日前的几个月里，美国各地公司都采取了极端措施以来适应和应对新冠肺炎疫情所带来的不断变化的劳动力挑战。因此，联邦政府比以往任何时候都更需要通过公司披露实践来准确了解公司如何投资其员工。

员工健康和福利是实现长期价值的关键资产。企业越来越依赖劳动力创新和智力资本以提高竞争力。工作场所福利，特别是带薪病假、医疗假和灵活的工作安排，能够极大地促进员工的身心健康。即便在新冠肺炎疫情大流行之前，也有越来越多的研究建立了可衡量的公司劳动力管理与公司绩效之间的关系。在新冠肺炎疫情背景下，标准化、具有可比性的劳动力披露要求指标对于投资者准确衡量和预测公司业绩来说至关重要。由于许多公司已经在内部跟踪员工指标，因此，转向透明的披露制度将使投资者能够更好地判断公司是否在管理风险，以及公司是否对其员工进行长期增长所需的投资。

二、具体内容

该法案是对《1934 年证券交易法》第 13 节（15U. S. C. 78m）的补充规定，作为第（13）w 条，具体内容如下：

1. 披露要求

在本条颁布之日起 2 年内，SEC 应当与劳工部长、商务部长、财政部长、司法部长协商后颁布法规，要求发行人在年度报告中披露有关发行人的劳动力管理政策、实践和绩效的信息，具体包括所涉年度内的下述事项（在最大可行范围内，所述信息应当按照如下分类：①劳动力构成；②发行人雇员在适用年度报告所涵盖年度的工资五分位数；③为发行人提供服务的个人的就业状况，包括这些个人是全职员工、兼职员工还是临时工）：

其一，劳动力人口统计信息，包括：①发行人的全职员工数量、兼职员工数量和临时工（包括临时工与合同工）数量，其中应当包括这些类别个人的人口统计信息，包括种族、民族和性别信息；②发行人关于分包、外包和内包个人为发行人开展工作的任何政策或做法，其中应当包括与这些个人的人口统计信息，包括种族、民族和性别信息；③与发行人根据本条提交的上一份年度报告相比，发行人所雇佣的临时工的比例是否发生了变化，其中包括短时工和合同工。

其二，劳动力稳定性信息，包括关于自愿离职率或留用率、非自愿离职率、内部雇佣率和内部晋升率的信息，以及介于正式工与临时工之间的员工的信息，以及按五分位数和人口统计信息划分的横向工作变动率。

其三，劳动力构成，包括：①高级管理人员和其他员工的多样性数据（包括种族、民族、自我报告的性取向与性别构成）；②与多样性相关的任何政策、审计和规划支出。

其四，劳动力技能和能力，包括：①按五分位数和人口统计信息对正式工和临时工进行培训和交叉培训的信息，区分合规培训、职业发展培训、工作表现或技术培训，以及与公认的大专学历相关的培训；②每位正式工和临时工的平均培训时数；③所有正式工和临时工的培训总支出；④每位正式工和临时工的平均支出；⑤培训利用率；⑥完成培训机会是否转化为员工的增值福利，如工资增长或内部晋升。

其五，劳动力的健康、安全和福利，包括：①因受伤、身心疾病和死亡而损失的频率、严重程度和时间；②工作场所健康、安全和福利项目的范围、频率和总支出；③根据《1970 年职业安全与健康法》评估罚款的美元总值；④根据《1970 年职业安全与健康法》

第13节[1]，为防止迫在眉睫的危险而采取的行动总数；⑤根据《1970年职业安全与健康法》第11（c）条[2]，对发行人提起的诉讼总数；⑥在提交报告的会计年度之前的5个会计年度内，发行人发现的工作场所骚扰或工作场所歧视；⑦为正式工和临时工建立的沟通渠道和申诉机制。

其六，员工薪酬和激励，包括：①劳动力总成本，包括工资、健康福利、其他辅助福利成本和养老金成本；②员工福利，包括带薪休假、医疗保健、儿童保育和退休，包括关于所提供福利的信息：向全职员工提供而非兼职员工，或者向正式工提供而非临时工；③发行人缴纳失业保险总额，这些缴款适用于多少员工，以及向发行人解雇的个人所支付的失业补偿总额；④在设定薪酬和做出晋升决定时如何考虑绩效、生产力、公平和可持续性的政策和做法；⑤与提供给员工的任何激励和奖金有关的政策和做法，以及旨在应对此类激励和奖金所产生的任何风险的政策或做法。

其七，劳动力招聘和需求，包括：①创造、寻求填补以及填补的新工作岗位数量，按分类状态进行分类；②需要学士学位或更高学历的新工作岗位的份额；③关于第①项所述岗位的雇佣质量的信息；④为填补第①项所述岗位而雇佣的个人的留用率。

其八，员工敬业度和生产力，包括发行人与下述相关的政策和做法的信息：①与劳工部协商确定的正式工和临时工的敬业度、生产力和心理健康；②结社自由和工作生活平衡倡议，包括与劳工部协商确定的员工远程工作的灵活性和能力。

如果SEC确定，出于公共利益的考虑，对于新兴成长型公司的豁免是必要的或者合适的，新兴增长型公司可以免于披露劳动力技能和能力、劳动力的健康、安全和福利、员工薪酬和激励、劳动力招聘和需求或员工敬业度和生产力所要求的信息。

此等披露规定不适用于根据《1940年投资公司法》第8节注册的投资公司。

2. 其他规定

（1）虚假或误导性陈述

任何人在根据本条所提交的任何报告或文件中，对重大事实作出或致使作出任何不真实的陈述，或者遗漏要求陈述的重大事实，或者遗漏作出该陈述所必需的重大事实，均属违法。但是如果在经过合理调查后，该人能够证明其在作出陈述时有合理理由相信并且确实相

---

〔1〕《1970年职业安全与健康法》（Occupational Safety and Health Act of 1970）第13节规定了禁令程序的相关规则，主要内容为：根据国务卿的请愿，美国地区法院有权限制任何工作场所会立即造成死亡或严重身体伤害危险的条件或做法，通过采取必要的措施，以避免、纠正或消除此类迫在眉睫的危险。是否存在该等条件或做法由检查员断定，并将断定结果通知受影响的雇员和雇主。参见29 USCS § 662。

〔2〕《1970年职业安全与健康法》第11（c）条规定了对于行使USCS §§ 651及以下各项权利而解雇或歧视雇员的禁止以及救济程序，主要内容为：禁止任何人因雇员已根据本法提出投诉或促使提起诉讼，或已在此类诉讼中作证或即将作证，或因该雇员代表自己或他人行使本法赋予的任何权利而受解雇或歧视。任何员工如果认为自己因此受解雇或歧视，可在此类违规行为发生后的30日内向部长提出投诉。在收到此类投诉后，部长应当安排进行适当调查，若能确定违反，应当在任何适当的美国地区法院对雇主提起诉讼。参见29 USCS § 660。

信该陈述是真实的，并且没有遗漏作出该陈述所需的重大事实，则不承担责任。但是这一内容不得被解释为确立私人诉讼权。

（2）后备方案

如果截至本条颁布之日起 2 年内，SEC 尚未颁布《1934 年证券交易法》第 13（w）条以及第 6 章第 3 节增加部分所要求的法规，那么自该日起至 SEC 颁布该等法规之日止的期间内，若相关发行人的年度报告中的披露符合国际标准化组织 ISO 30414[1]的公开披露标准或外部劳动力报告的任何后续标准（该标准由委员会的规则、指南或其他解释补充或调整），则相关发行人应当被视为符合该 13（w）条的规定。

（3）SEC 的研究

SEC 应当就下述事项对于投资者的价值开展研究：其一，须提交年度报告的发行人的人权承诺信息，包括用于评估风险、选民咨询流程和供应商尽职调查的任何原则的信息。其二，有义务提交年度报告的发行人的信息，包括：该等发行人对于《1938 年公平劳工标准法》[2]的违反情况；该等发行人对于员工错误分类的违反情况；关于员工满意度、幸福感和敬业度的调查；通过高于工资中位数的薪酬和雇主提供的综合福利确定的优质工作的数量和总体比例；以及由至少 3 年的时间段确定有关劳动力投资趋势的信息。

自本条颁布之日起 1 年内，SEC 应当向国会提交一份报告，其中包含前述研究结果、基于研究结果提出的其他关于披露的法规建议，以及与 SEC 计划加强披露的任何行动。

第七章　防止和应对工作场所骚扰行为

一、背景

经过调查，美国国会认为股东以及公众应当了解公司是否将资金用于解决工作场所骚扰（包括性骚扰）或对此提起诉讼，以及公司的高级管理人员是否遵守禁止工作场所骚扰（包括性骚扰）的规定，抑或助长沉默、不尊重、恐吓和虐待的文化，而这种文化将对公司员工的健康、安全以及公司价值产生负面影响。基于此，SEC 要求建立必要的透明度和问责制，鼓励公司在不当行为发生时，及时处理工作场所骚扰（包括性骚扰），培养工作场所骚扰不庇护、不发生的文化。

二、具体内容

在本条颁布之日起 1 年内，SEC 应当颁布一项法规，要求任何须使用表格 10 – K 提交年

---

〔1〕 ISO 30414 是国际标准化组织（ISO）于 2018 年年底发布的第一套人力资本报告指南。ISO 30414 为公司内部报告以及公开披露人力资本指标提供了指南。

〔2〕《1938 年公平劳工标准法》的出台背景是，国会认为在从事商业或为商业生产商品的行业中，存在不利于维持工人健康、效率和普遍福祉所必需的最低生活水平的劳动条件。为纠正并尽快消除此类行业中的上述情况，同时不减损就业或盈利能力，因此出台该部法律以保障工人。参见 29 U. S. C. 201 et seq.。

度报告的发行人一并提供以下信息：

在提交所涉期间内，①关于工作场所骚扰（包括性骚扰）以及对于举报、抵制、反对或协助调查工作场所骚扰而进行的报复，发行人作为签字人或作为诉讼解除的受益人时达成的和解数量，以及是否对发行人的部分或整体作出了任何判决或裁决（包括仲裁或行政程序作出的裁决），或是否支付了与诉讼解除有关的任何款项；②发行人或另一方因前述和解和判决所支付的总金额；③发行人是否就涉及所雇佣的特定个人的工作场所骚扰（包括性骚扰），或对于举报、抵制、反对或协助调查工作场所骚扰而进行的报复达成三项或三项以上和解或判决的信息（对该个人进行匿名处理）。

第八章　网络安全的披露

本章所介绍的法案为《2021 年网络安全披露法》（Cybersecurity Disclosure Act of 2021）。

该法案是对《1934 年证券交易法》第 14B 节（15U. S. C. 78n – 2）的补充规定，作为第 14C 节，具体内容如下：

在本条颁布之日起 360 日内，SEC 应当发布最终规则，要求各报告公司在所提交的年度报告或年度委托书中披露如下内容：①报告公司管理机构的任何成员，例如董事会或普通合伙人，是否具有网络安全方面的专业知识或经验，并提供必要的详细信息以充分描述专业知识或经验的性质；②如果报告公司管理机构的成员均不具备网络安全方面的专业知识或经验，则说明由何人考虑报告公司网络安全的何种方面，例如负责确定和评估公司管理机构成员提名人的提名委员会委员。

SEC 应当与 NIST〔1〕协商，使用共同定义的角色、专业、知识、技能和能力来定义网络安全专业知识或经验的构成要素，例如 NIST 特别出版物 800 – 181〔2〕中提供的内容，其标题为《国家网络安全教育倡议（NICE）网络安全工作人员框架》，〔3〕或其后续任何版本。

第九章　与多样性披露有关的数据

本章所介绍的法案为《2021 年通过多样性改善公司治理法》（Improving Corporate Governance Through Diversity Act of 2021）。

---

〔1〕 National Institute of Standards and Technology，NIST，美国国家标准与技术研究院。

〔2〕 NIST 特别出版物 800 – 181《网络安全劳动力框架》（NICE 框架）提供了一套构建模块，用于描述个人和团队执行网络安全工作所需的任务、知识和技能。

〔3〕 国家网络安全教育倡议（National Initiative for Cybersecurity Education，NICE）搭建了一个劳动力框架，该框架建立了分类法以及通用词汇，用以描述网络安全工作和工作人员，无论工作在哪里或为谁执行工作。NICE 框架旨在应用于公共、私营和学术部门。

该法案是对《1934 年证券交易法》第 13 节（15U. S. C. 78m）的补充规定，作为第（13）w 条，具体内容如下：

1. 披露要求

任何需要提交年度报告的发行人应当在其代理声明以及与董事选举有关的信息声明中向 SEC 披露下述内容：①基于自愿的自我认同的人口统计数据，关于发行人的董事会、董事会的提名人、高级管理人员，其种族、民族、性别认同和性取向构成；②基于自愿的自我认同，发行人董事会、董事会的提名人或高级管理人员的退伍军人身份；③截至发行人进行披露之日，发行人的董事会或董事会的任何委员会是否已在发行人的董事会、董事会的提名人、高级管理人员中采取任何政策、计划或战略，以促进公司内部的种族、民族和性别多样性。

任何需要提交年度报告的发行人，在任何一年期间未向 SEC 提交代理声明或与董事选举有关的信息声明的，该一年期间结束后，发行人应当在向 SEC 提交的第一份年度报告中披露前述所要求的信息。

在本条颁布之日起 18 个月内，以及此后每年，SEC 应当向参议院银行、住房和城市事务委员会〔1〕以及众议院金融服务委员会〔2〕提交报告，并在 SEC 网站上公布报告，分析根据前述披露的信息，并确定此类信息的发展趋势。

SEC 少数民族和妇女包容办公室主任〔3〕应当在本条颁布之日起 3 年内，并在此后每隔 3 年，发布符合本条的最佳实践。SEC 少数民族和妇女包容办公室主任可征求公众关于最佳实践的意见。

2. 多样性咨询小组

SEC 应当新设一个多样性咨询小组，该小组应当由联邦政府、州和地方政府、学术界、私营部门的代表组成。

咨询小组应当开展一项研究，用于确定可提高发行人董事会成员性别认同、种族、民族

---

〔1〕 美国参议院银行、住房和城市事务委员会（the Committee on Banking，Housing，and Urban Affairs of the Senate）是二十个参议院委员会之一，其任务是开展与立法利益相关领域的参议院事务。该委员会现在被称为银行、住房和城市事务委员会，以强调其职权范围内问题的多样性，其管辖领域包括但不限于：银行、保险、金融市场、证券、住房、城市发展和公共交通、国际贸易和金融以及经济政策。

〔2〕 美国众议院金融服务委员会（the Committee on Financial Services of the House of Representatives）负责监督国家住房和金融服务部门的所有组成部分，包括银行、保险、房地产、公共和辅助住房以及证券。委员会不断审查与美国住房和城市发展部、联邦储备银行、联邦存款保险公司以及世界银行和国际货币基金组织等国际发展和金融机构有关的法律和方案。委员会还确保执行住房和消费者保护法，如《美国住房法》（the U. S. Housing Act）、《住房和社区发展法》（the Housing and Community Development Act）、《公平信用报告法》（the Fair Credit Reporting Act）和《金融隐私法》等。

〔3〕 少数民族和妇女包容办公室（the Office of Minority and Women Inclusion of the Commission，OMWI）为 SEC 努力利用整个机构的多样性和包容性提供领导与指导，以提高任务绩效和影响力。这些努力包括建立和维护多元化的员工队伍，培养包容性的工作环境，以及促进该机构供应商网络的多样性。这些努力还包括促进受 SEC 监管的实体以及与该机构签订合同的公司的多样性和包容性。

和性取向多样性的策略。在咨询小组成立之日起 270 日内，应当向 SEC、参议院银行、住房和城市事务委员会以及众议院金融服务委员会提交一份报告，该份报告须描述前述研究结果；并就发行人可用于提高董事会成员性别认同、种族、民族和性取向多样性的策略提出建议。在咨询小组提交报告之日起 1 年内，并且 SEC 应当在此后的每年向参议院银行、住房和城市事务委员会以及众议院金融服务委员会提交一份报告，描述发行人董事会成员的性别认同、种族、民族和性取向多样性状况。SEC 应当向发行人以及公众提供咨询小组的所有报告，包括在 SEC 的网站上公布。

此外，《联邦咨询委员会法》不适用于咨询小组或者咨询小组的活动。

有效破产及债权人/债务人制度准则*

范晓宁　林雅洁　译

一、简介

有效的债权人、债务人权利保护以及破产机制是维护金融系统稳定的重要因素。因此，世界银行（以下简称世行）长期致力于与合作组织共同制定关于破产制度以及债权人、债务人权利保护的相关准则。《有效破产及债权人/债务人制度准则》（以下简称《准则》）在制度设计方面，提取了各个国家的实践精华，强调因势利导、入乡随俗的综合性解决方案，关注制定方案过程中的政策选择。

2001 年，作为国际社会对 20 世纪 90 年代新兴市场金融危机的回应与反思，世行初步制定了《准则》。当时，国际社会上并没有一套被广泛承认的基准或者标准来对国内债权人、债务人权利保护以及破产制度的有效性进行评估。1999 年，由世行牵头，世行与各合作组织成立了特设委员会，并在国际知名专家（均为世行任务单元与工作小组成员）的协助下开展工作。[1]此后，在一系列的五大地区性会议上，来自 75 个国家的专家对《准则》进行了审查，并将其草案公布在世行的官网上向公众征求意见。2001 年，经世行董事会批准，《准则》被应用于国际

---

* 《有效破产及债权人/债务人制度准则》（2021 年修订版）由世界银行于 2021 年 4 月 22 日发布。

〔1〕 作为该项工作的顾问小组，世界银行特设委员会由非洲开发银行、亚洲开发银行、欧洲复兴开发银行、美洲开发银行、国际金融公司、国际货币基金组织、经济合作与发展组织、联合国国际贸易法律委员会、国际破产协会、国际律师协会（J 委员会）组成。此外，70 多名来自不同国家的国际知名专家参加了各任务单元和工作小组。

货币基金组织（IMF）和世行联合开展的“关于遵守标准和守则的报告”项目上（ROSC项目），并根据实际变化和社会需要，由世行对《准则》予以适时更新。

从2001年至今，世行已运用《准则》对75个国家（均为ROSC项目和FSAP项目的成员）的制度进行了评估。这些评估对世行的发展、运作以及向成员国提供帮助至关重要。世行在运用《准则》进行评估的过程中积累了丰富的经验，检验了《准则》的包容性，即其能否作为一套灵活的基准广泛地适应各个国家的制度。在经验归纳的过程中，世行从国家以及国际两个维度，广泛征求了利益相关方的意见，包括但不限于政府官员、社会团体、商事和金融部门、投资者、专家等各个群体的意见。

2003年，世行召开了全球破产风险管理论坛（FIRM论坛），该论坛讨论了在项目评估工作中运用《准则》的经验和教训，并就《准则》的进一步完善进行了探讨。2003～2004年，世行还在全球法官论坛上召开了三次工作组会议。法官们协助世行审议了《准则》的制度框架，并就强化商业执行和破产程序方面的司法实践提出了更详细的建议。其他地区性论坛，包括2002～2004年召开的亚洲破产改革论坛（FAIR，经济开发和合作组织主办，世行和亚洲开发银行协办）以及2004年由世行组织的拉丁美洲破产问题论坛（FILA），也都就《准则》涉及的重点领域作出了经验分享及意见反馈。

在破产法框架建构以及债权人、债务人相关制度领域，世行职员一直与联合国国际贸易法委员会（UNCITRAL）破产法工作组保持合作，密切联络该委员会的职员和专家，以确保《准则》与UNCITRAL的《破产法立法指南》在制度内容上保持一致。世行也从与国际破产监管协会（IAIR）的持续合作中受益良多。此外，类似于世行与国际破产协会（INSOL）的合作，近些年国际上诞生了一些新的合作形式，例如非洲圆桌会议（ART）、立法与监管研讨会以及司法破产计划（JIP）。这些会议、计划等广泛吸引了全球范围内私人与公共部门的参与，并就《准则》的具体实施与改进收集了大量信息，确保其与时俱进，具有全球适应性与关联性。

基于在运用《准则》中收获的经验以及论坛商讨中获得的意见反馈，该准则已分别在2005年、2011年、2015年以及2021年进行了全面复核和更新。本版本中相关制度内容的修改，不仅受益于广泛的意见征询，更得益于世行在项目评估工作中积累的实践经验。

《准则》制度内容设计的宗旨，在于为各个国家提供一套用途广泛的评估工具，以便评估和改进其商事法律体系中的核心内容。商事法律体系是营造良好的投资环境，促进商业和经济发展的基石。高效、可靠以及透明的债权人、债务人保护机制以及破产体系，对企业资源的再分配、投资者信心的维持以及前瞻性的企业重组都至关重要。此外，这些制度在经济危机中也扮演着重要角色，其能够使一个国家以及利益相关方在系统层面对企业财务困境作出迅速反应，并提出相应解决措施。

国家体系依靠一系列的结构、制度、社会和人文基础来维持现代市场经济的运转。尽管地缘上的相似性会使一些国家和地区的社会习俗及法律传统存在共性，但这些事物在不同地域有着不同的组合方式。因此《准则》制度内容的设计具有充足的灵活性，不仅能够为各个国家的体系建设提供制度基准，也包含若干重要的主张。第一，能够回应国家需求和问题的制度。该制度必须植根于该国广阔的文化、经济、法律和社会背景。第二，透明度、可追责性以及可预测性是良好信贷关系的基础。多元化的投资和信贷是现代商业的命脉。投资和信贷的可获得性取决于潜在和现实存在的双重风险。缺乏获取准确信用风险信息的渠道，债务实现、债务追偿、企业重组机制的不可预期性，都会阻碍良性的信贷投放。第三，法律和相关制度机制必须在市场配置资源的系统中（如商事、企业、金融和社会系统）综合运用激励和惩罚措施。这需要运用综合手段推进制度改革，并在推进债权人、债务人权利保护以及破产制度的改革中充分考虑相关法律和政策的因素。

《准则》强调因势利导、入乡随俗的综合性解决方案，以及制定方案过程中的政策选择，其在制度设计方面，提取了各个国家在破产机制以及债权人、债务人保护制度方面的实践精华。一个国家的制度设计若想与国际实践中最先进的做法接轨，首先需要理解这些体系运作背后的市场环境。这一点在发展中国家表现尤为明显。对于发展中国家而言，它们面临的共同挑战包括但不限于不堪一击或规定不明晰的社会保护机制、薄弱的金融机构和资本市场、低效的企业治理体系、缺乏竞争力的商业环境、效力低下的法律体系、制度及相关政策规定，还有市场能力和资源的短缺。这些障碍给发展中国家采取先进的制度体系，及时跟进全球趋势，适应实践发展带来了巨大挑战。《准则》在国家层面的应用，不仅受到国内政策选择、该国正在适用的法律、制度及相关政策规定与他国制度比较优势或劣势的影响，也受到市场能力以及市场资源的影响。

《准则》主体分为四个部分：A 部分强调了信贷成本和信贷资金流动（包括担保信贷）与承认、执行信贷协议的法律、相关制度政策之间的关系；B 部分强调了与企业风险管理以及庭外重组相关的法律架构的关键特征和政策选择；C 部分规定了正式商事破产制度的法律框架；D 部分则阐述了如何通过良好的制度以及监管框架确保前述制度体系的实施。

除企业破产机制以及债权人权利保护制度之外，《准则》有更为广阔的适用空间。金融机构能否通过有效的信用风险管理机制来解决或者清算不良债务，取决于是否有可靠、可预测的法律制度机制来帮助其更好地预测债务回收和执行的成本。当有不良资产或者其他因素危及银行的存续，或者是经济情况恶化导致系统性金融危机时，债权人、债务人保护制度以及破产机制便至关重要，该机制能够使国家以及利益相关者对危机做出迅速反应。此外，应当完善辅助性强化措施以解决危机。

《准则》在创设之初，考虑到其适用的灵活性，因此并未为各个国家的制度设计提供具体的方案。《准则》中提及的实践经验，均是被国际社会广泛承认并接受的良好实践。随着市场发展以及全球竞争加剧，各个国家或者地区若想与时俱进，就必须采取能够营造强有力的投资环境的法律和相关制度体系，以最大化自身商业优势，吸引投资。此外，商事、经济全球化的发展，足以使一个国家的企业经营失败或破产对全球产生影响，这更加说明了各国更新商事制度，适应国际商事实践发展的重要性及迫切性。正如法律体系、商业和贸易本质上都处于不断发展之中，本准则亦是如此。我们预期会根据国际商事方面的重大变化及发展，对《准则》予以持续修订与更新。

二、执行摘要

下述内容是对《准则》中关键要素的简单概述。

（一）信用环境

1. 协调一致的信用和强制执行体系

一套规范的信用体系应当以高效、透明、可靠的债务追偿机制为基础。追偿的方式包括对动产、不动产进行扣押或者出售，以及对无形资产（如债务人对第三人的债权）的取得或者转让。高效的债务追偿机制对于维系信用体系（尤其是无担保债权）的运转至关重要。债权人能够实际控制债务人的财产，并在必要时刻将其予以出售以实现自己的债权，是确保债务清偿最为简单且高效的方法。这种方式远比破产程序更为有效——因为破产程序要求有较高的证明标准，且往往存在可预期的程序拖延。故除极少数情况之外，仅将破产机制作为债务清偿的手段，并不能对债务人构成实质的威胁。

尽管债权多以无担保的方式存在，且依赖于高效的强制执行体系，但对于发展中国家而言，建立有效的担保权利制度更为重要。因为即使在发达国家，债券市场和股票市场存在多元融资渠道的情况下，担保权利制度也扮演着重要角色。一些情形下，股票市场能够提供更为低价且更具吸引力的融资渠道。然而，发展中国家能够提供的融资方式十分有限，且债券市场远比股票市场成熟，这导致发展中国家的融资方式多为债券融资。在融资渠道选项受限、风险更高的市场环境中，债权人往往要求债务人提供担保以降低其拒不履行债务以及破产的风险。

2. 担保体系

现代信用经济的基石之一，是市场主体能够拥有和自由转让财产所有权的能力，以及为了能够以更低价格获得贷款而向债权人提供担保的能力。在运行良好的市场经济环境中，担保交易发挥着极其重要的作用。法律对于担保债权的保障，降低了债权人被违约的风险，从而可以增强资金的流动性，降低融资成本。然而，若法律框架中有关担保权利的规定体系混乱，相互冲突且不够明晰，反而会导致市场主体信贷成本高，甚至无法获得信贷。这一点在发展中国家尤为明显。

担保借贷的法律框架应当对所有财产担保权利的基本特征和要素予以明确。财产的类型各式各样，包括动产以及不动产、有形资产与无形资产，例如存货、应收账款、收益、未来财产以及全球基准上的占有性权利和非占有性权利。法律应当涵括债务人对债权人现在的或是将来的全部义务，以及不同主体之间的债务责任。此外，针对各式各样的财产类型，法律应当设立有效的公示及登记系统，并就同一财产上的冲突性权利的优先原则予以明晰。为了确保担保权利的有效性以及第三人对其知悉，担保权利的公示应当价格合理，以便于利益相关人登记或者查询。因此，一套可靠、性价比高的公示登记系统对于以最佳条件获取资产抵押贷款，有着积极促进作用。再者，当多个权利登记并存时，登记系统应当对登记信息予以最大限度的整合，以便于市场主体对所有符合担保交易法律规定的公示记录进行检索。

3. 强制执行体系

除却破产以及良好的破产制度体系，现代信用市场经济应当建立起一整套高效的机制，以可预测、透明且平价的强制执行方式确保无担保债权以及有担保债权的实现。该机制的设计必须保证其在运行时能够协调一致。所谓商业，实则是企业与广泛的债权主体、利益相关者以明示或者默示的方式签订合同，以此为基础建立起的综合商事系统，是各种商事关系的集合。尽管伴随着商事定价以及企业风险管理技术的日益精湛，商事交易也随之复杂，但处理商事关系的基础权利以及确保商事权利得以执行的程序基本未变。这些权利的存在使得当事人能够信赖合同，增强其投资、贷款以及商事贸易的信心。反之，若合同权利的执行不能够得到保证，违约风险可能性上升，与之对应，信贷成本也会增加，在严重的情形下甚至会导致信贷的紧缩。

（二）风险管理和庭外重组体系

1. 征信系统

现代信用经济应当有获取完整、准确、可靠的债务人还款记录信息的渠道。获取信息的过程应当在一个能够建立且有效运行信用信息的法律框架下进行。法律应当对征信系统中可授权他人使用的信息范围，尤其是个人信息的范围予以明确。对何种类型的信息予以收集并在征信系统上公开的法律管制，往往被用作推进公共政策的手段，例如反歧视法的推进。至于市场主体对信息公开可能侵犯其隐私权的担忧，应当通过以下途径解决：公示此类征信系统的存在；当从征信系统获取的信息被用于不利于当事人的决策时，予以告知；赋予信息主体获取存储信息、对记录信息提出异议以及修正不准确或不完整信息的权利。此外，为以高效、平价、透明以及可预测的方式解决征信系统运作中可能出现的争端，应当建立高效的执行机制以及监管机制。再者，若存在违反机制的行为，可以设定适当的处罚措施，但处罚的目的是鼓励市场主体遵守法律，故不可过于严苛乃至阻碍征信系统的运行。

2. 庭外重组

企业重组需要大环境的支持，以增强重组参与方恢复相关企业的财务能力。企业庭外重组应当在“法律的影子”下进行，因此，一个有利于企业庭外重组的环境应当包含以下要素：（1）明确的法律和诉讼程序，要求陷入困境的企业能够及时披露其准确的财务信息；（2）鼓励对有再生能力的困境企业划拨贷款、投资或资金重组；（3）支持广泛的企业重组活动，例如债务免除、债务延期偿还、债务重组以及债转股；（4）为重组企业提供优惠或者中性的税收待遇。

为应对可能将银行或者其他金融机构置于风险中的企业破产案件，尤其是在破产已成为系统化危机的市场环境中，国家的金融部门（极大可能需要借助央行或者财政部的帮助）应当推动企业庭外重组程序的确立。通常而言，在有充足的债权人救济制度以及破产法律体系的市场环境下，企业庭外重组更易获得支持。

（三）破产法律体系

1. 商业破产

尽管各个国家破产的相关规定存在差异，但高效的破产体系对若干目标以及宗旨的追求恒定。破产体系应当致力于追求以下要素：（1）与该国或地区广泛的法律和商事系统相融合；（2）最大限度维系企业资产的价值，提高债权回收率；（3）对丧失再生能力的企业、清算后能够给债权人提供更高回报的企业提供有效清算，为有再生能力的企业提供企业破产重整的机会；（4）审慎处理企业清算以及企业重整之间的平衡关系，支持两种程序间的相互转换；（5）无论是国内债权人还是国外债权人，确保地位相似的债权人得到程度相当的救济；（6）提供及时、高效、公正的破产解决方案；（7）预防破产制度的滥用；（8）避免个别债权人在债务人破产前，以快速裁决的方式过早分割债务人的财产，造成对其他债权人的不公平；（9）提供透明且可持续适用的程序，包括清晰的风险分配规则以及收集、传达信息的鼓励机制；（10）在可预测的既定程序中，确认已知债权人的权利，尊重其优先权的行使；（11）搭建跨境破产的制度框架，承认国外破产程序的效力。

当企业不具备再生能力时，法律的要点是高效、快速地推进该企业的清算程序，以保证债权人能够最大程度地实现债权回收。鉴于企业业务可以独立于法律实体而存在，因此清算过程中可以对企业的业务予以保留或者出售。换言之，对于具备再生能力的企业，将企业业务予以保留用于其后续经营，会比将其在清算过程中予以出售更有价值。拯救危困企业有诸多益处：工作岗位得以保留；企业价值上升，债权人获得更好的回报；为企业所有者创造收益；国家和地区也能从企业的再生中获益。对危困企业的拯救可以采取庭内重整和庭外重组的双重模式。企业再生应当允许快速、简易程序的接入；保护所有参与方的权利；允许商业计划的协商；允许多数债权人通过的方案或者计划对所有债权人产生约束力（同时为少数债权人提供适当保护）；支持对破产进行监管以避免对破产程序的滥用。在有效市场中，现代企业拯救程序能够满足大部分商业预期。尽管破产法律不应当局限于固定的形式，但是现代有效的破产制度体系应当对上述要点予以回应，以符合破产法的立法宗旨。

2. 小微企业破产

相较于其他规模的企业，小微企业在破产机制中面临更多的阻碍和挑战，故应当予以特别关注。通常情况下，破产程序复杂且价格高昂，小微企业很难借助此程序来解决财务困境。债权人也鲜有动力通过破产程序向小微企业回收债权，这种情形被称作“债权人消极性”。小微企业债务人可供查询的信息往往有限甚至不存在，这使得对该企业再生能力的评估变得更加困难，并且加剧了债权人的不信任。小微企业往往也缺乏资金来支付普通破产程序的成本和费用。此外，在融资时，小微企业普遍以企业债务和企业家个人债务（包括个人担保）的混合形式进行融资，一旦失败，这可能给企业家个人及其家人带来严重后果，例如背负社会上的骂名。再者，小微企业也通常由自然人作为独资经营者来运营，进而可能将企业以及企业家本人都置于风险之中。

对于小微企业的定义，应当由各个国家根据各自国内环境来自行规定。尽管如此，无论如何对其定义，这些企业是被视为个体工商户，抑或被视为由个人经营的法律实体，小微企业的破产准则都旨在对影响其破产的制度、规则予以明晰。这些既有规则强调了小微企业破产过程中的独有特点，对《准则》中相关内容进行了补充及适当修正。政策适用方面，除小微企业破产准则对相关事项有明确规定的外，其他未规定的事项均适用《准则》。

面向小微企业的破产机制，各个国家或者地区可以选择不同的规制机制，例如：可将小微企业的破产制度予以凝练，纳入原有法律框架之中；亦可对既有破产法进行修订补充，加入小微企业的特殊规定；也可为小微企业的破产建构单独的法律框架。尽管形式各异，但小微企业破产体系都应当致力于成就下述目标：（1）降低准入门槛，并鼓励尽早使用庭外重组程序、混合程序、庭内简易破产程序等多种方式解决问题；（2）设计并实施简易破产程序，降低普通破产程序的复杂性以及成本，为有再生可能性或者面临财务困境的小微企业提供高效、灵活的拯救机制，对于没有再生可能性的企业提供高效的清算程序；（3）创造有利于小微企业再生的市场环境以及保障措施，确保自然人企业家能够免除债务并开启新的义务；（4）减少企业因破产而背负的社会骂名；（5）促进企业家精神的发展，增加获得信贷的机会；（6）提供基础保障措施，确保债权人、债务人及其他所有参与小微企业破产或受其影响的利益相关方的利益得到保护；（7）建立实施有效机制，以预防和制裁破产过程中的欺诈、对破产程序的不当适用以及滥用的行为；（8）建立相关机制，协助小微企业在面临财务困境时及早发出信号预警，提高小微企业企业主及相关管理人员的财务、商业管理水平。

（四）执行：制度和监管框架

强效的制度和规则是保障破产体系效力的关键。破产体系制度框架的搭建包含三个主要元素：为破产程序特设的法律制度，用于处理案件和破产决定的运行机制，确保破产体系完整性的制度要求——破产制度的完整性是破产体系成功运转的关键。一系列处理破产事宜的基本原则，不仅会对破产制度的设计及维系产生影响，也同样会影响参与至破产程序中的相关政府机构。

（五）助力良好投资环境的首要因素

1. 透明度、问责机制及公司治理

为促进商业沟通与合作，各个国家应当确立最低标准的公司透明程度以及企业治理机制。若想确立良好的风险评估机制，基本信息的披露十分重要——信息内容包含企业的财务报表、运营数据以及详细的现金流等。会计与审计的标准应当与国际社会上最佳的实践做法保持一致，以便于债权人能够对信贷风险进行评估，并能够随时知悉债务人的财务能力。此外，为了确保改革成果得以实施，保障所有利益相关者得到公正对待并有效阻止不合规行为，可预期、值得信赖的法律框架以及司法程序便不可或缺。公司法以及相关规则制度应当对作为借款方股东的行为予以规制。公司董事会应当恪尽职守，权责明晰，独立于公司管理层，并在公司治理方面与时俱进，紧随国际实践的最佳做法。法律的实施也应当确保公正性以及一致性。综上，债权人、债务人权利保护制度与破产机制与上述要素息息相关，若立法体系尤其是商事法律能够在上述方面吸收实践中的先进做法，那该制度便能发挥出其最大效力。

2. 透明度和公司治理

透明度和良好的公司治理是发达借贷体系以及公司制度的基石。透明度体现在各方当事人能够收集并及时获取所需的公司信息，并且，当此权利与企业法人其他的良好行为相结合时，能够更好地营造广博的和信息沟通顺畅的商业环境，促进各方的交流合作。此外，对于对外部因素波动更为敏感的新兴市场而言，透明度与公司治理尤其重要。若缺乏透明度，很大可能信贷的定价无法反应其潜在的风险，进而导致高利贷并产生其他信贷成本。无论是境内交易还是跨境商事贸易，无论处于投资的何种阶段（如贷款审批、贷款存续期间管理风险上升时、特别是债务人明显面临财务困境且债权人有意寻求退出时），透明度以及良好的公司治理都必不可缺。债权人需要对其投资持有信心，而这种信心的维系只能通过对公司任一阶段动态的持续监测，无论其是处于重组之前、重组之中还是重整计划实施后。

就债务人的角度而言，金融市场的持续演变体现在市场主体、金融工具以及商业环境复杂性的变动之中。除却传统商业银行，当下的债权人（包括外籍债权人）角色多样，可能是出租人、投资银行、对冲基金、机构投资者（如保险公司或者养老基金）、不良资产投资者以及财政或者资本市场产品的供应者。除此之外，利率、货币、信贷衍生品等复杂金融工具的应用也日益普遍。尽管设计这些金融工具的初衷是降低风险，但是在市场波动时期，使用这些工具可能适得其反——债务人风险上升，进而影响净额结算以及对交割风险的监管。复杂的金融结构以及融资技术可以使债务人在借款初期充分利用杠杆效应，但与此同时，债务人对于外部因素（如发展中国家的利率环境）的敏感程度也会被杠杆放大，并最终导致整体风险的上升。

就债权人的角度而言，一旦公司明显地面临财务困境或者濒临破产，债权人的首要目标即是最大化保留债务人的资产价值，以便清偿时能够尽可能多地回收债权。无论是企业重组、再生还是进入清算程序，债权人对于退出机制方式的确立，取决于其所获取的信息流的质量。此外，若需平衡企业的资产负债表，债权人应当对下列方案的可行性审慎考量：包括但不限于延长还贷期限、延长分期还款的日程、推迟支付利息、再融资、债转股、推动债务人一次性全部出售或选择性出售其非核心资产以及关闭亏损业务部门等。公司资产的估值应予以确定，以便于评估公司业务出售、剥离或者出售控股股权的可行性。另外，为了确定最有利于回收投资款项的方法，应当对公司持续经营以及破产清算两种情形下的资产价值均予以计算。至于资产处置计划，无论是采取流动性补给还是债务削减的方法，都应当对有法律负担以及没有负担的资产进行估值，并在估值时将资产所处的地理位置以及获取成本等因素纳入考量范围。上述所有努力的结果以及资产价值最大化的程度，都与企业治理的透明程度成正相关。

透明度的提升有利于增进当事人决策的信心，进而促进企业庭外重组程序的应用。企业濒临破产时，相较于通过法律程序进行清算，庭外重组的方式更受债权人欢迎——因为这种方式能够使债权人回收更多的债权，并且能够降低成本，避免法律程序的复杂性以及不确定性。然而，在很多发展中国家，当事人很难获取可靠的数据以支持其进行全面的风险评估。事实上，对于这些国家而言，要求其提供符合发达国家数量和质量要求的信息数据，成本过于高昂。尽管如此，发展中国家也应当以此为目标，努力提升信息的透明程度。

3. 可预测性

定义明确、可预期的风险分配机制的缺失，以及成文法实际应用中的不一致性，会抑制新兴市场的投资。此外，在系统性危机中，投资者通常主张不确定的、税率繁重的风险溢价，这会导致市场难以进行清算。因此，尽管预期收益可能远高于已知的风险，一些投资者仍对新兴市场退避三舍。理性的债权人也会主张风险溢价以补偿新兴市场在决策、管理、投资收益等方面系统性的不确定性。当支持投资的基础性因素恶化，债权人对风险分配机制的依赖可能性也随之上升。这是因为风险分配规则中的最低标准多用于降低市场下行方面的不确定性，而不用于增加正常市场中的收益（特别是针对固定收益投资者）。在系统性危机已经发生或者即将发生的情况下，债权人的关注重点往往聚焦于降低风险，风险溢价也随之飙升。此时，若无法对市场下行的风险进行预测，将会对市场产生致命打击。此外，该效应还会引发国内其他风险，导致债权人也拒绝向财务状况良好的债务人提供信贷。

新兴市场中的债权人对于风险溢价补偿的主张，是因为大量程序存在不确定性。第一，信息的不对称性。当地人往往对相关制度规则及强制执行措施更为熟悉或者更早知悉。因此，债权人普遍认为当地的利益相关者会充分利用本地优势来操纵程序，并从欺诈或者偏袒的行为中获益。第二，公司治理机制的缺失或者无效加剧了债权人对于资本移转、担保利益受损甚至被作废等事项的担忧。第三，除破产法律之外，其他法律对于合同权利的确认及保障也不可预期，导致外籍债权人容易对此产生重大误解，误认为自己应当享有的权利实际上并不能行使。第四，投入与产出不成正比。债权人为主张自己的权利，对债务人实施强制执行，需要消耗大量的时间和金钱。此时若强制执行的结果不可预测，债权人自然没有动力（或者没得到授权）去提升回报率。第五，相较于充满不确定因素的程序，一个程序若能长期保持稳定，即使它对于投资者而言并不友好，也往往更受欢迎。因为在此程序下，债权人可以通过调整借贷成本实现对风险的管控。

此外，新兴市场似乎对资金流向以及资金规模的迅速变化更为敏感。资金的撤出能够使得用于市场估价的基础性因素丧失效力，正如 1998 的亚洲金融危机一样，债权人纷纷急于出售资产以进行保值，降低杠杆。随着二级市场流动性消失以及杠杆的解除，市场估值呈螺旋式下跌并愈演愈烈。在发达国家，通常有一批债权人愿意对不良资产进行投机，这就为市场估值提供了下限。理论上，这样的债权人也应当存在于新兴市场，但实际上，致力于不良资产的投资者寥寥可数，既没有足够的资金也没有足够的意愿去补足被普通债权人撤走的资金。非专业的不良资产投资者往往也无法扭转资金走向，弥补投资赤字。这不仅是因为新兴市场的学习曲线过于陡峭，需要补充大量的新知识，还因为风险分配规则充满了不确定性。这样的后果就是市场走向溃败，因为如果卖家不被强制清算，他们希望的价格便不会被任何买家接受。如果风险分配规则可以明确、清晰，那么专业和非专业的投资者就敢于在市场下行时注入更多新的资本。此外，卖家也会更容易接受这样的处置价格，不会认为是对资产的贱卖。

相较于发达国家，发展中国家有关债权人保护的法律制度、相关规则以及监管措施都更弱，这使得债权人对其投资资金动向的监测以及权利的实现（尤其是债务催收）都缺乏信心。通常情况下，债务人的经营、融资以及投资等行为对债权人而言并不透明。合同法、破产法以及公司治理的相关制度、规则的实体内容及实际应用也存在着大量的不确定性。此外，债权人普遍认为他们缺乏充足的信息源，对强制执行以及债务催收的程序也缺乏控制力。透明度以及确定性的缺失削弱了外籍债权人投资的信心，进一步降低了他们提供信贷的意愿。

在内容详尽、可预期的法律及程序缺失的情况下，债权人只有在追求本无必要的高风险溢价时，才会加大资金的投入。一旦遭遇市场危机，他们就可能全部撤资。因此，一个国家或者地区若能够对债权人、债务人权利保护制度以及破产机制进行充分披露，并保证其适用的一致性，必将会受益良多。

三、准则

A 部分债权人、债务人权利保护

A1 关键要素

现代信用经济应通过完整、综合且协调一致的商事法律体系，借助广泛的信贷产品（包括有担保以及无担保的产品），为以合理费用获得信贷提供多样化的渠道：

提供可靠且经济合理的制度方式，用以保护信贷，并最小化债务不履行及违约的风险；

确保信贷工具的透明度，确立债权人、债务人权利的平等保护机制，包含对自然人消费债务以及资产的合理保护；

提供可靠的程序，便于信贷提供者以及投资者对投资项目进行高效评估、管理、解决违约风险，并能够对企业债务人的财务困境予以迅速响应；

确立经济、透明、合理且可预期的机制，以个人诉讼（如强制执行和实施）或者集体诉讼的方式及程序（如破产程序），确保无担保以及有担保债权的实现；

坚持一以贯之的政策，用以规范信贷取得、财产权利、信贷保护、信贷风险管理和债务回收，并借助实体与程序相协调的法律法规推动破产程序的进行。

A2 不动产担保

信用经济的基石之一，是市场主体能够获得、自由转让土地所有权以及使用权的权利，并出于以更合理价格获得信贷的目的，赋予债权人广泛的担保权利（如抵押、土地费用收集和不转移占有的抵押权）。良好的不动产担保制度包含以下基本特征：

内容清晰明确的规则和程序，以合同协议或者法律实施的方式，赋予各种不动产以担保权利；

与债务人对债权人的债务，以及不同主体之间各种类型的债务相关的担保权利（包含现在的或是将来的、任一的或是全部的）；

明确的所有权和优先权规则，用以规范同一资产上的冲突主张和权利分级，尽可能消除或者减少担保优先权的适用；

确立担保权的公示方式（包含登记），以最低成本让债权人、买方以及公众充分知悉担保权利的存在。

A3 动产担保

信用经济应当广泛支持各种现代形式的信贷交易和信贷结构，允许将动产作为担保以降低信贷成本。一套成熟的担保交易体系应当允许当事人在动产上设立担保权，其基本特征包括：

对动产担保权的设立、强制执行以及有效性予以清晰明确的规定，以对抗外部第三人；

对当事人以协议的方式确立的担保权，或是法律直接规定的担保权（如有）予以清晰明确的规定；

允许在所有类型的动产上设置担保权。无论动产是有形的还是无形的，例如设备、存货、在途商品、附属装置、应收账款、银行账户、有价证券、知识产权、农产品、大宗商品及其收益、孳息等，无论动产处于何种状态，目前持有的、之后或是未来取得的（包括待生产和尚未取得的商品），无论动产位于何处，无论是特定物担保、种类物担保还是动产浮动抵押；也无论是占有性权利还是非占有性权利；

与债务人对债权人的债务，以及不同主体之间各种类型的债务相关的担保权利（包含现在的或是将来的、任一的或是全部的）；

确立担保权的公示方式（包含登记），以最低成本让债权人、买方以及公众充分知悉担保权利的存在；

明确的所有权和优先权规则，用以规范同一资产上的冲突主张和权利次序，尽可能消除或者减少担保优先权的适用；

与企业并购融资相关的特殊制度，其制定与发展以下述规则为基础：担保权利的一般规定；对所有权保留的买卖中出售人所有权的确认；融资租赁中出租人所有权的确认；以及充分告知此类权利的公示制度。

A4　不动产的所有权和担保权登记

建立高效、透明、经济合理的登记制度，以记录担保人的不动产所有权及担保权。

登记事项应当包含土地所有权、土地使用权、不动产贷款按揭或抵押、土地抵押和土地负担，以及土地的永久附着物。土地在何处登记可根据司法管辖地、行政区域或者不动产所在地来确定；理想状态下，登记机构应当提供全面的、电子化、信息化的登记查询服务。

不动产上设立的抵押权、按揭及其他产权负担均应当进行登记，以便于对抗第三人。

登记系统应当操作简易便捷，信息登记以及信息查询费用合理，经济安全。

A5　动产担保权登记

应当建立高效、透明且经济合理的机制，用以判断担保人的动产上是否设置了担保权利。除极少数情况，建立该机制最为高效且最应当优先考虑的方式就是登记。登记系统的操作应当简单快捷，无论是登记信息还是信息检索，都要确保其费用合理、便捷安全。

担保权公示登记，可发生在担保权设立之前，也可发生在担保权设立之后。

完整填写登记表格所需的信息后，即视为完成登记。

登记机构应当对担保权利予以记录并整合，使市场主体能够依据担保人的姓名，或某些情况下依据资产的序列号对登记信息予以检索、查询。

理想状态下，登记系统的信处理应当集中化且电子化。

对于具有高流动性的特殊动产，例如飞机或者汽车，应当建立特殊登记制度。

知识产权相关的担保权利可以在一般担保权利登记机构登记，也可以在知识产权的专设机构登记（如有）。

针对有价证券及其权利，也可设立特别的登记机构。

必要情形下，动产特别登记应当与一般登记协调一致。

A6 无担保债务的强制执行

一套高效且运行良好的信贷体系应当以完备的机制及程序为基础。该套机制及程序能够提供有效、透明以及可靠的方法，通过司法或者其他争议解决机制来保护债权人的权利。若有条件的话，一国的司法体系也应当为债务的追收以及强制执行提供简易程序。[1]

强制执行追回的款项，应当按照实体法确立的优先次序予以分配。

A7 不动产担保权利的强制执行

针对不动产担保权利的强制执行，应当设立高效、经济合理、透明且可靠的执行机制（包括司法途径和非司法途径）。

强制执行程序应当保证不动产上所依附的担保权利能够及时实现，以确保债务回收符合一般商事惯例。

强制执行追回的款项，应当按照实体法确立的优先次序予以分配。

A8 动产担保权利的强制执行

针对动产担保权利的强制执行，应当设立高效、经济合理、透明且可靠的执行机制（包括司法途径和非司法途径）。

强制执行程序应当确保债权人能够占有有担保的动产，有担保的债权人可取得担保物来实现其全部或者部分的担保债权，进而能及时对有担保的动产实现价值变现。此项权利的实现应当符合公序良俗和一般商事惯例。

强制执行追回的款项，应当按照实体法确立的优先规则予以分配。

B 部分风险管理和公司重组

B1 征信体系

B1.1 法律框架。理想的法律环境应当为有效征信系统的建立和运作提供法律框架，而非制造障碍。诽谤法及相似性质的法律有可能会对如实报告信用信息造成潜在限制。虽然信用记录的准确性意义重大，但应给予征信系统充足的法律保障，来激励该系统能积极运作，又不至于丧失维持系统信息准确性的动力。

B1.2 运作。应清晰界定征信系统记录（尤其是个人记录）的使用权限。应当采取措施保障征信系统的信息安全，以及采取激励手段保证数据库的完整性。法律制度应制定激励

---

〔1〕 此条准则下的债务强制执行程序，主要是针对公司作为债务人的情形。此外，当强制执行程序的债务人为个人时，应当注重对个人资产的保护，予以其合理且明晰的豁免措施。具体而言，应当保证个人的家庭日用品、用以维持生计或工作的必需品，以及债务人及其家人维系正常生活的用品不被强制执行。

机制，以收集并维护覆盖一国大部分人口的广泛信用信息。

B1. 3　公共政策。对征信系统收集和传播何种信息的法律管制，常常会用作推进公共政策，也可能用来减少某些特定的社会歧视，比如基于种族、性别、出生国、婚姻状况、政治倾向，或者工会会员身份的歧视。法律可以基于公共政策的考虑，要求征信公司不得提供超过一定期限（如 5 年或者 7 年）的不良记录。

B1. 4　隐私。应当告知信息主体该征信系统的存在，并允许查询自己的相关记录。尤其是将使用该信息作出不利决定时，应通知相关信息主体，信息主体应有权对缺乏准确性、完整性的信息记录提出异议。此外，还应建立调查此类异议并纠正错误的相关机制。

B1. 5　实施/监督。建立征信系统不仅有利于监管机构评估一家机构的风险敞口，也使该机构有动机和工具进行自我评估。实施机制应当提供有效、低廉、透明和可预测的途径，包括司法和非司法途径，以解决征信系统运作的相关纠纷。为保障征信系统的相关法律得到遵守，应严厉制裁违反者，但也不应过分严厉以阻碍该系统的运作。

B2　公司濒临破产期间的董事义务

法律应规范公司濒临破产期间的董事义务，倡导负责任的公司行为，并在合理范围内承担风险，鼓励企业业务重组。法律应当针对违反董事义务的行为提供适当救济，该救济可在破产程序开始后得到强制执行。[1]

B2. 1　董事义务。法律应当明确规定，董事知道或应当知道企业临近破产或者破产不可避免时，需充分考虑债权人和其他利益相关方的利益，采取合理的措施以避免破产，或在破产不可避免时最小化资不抵债的程度。

B2. 2　义务主体。法律应当详细列明承担上述义务的主体，包括正式任命的董事以及实际控制公司并履行董事职责的主体。[2]

B2. 3　责任和救济。因董事违反义务而损害债权人权益的，该董事应按法律规定承担责任，除非其有合理的抗辩理由（包括旨在于避免破产或最小化资不抵债的程度所采取的合理措施）。责任的范围以债权人因董事违反义务而遭受的损失或损害为限。法律应该明确规定，当董事违反义务而被法院认定应承担责任时，救济措施包括要求该董事按法院判定的损害范围全额赔偿破产财产，破产管理人有权以自己的名义提起董事违反义务诉讼。[3]

B2. 4　诉讼资金。法律应该规定起诉董事的费用从公司的管理成本中支付。

B3　赋能的立法框架

企业庭外重组应该得到有力的环境支持，该环境鼓励重组参与方达成旨在恢复企业财务

---

〔1〕 本准则仅针对公司董事在知道或者应当知道公司濒临或难以避免破产期间的责任。公司治理的一般性原则、董事与高管对股东负有的责任另由 OECD《公司治理准则》规范。

〔2〕 准则中将负有此类责任的人统称为“董事”。

〔3〕 董事因违反义务而赔偿债权人损失的责任不排除金钱赔付外的其他救济方式，例如罢黜董事资质；也不排除董事因欺诈行为被追责，包括追究刑事责任。

活力的合意安排。支持债务和企业重组的有利环境包括满足以下条件的法律和程序：

B3.1 要求困境企业主动披露或确保相关主体能够知悉其及时、可靠、准确的财务信息；

B3.2 鼓励向仍有财务活力的困境企业贷款、投资，或者进行资本重构；

B3.3 灵活安排形式多样的重组活动，包括资产出售、债务折价出售、债务减记、还款展期、债务和企业重组，以及债务转换安排（债务置换和债转股等）；

B3.4 对于实现债务重组发生的必要亏损或债务冲销，应基于被交易资产的市场公允价值来提供有利或者中性的税收优惠；

B3.5 解决可能影响企业重组的监管障碍；

B3.6 给予债权人可信赖的债权实现途径，包括A部分述及的强制执行，和C部分述及的清算和/或重整程序。

B4 庭外重组程序

B4.1 如果支持债权人和债务人以自愿谈判、调解或者非正式争端解决等方式解决纠纷，庭外重组程序将会取得更好效果。尽管建立及时处理债权人间争议的可行性机制相当重要，但金融监管者应该发挥与其监管职责相一致的促进作用，而不是积极参与债权人之间争议的解决。

B4.2 如果庭外重组需取得法庭重整程序的认可，则法庭内程序应迅速处理庭外非正式但已预先协商好的协议。

B4.3 当出现系统性危机或企业破产达到系统性强度时，出于满足该特殊需求和状况下鼓励重组的需要，庭外重组规则和程序有可能需要采用临时的、框架性的补强措施。这类临时措施应当仅适用于危机发生和解决期间，且不得损害常规程序和机制。

B5 重组和风险管理实践的监管

B5.1 一国金融行业（或在中央银行、财政部或银行业协会的非正式背书和协助下）应促进发展相关行为准则，在银行和其他金融机构出现重大风险敞口的案件中，引导各方通过自愿、合意程序化解企业财务困难。对于企业破产达到系统性强度的市场，发展此类准则尤为重要。

B5.2 此外，金融监管机构应当鼓励良好的风险控制措施，并促进企业建立有效的内控程序和实践规范，以实现高效快速地回收和处置不良贷款和不良资产。

C 部分破产的法律框架

C1 主要目的和政策

虽然不同国家/地区的路径各异，但有效的破产制度应当致力于下列目标：

与本国/地区更广泛的法律和商事体系相融合；

最大化公司的资产价值和债权人债权清偿；

为丧失生存能力的企业以及能给债权人更高清偿数额的企业提供有效清算，为有生存能力的企业提供破产重整；

谨慎平衡破产清算程序与重整程序，支持在程序之间的简易转换；

保障类似地位的债权人获得同等待遇，不论国内外债权人；

保障及时、高效和公正的破产解决方案；

防止破产制度的滥用；

防止个别债权人寻求快速裁判，以过早分割债务人资产；

提供透明并统一的程序，包括清晰的风险分担规则以及信息收集和传达的激励机制；

在可预测的既定程序中，确认已知债权人权利，并尊重各种主张的优先权；

建立承认外国破产程序的跨境破产法律框架。

C2　正当程序：通知和信息

为有效保护利害关系人的程序性权利，此类利害关系人应当享有陈述权，并有权获知可能影响其权利的事项。此外，还应赋予其获悉保护自身权利、利益以及有效解决争端的信息的途径。为实现这些目标，破产制度应当：

C2.1　当破产程序中发生影响其权利的事项时，及时、恰当地通知利益相关方。在破产程序中，应当有上诉审查机制来及时、高效和公正地处理争议。一般原则是上诉不中止破产程序，尽管在特定案件中法院可能有权中止程序。

C2.2　要求债务人必须充分、详细地披露与其经营和财务状况有关的信息，以利于法院、债权人和受影响方合理评估重整的前景。破产制度应当允许对重整信息进行独立评估和分析。应当规定有权对知晓债务人财务和经营状况的董事、高管和其他相关人员进行质询，也可能强制要求他们向法院、破产管理人和债权人委员会提供信息。

C2.3　允许留用公司专业人员，以调查、评估和深化重大决策所必需的信息。专业人员应当正直、公正和独立地开展工作。

C3　适格主体

破产程序应适用于所有企业或公司实体，包括国有企业。[1]例外情况应当是有限且经过清晰界定的，且应通过单独立法或破产法中的特别条款进行规定。

C4　适用性及便捷性

C4.1　启动破产应当高效且经济。债务人和债权人均应有权申请启动破产程序。

C4.2　破产的启动标准和破产原因应在法律中明确规定。[2]通常情形下，启动破产程序

〔1〕 理想情况下，破产程序应适用于国有企业；或者，一国基于强有力的国家政策考量，清晰规定（相同情形下）国有企业的处置方式。

〔2〕 破产认定可采用单一标准或双标准。如采取单一标准，则只能基于流动性标准认定破产——债务人无力偿还到期债务。

的首要原因是债务人无法清偿到期债务；在某些特定情形下，也有可能是因为债务人资不抵债（前提是以公平市场价格对负债与资产价值进行评估）。

C4.3　债务人只要能提供证据证明其符合基本标准（资不抵债或财务困难），即可启动破产程序。

C4.4　如果是由债权人申请启动破产程序，债务人有权及时获知并获得抗辩的机会，而法院也应及时决定启动破产案件或者驳回债权人的申请。

C5　破产启动后的临时措施及影响

C5.1　一旦提交了申请，在法院作出裁决之前，为了保护债务人财产以及利害关系人的利益，可根据需要采取临时性救济或者措施，但须以适当方式通知受影响方。

C5.2　破产程序启动后应禁止未经授权处置债务人的财产，并终止债权人对债务人或其财产的权利实现或救济措施。禁止救济（冻结）应尽可能广泛，涵盖债务人使用、占有或保有的资产权益。

C5.3　在清算程序中，应当中止担保债权人的权利行使，以便于在清算中出售整体业务或生产单元，从而提高财产受偿率；或在重整程序中，保证对重整有利的担保物的完整性。中止程序应该设置有限的指定期间，合理平衡债权人保护和破产程序目标。当担保债权人有清晰充分的证据证明破产程序的目标或担保债权人就抵押物的权益均不能实现时，可向法院申请继续执行。申请继续执行的情形应受到限制并清晰界定。

破产治理

C6　管理

C6.1　在清算程序中，破产管理人接管公司，并有权为债权人利益管理破产财产。破产财产的控制权应立即移交给破产管理人。在债权人申请破产的案件中，如条件允许，应当任命一个职权有限的临时管理人来监管公司业务，以确保债权人利益得到保护。

C6.2　重整程序中通常有三种优先方式：

重整程序的控制权全部委托予独立的破产管理人；

或公司治理职责仍由原管理层保留；

或引入公正独立的破产管理人或者监督人来监督管理层工作。

在第二种和第三种情形下，当管理层被证实能力欠缺、疏忽大意或有涉嫌欺诈和其他不当行为时，管理权限应全部移交破产管理人。

C7　债权人和债权人委员会

C7.1　债权人在破产程序中的角色、权利以及管理职能应予以明确界定。为了确保公平正义以及债权人权益，应通过适当方式保障债权人能够有效监督和参与破产程序，其中设立债权人委员会是优先选择，特别是在债权人众多时。

C7.2　设立债权人委员会时，法律应当明确规定委员会的职责和功能，委员会的组成规则、法定人数、投票方式以及会议规则等。对个案中的非常规事项，应当咨询委员会意见；对于程序中的决定性事项，债权人委员会应当有发言权。债权人委员会有权要求债务人提供必要的相关信息。委员会成为债权人处理、传递信息的渠道，以及组织债权人进行重大决策的枢纽。在重整程序中，债权人应当有权参与破产管理人的选择。

管理

C8　资产的收集、保存、管理和处置

C8. 1　破产财产应当包括债务人的全部财产，包括有产权负担的财产和在破产程序开始之后才取得的财产。法律应当严格限制并清晰界定破产财产范围之外的财产。

C8. 2　在破产程序启动之后，应允许法院或者破产管理人采取积极有效的措施保管和保护破产财产和债务人的商业运营。破产财产的管理体制应当灵活、透明，能够高效、以合理范围内的最高价值处置资产。必要时，在保证担保权能在财产处置后仍能优先受偿的前提下，法律应允许破产财产自由交易并且不受其上附着的担保权益、抵押权或者其他负担的限制。

C8. 3　第三人所有的财产在破产程序中由破产管理人和/或债务人占有和使用的，其所有者权益应当得到保护。

C9　稳定和维持商业运营

C9. 1　应当允许商业运营正常开展。不属于债务人正常商业运营范围内的交易应当受法院监督。

C9. 2　为满足债务人持续经营的需求，应当保证债务人在相应的监管下能够获得合理的商业融资，并可在特定情形下设置优先偿付的条款。

C10　合同责任的分配[1]

C10. 1　为实现破产程序的目标，应允许法律干预双方尚未全面履行的合同。方式包括继续履行、拒绝履行以及合同转让。

C10. 2　为获得有履行价值的合同利益，破产管理人应有权选择继续履行或承担合同义务。除特殊情况外，合同中关于约定该合同因申请破产或者破产程序的启动而终止的条款应不再有效。

C10. 3　当履行合同成为破产财产的净负担时，破产管理人有权拒绝履行或者解除合同，并承担因不履行而产生的不利后果。

C10. 4　在破产程序中，合同处理的例外应限于少数界定清晰的情形，并且仅限于实现必要的商业、公共和社会利益，例如：

在不违反撤销规则的前提下，允许行使撤销权。

---

〔1〕 合同责任的处理通常也包括租赁合同。

对于法律规定的类型化金融合同中明确规定了终止、净额结算和平仓条款的。[1]若因合同相对方或者交易类型的缘故，不合理的迟延履行会给金融市场稳定性带来冲击的，应当支持履行（但应当给予一定的宽限期）。

在法律不要求必须接受另一方履行的情况下，禁止不可替代和具有人身性质的服务合同继续履行或转让。

建立有关雇佣合同和劳动集体协商合同的特殊规则。

C11　可撤销交易

C11.1　破产程序开始后债务人进行的交易，如不符合其日常商业经营或不能作为已批准破产管理一部分的，应当被认定为无效（可撤销），但允许少数例外情况，以保护不知情的相对方。

C11.2　在破产申请期间或者破产程序开始前的特定交易应当被认定为无效（可撤销），交易行为包括企业破产期间的欺诈或者偏颇清偿，以及其他致其破产的行为。

C11.3　可撤销期间（该期间内的偿付推定为偏颇并可被撤销）应设置合理且不宜过长，以保护普通债权人正常的商业和信贷关系。但若存在资产赠与或者向债务人关联方转让资产的情形，可以适当延长该期间。

债权申报和决定程序

C12　利益相关方的权利和优先权

为保护债权人的合法期待、鼓励提高商事关系的可预测性，依据商法和相应法律在破产程序启动前已经确立的债权人权利及权利主张的优先次序，在破产程序中应当得到支持。只有在倡导必要且正当的其他政策时，如支持破产重整或者破产财产价值最大化的政策时，才能允许偏离此一般性原则。债权优先权规则应当有利于债权人有效管理债权，并符合以下原则：

C12.1　担保债权人对其担保物的优先权应当得到支持。除非经过该债权人同意，其担保权益不应当劣后于破产程序中准予的其他优先权。对此类担保债权人的清偿应当尽快完成。

C12.2　担保债权人就其担保物优先受偿、破产管理费用得到清偿后，除非基于某类特殊债权来主张优先受偿外，否则剩余可分配财产应当按照“同权等比”原则向剩余的无担保

---

〔1〕相关的金融合同类型应根据现行的国际金融规范（如下）提前确定。终止和终止净额结算条款的履行不能排除一国有关银行破产或危机拯救机制或其他类似暂时的中止执行条款的适用，特别是为了有序将合同转让给资金充足的相对人。此类中止机制应同时辅以适当的保障机制。只要债务人能够按照约定完全履行合同义务，提前终止权则不能行使。应定期检视国内法相关条款，保障其与《欧洲银行恢复与风险处置指令》《欧盟关于金融担保安排的指令》《金融机构有效处置机制的关键要素》《关于终止净额结算条款的操作准则》等国际规范保持一致。

债权人清偿。[1]一般说来，公共利益不能优先于私人利益。享有优先顺位的权利类型应尽可能少。

C12.3　员工是企业的重要组成部分，应考虑平衡劳动者权益和其他债权人的权利。

C12.4　在清算时，不允许股东或企业所有者在全体债权人足额受偿前参与财产分配。重整中应当适用这一规则，只有在极少数法律谨慎规定的情况下，可以允许股东根据公平原则保留企业股份。

C13　*债权确定程序*

通知和允许债权人进行债权申报的程序应当经济、高效和及时。必须有一套严格的审核体系来确保债权主张的有效性并处理相关争议，因解决争议造成的迟延不应当阻碍破产程序的进程。

破产重整

C14　*破产重整*

C14.1　破产重整程序应当：

支持快速、便捷地启动程序；

确保重整中程序的管理及时、高效，为所有重整参与方提供充分保障；

建立鼓励公平协商重整方案的制度框架；

并规定重整方案的批准应当获取适当多数的债权人的同意。

C14.2　现代破产重整制度应体现以下主要特点和原则：

重整方案的提出和讨论。在促进公平和防止商业滥用的基本要求下，重整方案的制定策略应当灵活多样。

重整方案的表决和通过。就表决而言，不同组别的债权人可以享有与其债权金额相匹配的投票权。为促进公平，掌握内幕消息的债权人其债权主张和投票权应当受到特殊的详细审查。重整方案通过应基于清晰的标准，确保公平对待相似地位的债权人以及承认债权优先权，并取得大多数债权人的同意。同时还应当确保反对重整方案的（少数）债权人或债权人组别的受偿不低于在公司清算情形下的所得。如果重整方案需要得到法院的批准，法院原则上应尊重大多数债权人表决通过的方案。如果在规定期限内或延长期限后重整方案仍无法通过，此种情形下，该方案一般可作为债务人转入清算程序的法定事由。

重整方案实施与修订。重整方案的有效实施应受到独立监督。为了债权人的利益，应允许重整方案以债权人表决的形式修订。若债务人执行重整方案失败或者丧失执行能力，则应成为终止重整计划并实施破产清算的法定事由。

债务免除与拘束力。破产制度应明确规定重整方案对债务豁免、取消和变更的法律约束

---

〔1〕同权等比原则的适用受到债权人之间的协议和合同附属条款调整，或者有时在衡平居次原则下调整某债权人的主张是恰当的。

力。债权人会议多数表决通过的重整方案的效力应拘束所有债权人，包括持反对意见的少数债权人。

重整方案撤销与终止。如果重整方案的批准过程中存在欺诈，则该方案应当重新制订或直接无效。在完成和终结重整方案后，应当规定重整程序的快速退出方式，以利于重整企业尽快恢复正常的商业运营和管理。

跨国以及集团公司

C15　跨国因素

破产程序可能涉及国际因素，一国的法律制度应就管辖权、外国判决的承认、与外国法院的合作、法律适用冲突规则等确立清晰的规定。高效的跨境破产制度一般应具备以下关键因素：

清晰快速的外国破产程序承认机制；

在承认外国破产程序基础上准予救济措施；

外国破产管理人出庭及与其他相关主管机关沟通；

法院与外国破产管理人就跨国破产程序开展合作；

外国与本国债权人的无差别待遇。

C16　本国集团公司破产

C16.1　程序协调。一国的破产制度应明确规定，在破产程序涉及两个或两个以上集团公司成员企业时，相关破产程序可基于程序目的而进行协调。程序协调的范围和程度应由法院确定。

C16.2　重整开始后的新融资。一国的破产制度应允许处于破产程序中的集团公司成员企业向同样处于破产程序中的集团其他成员企业提供或者协助融资，以及给予其他金融支持，法律应明确此类重整中的新融资债权的受偿的优先性。

C16.3　实质合并。破产法律制度应尊重集团公司成员企业的独立法人身份，实质合并的情形应被限定为：

集团公司成员企业的资产负债高度混同，区分其资产和负债将产生不合理的费用和时间上的延误；

集团公司成员企业参与或卷入商业欺诈或缺乏合法商业目的的活动。

管辖法院在裁定实质合并时，应排除特定的债权主张或资产。在实质合并情形下，一国的破产法律制度应针对担保交易、债权优先次序、债权人会议和可撤销行为制定详细的处理方式。法律制度应明确实质合并的裁定作出后，被合并公司的资产负债将属于单一破产实体，被合并公司之间的债权债务归于消灭，对被合并公司的所有债权主张按照对单一破产实体的债权处理。

C16.4　可撤销交易。一国的破产法律制度应授权法院根据具体交易的情形，衡量决定是否撤销成员企业之间以及成员企业与其他关联方之间的交易。

C16. 5　破产管理人。一国破产法律制度应允许两个或两个以上集团公司成员任命同一个或相同的破产管理人，并规定利益冲突的解决规则。当不同成员企业任命了不同的破产管理人时，破产制度应允许管理人之间直接开展对话和实现最大限度的合作。

C16. 6　重整方案。在涉及同一集团公司两个及以上成员企业的破产程序中，一国的破产法律制度应允许相关企业就重整方案相互协调，也应允许破产程序外的成员企业自愿参与破产成员企业的重整方案。

C17　跨国集团公司破产〔1〕

C17. 1　诉诸法庭和程序承认。在涉及跨国集团公司破产的案件中，法律应保证外国破产管理人和债权人可以诉诸法庭，并在必要时申请承认外国破产程序。

C17. 2　法院间的协作。一国的破产法律制度应允许本国法院直接或通过当地破产管理人与外国法院或外国管理人进行最大限度的合作，也应允许本国法院与外国破产管理人进行直接沟通，或向后者请求提供信息和协助。

C17. 3　破产管理人间的协作。协调（不同法域内的）破产程序，一国的破产法律制度应允许获任命的破产管理人就管理跨国集团公司某一成员企业的破产事项，与外国法院和外国破产管理人直接沟通并最大限度地开展合作。

C17. 4　破产管理人的任命。一国破产法律制度应规定，在特定情形下，同一集团公司地处不同国家的成员企业可以任命同一个或者相同的破产管理人，同时也应规定解决此类案件中利益冲突的措施。

C17. 5　跨境破产协议。一国的破产法律制度应允许破产管理人和其他利益相关方就同一集团公司地处不同国家的成员企业的破产事宜达成跨境协议，以协调推进破产程序。法律亦应授权本国法院批准或实施此类跨境协议。

小微企业〔2〕破产（MSEs）〔3〕

C18　主要目标和政策〔4〕

尽管各国的做法可能各有不同，但有效的小微企业破产制度应旨在：

---

〔1〕 参见 C15、C16。

〔2〕 这些原则强调了小微企业破产的具体内容，部分地修改或补充了相应的一般 ICR 原则，其在大多数情况下将继续适用于小微企业的破产（无论在以下脚注中是否有明确的交叉引用），除非它们被小微企业破产规则明确地取代。

〔3〕 各国可根据当地标准（如雇员人数、年销售金额等）对小微企业进行不同的概念化，也可区分适用简易破产程序的企业类别。无论小微企业的概念如何，原则旨在明确影响小微企业破产制度的各项内容，包括作为企业家的自然人以及作为经营企业的法律实体。

〔4〕 C18 强调的是特别适用于小微企业的关键目标和政策，但 C1 中的关键目标仍然适用于小微企业。B3 ~ B5 将主要适用于庭外自愿谈判和安排，以有效恢复小微企业的财务生存能力。

降低准入门槛，鼓励及早使用庭外重组程序[1]、混合程序[2]和庭内简易破产程序。

设计和实施简易程序，[3]降低普通破产程序的复杂性和成本，提供快速灵活的机制来恢复和/或重整有能力的但资不抵债或陷入财务困境的小微企业，并有效地清算无法生存的小微企业。

为清偿债务提供有利条件和充分保障，为自然人创业打造新的起点。

减少与破产有关的污名。促进创业和增长，增加获得信贷的机会。

保护债权人、债务人以及参与或受小微企业破产程序影响的各方权利。

实施有效的制度，防止和严惩欺诈、不当使用和滥用中小企业破产程序。

建立协助小微企业机制，向小微企业提供财务困境的早期信号，提高小微企业管理者和所有者的财务以及业务管理素养。[4]

C19　简易破产程序

法律应为小微企业的重整和清算建立简易破产程序，其中应包括以下主要特征：

C19. 1　适格主体

根据法律规定的简洁、明确的资格标准，简易破产程序应适用于每个特定国家中归类为小微企业的法人和自然人。[5]

自然人的所有个人和企业债务都应纳入简易破产程序。符合条件的债务人可以强制或选择适用简易破产程序。

C19. 2　启动门槛

债务人资不抵债，财务困境初显时，应确保其能够轻松进入简易程序。法律应对债务人申报破产的基本证明标准予以明晰，以便作出认定其破产或者财务困境的可辩驳推定。小微企业清算程序可根据债权人的申请启动，前提是确定债务人已资不抵债。[6]

C19. 3　程序的转换

法律应规定能够转换的具体情况：

简易破产程序转为普通破产程序；反之亦然。

简易重整转为简易清算；反之亦然。

法律应协调程序转换带来的影响。

---

[1]　B3 ~ B5 将主要适用于庭外自愿谈判和安排，以有效恢复小微企业的财务生存能力。

[2]　混合程序类似于“正式程序……以快速处理　B4. 2 中预设的非正式的、预先谈判的协议”。

[3]　作为政策问题，各国可决定简易破产程序纳入其法律框架中，通过调整一般破产程序的某些特征，或单独建立一个小微企业破产制度。

[4]　例如，提供债务咨询服务。

[5]　最常见的可量化的标准是门槛标准，如总债务或负债的数额。债务或负债总额、雇员人数上限、资产和收入低于一定水平、年营业额和/或无担保债权人的数量，还可以增加一些明确的定性资格标准。

[6]　C4. 1、C4. 2 和 C4. 4 完全适用于因债权人申请而启动。

C19.4　程序手续以及截止期限

法律应规定启动和终止简易破产程序所需的信息和最低限度，使其能简单、快捷和高效。与普通破产程序相比，简易破产程序需要的程序手续更少，期限更短。通知、公告、债权人委员会、债权主张的提交和解决、债务人资产清算以及向债权人分配收益方面的复杂规则尤其应予删除或简化。法律应允许使用电子工具和数据来简化流程。如果可行，应建立在线备案和标准化表格。

C19.5　简易重整程序中的管理

首选方法是对仍然投资于债务人的企业或是债务人的管理层进行管理。将债务人或其管理层从企业管理中撤职应属例外，并基于法律明确规定的有限理由。债务人应配合、协助并提供与其业务有关的必要信息，[1]并应保全和保护破产财产。

独立专业人员来[2]监督债务人的管理，以确保程序不被滥用并保护破产财产。

C19.6　简易清算程序的管理

在简易清算程序中，法律应规定在哪些特殊情况下不得任命破产管理人或清算人。[3]

C19.7　重整计划[4]

在重整方案中，法律应制定简易的投票要求，包括在适当情况下使用电子方式。经过正式通知[5]的债权人对重整计划保持沉默或未投反对票应视为接受该方案并计为赞成票。

C19.8　个人担保

简易破产制度应解决的事项包括程序的合并或关联程序的协调，以及为小微企业债务人开展业务提供个人担保。[6]

C19.9　诉讼费用

法律应考虑在债务人的资产和收入来源不足以支付诉讼费用的情况下，建立承担实施简易破产程序费用的机制。

C20　免责

在清算程序之后，法律制度应允许所有善意的自然人企业[7]债务人免除债务。[8]

这种免责应具有以下主要特征：

C20.1　应以较低的成本和有限的手续实现免责。对债务人免责的要求应保持在最低限

[1] 参见C2.2。

[2] 重整程序参见C19.5以及C6.2。

[3] 可适用C6.1。

[4] C19.6是对C14的补充，它仍然适用于简易重整程序。尤其是在大多数债权受到损害的情况下，债权人同意接受该重整计划。

[5] 债权人以及相关方应及时接受关于可能影响其权利的重整计划的适当通知（见原则C2）。

[6] 程序合并或协调的目的是便于为破产程序的管理提供便利。它不涉及资产和负债的实质性合并。

[7] 由于世界银行的ICR不涉及不从事商业活动的自然人破产问题，因此不考虑为消费者免责。

[8] 在小微企业重整程序中，C14.5同样适用。

度并在法律中明确规定。法律可以对后续免责内容制定更严格的要求。

C20.2 推定债务人善意，但法律应允许债权人和其他利益方根据具体情况对此善意质疑。[1]如果当事人未提出该问题，应允许法院自由裁量，评估并宣布是否属于善意。恶意或欺诈应成为延迟、拒绝或撤销义务解除的理由，并应受到法律制裁。[2]

C20.3 已经或可以在破产程序中解决的个人和企业债务都应被免除。被排除在清偿范围之外的债务应保持在最低限度，并应由法律明确界定。

C20.4 准予免责前的时间不宜过长，以鼓励其重新开始、继续创业并减少污名。

C20.5 免责后[3]，破产程序中未得到清偿的债权不再予以清偿，对债务人的资格限制应当最小化或者取消。

D 部分实施：体制和监管框架

机构设置

D1 法院的职能

D1.1 独立性、公正性和有效性。

国家制度应当确保裁决公正。法院运行应具备充分的能力和效力。

D1.2 法院在破产程序中的地位。破产程序应由法院进行监督和公正处理，如现实允许，应指派具备专业破产知识的法官审理。在破产程序中履行司法职能的非司法机构，应遵循与司法机构相同的原则和标准。

D1.3 破产法院的司法管辖权。应当清晰界定法院对破产程序及程序中相关争议的管辖权。

D1.4 破产程序中的法院裁决。立法上，法院应具有充分的监管控制能力，以高效裁决，避免不恰当地承担本应由债务人管理层或破产管理人承担的公司治理或经营职责。

D1.5 法院在商事执行程序中的地位。一般法院机构还应当包括执行部门，在破产程序外有效执行担保债权人和无担保债权人的权利。如果可能，执行部门应配备商事业务专家。或者，应组建具备商事专长的行政执行机构。

D1.6 小微企业的破产程序。负责实施小微企业破产程序的机构，其角色定位和职能应根据小微企业案件的规模和复杂性，以及每个法域的法律制度和现有资源来确定。值得强调的是，独立的行政机构或其他独立机构也可以在小微企业破产程序中发挥作用和职能，但应当有程序对其决定予以复核。[4]

---

〔1〕 法律通常限制有以下行为的债务人免责，包括实施欺诈、犯罪行为、扣留或隐瞒与资产或索赔有关的信息以及类似恶意行为。

〔2〕 某些类型的债务，如未被通知破产程序开始以及未加入破产程序的债权人相对应的债务、赡养费、因欺诈或刑事制裁而产生的债务，往往被排除在免责范围之外。

〔3〕 在清算过程中发现或收回的资产，在免责时应予以处置，并将收益用于偿还债务人的未偿债务。

〔4〕 参见 C2.1。

D2　司法人员的选拔、资格、培训和绩效

D2. 1　司法人员的选拔和任命。应当设定全面、客观的法官选拔和任命标准。

D2. 2　司法培训。应当向法官提供司法教育和培训。

D2. 3　司法绩效。应设定保障司法能力和司法效率的程序，并将其作为评估法院效率和改进司法管理的基础。

D3　法院组织

法院组织作为有效、透明的国家体制的一部分，应该公平、及时、客观地对待所有的利益相关方（包括律师、破产管理人、债务人、债权人、公众和媒体）。法院结构应内含确定和公认的司法权登记，明确的任务和责任分配，以及法庭的有序运作和案件管理。

D4　透明度和可追责性

破产和债权人权力体系应建立在透明度和可追责性基础之上。相关规则应保障法院记录、法庭听证、债务人状况和财务数据，以及其他公开信息便于获取。

D5　司法裁判的决策和裁定的执行

D5. 1　司法裁判的决策。在条件允许的情况下，法院在决策过程中应当鼓励当事人协商解决，否则应及时裁决，以通过法律适用的一致性来强化破产制度的可预测性。

D5. 2　裁定的强制执行。法院必须有明确的权力和有效的方法执行判决。

D5. 3　建立破产法理论体系。法院（特别是高等级法院）应通过持续公布重要和新颖的判决，发展破产法理论体系。判决可通过传统和电子方式（如可行）公布。

D5. 4　小微企业的简易程序：

法律制度应支持和鼓励在小微企业简易破产程序中使用调解、和解和其他替代性争端解决方式。

D6　司法体系的完整性

D6. 1　法院体系的完整性。法律体系应保证法官的任期保障和充足薪酬、司法官员的个人安全和法院建筑物的保全。法院的运作和决定应基于严格的规则、规范，以避免腐败和不正当影响力。

D6. 2　利益冲突和偏见。法院必须排除利益冲突、偏见以及避免司法伦理、客观和中立的缺失。

D6. 3　完整性和参与方。参与法院程序的主体必须遵守任何旨在避免欺诈、其他非法行为、滥用破产和债权人权利的法律规则和法院命令。另外，必须赋予法院适当权力，以强制执行其作出的命令，制裁在法院程序中当事人或其他出庭人的任何欠妥或非法行为。

监管方面

D7　监管和监督机构的地位

负责监管或者监督破产管理人的机构应：

独立于单一（利益相关方）的管理人；

设立符合立法要求、满足公众对公正、中立、透明和可追责性期待的标准；

拥有适当的权力和资源，以有效地发挥功能、履行职责。

D8　破产管理人的职权和完整性

法律制度要确保：

选任破产管理人的标准应客观、规定清晰，并为公众知晓；

破产管理人有能力完成被指派的工作、行使被赋予的权力；

破产管理人履职要诚信、中立、独立；

破产管理人行使公司管理权力的，要承担与董事会董事和高管同一标准的责任；能力不足、疏忽、欺诈或不当行为者，应被撤职。[1]

---

〔1〕 参见 B2。

案件聚焦

2021年中国资本市场最具影响力案件评析（上）

权责失衡再掀独董离职潮

——“康美药业财务造假案”法律分析

原 晶

提到独立董事，很多人第一反应就是“非独难懂”“岁月静好”的花瓶。然而，随着康美药业证券虚假陈述责任纠纷案（以下简称康美案）一审法院法槌的敲下，独立董事这个“香饽饽”似乎正在变成随时会被引爆的“炸弹”。

【案情介绍】[1]

康美药业股份有限公司（600518）（以下简称康美药业）成立于1997年，2001年3月19日在上海证券交易所主板上市，证券代码600518，证券简称曾为“康美药业”“ST康美”，现简称为“*ST康美”，曾是A股“千亿市值”的上市医药名企。

2017年4月至2018年8月，康美药业先后披露多份半年度报告与年度报告。2018年10月15日晚，网络上开始陆续出现文章，质疑康美药业所披露的上述报告在财务方面存在虚假记载，文章随后被多家影响较大的媒体转载，引发热议。10月16日，康美药业股票盘中一度触及跌停机制，收盘跌幅5.97%，此后连续3日以跌停价收盘。同期，10月16～19日上证指数跌幅为0.69%，医药生物（申万）指数跌幅为4.01%。

---

〔1〕 参见广东省广州市中级人民法院民事判决书，(2020)粤01民初2171号。

2018 年 12 月 29 日，康美药业发布《康美药业股份有限公司关于收到中国证券监督管理委员会立案调查通知的公告》（编号：临 2018 – 116），公告声明公司因涉嫌信息披露违法违规被中国证监会立案调查，公司将全面配合证监会的调查工作。

2019 年 8 月 17 日，康美药业公告称该公司及相关当事人收到中国证监会《行政处罚及市场禁入事先告知书》（处罚字［2019］119 号）。中国证监会经调查认为，康美药业虚增营业收入、利息收入、营业利润，虚增货币资金、固定资产、在建工程、投资性房地产，所披露的《2016 年年度报告》《2017 年年度报告》《2018 年半年度报告》《2018 年年度报告》中存在虚假记载；康美药业未按规定披露控股股东及其关联方非经营性占用资金的关联交易情况，所披露的《2016 年年度报告》《2017 年年度报告》《2018 年年度报告》存在重大遗漏。上述行为违反了《证券法》第 63 条、第 65 条、第 66 条的规定，构成《证券法》第 193 条第 1 款所述的行为。康美药业董事、监事、高级管理人员违反《证券法》第 68 条第 3 款的规定，构成《证券法》第 193 条第 1 款所述“直接负责的主管人员和其他直接责任人员”。康美药业及其相关责任人员均由此受到证监会处罚。

2020 年 5 月 15 日，康美药业公告称公司收到证监会《行政处罚决定书》（［2020］24 号），该行政处罚决定书查明的主要事实与《行政处罚及市场禁入事先告知书》基本一致，作出的行政处罚亦与之一致。并查明：独立董事江镇平、张弘、李定安在《2016 年年度报告》《2017 年年度报告》《2018 年半年度报告》董事会审议中投赞成票；独立董事郭崇慧、张平在《2018 年半年度报告》董事会审议中投赞成票。

2020 年 12 月，顾华骏、刘淑君等 11 名投资者起诉康美药业、马兴田等证券虚假陈述责任纠纷一案在广东省广州市中级人民法院（以下简称广州中院）立案。

2021 年 2 月，中国证监会认定负责康美药业财务审计的广东正中珠江会计师事务所及相关责任人在相关（半）年报审计中存在缺陷，并对之进行行政处罚。

2021 年 4 月，中证中小投资者服务中心有限责任公司接受黄梅香等 56 名投资者的特别授权，向广州中院申请作为代表人参加诉讼，代表 5 万多名中小投资者请求判令康美药业、马兴田等赔偿投资损失，康美药业与公司董事、监事、高管及正中珠江会计师事务所及其合伙人等承担连带赔偿责任。经最高人民法院指定管辖，广州中院适用特别代表人诉讼程序审理本案。

5 名兼职独立董事（江镇平、李定安、张弘、郭崇慧、张平）辩称：其作为独立董事在履职期间认真审阅公司报告，依据个人专业独立形成并明确表达意见，虽然客观上未能识别和发现康美药业涉年度报告中存在虚假，但已尽到勤勉尽责义务和对上市公司投资者权利合理关注的审慎注意义务；且被证监会行政处罚并不等同于具有证券虚假陈述民事侵权责任的过错，对于康美药业各类违法行为事前、事后均不知情，更未从中获益；此外，结合独立董事的职能及本案的实际情况，不应承担连带赔偿责任。

2021 年 11 月 12 日，康美药业证券集体诉讼一审宣判，广州中院一审判决责令康美药业因年报虚假陈述侵权赔偿证券投资者 24.59 亿元，5 名兼职的独立董事作为董事虽未直接参与财务造假，但未勤勉尽责，存在较大过失，且均在案涉定期财务报告中签字，保证财务报告真实、准确、完整，属于康美药业信息披露违法行为的其他直接责任人员，依据《证券法》（2014 年修正）第 69 条规定，江镇平、李定安、张弘在投资者损失的 10% 范围内承担连带赔偿责任，郭崇慧、张平因仅在《2018 年半年度报告》中签字，故而在投资者损失的 5% 范围内承担连带赔偿责任，金额高达 1.23 亿 ~ 2.46 亿元。

【法律分析】

一石激起千层浪。康美案件判决之后，独立董事收益和风险之间极大的失衡不仅引发上市公司第四次独立董事离职潮，也引爆了包括监管层在内的社会各界对康美案独立董事责任罚判合理性与公平性的深度思考。市场越发关注独立董事责任问题，对有关判决的评价也存在不同的声音。在这种背景下，最高人民法院为了回应社会各界对证券虚假陈述热点事件的关切，于 2022 年 1 月 21 日发布了《关于审理证券市场虚假陈述侵权民事赔偿案件的若干规定》（法释〔2022〕2 号，以下简称《规定》），以期通过进一步明确独立董事过错的认定因素和根据、四个常见抗辩理由如何采信以及过错排除的规定，为司法实践提供相应顶层设计，督促独立董事更好地履行职责，发挥其监督上市公司治理的作用。

康美案引发的关于上市公司独立董事的大讨论，让我国上市公司独立董事制度存在的问题被进一步地暴露，与此同时，解决这些问题的思路也越发清晰。康美独立董事应否承担责任以及承担何种责任？如何评价我国独立董事制度？我国独立董事制度是否需要重构以及如何重构？对这些问题的回答绕不开对独立董事制度中董事责任过错认定的讨论。本文拟对此案及独立董事责任承担、我国独立董事制度构建等相关问题进行一些讨论。

（一）对康美独董进行追责的基础或根据

独立董事是对公司内部人权力进行有效制衡的监督机制。独立董事依靠法律赋予的特殊地位，以其中立的品格确保对公司经营决策作出独立、客观判断，从而对公司经营管理层的经营行为进行监督和制约。而独立董事在经济、法律等各方面保持其与公司之间完全独立的同时，也意味着在获取公司内部信息等方面的先天不足，对其虚假陈述知情或者应当知情的推断应予以区别对待，如果和其他董事不做区分，既不合理又不公平。

根据《证券法》（2014 年修正）第 69 条规定，发行人、上市公司公告的招股说明书、公司债券募集办法、财务会计报告、上市报告文件、年度报告、中期报告、临时报告以及其他信息披露资料，有虚假记载、误导性陈述或者重大遗漏，致使投资者在证券交易中遭受损失的，发行人、上市公司应当承担赔偿责任；发行人、上市公司的董事、监事、高级管理人员和其他直接责任人员以及保荐人、承销的证券公司，应当与发行人、上市公司承担连带赔偿责任，但是能够证明自己没有过错的除外；发行人、上市公司的控股股东、实际控制人有过错的，应当与发行人、上市公司承担连带赔偿责任。2019 年《证券法》第 85 条也作了类似的规定。由此不难得出，我国法律对虚假陈述董事的归责原则采取的是过错推定。

（二）是否应当对康美药业的独立董事追责?

针对此次康美药业独立董事承担按比例连带赔偿责任的一审法院判决，理论界和实务界存在两种声音。赞成此判决的观点认为，康美案将使独立董事对自身权责义务有更加清晰的认识，有利于敦促独立董事充分利用其专业性与独立性依法合规、积极认真履行自身的职责，发挥其上市公司治理中外部干预的功能，〔1〕更好地保护中小股东权益，而不是像过往一样“躺在权利上拿着钱打瞌睡”。反对声音认为独立董事与执行董事或内部董事不同，〔2〕其非公司全职管理人员，一般情况下也不担任公司执行董事，〔3〕并不参与公司日常的经营管理，对公司的信息获取渠道以及信息掌握有限，希冀他们鉴别财务报告的真实性实在是强人所难。此外，让年薪不到 10 万元的独立董事承担过亿元的赔偿数额，在合理性与公平性上都欠妥当。

笔者认为，在此案中，独立董事是应当被追责的。首先，是否承担责任与个人工作时间、工作精力、工作能力等无关。独立董事是否尽到勤勉之责，本质上是“定性”问题，而至于责任大小则属于“定量”问题。独立董事作为上市公司核心决策机构的董事会成员，在上市公司出现重大违法违规案件时，如果未尽到勤勉义务，根据相关法律规定，理应承担相应的经济责任和法律责任。不具备相关专业知识、薪资报酬少、时间精力受限等事由可以在法院依法认定具体责任大小时酌情加以考量，但不能因此而免责。

其次，我国《公司法》第 148 条规定，董监高对公司负有忠实和勤勉义务。独立董事虽然有其不同于普通董事的特殊性，但其首先是董事，具有董事的一般属性，现行法律也并没有限制或者豁免其责任，故独立董事应当承担忠实及勤勉义务。根据相关法律规定，董监高要想在民事诉讼中证明自己无过错，应当以已经进行了“合理调查”为前提。有的学者主张独立董事需要“完美调查”或如“侦探般的全面调查”，〔4〕也有学者基于董监高内部的巨大差异，主张应当将合理调查标准划分为三个层级，其中独立董事的合理调查标准最低。依据该标准，独立董事除正常出席董事会会议并参与讨论以外，还应当在一定程度上熟悉公司的

---

〔1〕 曾洋：《重构上市公司独董制度》，载《清华法学》2021 年第 4 期。

〔2〕 学界关于董事类型的划分存在一定的争议，但是独立董事属于外部董事是没有疑问的。参见周友苏：《新公司法论》，法律出版社 2006 年版；姜朋：《独立董事相对论》，载《中外法学》2015 年第 6 期；曾洋：《重构上市公司独董制度》，载《清华法学》2021 年第 4 期。

〔3〕 现行法律并未禁止独立董事担任执行董事。参见姜朋：《独立董事相对论》，载《中外法学》2015 年第 6 期；曾洋：《重构上市公司独董制度》，载《清华法学》2021 年第 4 期。

〔4〕 参见张婷婷：《独立董事勤勉义务的边界与追责标准——基于 15 件独立董事未尽勤勉义务行政处罚案的分析》，载《法律适用》2020 年第 2 期。

业务经营，认真审阅书面文件并对公司可能出现或已出现的重大异常保持合理关注，采取主动询问公司管理层和相关人员，提出异议和揭示风险等措施。至于何为“重大异常”，要以具有平均水平的独立董事在相同或类似情况下的判断为准。[1]笔者认为，独立董事作为公司董事会中非执行的外部董事，其应当承担最轻的勤勉责任。同时，独立董事内部也因各董事的专业背景（比如具备财务知识的独董与非具备财务知识的独董）、获取信息的渠道和信息多寡差异，对其履职行为判断及责任承担范围予以针对性考量。

从法院调查的案件事实来看，康美药业财务造假持续了较长的时间，涉及会计科目众多，金额十分巨大，特别是存贷双高现象突出，货币资金使用方式明显异常，存款余额和利息收入等财务数据钩稽关系难以成立。甚至在公司外部人都不禁产生疑问、质疑存在造假的情况下，这些独立董事也没有发现明显异常。同时，独立董事也均未能举出充分的证据证明其在发现异常后有采取进一步的调查核实行为。因此，即使将独立董事的勤勉义务标准降低到普通董事标准之下，本案中独立董事未尽勤勉职责也应被认为成立。

（三）独立董事履行职务存在“过错”之认定

对上市公司独立董事履职过程中是否存在“过错”的判断具有较强的主观性、弹性和模糊性，其更多地是依赖独立董事的认识规律、判断逻辑和生活经验等主观因素，人们极易形成不同的判断。为了建立便于操作的界定标准，在理论界和实务界孜孜不倦的探索、借鉴与创新过程中，我国也在之前长期的实践中形成了较为统一的标准。

首先，在证明标准和证明责任的分配问题上，与美国原告需要承担“更高的证明标准”，不能笼统提出独立董事未尽义务不同，我国《证券法》第 85 条规定独立董事应根据过错推定原则承担连带赔偿责任，并明确赋予独立董事以反证抗辩的权利来推翻过错推定的配套原则。然而，与受害人困于举证证明侵权独立董事负有过错一样，被诉独立董事要凭借提供自己没有过错的相反证据进行抗辩从而免责，同样有着相当大的举证难度。这在我国独立董事因未尽勤勉义务被证监会处罚后，提起行政诉讼的胜诉率几乎为零、抗辩免责事由几乎未被法院所采纳中可见一斑。[2]故而独立董事名为承担着过错推定责任，实为承担着严格责任或者无过错责任。

其次，证监会对董监高合理信赖审计报告的要求较高，董监高不能完全信赖专家的报告并以此为由为自己开脱，这基本是我国证券执法司法机构的主流看法（《最高人民法院关于审理证券市场因虚假陈述引发的民事赔偿案件的若干规定》第 14 条第 2 款中沿袭了此观点）。

最后，根据《公司法》第 112 条第 2 款、第 3 款规定，上市公司虚假陈述责任主体缺乏

---

〔1〕 参见邢会强：《证券市场虚假陈述中的勤勉尽责标准与抗辩》，载《清华法学》2021 年第 5 期。

〔2〕 参见李有星、钱颢瑜、孟盛：《证券虚假陈述侵权赔偿案件审理制度研究——新司法解释的理解与适用高端论坛综述》，载《法律适用》2022 年第 3 期。

区分度，在实践中形成上市公司虚假陈述内部责任人认定的全体负责和全体担责的模式。在此背景下，有打击面过宽之嫌的“签字即罚”原则在司法实践中也得到法院认可，成为许多案件的裁判认定逻辑。[1]担任不同岗位和承担不同职责的内部人对虚假陈述行为的参与度和认知力存在实质上的明显差异，不加区分的统一适用既不合理也显失公平。康美药业案一审法院基本遵循了主流观点，并没有在判决书中对相关独立董事过错认定进行详细论述，这在一定程度上存在缺憾。

为回应康美药业案所引发的社会各界对独立董事履职与责任承担的关切，《最高人民法院关于审理证券市场因虚假陈述引发的民事赔偿案件的若干规定》第四章规定了《证券法》第85条所称的各类主体“过错”认定标准、过错认定的考虑因素及减免责事由。

1. 对“过错”标准的限缩

《最高人民法院关于审理证券市场因虚假陈述引发的民事赔偿案件的若干规定》第13条规定：“证券法第八十五条、第一百六十三条所称的过错，包括以下两种情形：（一）行为人故意制作、出具存在虚假陈述的信息披露文件，或者明知信息披露文件存在虚假陈述而不予指明、予以发布；（二）行为人严重违反注意义务，对信息披露文件中虚假陈述的形成或者发布存在过失。”

按照上述规定，证券侵权连带责任中的“过错”仅限于故意（包括恶意串通等直接故意和明知而放任的间接故意）和重大过失（严重违反注意义务）两种类型，而排除了一般过失和轻过失类型。也就是说，当独立董事对虚假陈述行为存在一般过失和轻过失时，不应当承担《证券法》第85条规定的连带赔偿责任。该条将证券法上的“过错”限缩为“故意（包括直接故意和间接故意）”与“严重违反注意义务的过失”，为法院在个案审判中根据具体情况界定独立董事的过错程度及损害赔偿范围或比例预留了空间。

2. 过错认定的考虑因素

如前文所述，《最高人民法院关于审理证券市场因虚假陈述引发的民事赔偿案件的若干规定》将过错限定为“故意”和“重大过失”，独立董事“严重违反法定义务”就属于“重大过失”。由于对注意义务的判断具有很强的主观性加上面临举证的困难，一个适任的独立董事是否尽到了应有的注意义务通常很难作出界定。全国人大法工委曾认为：“注意义务又称为勤勉义务或者善管注意义务，是指董事履行职责时，应当为公司的最佳利益，具有一个善良管理人的细心，尽一个普通谨慎之人的合理注意。”这里对注意义务的内涵进行了界定，但未展开对具体要求的阐释，可操作性仍然较低。此时，由于“勤勉尽责”通过对董事履职状况进行总体评价，相比较注意义务更容易证明，逐渐成为理论和司法实践中证明董事是否存在过失的替代标准。《最高人民法院关于审理证券市场因虚假陈述引发的民事赔偿案件的

〔1〕 一审：北京市第一中级人民法院行政判决书，（2018）京01行初字第887号；二审：北京市高级人民法院行政判决书，（2019）京行终字第747号（昆明机床独立董事）。

若干规定》沿袭了此观点，将过失的认定替换为证明是否勤勉尽责。

勤勉尽责作为独立董事责任认定的实质原因，明确独立董事勤勉义务的判断标准就成为独立董事责任认定的关键。在美国司法实践中，对董事勤勉尽责的裁判考量因素早有系统的归纳总结。但对于我国虚假陈述诉讼，《最高人民法院关于审理证券市场因虚假陈述引发的民事赔偿案件的若干规定》却是迄今为止首次对董事过错的认定因素和根据作出直接和具体规定的规范性文件。第 14 条第 1 款规定，发行人存在信息披露违法行为时，对于发行人的董事、监事、高级管理人员和其他直接责任人员（以下统称内部人）是否存在过错这一问题，法院不应“一刀切”地进行认定，而应根据实际情况考察分析各个内部人对于相关虚假陈述是否存在故意或者严重违反法定义务的情形。

由于独立董事一般不存在“故意”的侵权行为且实践中对“故意”的认定标准相对清晰简单，因此，对“严重违反法定义务”的标准的界定是独立董事过错分析的重点，具体可以做如下考量：

首先，独立董事的工作岗位和职责应当成为审查的首要因素。由于独立董事必须具备“独立性”，在保持与公司经济、法律上完全独立的同时，也在客观上意味着其存在了解公司真实情况与获取公司真实信息的天然桎梏。独立董事难以像内部董事一样履行董事职责，同时，独立董事内部因为不同岗位或是具备不同专业背景也存在显著差异，凡此都使其无法按照制度设置预期那般全面有效地履行职责。笔者认为，在判断独立董事是否尽到注意义务时应当结合独立董事的特殊性，合理确定注意的范围和程度，独立董事对虚假陈述等造假行为是否应被直接推定为“知道”或者“应当知道”仍有待考量。

其次，应区分独立董事在材料的形成和发布等活动中所起的作用。形成阶段的过错责任相对而言应当更重。独立董事在材料制作过程中的参与度极低，通常仅仅是参与了公司文件的后期审阅。而在信息材料发布的环节，独立董事即使勤勉尽责，在很大程度上也很难在短暂的时间内发现造假等问题。为此，应进一步明确独立董事在发布不实环节签字的过失。即便未能发现问题并在相关报告上签字，只要独立董事认真审阅了相关资料并就重大事项主动采取了问询、进行了适当的调查，就应当认定其已经尽到了合理注意。

最后，应当考虑独立董事是否为核验相关信息及时采取了合理、适当、合法的措施。在考虑该因素时，也要注意独立董事内部不同专业背景的差异性。对于非属本专业领域相关的内容，相关独立董事可承担较低的勤勉义务，在核验相关信息时可以合理信赖专业人士；对于本专业领域的内容，应当承担较高的勤勉义务，采取“专家标准”。笔者认为，我们应当更加看重独立董事履职的过程而不是结果，摒弃单纯以独立董事签字确认作为判断标准的“结果主义”导向思路才是理性之举。只要独立董事认真审阅财务报告等相关资料并就重大事项主动采取问询与调查措施，就应认为其已经尽到了合理注意义务，即使其未能发现问题并在相关报告上签字。过于机械地“签字即担责”路径忽略了独立董事即使勤勉尽责但确实未能发现问题的情形，严重打击了独立董事行权的主动性。

3. 减免责事由

《最高人民法院关于审理证券市场因虚假陈述引发的民事赔偿案件的若干规定》实际上已将证明“没有过错”标准替换为对“已经勤勉尽责”的证明标准。第16条以“列举 + 兜底”的方式规定了独立董事勤勉尽责的情形，明确列举的情形包括：一是在签署相关信息披露文件之前，对于非自身专业领域的问题借助了专业人士的帮助仍然未能发现虚假陈述；二是在揭露日或更正日之前，发现虚假陈述后及时向发行人提出异议并监督整改或者向证券交易场所、监管部门书面报告；三是在独立意见中对虚假陈述事项发表保留意见、反对意见或者无法表示意见并说明具体理由，而且在审议、审核相关文件时投反对票或弃权票；四是因发行人拒绝、阻碍其履行职责，导致无法对相关信息披露文件是否存在虚假陈述作出判断，并及时向证券交易场所、监管部门书面报告。

虽然该条考虑了内部责任人之间的差异，在总结与梳理了我国独立董事过错抗辩的情形后，对独立董事过错的排除情形进行了类型化的具体规定，为实践提供了标准。但细究仍存在一些问题：

首先，具备一定的专业性是独立董事的资格要件之一，如果属于独立董事自身专业领域的问题，作为本领域专家的独立董事能否借助外部专家的意见来作决策判断仍然需要有进一步的回应。笔者认为，具备一定领域的相关专业知识是独立董事得以任职的必要条件，不具备相关专业背景的人也不能成为独立董事。但是这不代表独立董事就必须或者有能力达到诸如外部审计机构等专业团队的水平，只要独立董事凭借自身专业知识主动采取合理、适当的调查措施，那么是可以据此结合外部专家的意见进行决策判断的。

其次，独立董事对于非自身专业领域的相关具体问题，在借助了专业人士的帮助后可以免责。然而，《最高人民法院关于审理证券市场因虚假陈述引发的民事赔偿案件的若干规定》并没有特别说明：独立董事是借助上市公司或者发行人自己聘请的专业中介机构所出具的内容即可，还是“必须借助另行聘请的专业中介机构的帮助”才可以形成免责抗辩事由。如果必须用公司的资金另行聘请审计服务机构独立审计，并据此判断才能构成免责事由，在如今独立董事责任风险显性化的背景下，必将出现独立董事为规避风险而动辄聘用外部专业服务机构进而增加上市公司的运作成本的现象。笔者认为，如果上市公司、发行人等蓄意造假，即使是专业机构也难以在短时间发现问题，我们不应对不具备相关专业背景的独立董事苛求过高，没有相关专业背景的独立董事对专业内容只需要承担较低程度的勤勉义务，应当允许其借助上市公司或者发行人聘请的专业中介机构出具的资料即可达到免责效果。

（四）如何追责以避免“过犹不及”

基于权责一致、过罚相当的原则，信息披露义务人应当按照过错类型、在虚假陈述案件中所起的作用大小等，承担相应的赔偿责任。

康美药业案一审法院在遵循《证券法》有关连带赔偿责任的基础上，在责任范围方面尽其努力，即通过适用“比例连带责任”让独立董事在康美药业债务的一定比例范围内（而非全额范围内）承担连带赔偿责任。实际控制人和侵害行为直接参与人承担全部连带责任，其余的董监高未尽勤勉尽职义务，承担较低份额的连带责任。

其实，在康美药业案之前，司法实务中也不乏认定独立董事承担连带赔偿责任的案件。[1]只是本案属于集体诉讼，原告人数众多，上市公司案涉金额巨大，以至于即使只是在较小范围内与公司承担“比例连带责任”，也使独立董事承担的赔偿金额与所获薪酬差距过于悬殊。

那么“康美案”是否会发展为常态化？若发展常态化，法律将如何平衡在特别代表人诉讼制度下独立董事面临的高额度追责？综观美国、英国、日本、法国、德国、加拿大等国家，独立董事自掏腰包的情况极为罕见，通常由保险公司或者其所就职公司埋单，绝大多数都以和解收场，只有包括“安然案”和“世通案”在内的几例是由独立董事自掏腰包。[2]笔者认为，在特别代表人诉讼制度“明示退出、默示加入”原则和强监管态势之下，民事责任的严厉追究对证券违法行为的震慑作用将被进一步放大，“康美案”在该背景下将会成为常态化。在后“康美案”时代，我们要立足本国国情，一方面要让未勤勉尽责的独立董事承担履职不力个人责任，但另一方面又必须将这种责任控制在一定的限度内，避免独立董事承受的风险过大，影响独立董事制度的运行。

关于独立董事可能面临的高昂赔偿金额，理论界也提出了相应的修补方案，比如有学者提出上市公司为独立董事购买董事责任保险、给予独立董事以覆盖罚款的高额薪资报酬以及设置独立董事最高担责限制（如薪酬范围内担责），也有部分学者主张借鉴日本有关根据独董薪酬进而设定倍数的做法，然而这些措施是否可行仍存在争议。[3]比如，《日本公司法》第 425 条规定了公司可以在章程中设置以董事从其任职公司获取的收入设定赔偿比例。但是该规定的适用条件被限制为“善意和无重大过失”的情况，特别是该法第 429 条更进一步明确了这种限定只适用于公司本身追究董事赔偿责任，不适用于第三者主要是以公司股东为代表要求的损害赔偿。由此可见，日本在股东可以索赔的案件中，仍不存在可以通过与被告收入挂钩从而设置倍数来封顶的做法。

笔者认为，通过限定独立董事赔偿比例、推动上市公司购买董责险等方式虽对降低独立董事承担高昂赔偿风险有一定的作用，但应该设定多少比例的连带责任？过低的比例责任能

---

〔1〕 参见（2019）鲁 01 民初 3766 号案。

〔2〕 比如，在因为长期财务造假导致公司破产重组、股东蒙受巨额损失的安然事件中，在安然公司、投资银行、会计师事务所等赔付 47.69 亿美元弥补投资者损失的同时，独立董事总共支付了 1300 万美元的赔偿金，并因未能对员工期权计划进行适当审查而向美国劳工部支付了 150 万美元，这才避免了被中小股东提起诉讼追究刑事责任。在世通案件中，12 名独立董事总共支付了 2450 万美元的赔偿金。

〔3〕 参见曾洋：《重构上市公司独董制度》，载《清华法学》2021 年第 4 期。

否发挥推动独立董事积极行权的效果？同时，要求上市公司购买董责险也很难完全覆盖民事赔偿责任范围，并不是所有的上市公司都会出现严重的违法违规行为，单纯地推动董责险，可能并不会提升独立董事履职的积极性，反而推动的更多是保险公司的积极性，凡此种种，皆有进一步探讨的空间。有学者提出在公司章程中引入独立董事免责条款或补偿条款，但股东、上市公司减免独立董事责任的承诺属于约定责任，这并不能取代独董承担的法定责任。故而，笔者认为修修补补式的建议并不能实际解决问题，必须重构独立董事责任制度。未来可以考虑基于适当的价值考量来修正独立董事承担民事责任的形式，例如，将独立董事的责任设置为不真正连带责任或者补充责任的方式，并设置上限避免承担过重责任。

【案外反思】

如何认定与追究独立董事的虚假陈述责任，一直是域内外公司法与证券法经久不衰的话题，证券市场的风吹草动也会引发一轮接一轮对董事责任的讨论。如果说之前是“严格的法律多半停留在纸面，当事人并没有感到诉讼风险的真实存在”，那么近期发生的康美药业财务造假案对独立董事作出的数以亿计的巨额判罚，再次“揭开了独立董事职务风险的面纱”，我国现行独立董事制度的设计缺陷和问题暴露无遗，“可以被忽略的诉讼风险”如今已真实地摆在我们面前，[1]独董们“法律责任焦虑”显性化，倒逼上市公司独立董事制度的改革与完善已然刻不容缓。独立董事巨额连带赔偿责任的判决给中国独立董事制度带来史无前例的冲击，对推动已践行20年的独立董事制度的全面改革与去向选择有深远意义。

---

〔1〕 方流芳：《独立董事在中国：假设和现实》，载《政法论坛》2008年第5期。

金融产品卖方何以尽责

——“赵某某等与前海开源公司、锦安公司委托理财合同纠纷案”法律分析

黄思瑶

【案情介绍】[1]

（一）锦安公司代推介

2015年3月，前海开源资产管理有限公司（以下简称前海开源公司）作为发行人，通过深圳市锦安基金销售有限公司（以下简称锦安公司）代销发行“新三板资管计划”，直接或间接投资新三板已挂牌或拟挂牌企业的股份。

在前海开源公司与锦安公司签订的协议中，将两者的主要权利义务约定为：前海开源公司负责提供、印制资产管理计划的宣传资料，并有权定期对锦安公司的代销活动进行监督检查，及时制止其可能出现的违法违规行为。锦安公司应向投资者客观介绍该业务的详细内容及办理程序，在与投资者签订资产管理合同前，还需代为完成尽职调查工作。

同月，锦安公司彼时的销售经理黄某向包括赵某某、洪某某、王某某在内等客户以发送PPT、邀请参加路演等形式，大力推介“新三板资管计划”产品，并提供《风险揭示书》《机构投资者风险承受力调查问卷》。在赵某某、洪某某、王某某事实先支付了款项后另择时间亲自与前海开源公司签订了合同。此处，由于要求合同的落款时间必须与支付款时间一致，所以在合同落款时，仍然填写了款

---

〔1〕 参见广东省深圳市中级人民法院判决书，（2020）粤03民终19093、19097、19099号。

项支付时间。

（二）前海开源公司重仓中科招商

2015年3月，赵某某、洪某某、王某某三人作为资产委托人，前海开源公司作为资产管理人，中信证券公司作为资产托管人，三方签订了《资产管理合同》，合同中表明不保证该资管计划的盈利和最低收益。

自2015年7月20日起至2018年3月30日，前海开源公司在其公司网站信息披露平台中，定期发布案涉产品的季度报告和年度报告。经查明，该资管计划成立后，前海开源公司将60%的资金重仓于后来被摘牌的中科招商投资管理集团股份有限公司（以下简称中科招商）。

2017年12月18日，中科招商董事会发布公告，称其公司股票将于8日后正式终止挂牌。2017年12月26日，由于未能限期整改达到新增的8项挂牌条件，中科招商被强制摘牌退市。

2018年3月23日，前海开源公司发布《关于前海开源锦安财富新三板资产管理计划如期终止的公告》，正式宣告该资管计划到期终止。

（三）众投资者发起诉讼

2018年3月，案涉产品“新三板资产计划”到期时，产品净值只有0.08，投资者亏损高达80%。由于部分投资者无法接受巨大亏损，遂向法院提起诉讼，以前海开源公司、锦安公司存在推介欺诈及管理不当为由，要求前海开源公司、锦安公司及托管方中信证券赔偿本金及相应利益。

其中，通过深圳路演会购买涉案产品的赵某某、洪某某、王某某提出，前海开源公司对涉案产品进行了夸大、虚假宣传，与事实情况严重不符，严重诱导、欺骗投资者。

（四）法院落槌——风险评估成关键

本案一审由深圳市福田区人民法院审理。深圳市福田区人民法院认为，涉案“前海开源资产-锦安财富新三板专项资产管理计划”属于高风险产品，与赵某某、洪某某、王某某的风险承受能力明显不符；且锦安公司提供的《风险揭示书》属于一般性条款，未有涉案产品的说明内容。因此，锦安公司在销售过程中，没有充分履行适当性义务，其过错与投资者损失之间存在因果关系。故福田区法院支持锦安公司对赵某某等三人投资的本金及利息承担赔偿责任。由于锦安公司系受前海开源公司委托销售涉案产品，二者之间形成委托代理合同关系。前海开源公司作为涉案产品的卖方机构，未对投资人是否符合适当性尽到审慎审查义务，故应承担连带清偿责任。中信证券公司系涉案产品的资金托管机构，因未有证据显示其在资金托管过程中存在过错，则不需承担连带责任。一审判决作出后，前海开源公司和锦安公司不服判决，提起上诉。

本案二审法院为深圳市中级人民法院。深圳市中级人民法院认为由于锦安公司在履行适当性义务时的随意性和管理上存在的漏洞，将高风险资管产品错配销售给稳健型的三投资者，对投资者损失的产生有过错，一审对此认定妥当。根据《私募投资基金监督管理暂行办法》（以下简称《暂行办法》）第16条规定，适当性审查是私募基金产品发行人和销售人的共同义务。作为被代理人的前海开源公司，未尽到对代理人锦安公司履行适当性义务的监督、检查义务，应当与锦安公司承担连带清偿责任。另外，关于本案是否发生实际损失的问题，深圳市中级人民法院认为，在锦安公司因违反适当性义务规定、应当承担全部还本付息的情况下，涉案资管产品是否完成清算和分配，或者说是否计算出实际、具体的损失并不影响本案的实体处理。综上，二审法院作出了维持一审判决的终审决定。

【法律分析】

在本案中，结合《民法典》、《全国法院民商事审判工作会议纪要》、《关于规范金融机构资产管理业务的指导意见》（以下简称为《资管新规》）等相关规定，前海开源公司与锦安公司关于适当性义务的承担应从以下三个层面进行法律分析：

其一，前海开源公司认为其并不知晓锦安公司在涉案产品销售中存在的过错，不应承担适当性义务的连带责任。赵某某等投资者则认为前海开源公司存在违规推介、风险评估调查问卷设计不科学等问题，自身并未履行适当性义务。那么法院判决作为发行人的前海开源公司作为适当性义务的责任主体是否具有合理性？当前海开源公司与锦安公司被判决承担连带责任时，二者内部承担责任的比例该如何划分？

其二，庭审过程中，锦安公司与赵某某等投资者的争议焦点集中于锦安公司在销售过程中的销售行为是否履行了适当性义务，那么，究竟应如何确定金融机构履行适当性义务的标准？

其三，前海开源公司与锦安公司辩称资管产品并非保本理财产品，赵某某三人应自行承担投资损失。且案涉资管合同履行中尚未完成清算和分配，赵某某三人的投资损失无法确定。只有在案涉产品投资标的全部变现的情况下，才能对赵某某三人的实际损失进行确认。赵某某等人则反驳称前海开源公司存在清算违规的情形，且损失均已实际发生。那么法院究竟该如何界定产品清算与投资者损失的关系？本文将围绕以上三个问题展开分析。

（一）适当性义务的承担主体与责任分配路径

1. 发行人作为适当性义务责任主体的合理性分析

传统的适当性义务责任主体往往为金融产品销售者。新《证券法》第88条虽对“证券公司”施加了两方面的投资者适当性义务。但此处的“证券公司”按照通说主要涵盖证券经纪业务或证券经纪商，并不包括发行人。司法实践中，针对投资者以发行人为索赔对象提出的适当性义务违反案件中，人民法院往往倾向于裁定具有销售者身份的发行人承担适当性义务，体现出较为谦抑的裁判态度。[1]

---

〔1〕 王锐：《适当性义务责任主体范围演进的实证研究》，载《中国应用法学》2021年第4期。

但随着我国金融市场的蓬勃发展，新生代金融产品层出不穷，附着于金融衍生品之上的市场风险、信用风险和交易风险不断外扩。为防止因信息严重不对称引发金融市场的失灵，对适当性义务主体范围的扩张成为保护投资者制度设计的当务之急。本案中，深圳中院明确将作为发行人的前海开源公司界定为适当性义务责任的承担主体，要求其与锦安公司共同承担连带清偿责任，从法理和情理两个维度而言均具有合理性。

就法理层面而言，现行出台的部分规范性文件和会议纪要均明确了发行人作为适当性义务适格主体的可能性。2019 年最高人民法院印发的《全国法院民商事审判工作会议纪要》第 74 条中对承担适当性义务的适格主体进行了扩张解释，将承担适当性义务的责任主体范围明确拓展至“金融产品发行人、销售者以及金融服务提供者”，并增加了向多主体追索的途径。〔1〕本案中，二审法院以中国证监会发布的《私募投资基金监督管理暂行办法》第 16 条中所规定的“适当性审查是私募基金产品发行人和销售者的共同义务”为依据〔2〕，判定前海开源公司应承担违反适当性义务的责任。

此外，前海开源公司作为发行人，与专业销售（中介）机构签订代销代理协议，将销售业务外包给锦安公司。锦安公司作为销售机构，受发行人委托，为其寻找客户，推介销售“新三板资产计划”金融产品。两公司之间形成委托代理合同关系。按照《民法典》第 167 条之规定，代理人的行为后果及于委托人。被代理人与代理人承担连带责任的适用情形包括被代理人知道或者应当知道代理人的代理行为违法未作反对表示的，即被代理人在主观上明知或应知代理人存在未履行适当性义务的行为。前海开源公司是“新三板资产计划”的卖方机构，理应对赵联胜等客户的基本信息进行收集。有关投资者的投资偏好、风险承受能力等基本情况均应属于前海开源公司“应当知道”的范畴。但前海开源公司一方面未履行监督、检查代理人锦安公司是否尽到向投资者适当推介的审慎审查义务，另一方面，对应当掌握的客户基本信息也并不了解。故其作为适当性义务承担的主体之一，与锦安公司一起承担连带清偿责任于法有据。

就情理层面而言，将适当性义务责任主体的范围从单纯的金融中介向发行人进行扩张，亦提升了对中小投资者的保护力度。逐利是商人的本质，发行人出于商业盈利的角度考虑，

〔1〕《全国法院民商事审判工作会议纪要》第 74 条规定，金融产品发行人、销售者未尽适当性义务，导致金融消费者在购买金融产品过程中遭受损失的，金融消费者既可以请求金融产品的发行人承担赔偿责任，也可以请求金融产品的销售者承担赔偿责任，还可以根据《民法总则》第 167 条的规定，请求金融产品的发行人、销售者共同承担连带赔偿责任。发行人、销售者请求人民法院明确各自的责任份额的，人民法院可以在判决发行人、销售者对金融消费者承担连带赔偿责任的同时，明确发行人、销售者在实际承担了赔偿责任后，有权向责任方追偿其应当承担的赔偿份额。金融服务提供者未尽适当性义务，导致金融消费者在接受金融服务后参与高风险等级投资活动遭受损失的，金融消费者可以请求金融服务提供者承担赔偿责任。

〔2〕《私募投资基金监督管理暂行办法》第 16 条规定，募基金管理人自行销售私募基金的，应当采取问卷调查等方式，对投资者的风险识别能力和风险承担能力进行评估，由投资者书面承诺符合合格投资者条件；应当制作风险揭示书，由投资者签字确认。私募基金管理人委托销售机构销售私募基金的，私募基金销售机构应当采取前款规定的评估、确认等措施。

可能会出现其为了促进产品销量让代销者在推介产品时有所隐瞒或打“擦边球”的行为。发行人承担连带责任一定程度上能促使其对合格代销机构的严格筛选和行为监督。随着金融产品复杂性的不断提升，投资者选购产品时明显处于劣势地位，此时对发行人的信息披露义务提出了更高的要求。前海开源公司向赵联胜等投资者提供的风险揭示书是先行拟定的统一规范性文件，其中缺少对涉案资管产品的个性化说明内容。且前海开源公司在未核查投资者资产的情况下，让投资者先行支付款项而后补签合同，违反了金融交易的正常程序，侵害了投资者的合法权益。此时，将发行人前海公司作为适当性义务适用主体对投资者的知情权和选择权加以保障是合乎情理的。[1]

2. 主体内部承担连带责任的比例划分

从法律层面讨论当发行人和销售者承担连带责任时，主体内部责任承担比例的划分，需要结合双方约定以及投资者适当性的具体规则来分析。在本案中，判定前海开源公司与锦安公司承担连带责任的情况下，对于二者内部责任承担比例的划分，可分为三个步骤：

首先，原则上可采用双方协商的方式进行，先确认前海开源公司与锦安公司的委托代理合同中是否有关于风险承担的比例划分约定。因为在金融产品销售过程中，发行人委托专业中介机构销售产品的目的无非在于希望通过专业机构的渠道和信息优势，使产品销量大幅上升。但由于商事代理与民事代理存在不同，商事代理存在明显的职业性特征，对委托人负尽力达成交易并维护委托人利益等特殊义务。[2]因此，意定代理作为商事代理的重要法源，当金融销售机构因违反适当性义务导致投资者受到损失，从而波及发行人承担连带责任时，对于二者内部承担赔偿比例的划分应依双方代理合同的约定确定。实践中，我国的行业惯例也纷纷表达了对“代销代理承担责任、发行人通过约定确定责任”这一观点的支持。回到本案，在金融产品代销模式中，锦安公司接受前海开源公司委托，代其推荐销售“新三板资产计划”产品的行为应视为委托代理，故双方可以通过内部约定将因违反适当性义务产生的赔偿数额按比例协商分摊。

其次，若双方前期并未就因违反适当性义务导致的损失赔偿比例在委托代理合同中进行约定，则应依据《民法典》第178条的相关规定，秉承自愿原则，先由发行人与销售机构进行谈判，通过合意对各自所需承担的赔偿份额达成一致。若双方磋商失败，则由法院在案件审理中，通过案件事实的梳理，对前海开源公司和锦安公司所应承担的责任份额进行比较和评估。[3]过错原则作为我国适当性义务案件的主要归责原则，此时可作为重要的考量依据。本案中，代理人锦安公司向赵某某、洪某某、王某某三位投资者提供的《风险揭示书》属于

---

〔1〕 刘志伟：《权利视角下证券投资者适当规则的拓展适用》，载《财经法学》2019年第6期。

〔2〕 王琦：《民法典编纂背景下商事代理理论范畴之厘定》，载《法治研究》2019年第4期。

〔3〕《民法典》第178条规定：二人以上依法承担连带责任的，权利人有权请求部分或者全部连带责任人承担责任。连带责任人的责任份额根据各自责任大小确定；难以确定责任大小的，平均承担责任。实际承担责任超过自己责任份额的连带责任人，有权向其他连带责任人追偿。连带责任，由法律规定或者当事人约定。

一般性条款，其中没有提及对“新三板资产计划”具体内容的说明，属于未落实告知说明义务；且其在向客户推介产品时，未参照赵某某等投资者的风险等级，将高风险的涉案基金产品推介给了稳健型的三人，属于错配销售。故锦安公司在销售过程中存在明显过错，违背了适当性义务。而前海开源公司除了上文所述的未履行《暂行办法》规定的对投资人是否符合适当性要求所应负有的审慎核查义务外，对于其自主选择的销售者锦安公司所为也并未尽到跟踪监督的职责，亦存在过错。此时，法官需要结合发行人和销售机构造成投资者损失的原因力大小，划定双方应承担的赔偿比例。

需要注意的是，对于前海开源公司与锦安公司内部划分赔偿比例的问题，需把握好尺度。毕竟金融产品的销售环节才是规制金融风险的关键节点，锦安公司违背适当性义务，进行错误推荐，直接加速了赵联胜等投资者对“新三板资管计划”产品的认购，而前海开源公司在选任销售机构、对投资者情况了解上亦存在过失。此时，分配正义作为公平原则的基础，需要法院结合二者具体过错大小，将损失进行合理分配。[1]不宜要求金融销售机构全盘承担责任，也不应对发行人苛以过高的责任，以免引起“寒蝉效应”。

最后，当法院经过审查仍无法对发行人和销售机构应付责任大小进行确切划分时，若贸然要求任何一方承担与其不相匹配的赔偿数额都有违公平原则，亦无法实现分配正义。此时，应依据《民法典》第178条的规定，判决由前海开源公司和锦安公司平均承担责任。

（二）实践中对金融机构履行适当性义务的认定

在我国现今的金融市场，投资者适当性义务日益成为政府要求金融机构强制履行的民事管理型义务。[2]理论上，《资管新规》、《全国法院民商事审判工作会议纪要》以及新修订的《证券法》[3]中对于金融机构需履行的适当性义务内容作出了互补规定，以期寻求适当性义务在我国资本市场的体系化规范发展。实践中，武汉中院对陈某峰与中国建设银行金融委托理财合同纠纷一案所作的判决，对确立实践中金融机构完备履行适当性义务的标准具有重要的指引意义。[4]该判决指出，只有当卖方机构对金融产品进行了系统的风险评估管理，对投资者进行了风险评估和分类，确保推荐的产品风险等级与投资者相匹配时，才能认定卖方机构已履行了适当性义务。[5]

总体而言，对于金融机构履行适当性义务的认定主要包括了解客户义务、了解产品义

〔1〕 巫国平：《司法视角下的公平原则探析》，载梁慧星主编：《民商法论丛》（第31卷），法律出版社2004年版，第29页。

〔2〕 翟艳：《我国投资者适当性义务法制化研究》，载《政治与法律》2015年第9期。

〔3〕 参见《关于规范金融机构资产管理业务的指导意见》第6条；《全国法院民商事审判工作会议纪要》第72～78条；《证券法》第88条。

〔4〕 湖北省武汉市中级人民法院判决书，（2020）鄂01民终3588号。

〔5〕《〈九民纪要〉后实务中如何认定“卖方机构”已履行适当性义务》，载https：//mp.weixin.qq.com/s/x8veljzfLDeBVUk9i9OVMQ，最后访问日期：2022年4月9日。

务、客户与产品匹配义务、风险揭示义务（又称告知说明义务）四个方面。

第一，了解客户义务要求销售商在向投资者推荐金融产品前，通过风险测评问卷等形式，对投资者进行风险评估，掌握客户的风险承受意愿和风险承受能力，进而对投资者的风险承受等级进行准确划分。[1]实践中，存在许多金融机构问卷设计僵化，内容流于形式的问题，导致金融销售机构无法准确分析出投资者的投资偏好与风险厌恶。本案中，前海开源公司、锦安公司对赵某某等三人进行风险评估，是其了解投资者客观实际情况、投资倾向以及风险承受能力的有效途径。但两个公司都未将了解客户的义务履行到位。前海开源公司在不了解投资者基本信息的情况下，要求其先支付价款再签订合同，且提供的风险评估问卷设计被指存有设计瑕疵，导致客户风险类型结果存疑。而在锦安公司提供的风险评估调查问卷中，根据问卷测评分数，王某某属于积极型投资者，但随后锦安公司再次提交的调查结果却显示王某某属于稳健型投资者，两个相悖的结果佐证了锦安公司在履行了解客户义务时存在疏漏，才进而导致后续错配销售行为的产生。

第二，了解产品义务，也叫作审慎调查义务，要求金融机构对即将销售的金融产品进行全方位的调查了解。审判实践中，对此义务的认定关键在于金融机构是否对金融产品进行了有效的风险等级划分。要求金融机构审查金融产品的风险属性，在考虑产品结构、产品流动性等因素的基础上，对金融产品风险等级进行审慎评定。以免由于对待售产品风险等级划拨错误，造成后续推介产品与投资者风险承受等级不匹配的情形。[2]

第三，客户与产品匹配义务的实质为适当推介义务，要求金融机构在充分了解投资者风险承受能力和金融产品风险等级的前提下，对二者进行适当的匹配。该义务作为投资者适当性义务的核心，在金融机构进行主观判断进而匹配的过程中，往往会受到周围其他因素的影响，因而也具有较大的不确定性。本案中，锦安公司的未适当推介行为构成错配销售。其在王某某已明确表示其作为稳健型投资者，愿意投资中低风险资管产品的情形下，仍向其推销被判定为高风险的涉案产品，违反了“禁止销售机构违背投资者意愿向其推介超出其风险承受能力的产品”这一禁止性规定。虽然锦安公司提出“王某某此前多次购买理财产品，具有丰富投资经验，应对自己的投资决定盈亏负责”的抗辩理由，但深圳中院并未予以支持。投资者的客观风险承受能力和主观投资意愿是两个不同的命题。王某某此前的理财产品购买事实，并不能使其对“新三板资管计划”产品的具体内容和相关风险有详尽的了解。可见，发行人与销售机构不能以投资者涉案前已购买过其他基金产品，具有丰富的投资经验为由，借机排除自身因未尽责履行匹配义务所需承担的责任。根据《证券期货投资者适当性管理办法》第 19 条规定，只有在锦安公司告知了投资者不适合购买该“新三板资管计划”产品且对其进行特别风险警示说明后，投资者仍坚持购买的，锦安公司才能予以免责。

---

〔1〕 李海龙：《资本市场投资者适当性规则的美国经验与中国探索》，载《环球法律评论》2021 年第 3 期。
〔2〕 黄辉：《金融机构的投资者适当性义务——实证研究与完善建议》，载《法学评论》2021 年第 2 期。

投资者对于代售金融产品的运作规则和了解程度，与销售机构存在一定的信息偏差，出于保护投资者的原则，笔者认为，金融中介机构应在以主观承受能力为基础判断标准的情况下，辩证对待投资者的主客观承受能力。[1] 当投资者具备良好的财产基础时，可以其主观承受能力为优先考虑项。当投资者客观承受能力较弱时，即使其主观上愿意承受高风险，金融销售者也应加以规则，否则可能导致投资者最后血本无归。

第四，告知说明义务又称信息披露义务，旨在通过金融机构向投资者充分披露拟推介的金融产品的风险，让投资者更清晰地了解他们拟投资金融产品的风险和收益。此时，是否履行告知说明义务应以一个理性人的标准来进行判断，要求达到一般人能够理解的客观标准和投资者能够理解的主观标准。金融机构应根据产品的风险程度，投资者的实际状况进行综合评估，并确保投资者已知悉该注意事项。不能简单以已告知投资者注意事项为理由主张告知说明义务履行完毕。

在本案一审法院认定的事实中，锦安公司提供的《风险揭示书》中虽有赵联胜等三名投资者的签名，文件中亦存在条款提醒客户签字即代表接受风险，但该文件并未对涉案产品的具体内容进行详尽说明。且虽然锦安公司在提供给投资者的《个人投资者风险承受能力调查问卷》（以下简称《调查问卷》）中，标明“投资者愿意自行承担此风险”等字样，但《调查问卷》中的条款属于格式条款，锦安公司未对该条款作出特别标识，亦没有证据证明锦安公司就该条款已向投资者做出确切的告知说明。以上均构成了锦安公司对适当性义务中告知说明义务的违反。在审判实践中，金融机构履行告知说明义务要求其根据投资者的自身情况，区分不同的提示方式、提示强度，有针对性地向其阐述投资风险。且在风险揭示时，语言直白质朴，便于理解。对于有关金融产品内容及险责任承担等敏感问题的告知，应采用显著方式提醒，确保投资者已明确知晓。[2]

（三）产品清算与投资者损失的关系

一般而言，资管合同履行完毕后，还需经过清算程序，才能使投资者得到偿还。但金融机构往往以该基金投资标的尚未变现为由，主张投资者的损失无法确定。如此，常使投资者在维权之路上止步不前。要厘清产品清算与投资者损失之间的关系，首先应根据投资人的请求权基础对定损是否存在进行两种维度的分析。当投资人主张金融机构承担缔约过失责任时，投资人的损失应视为其信赖利益的损失，该损失与其所购买的金融产品收益亏损无关，此时无需通过产品清算即可确定投资者的损失数额。当投资人向金融机构主张违约责任时，其损失为投资涉案金融产品带来的实际损失和可得利益损失之和。当投资人要求金融机构承担侵权责任时，损失的范围则控制在实际损失之内。此时应以产品清算为原则，无须清算为

---

〔1〕 何颖、阮少凯:《论金融产品销售商的投资者适当性义务》，载《财经法学》2021 年第 1 期。

〔2〕 毛立琦:《过失相抵制度在金融机构适当性义务案件中的适用研究》，载《湖南科技大学学报（社会科学版）》2021 年第 6 期。

例外。只有存在其他证据足以证明投资人损失确定的情形下，才能不以产品清算为前提确定投资者具体损失数额。

本案中，深圳中院依据《全国法院民商事审判工作会议纪要》第 77 条实际赔偿原则，将卖方机构未尽适当性义务导致投资者损失所应承担的赔偿数额限定为投资者的实际损失。同时倾向认定其为直接损失而非间接损失。此时关于投资者损失的计算，与其投资资管产品所获收益或亏损并未关联。可见，深圳中院倾向“缔约过失责任说”，认为涉案资管产品是否完成清算和分配，是否计算实际具体的损失均不影响对于投资者损失的认定和处理。支撑作出该判决的原因包括最高人民法院对《全国法院民商事审判工作会议纪要》第 72 条的理解与适用中明确指出适当性义务应属先合同义务，受损投资人可以向发行人或销售机构主张缔约过失责任。[1]

对此判决，笔者持保留态度。学术界中对于违反适当性义务应承担缔约过失责任还是侵权责任争议犹在。本案中，投资者与锦安公司签订的投资合同真实有效，合同已经成立且双方已开始实际履行，此时主张缔约过失责任缺乏事实依据。且《证券法》已明确规定了金融机构的适当性义务，锦安公司未履行适当性义务构成对法定义务而非合同约定义务的违反，理应承担侵权责任，适用侵权过错责任原则，按照过错的大小承担赔偿责任。其中法院裁判的关键难点在于，在多数投资者适当性义务纠纷中金融产品尚未进行清算时，该如何认定金融机构所需承担的对投资者损失赔偿的数额?

司法实践中，对于资管产品清算与投资人损失之间存在何种关系的观点莫衷一是。有法院判决认为投资者的损失已经客观存在，资管产品清算与否不影响损失认定。其中，即便资管产品未经清算，亦可推定投资者全损，相应判决金融机构偿还投资者的本金与利息。有法院认为只有当资管产品清算后，才能固定投资人的具体损失。若想在尚未清算，不知晓投资者损失具体数额的情形下，要求未尽适当性义务的金融机构径行向投资者赔偿损失，需要法院发挥主观能动性，结合实际进行裁判。金融产品的清算结果作为认定投资损失的重要依据而非唯一依据，在有其他证据足以证明投资损失情况，且清算程序无法启动或长期不能结束的情况下，如果坚持等待清算完成再确认投资者损失无异于缘木求鱼，有悖于投资者权益保护的具体操作。此时，无须经过清算，可由法院依据损失填平原则，根据投资者投资款项、占用利息直接对投资人的损失进行推定，依法认定损失数额。

对金融产品进行有效清算，维护了金融市场的交易秩序，且清算业务的履行直接关系到投资者购买金融产品获利的投资目的实现。资管产品的清算作为财产确定的主要依据，在没有上述例外情况发生时，即便金融机构违反投资者适当性义务确需对投资者进行赔偿，最公平合理的方法也是应等待产品清算结果确定后再行根据金融机构过错大小敲定最终的赔偿

---

〔1〕 参见最高人民法院民事审判第二庭:《〈全国法院民商事审判工作会议纪要〉理解与适用》，人民法院出版社 2019 年版，第 413 页。

款。本案中，深圳中院忽视资管产品底层资产的财产价值波动，在未经清算的情形下，“一刀切”地要求锦安公司直接承担全部还本付息责任，表面看加大了投资者保护力度，实则存在保护的天平过度向投资者倾倒之嫌。

将锦安公司存在过错与投资者本息必须得以兑付画上等号显然是不符合金融市场风险属性的。在未经清算的前提下即确定投资者的全损，有违“去刚兑”的市场背景，亦缺乏确切的损失计算标准。金融投资本身即存在高回报、高风险的特征。赵某某等人作为有过相关投资经验的投资者，必然了解资本市场的运作具有极强的不可控风险。深圳中院在进行判决时未将正常的投资产品经济价值波动亦可能导致投资者损失这一事实纳入赔偿考量范围内，亦未根据金融机构未适当推介行为与投资者损失之间所存因果关系判定赔偿责任比例，虽避免了讼累，但是否达到实质的裁判公平有待商榷。且对于基金类的理财产品，投资者提出赔偿的请求权基础应为由于金融机构未履行适当性义务所产生的实际损失。此时，对于实际损失的计算不应是简单的本金与利息相加之和，而是应经过清算以后得出的正常投资回报与违反适当性义务后投实际回报之间的差额。

具体而言，不同于“周某某诉锯洲资产管理（上海）有限公司、上海钜派投资集团有限公司私募基金纠纷案”中，基金资产已被案外人恶意挪用，脱离管理人控制，清算小组无法接管基金财产，导致基金清算处于停滞状态，无法预计继续清算的可能期限，亦无证据证明现存可供清算的财产。本案中，前海开源公司称涉案产品财产尚未完成清算分配，需待案涉产品标的变现后进才可确定赵联胜等投资者的损失，表明暂时没有其他因素阻碍清算程序的行进，涉案金融产品仍存在清算可能性，且并无其他证据辅之以明示投资损失情况，此时不应盲目适用由法院裁量这一认定损失的例外情形，而应先等待清算结果后再对投资者赔偿数额进行认定。

【案外反思】

近年来，随着我国多层次资本市场体系的建立，复杂性金融产品加快了更新换代的进程。不同产品之间存在差异化的风险可能，不同投资者的投资目的、投资偏好和风险承受能力也逐渐分层。兼容并包的多元化资本市场为广大中小投资者提供了更多的投资机会，但同时也加剧了投资者的风险承担可能。〔1〕

在与投资人的交易中，金融机构往往了解更多专业性的内幕信息，从而牢牢占据主导地位。此时，适当性义务作为“投资者保护”的前置条件，成为对中小投资者合法权益保驾护航的重要手段。买方担责的前提是卖方尽责。本案中，二审法院维持一审判决，判定前海开

〔1〕 郑彧：《新证券法下“投资者适当性义务”的实现路径——从“规则监管”到“原则监管”的转变》，载《证券市场导报》2021 年第 3 期。

源公司与锦安公司承担违反适当性义务的连带责任。该案作为判决发行人承担连带责任的典型案例，折射出我国证券市场通过遏制金融机构的不当行为，提高保护投资者权益力度的决心，具有极大的正向社会影响力。

但该案仍存在部分值得商榷的观点。诸如在金融机构的损害赔偿比例问题上，司法实务中尚未规定统一的裁判标准，多依赖于法官的自由裁量。为了保障金融市场中买卖双方的权益平衡，对于适当性义务赔偿比例该如何划分，义务履行标准该衡量等问题仍有待进一步深入研究。

疫情下的“情势变更”抑或“商业风险”

——“科华生物与天隆公司股权收购案”法律分析

姚慕远

【案情介绍】[1]

上海科华生物工程股份有限公司（以下简称科华生物）创立于 1981 年，于 2004 年 7 月在深圳证券交易所主板 A 股上市，主营业务为医疗诊断用品，截至 2022 年 3 月 28 日，市值约为 76 亿元人民币。

2018 年 6 月 8 日，科华生物与彭年才、李明、苗保刚、西安昱景同益企业管理合伙企业（有限合伙）签署《投资协议书》，约定由科华生物以现金方式向西安天隆科技有限公司和苏州天隆生物科技有限公司（以下合并简称天隆公司）进行增资并收购上述四股东所持有的全部天隆公司股权。

股权收购约定分两阶段完成，第一阶段为科华生物以 5.5 亿元的价格获得天隆公司 62% 股权；第二阶段为科华生物在 2021 年度以天隆公司 2020 年度净利润情况相应计算的股权价值完成对剩余 38% 股权的收购，届时天隆公司的整体估值以下列两者孰高为准：（1）9 亿元；（2）标的公司 2020 年度经审计的扣除非经常

---

〔1〕 本文案情介绍主要参考《上海科华生物工程股份有限公司：重大仲裁公告》，载 https：//pdf.dfcfw.com/pdf/H2_AN202107131503615199_1.pdf? 1626211226000.pdf；《上海科华生物工程股份有限公司：关于重大仲裁进展暨公司提出仲裁反请求的公告》，载 https：//pdf.dfcfw.com/pdf/H2_AN202108301513355954_1.pdf? 1630347398000.pdf；《上海科华生物工程股份有限公司：重大仲裁进展公告》，载 https：//pdf.dfcfw.com/pdf/H2_AN202203141552573386_1.pdf? 1647277487000.pdf。本文事实部分主要参考上市公司公告中所载明的公开信息，基于此，对本案进行学术探讨。

性损益后的净利润乘以25倍。

之后，天隆公司2020年度经审计的扣除非经常性损益后的净利润金额合计竟高达11亿余元人民币，按照25倍计算，天隆公司估值为276亿元，科华生物须支付105（276×38%）亿元的收购款，而科华生物的市值也不过76亿元。

天隆公司其余4名股东于2021年5月18日发函要求科华生物支付上述价款，遭到科华生物明确拒绝，遂于同年7月5日向上海国际经济贸易仲裁委员会提起仲裁申请，请求科华生物支付收购款及相应违约金，否则便要求对先前已转让的68%股份进行回购。

2021年7月14日，科华生物董事会发布重大事项仲裁公告，公布该仲裁事项，并在公告中称：“2020年度，受新冠肺炎疫情暴发等客观因素的影响，天隆公司的收入和利润均出现了暴发式增长，该项增长情况已超出了各方在订立《投资协议书》时正常可预见及可预测的范围；各方进一步完成《投资协议书》第10条‘进一步投资’条款项下交易的基础已经发生了各方在订立《投资协议书》时无法预见的、不属于商业风险的重大变化，如继续按该交易条款履行将对本公司明显不公平。”并于2021年8月30日提出仲裁反请求，称：“2020年，因新冠肺炎疫情的突然暴发，整个国家、社会均进入突发紧急情况。2020年新冠肺炎疫情的暴发以及导致的各项严重问题已超出了所有人的预料，绝非任何人所能预见或者预测。甚至直到现在，世界多地仍处于疫情下的非正常状态。而标的公司的核心产品核酸提取设备、核酸提取试剂和PCR设备恰恰属于进行新冠核酸检测的抗疫必备品。因此，标的公司在新冠肺炎疫情的影响下暴发了‘出人预料’的业绩增长。正如与疫情无法预料地突然暴发一样，标的公司的业绩也随着疫情的突然暴发而直线上涨，这完全超出了交易双方基于交易当时的客观基础条件而形成的认知情况，属于典型的、不可预见的‘疫情式’暴发增长。”基于“情势变更”请求解除科华生物与天隆公司其余四股东的《投资协议书》的进一步投资条款。

另外，科华生物在公告中称：“从当时‘进一步投资’条款的磋商和拟定基础而言，根据上海众华资产评估有限公司在《投资协议书》签订前出具的《上海科华生物工程股份有限公司拟股权收购项目涉及的苏州天隆生物科技有限公司股东全部权益价值评估报告》及《上海科华生物工程股份有限公司拟股权收购项目涉及的西安天隆科技有限公司股东全部权益价值评估报告》及标的公司提供的其盈利预测等资料和数据，并结合标的公司的实际运营和发展情况，即使按照当时最乐观的预测数据，科华生物及被反请求人在订立《投资协议书》时所能预见的标的公司2020年度的净利润最高也不超过5400万元。正是在上述资料和数据的基础上，本公司和被反请求人磋商拟定了《投资协议书》第10条‘进一步投资’条款。”

本案于2022年3月12日进行了开庭审理，截至本文写作完成之时，仲裁庭尚未对本次仲裁案件作出裁决。[1]

【法律分析】

科华生物股权收购案因为其天价的收购价格而受到了广泛的关注，市场上的商业风险无处不在，投资损失、市值浮动在所难免，但是如本案这般收购价格暴涨确属罕见，也难怪科华生物拒绝履行剩余的付款义务，并且主张天隆公司 2020 年的业绩暴增是由于新冠肺炎疫情暴发所致，属于缔约时无法预见的、不属于商业风险的重大变化，已经构成了法律规定的"情势变更"情形，请求解除该合同条款。那么，本案的情形究竟是正常的商业风险还是属于情势变更便是最重要的争议焦点；此外，科华生物公告该仲裁事项后股价应声暴跌，无论仲裁结果如何都不可否认该项投资协议给公司带来了巨大的法律风险及损失，如何避免此类情形的发生同样值得反思。

（一）新冠肺炎疫情的法律性质

新冠肺炎疫情在法律上应当如何定性？这是探讨本案的法律基础和逻辑起点。关于这点，2020 年 2 月 10 日全国人大常委会法工委就疫情防控有关法律问题答记者问时指出，"当前我国发生了新型冠状病毒感染肺炎疫情这一突发公共卫生事件。为了保护公众健康，政府也采取了相应疫情防控措施。对于因此不能履行合同的当事人来说，属于不能预见、不能避免并不能克服的不可抗力"。最高人民法院尽管尚未就疫情是否属于法律规定的不可抗力明确表态，但不少省、自治区、直辖市的高级人民法院出台的相关文件也认可了这一观点，如上海市高级人民法院发布的《关于涉新冠肺炎疫情案件法律适用问题的系列问答（二）》就明确表示，"根据《中华人民共和国民法总则》第一百八十条和《中华人民共和国合同法》第一百一十七条的规定，新冠肺炎疫情被认定为突发公共卫生事件后，为保护人民群众身体健康和生命安全，政府及有关部门采取了相应疫情防控措施。对于因此不能履行合同或不能及时行使权利的，新冠肺炎疫情发生宜认定属于不能预见、不能避免并不能克服的不可抗力"。

依学界通说，不可抗力既要考察主观因素又要考虑客观因素，当事人主观上无法预见、没有过错且客观上不能避免又不可克服的事项即为不可抗力。这样的观点也与我国现行法相一致，我国《民法典》第 186 条第 2 款就规定"不可抗力是不能预见、不能避免且不能克服

[1] 本文案情介绍主要参考《上海科华生物工程股份有限公司：重大仲裁公告》，载 https://pdf.dfcfw.com/pdf/H2_AN202107131503615199_1.pdf?1626211226000.pdf；《上海科华生物工程股份有限公司：关于重大仲裁进展暨公司提出仲裁反请求的公告》，载 https://pdf.dfcfw.com/pdf/H2_AN202108301513355954_1.pdf?1630347398000.pdf；《上海科华生物工程股份有限公司：重大仲裁进展公告》，载 https://pdf.dfcfw.com/pdf/H2_AN202203141552573386_1.pdf?1647277487000.pdf。

的客观情况”。本次新冠肺炎疫情的暴发即后续的管控措施既非事前可以预料，同样无法克服，将其认定为不可抗力并无不当。

通常情况下，与不可抗力相关联的是违约责任的免责规则，即“当事人一方因不可抗力不能履行合同的，根据不可抗力的影响，部分或者全部免除责任，但是法律另有规定的除外。”但是本案属于金钱债务纠纷，依民法一般原理，金钱债务一般不产生履行不能，故本案中科华生物不得主张合同履行不能，解除合同并免除违约责任。不过如果受疫情影响导致合同的基础条件发生了重大变化，履行合同对一方当事人明显不公平的，依然有可能符合情势变更制度的规则，这也是本案所需要探讨的法律问题。

唯有一点需要澄清的是，有观点认为情势变更和不可抗力是对立排斥的，倘若构成不可抗力便不再适用情势变更制度，这实际上是对这两个概念的误解。不可抗力是一个原因，是一项条件，就不可抗力规则的适用而言，不可抗力事项的发生，致使继续履行合同对于一方当事人明显不公平的，得适用情势变更制度；不可抗力事项的发生，致使合同目的不能实现的，得适用法定解除制度；不可抗力事项的发生，致使当事人一方违约的，得适用违约责任中的法定免责事由制度。〔1〕可见，不可抗力与情势变更制度是不同层面的两个概念，不可抗力是因，在符合一定条件的情况下可能会导向不同的结果，可能会导致违约责任的免除，也可能导致情势变更制度的适用，不可抗力与情势变更并不矛盾。在《最高人民法院关于适用〈中华人民共和国合同法〉若干问题的解释（二）》（以下简称《合同法司法解释二》）中，最高人民法院在情势变更制度的条款中曾有这样的表述，“合同成立以后客观情况发生了当事人在订立合同时无法预见的、非不可抗力造成的不属于商业风险的重大变化”，显然在当时最高人民法院依然认为不可抗力与情势变更制度是相互排斥的，然而在《民法典》的最新规定却中将“非不可抗力造成的”这一要件删去，这也恰恰印证了这两者并非矛盾对立的关系，而是因与果的关系。

（二）情势变更与商业风险

情势变更制度最早规定在《合同法司法解释二》第26条，现被《民法典》第533条所吸收，具体表述为：合同成立后，合同的基础条件发生了当事人在订立合同时无法预见的、不属于商业风险的重大变化，继续履行合同对于当事人一方明显不公平的，受不利影响的当事人可以与对方重新协商；在合理期限内协商不成的，当事人可以请求人民法院或者仲裁机构变更或者解除合同。而商业风险并不是一个严谨的法律术语，一般指的是在商业活动中，由于各种不确定因素引起的，给商业主体带来获利或损失的机会或可能性的一种客观经济现象。

情势变更与商业风险之间的区隔并非泾渭分明，早在我国《合同法》编纂之时，便有学

---

〔1〕王轶：《新冠肺炎疫情、不可抗力与情势变更》，载《法学》2020年第3期。

者建议将情势变更制度纳入其中，但最终没有在《合同法》中出现的部分原因便是有异议观点认为情势变更制度的适用较为复杂，且难以与商业风险区分，最终该制度并没有出现在《合同法》当中。尽管《合同法》出台时没有采纳情势变更制度，但是在最高人民法院下发的通知中多次能见到情势变更的身影，最终这一制度在《合同法司法解释二》第26条当中得以确立，两者的区别主要包括以下四点：

1. 两者性质不同。情势变更属于作为合同成立的基础环境发生了异常变动，所造成的风险属于意外的风险；而商业风险属于从事商业活动所固有的风险，作为合同基础的客观情况的变化未达到异常的程度，一般的市场供求变化、价格涨落等属于此类。

2. 对两者是否能预见不同。也就是客观情况的发生，双方在订立合同时是否能够预见。情势变更的发生，当事人在签约时无法预见，而且根据实际能力和当时的具体条件，根本不可能预见，即情势的变更超出了正常的范围，使合同当事人在当时情况下无法推测其可能发生。

3. 两者是否可归责不同。情势变更是不可预见的，所以双方当事人在主观上都没有过错，当事人尽了最大注意义务仍不可避免，因此不可归责于双方当事人。而商业风险由于具有可预见性，故此可以说当事人对此存有过失。

4. 两者的后果不同。情势变更的发生使合同的履行出现了不可逾越的客观障碍，在客观上会使合同的基础和预期的目的发生根本性的动摇，如继续履行合同，将对一方当事人明显不利而对另一方当事人有利或不能实现合同目的，会产生显失公平的效果，与诚实信用原则和公平原则相违背。而在商业风险中，合同的基础没有发生根本变化，继续履行合同不会对一方当事人明显不公平或者不能实现合同目的，只是造成一定条件下的履行困难及履行合同费用的增加、利润的减少或并非重大的一般性亏损。两者后果的不同是由合同的基础和客观情况是否发生异常的、根本性的变化决定的，这是界定情势变更和商业风险的关键因素。

这其中第2、3点属于主观上的区别；第1、4点属于客观上的区别。概括而言，最高人民法院认为情势变更与商业风险在主观上前者不可预见、不可归责，后者有预见的可能性因而具有可归责性；在客观上前者是合同成立的基础发生了异常变动从而导致继续履行对一方显失公平，而后者的变化则是商业领域固有的风险，结果上造成的也并非显失公平的重大亏损。

理论界同样有不少学者对此进行过研究，不过关于两者的区别的认识大多与最高人民法院大同小异，主要还是表述及侧重上的差异，如有观点认为对于“商业风险”，区分“可预见的风险”与“不可预见的风险”、“可承受的风险”与“不可承受的风险”。相应地，可预见且可承受的风险要严格遵循合同拘束力；不可预见且不可承受的风险应当适用情势变更制度；虽不可预见但可承受的风险，因其后果并非“重大变化”，并不构成情势变更。虽可预见但不可承受的风险，则应对“可预见性”作“限缩解释”，归入不可预见的风险行列，承认有构成情势变更的余地。[1]

需要说明的是，情势变更与商业风险之间的区别并非如“非黑即白”那般清晰，而是存在大量的“灰色地带”，尽管理论界和实务界对情势变更与商业风险区别的认识并无明显分歧，但是在具体的案件中不能简单地根据一两点进行认定，而应当对各种因素进行综合分析进行判断。如一般而言商业风险相比情势变更具有可预见性，但也存在不可预见的情况；此外，同样的事实，对某些主体而言可能并不构成重大变化，也不会造成显失公平的结果，但对另外的主体可能就会构成重大变化从而导致显失公平，商业风险到情势变更之间是一个由量变到质变的过程，而转折点在实践中难以用一个确切的数值来衡量。

（三）价格涨跌与情势变更

本案是由于股权收购价格暴涨引发的纠纷，价格涨跌的情形在情势变更相关案件中十分常见，同样也是与商业风险较难分清的领域。

价格涨跌究竟属于正常的商业风险还是属于情势变更，最直接的想法便是通过价格涨跌的幅度进行判断。比如根据一则德国判例，在一个没有订立调整条款的地上权合同中，如果地租在 30 年内贬值了 60%，就允许调整合同；如果地租在 25 年内贬值了 50%，则不允许调整合同。[2]英国的丹宁勋爵在布雷尔一案中认为，两者的区别以 30% 为界限，如果涨价的程度低于 30%，则属于商业风险。（尽管英美合同法并无大陆法系所谓的情势变更原则，但有与之相似的履行不能和合同受挫制度。）

然而，单纯通过价格涨跌的幅度“一刀切”进行判断过于僵化，无法适用所有的案情，同样的价格涨跌幅度，对有些案情和合同当事人而言可能构成情势变更，对有些情形则可能只是正常的商业风险。因此两者的区别不能仅从价格涨跌的幅度进行判断，对此，在“山东盛隆置业集团有限公司诉刘作波供暖合同纠纷案”中法院的说理提供了另一种思路。在该案中，购房人与开发商签订了一份长达 70 年的供暖合同，购房人一次性缴纳 8000 元，便可享受 70 年的供暖服务。后由于政府政策调整，统一由热力公司进行供暖。而合同签订后，由于煤炭价格、银行利率均发生重大变化，导致开发商难以继续履行供暖协议。法院在判决书中分析了情势变更的构成要件，并结合案情阐明了情势变更与商业风险的区别，认为商业风险与情势变更不能单从价格的涨落程度进行量化而予以界定，其实质判断标准应当就引起价格涨落的原因予以判断——正常的价值规律的运行是否受外力因素的破坏，需要判断是否存在异常的社会巨变，若没有异常的巨变就是正常的商业风险。本案中，原告、被告之间签订了 70 年的供暖合同，由于履行合同期限较长，作为一个普通的正常人无法合理预见 10 年、

---

〔1〕 韩世远：《情事变更若干问题研究》，载《中外法学》2014 年第 3 期。
〔2〕 杜景林：《德国新债法法律行为基础障碍制度的法典化及其借鉴》，载《比较法研究》2005 年第 3 期。

20年后社会及经济政策的变化，实际上原告在履行合同过程中由于市场经济的高度发展、政府政策的变化等因素的干扰，原告无法自行供暖造成供暖成本的增长、存款利率的下降及供暖材料价格的增长，已使双方签订合同存在的客观基础受到破坏，造成这一后果的是非正常的价值规律的运行结果。[1]法院在说理部分指出情势变更与商业风险的区别不仅体现在价格涨跌的幅度，更需要分析导致价格涨跌的原因，这样的说理更加精确地指出了两者的区别，值得参考。

（四）本案应属情势变更

情势变更制度的适用需要个案判断，综合考虑案情的具体细节才能得出结论，具体到本案的情形，笔者认为应当适用情势变更制度，理由如下：

首先，本案符合情势变更的构成要件，依通说，情势变更的构成要件如下：（1）须有情势变更之事实；（2）情势变更须发生在合同成立以后，履行终止之前；（3）情势变更须是当事人所不能预见的，且有不可预见之性质；（4）因情势变更而使原合同的履行显失公平。

本案中，双方当事人之间签订的股权转让合同的客观基础是未发生全球范围内大流行的疫情以及政府未采取常态化、极为严格的疫情管控措施。2020年暴发且延续至今的新冠肺炎疫情以及政府的管控措施是当事人在2018年订立合同时所不能预见的，该事项发生于合同订立之后，履行终止之前，导致合同基础条件发生了重大变化。据科华生物的公告显示，天隆公司的核心产品核酸提取设备、核酸提取试剂和PCR设备属于进行新冠核酸检测的抗疫必备品，而据2018年最乐观的估计，正常情况下天隆公司2020年净利润最高也不超过5400万元，而实际则高达11亿元，倘若该公告内容属实，可以认为天隆公司业绩暴发性增长与新冠肺炎疫情、政府管控措施密切相关。科华生物与天隆公司其余四名股东签订合同时，曾约定了孰高条款，即以9亿元和20年利润的25倍高者视作公司的整体估值，如按照科华生物最乐观的5400万元利润计算，也不过5亿元出头，而如今却需支付105亿元，这不仅远远超出合同订立时双方的预期价格，甚至超过了科华生物公司的市值，如按原合同条款履行将导致显失公平的结果，且这一结果恰恰是由于情势变更所导致的。

其次，本案当事人所遇情形并非正常的商业风险。从价格的涨跌幅度来看，科华生物所需支付的价格从预期不超过5亿元左右涨到了105亿元，翻了20倍有余，属于价格的暴涨；从价格涨跌的原因来看，标的公司业绩的暴涨以及伴随而来的股权转让价格飙升，并非由于供求关系、价格关系、技术进步等市场内部原因，而极大程度上源于新冠肺炎疫情的暴发以及政府的管控措施，这并非市场机制正常运行的结果，而是由于当事人不可预见、不可避

[1] 参见“山东盛隆置业集团有限公司诉刘作波供暖合同纠纷案”，（2006）莱阳民一初字第76号民事判决书。

免、不可归责的不可抗力所致。

实际上，新冠肺炎疫情和政府的管控措施终有结束的一天，天隆公司2020年的净利润绝大部分是由于疫情即政府管控措施影响所致，这不仅不是市场正常运行结果的体现，这样的净利润表现也不可能长久维持下去，105亿元购买38%的股权显然严重高估了天隆公司本身的价值。双方当事人在签订合同约定以利润估算公司估值时的利润是指“扣除非经常性损益后的净利润”，这是指公司经营业务产生的净利润，不包括公司的非经常性损益，是公司可持续的净利润，是一家企业在某一个经营时间段内的经营成果的体现。可见双方当事人真实的意思表示是基于天隆公司可持续的经营成果，通过能反映标的公司真实实力的数据来对公司估值进行约定。而如今2020年天隆公司的净利润显然大大超出了该公司真实的经营能力，通过情势变更制度进行调整也更加符合当事人真实的意思表示。

故笔者认为，本案应当适用情势变更制度，依据《民法典》的规定，适用情势变更制度时，当事人可以请求人民法院或者仲裁机构变更或者解除合同，在本案中，科华生物向仲裁庭提出解除“进一步投资”条款的仲裁请求。笔者认为，双方当事人在仲裁前已就合同变更事宜进行过磋商，但难以达成一致意见，且随着新冠肺炎疫情的暴发，应当以何种标准重新确定股权收购价格同样难以确定，在这一背景下，尊重当事人的意思自治，裁决解除“进一步投资”条款，无疑是合理的做法。

【案外反思】

目前，尚未看到科华生物对此重大纠纷仲裁结果进行公告。但是，在科华生物公告此仲裁案件之后，其股价便应声大跌，之后天隆公司因此案拒不配合科华生物进行审计工作，子公司面临失控风险，这一事件甚至引来了深交所的关注函，科华生物股价自然也是连连走低，科华生物市值已经从当初的100多亿元缩水到如今的70多亿元。可以说，无论本案的最终裁决结果如何，该案引发的重大法律风险已经给该公司造成了极为负面的影响。

首先是在合同订立之时，在合同条款的安排上应当更加谨慎。有学者指出，面对股权收购的“孰高”条款，尤其是净利润25倍的收购价格，应当设置封顶条款，收购方对于合约条款风险认识不足、没有识别出风险而带来的问题。如果一开始就能认识到现有交易文本中的写法可能带来问题，从而设置好“封顶”的数字，也就不用走到现在这个被动去主张“情势变更”的地步了。也有观点认为，问题出在以单一年度的利润作为定价基准，仅仅看一年利润可能不具有持续性，所以，定价的基准最好是看几个年头，这样就让风险“躺平”下来。此外，在合同履行过程中，同样应当及时发现风险，通过磋商的方式解决问题。新冠肺炎疫情于2020年年初暴发，早在当时，科华生物就应当意识到天隆公司的净利润极有可能因为此不可抗力暴涨，从而导致天价收购价格的出现。及时发现风险，通过洽谈磋商等方式与天隆公司其余四名股东沟通，对合同条款重新磋商，无疑是更合理的做法。

总而言之，面对新冠肺炎疫情暴发导致的法律问题，正确区分情势变更与商业风险极为重要，但是作为商事主体，在合同订立之时和履行过程中考虑得更加周到，防患于未然，同样是极为重要的课题。

“通道类信托”的性质之辩

——“新长江建设公司等与易光贸易公司金融借款合同纠纷案”法律分析

曾凌锋

【案情介绍】[1]

（一）信托合同的订立

佛山市易光贸易有限公司（以下简称佛山公司）和中信信托有限公司（以下简称中信信托公司）于2015年5月1日签订了《资金信托合同》，主要约定如下：

佛山公司基于对中信信托公司的信任，以本合同约定的信托基金设定一项指定型单一资金信托。佛山公司以其合法拥有的资金委托给中信信托公司，中信信托公司根据佛山公司确定的具体用途对信托财产进行管理。根据佛山公司向中信信托公司发送的信托指令函，本信托资金将用于如下用途：

由中信信托公司以自己名义按照《信托贷款合同》的约定向珠海市新长江建设有限公司（以下简称长江建设公司）发放信托贷款，贷款金额为4.4亿元，贷款利率为10%，期限为1年，共365天，并委托工行五羊支行对贷款资金进行监管。本信托项下的信托资金总额为4.4亿元。本信托期限为设立之日起满一年。

此外，中信信托公司自本信托设立之日起，根据本合同管理、运用和处分信托财产。如本合同约定的信托期限届满，或佛山公司要求且经中信信托公司同意，

---

〔1〕 参见（2019）京04民初498号、（2020）京民终36号民事判决书。

或根据约定中信信托公司宣布信托终止时，全部或部分信托财产仍未转换为资金形式，中信信托公司将以信托财产现状的形式直接进行分配。信托终止时，信托财产归佛山公司所有，中信信托公司将进行信托清算并就受托事项解除责任。

《资金信托合同》附件3《信托指令函》中载明，佛山公司承诺：(1) 佛山公司已经自行对借款人和保证人进行了尽职调查，知悉借款人和保证人及本信托存在的一切风险，并自愿承担由此产生的一切经济风险和法律风险；(2) 佛山公司已明确知悉本信托项下《信托贷款合同》《保证合同》等文件全部内容及其项下各方权利义务，愿意承担本信托项下各交易文件可能引发的风险。

（二）信托贷款合同及其履行

2015年1月，中信信托公司和长江建设公司签订了《信托贷款合同》，其中约定：长江建设公司应于贷款到期日一次性还清该期贷款全部本金，且利随本清；本信托贷款不接受提前还款；如果长江建设公司未于第一个利息支付日前（含）支付完毕第一期利息，中信信托公司有权宣布贷款提前到期，中信信托公司据此宣布贷款提前到期的，长江建设公司应当支付的利息为第一期利息；合同任何一方未履行或未适当履行其在本合同项下的义务，视为该方违约，违约方应赔偿因其违约而对其他方造成的全部损失，其他方有权要求违约方采取包括但不限于实际履行、赔偿损失等补救措施；长江建设公司未按本合同约定偿还其应付的贷款利息、贷款本金或其他任何款项的，应当计收违约金；如果长江建设公司逾期未履行义务超过3个工作日的，中信信托公司有权要求其立即提前偿还部分或全部贷款本金及截至提前还款之日的贷款利息，并且长江建设公司应当向中信信托公司支付以中信信托公司发放贷款金额为计算基数以0.05%的利率按日计息的违约金。

截至2016年1月，长江建设公司并未履约。2019年1月30日，佛山公司向中信信托公司发出《信托指令函》，要求其终止信托，并将信托所涉债权转让至佛山公司。随后佛山公司和中信信托公司签订《资金信托合同》的补充协议以终止信托，以及《债权转让协议》将所涉债权转让于佛山公司。

（三）资金流向的查明

佛山市公路集团有限公司（以下简称佛山公路集团）和佛山公司存在关联关系，二者分别拥有佛山市佛路建材有限公司20%的股权。[1] 佛山公路集团为佛山市禅城区瑞中建设投资有限公司（以下简称瑞中公司）的全资股东。

2015年1月23日，佛山公路集团有限公司与工行五羊支行签订《流动资金借款合同》，约定：双方就工行五羊支行向佛山公路集团发放贷款事宜达成一致。借款用途为向合肥市广

〔1〕 此信息源于 https：//aiqicha. baidu. com/company_detail_41131520133384? tab =basic，最后访问日期：2022年6月6日。

晨贸易有限公司、茂名市盈辉石油化工有限公司、尉氏县十八里粤尉建筑材料购销中心购买工程材料。借款金额为4.4亿元。借款期限为一年，自实际提款日起算。借款利率为每笔借款发放日前一工作日全国银行间拆借中心公布的一年期贷款基础利率（LPR）。同日，贷款发放。

2015年1月26日，前述4.4亿元贷款从佛山公路集团银行账户分别支付给合肥市广晨贸易有限公司1.4亿元、茂名市盈辉石油化工有限公司1.4亿元、尉氏县十八里粤尉建筑材料购销中心1.6亿元。同日，瑞中公司分44笔将总金额为4.4亿元的款项转入佛山公司在中国建设有限公司佛山禅建支行开立的账户。

法院审理期间，佛山公司向法院出具说明，称2015年1月26日瑞中公司转入的4.4亿元为瑞中公司向佛山公司支付的货款。佛山公司提交了其与瑞中公司于2014年8月12日签订的《物资采购合同》的扫描件。在《物资采购合同》中，瑞中公司为买方、佛山公司为卖方，存在合计金额53 225万元的买卖合意，合同有效期自合同签订之日起至2015年12月31日止。但佛山公司未能提交《物资采购合同》履行的证据。

（四）判决情况及争议焦点

本案一审中，佛山公司诉请人民法院判决长江建设公司归还贷款本金4.4亿元、以4.4亿元为本金的年化10%的相应利息、相应违约金等。在一审中，法院判定案涉《信托合同》《贷款合同》等均为有效，被告需要承担以利率10%计算的利息以及全部违约金。

而在二审中，一审法院的观点遭到了推翻。法院认为"在信托法律关系中，受托人是信托财产的权利主体，以自己的名义对外从事活动，其行为所产生的法律后果，由受托人自行承担"。且依据《信托法》第2条和《贷款通则》第7条第3款可以得出以下结论，出资人与金融机构间签订委托贷款协议后，由金融机构自行确定用资人的，人民法院应认定出资人与金融机构间成立信托贷款关系。出资人与金融机构、用资人之间按有关委托贷款的要求签订有委托贷款协议的，人民法院应认定出资人与金融机构间成立委托贷款关系。故而，案涉《信托合同》并非信托法意义上的信托合同而是一个委托贷款协议。同时，根据《最高人民法院关于审理民间借贷案件适用法律若干问题的规定》[1]原第14条第2项之规定，以向其他企业借贷或者向本单位职工集资取得的资金又转贷给借款人牟利，且借款人事先知道或者应当知道的，案涉协议合同无效。

本案中，案涉借款本金4.4亿元为工行五羊支行向佛山公路集团发放的贷款，经过企业账户之间资金划转，最终流入佛山公司账户，并用于投资中信信托公司的信托计划。即佛山公司向长江建设公司发放4.4亿元借款，并非佛山公司的自有资金。佛山公司注册资金仅为

---

〔1〕 需要强调的是，该规定于2020年进行了修改，原条文现规定于第13条第2项，修改为"以向其他营利法人借贷、向本单位职工集资，或者以向公众非法吸取存款等方式取得的资金转贷的"，其适用之要件产生了较大的变化，不以对方当事人明知为要件，可见对企业间借贷的态度更加严格。

100 万元，长江建设公司对于佛山公司向其发放的借款 4.4 亿元并非源于自有资金亦应属明知。故而，案涉合同无效，长江建设公司需要归还 4.4 亿元的本金并仅需承担以 LPR 计算的利息。

可见，本案的争议焦点即案涉《信托合同》和《贷款合同》的效力问题，该效力问题将会直接导致利息和违约金的承担的巨额差异。法院对于上述协议效力的认定也是本案的重点，也是下文中法律分析的重点。

【法律分析】

本案中，法院在二审中认为案涉信托合同并非信托法意义上的信托形式，并依据《信托法》第 2 条，《贷款通则》第 7 条第 3 款的规定将其认定为了委托贷款协议。之后，再依据《最高人民法院关于审理民间借贷案件适用法律若干问题的规定》原第 14 条的规定否认了“案涉合同”的效力，并进一步认定了长江建设所应当承担的利息。从其理由上来看，本案的关键在于对合同性质的认定，以及随后而来的对其效力的认定。故而后文将分为合同性质和效力两个部分对本案以及法院之判决作出分析。

（一）合同性质之认定——委托抑或信托

本案中，法院将合同的性质认定为了委托贷款协议，而非明面上的信托。法院给出上述判断的法律依据系《信托法》第 2 条也就是对信托的定义。其理由为“作为受托人的中信信托公司并不承担《资金信托合同》项下信托财产的管理运用职责。案涉《资金信托合同》中对于信托的约定并不是信托法意义上的信托形式”。

法院的论证本质上是认为受托人不承担信托财产之管理职能的信托不为信托。这种思路初看令人费解，从《信托法》第 2 条之文义上来看，受托人是否承担管理职能并非是否构成信托的判断要素，因为从文义上看，受托人承担何种程度的管理职能属于委托人和受托人意定的范畴。故而，对于本案所涉合同是否属于信托，需要我们进行更多的讨论：

在比较法上，一个有效的信托通常需要具备三要素，即信托目的或意图的确定性，受益人的确定性以及信托财产的确定性。[1] 这三个要素在我国法上也得到一一对应，可以从《信托法》第二章信托的设立中的条文中看出。除了上述三个要素之外，在信托设立上还要求信托合同的要式性以及登记生效主义。无论是《信托法》第 2 条对信托的定义还是信托三要素，均无对于受托人管理职能的规定，那么受托人管理职能究竟扮演着何种角色？我们需要从本案所涉合同的信托类型开始讨论。

本案中所涉合同，多被称为通道类信托，所谓通道类信托一般是指资金端和项目端两头

〔1〕 赵廉慧：《信托法解释论》，中国法制出版社 2015 年版，第 93 页。

由商业银行或指定的第三方主导，信托公司出借其金融牌照，在信托项目中只起到通道作用的融资活动。[1]学界对于该类型的信托的讨论，鲜见否认其信托性质，对于其最为严厉的批判主要是认为通道类信托不符合信托法理中受托人信义义务的承担[2]，其讨论仍然在信托法框架内进行。故而，本案法院认为案涉合同“并非信托法意义上的信托”似乎略有牵强。那么接下来的问题就在于，通道类信托和委托究竟该如何区分？在学界的有关讨论中，多认为委托和信托之间的界限存在模糊性，如有学者认为，在委托中若双方当事人约定委托财产独立管理，那么就赋予了其信托之本质；[3]也有学者认为，委托贷款和信托之间具有相似性，且信托相较于委托贷款更具优势，应当以信托取代委托贷款。[4]笔者认为，欲对通道类信托和委托之间的区分作出讨论，应首先从信托和委托的区别出发。

对于信托和委托的区别，除去诸如要式性和登记，以及当事人权限这种“程序”上的不同，大致可归结为如下几点：第一，法律关系的当事人及义务设定不同。在信托关系中，多存在三方当事人，即委托方、受托方和受益方，而在委托关系中，只存在委托方和受托方双方。又如受托人义务程度不同，在信托关系中，受托人需要达到“信义义务”之程度，相应的，受托人对于信托财产拥有更多的管理权能，在委托中则无此要求。第二，法律行为所产生的法效果不同。在信托关系中，受托人之法律行为的法效果指向的是受托人，而在委托中，受托人的法律行为的法效果指向的是委托人。第三，法律关系之客体不同。在信托法中，信托财产具有独立性，《信托法》第 15 条、第 16 条要求信托财产需要和受托人以及委托人的财产相分离，而在委托中则无此要求。[5]在上述各区别之中，我们不能用法律行为所产生后果为依据来对信托和委托进行区分，这会有以果推因之嫌，尤其是在本案中，法院需要通过判断合同的性质来决定是否将中信信托公司的借贷行为的法效果归于佛山公司，而不能以法律效果的指向来判断合同的性质。

和普通的信托相比，通道类信托存在如下两点特殊之处：第一，信托关系中的受益人和委托人重合，具有自益信托的特点；第二，受托人对信托财产的管理权能受限，具有被动信托的特征。这两个特点导致上文中多数对信托和委托的区分都不再适用。如对于法律关系中各个主体的关系，在通道类信托中因为其自益信托和指示信托的特点在外观上和委托并无差

---

〔1〕 朱颖琦：《通道类信托业务中受托人外部责任的司法认定》，载《法律适用》2020 年第 20 期。

〔2〕 刘迎霜：《金融信托：金融行业抑或制度工具——析“通道型”信托产品之“刚性兑付”》，载《社会科学研究》2014 年第 4 期。

〔3〕 参见刘正峰：《财产独立管理委托的信托性质与信托制度融入民法典研究——从财产管理委托的类型化分析展开》，载《北方法学》2014 年第 6 期。

〔4〕 参见窦冬辰：《论委托贷款的信托属性及法律适用——兼析信托行为的成立与生效》，载《河南财经政法大学学报》2018 年第 3 期。

〔5〕 参见王利明：《信托合同与委托合同的比较》，载《暨南学报（哲学社会科学版）》2019 年第 4 期；赵廉慧：《信托法解释论》，中国法制出版社 2015 年版，第 62 ~63 页；方嘉麟：《信托法之理论与实务》，中国政法大学出版社 2004 年版，第 42 ~48 页。

别。此时，若我们排除掉因通道类信托特殊性而造成的模糊界限，会发现通道类信托和委托的最大区别在于两点，受托人的信义义务和信托财产的独立性。

对于受托人的信义义务，若我们以此为标准对委托和通道类信托进行区分，那么需要解决的问题就是，在通道类信托中信义义务究竟扮演了何种角色。这种讨论并非多余，因为通道类信托下受托人并不承担管理职能，如果要求其承担普通信托中一样的信义义务，则可能是对权责统一原则的违反。[1]但是，通道类信托中的受托人是否就不存在信义义务？多数判例认为，通道类信托中的受托人不能以“通道”为理由逃避责任，如吴某等投资者诉华澳信托公司案中，委托人将其资金在受托人（华澳信托公司）处设置信托，内容为向委托人发放贷款，这笔资金来源于委托人在社会上以“浙江某杭州保障房投资基金项目”为名义募集，在募集文件中载明产品类型为“华澳信托联众单一资金信托贷款有限合伙基金”。在判决中，法院认为信托公司违反了《信托法》所要求的受托人诚实、信用、谨慎、有效管理的法定义务，因此具备违法性。[2]在学界，有学者认为在通道类信托下，受托人仍然需要承担如尽职调查、交易结构设计[3]以及合规的义务[4]等。这些信义义务均将通道类信托和委托区分开来。

对于信托财产的独立性，从法条上看，主要规定于《信托法》第15～18条，其主要内容包括：与委托人、受托人的财产分离；与破产财产分离；受托人债务抵消的限制等方面。欲讨论信托财产的独立性在通道类信托中所扮演的角色，有如下两个点需要解决。

第一，信托财产独立性在信托制度中扮演的地位如何？讨论这个问题的意义在于，从《信托法》的安排上看，信托财产以及信托财产的独立性单独成章，从其法条表述上看并非信托成立或者生效的要件。而如果说信托财产是信托成立之后果，就类似于上文中所提到的受托人的法律行为的法效果归属一样，就不能以此为条件判断通道类信托和委托的区别，会有以果推因之嫌。

在学界的讨论中，有学者认为信托财产的独立性是随着信托财产权属的移转所产生的后果。笔者并不赞同该观点，对于信托财产独立性，应当分为两部分来看待：第一部分是对于委托人和受托人财产的隔离，在财产隔离的要求下，往往要求受托人使用专门的账户管理财产，这种要求成为了判断信托财产是否独立的重要因素；第二部分是对于破产财产的隔离和抵消的禁止，这一部分可以认为是信托财产独立之后所产生的“法效果”。只有信托财产通过专门账户等方式将信托财产和委托人以及受托人的财产分割开来之后，才能够享有和破产财产隔离以及抵消禁止的法效果。故而不能简单地将信托财产之独立性排除出信托判断的要

---

[1] 汤淑梅：《试析通道类信托之受托人责任的承担》，载《北京航空航天大学学报（社会科学版）》2015年第1期。

[2] 参见上海金融法院民事判决书，（2020）沪民终29号。

[3] 参见李彧：《论通道类信托中受托人的职责》，载《北华大学学报（社会科学版）》2016年第4期。

[4] 参见朱颖琦：《通道类信托业务中受托人外部责任的司法认定》，载《法律适用》2020年第20期。

件之中。虽然法条并未明确规定信托财产独立性作为信托生效要件，但是从体系解释的角度出发，在信托财产因为和受托人或者委托人的财产混同而丧失其独立性时，会给信托财产的确定性造成影响，从而对信托效力造成影响。这种思路在英国法上能找到证据，在 Hunter v. Moss 案中，法官认为信托财产之确定性应当达到可供执行的程度。而在 2008 年的雷曼欧洲破产案中，雷曼公司因为将委托人的资产和自身的资产混同而导致了其委托人仅仅能以债权人的身份主张其财产〔1〕。可见，自信托财产之独立性中判断信托财产是否独立的部分应当成为判断信托和委托之间区分的重要因素。

第二，信托财产独立性是否会影响通道类信托的信托本质？上文中强调了信托财产之独立性作为信托和委托区分界限的合理性，但仍然需要讨论的是，具备被动信托和自益信托双重性质下的通道类信托是否对信托财产的独立性造成了影响，进而影响其信托性质？在日本法上，类似于通道类信托这种受益人进行管理、处理，受托人负有容许义务的信托被称为名义信托，日本学者认为信托之实质在于使信托财产脱离委托人之支配，这种明确排除了受托人权利、义务的信托，应该否认其作为信托法中的信托效力〔2〕。

笔者认为，通道类信托的特点并不会导致信托财产独立性的丧失，进而影响信托之性质。首先，诚如上述，在通道类信托中，受托人并非完全被排除了权利，其仍需承担一定的信义义务；其次，信托之本质不仅仅在于使信托财产脱离委托人的支配，而在于所有权权能之分离。在一个经典的信托关系中，受托人以受益人的利益为核心处分财产，这在英美法中被称为“双重所有权”，即将所有权分为了“受益人上之所有权”和“受托人上之所有权”，抑或可称为“普通法上所有权”和“衡平法上所有权”〔3〕，这种分类被认为是对信托财产控制和受益状态分离的“客观描述”〔4〕，当事人通过信托将受益权能分配给了受益人，管理权能给予了受托人。此时，信托关系中的当事人依照其合意完成了对所有权权能的分离，这种分离于信托中至关重要。此时，所谓信托之本质在于信托财产脱离委托人之支配，本质在于信托财产所有权权能的分离。

在通道类信托之中，受托人受让的是一项“受限于信托目的”的财产，委托人需要将信托财产“委托给”受托人，而受托人则需要遵循其信义义务如尽职调查等，以保证信托财产能够实现信托目的。对于信托财产之占有和管理权能通过信托移转给了受托人。即使在通道类信托中，这种管理权能严重受限，但此时委托人也并非完全享有管理权能，其管理权能受到了信托目的的限制，权能仍然完成了分离。这种基于信托目的对于信托财产独立性的解读

〔1〕 参见楼建波：《信托财产分别管理与信托财产独立性的关系——兼论〈信托法〉第 29 条的理解和适用》，载《广东社会科学》2016 年第 4 期。

〔2〕 新井诚：《信托法》，刘华译，中国政法大学出版社 2017 年版，第 106～107 页。

〔3〕 ［英］菲利普·H. 佩蒂特：《佩蒂特衡平法与信托法》（上册），石俊志译，法律出版社 2020 年版，第 30 页。

〔4〕 参见甘培忠、马丽艳：《以独立性为视角再论信托财产的所有权归属》，载《清华法学》2021 年第 5 期。

和法国法中的目的财产理论类似，其认为“信托的表现在于将特定目的财产从个体的广义财产中分离出来，被用于特定目的”。[1]故而，因为信托目的下信托财产的权能分离以及受托人信义义务的存在，通道类信托仍然得以保留其信托之本质。

综上可见，通道类信托和委托在受托人的信义义务以及所涉财产的独立性上有着较为明显的区分。

本案中，并无影响信托财产独立性的事由，影响到法院对其信托性质判断的主要因素在于受托人的信义义务。从一审法院到二审法院的事实认定中，法院注意到案涉信托协议约定受托人无尽职调查的义务，该约定成为法院认为案涉信托无信托本质的关键原因。这种思路实际上符合上文讨论中以受托人的信义义务为界限来区分通道类信托和委托的观点，有一定道理。但是问题在于，本案中的中信信托公司也并非对受托财产无任何义务，例如，与长江建设公司订立贷款协议的义务，在长江建设公司未支付完毕第一期利息时，中信信托公司有权宣布贷款提前到期下，为受托人之利益行使权利的义务，因此，认为受托人完全无信义义务也并不合理。

（二）通道类信托下合同效力之探讨

当然，笔者理解法院的顾虑，企业间借贷为《最高人民法院关于审理民间借贷案件适用法律若干问题的规定》（以下简称《民间借贷司法解释》）第14条（现第13条）所规制。若以信托法进行规制，会有无法适用本条之虞。笔者认为，本案可在承认通道类信托的信托本质下，依据《信托法》第6条“信托目的不合法”为由，否认其效力。该条规定，设立信托必须要有合法的信托目的，那么此时，问题就转变为了如何解释“合法”。虽然信托作为一项制度存在物权、财团等性质，但是在我国，体系上仍可认为其是《民法典》的特别法。故而，该条对于合法目的的解释应结合《民法典》第153条第1款，也即违反效力性强制规范的民事法律行为无效来进行。从效力等级上看，上文提到的《民间借贷司法解释》的禁止性规定符合效力性强制规范的要求，因而，结合《信托法》第6条和《民法典》第153条第1款对本案进行分析是可行的。

在本案之外，对通道类信托，尤其是其效力的规制，往往需要借助金融规章进行。事实上，通道类信托这个概念本就是从金融规章中引入。早在2010年，银监会颁布的《中国银监会关于规范银信理财合作业务有关事项的通知》中就规定，信托公司应当坚持自主管理原则，不得开展通道类业务，在2018年颁布的《关于规范金融机构资产管理业务的指导意见》中，也规定金融机构不得为其他金融机构的资产管理产品提供规避投资范围、杠杆约束等监管要求的通道服务。可以说，通道类信托这种信托模式自其诞生以来就一直和规避监管的目

[1] 倪受彬、黄宇宏：《信托财产权结构探析——以所有权为主要分析对象》，载《上海对外经贸大学学报》2022年第1期。

的形影不离，以至于有学者认为通道类信托的本质就在于规避监管。[1]问题在于，和本案可以直接适用司法解释的规定不同，上述提到对通道类信托采取限制态度的规范性文件大多为部门规章或规范性文件，法院在判决时难以直接引用。为此，可以考虑两种思路：

第一种是授权性规范思路。即某一规章是基于行政法规的授权而制定的具体办法，故而具备法规的性质。如巴菲特投资有限公司诉上海自来水投资建设有限公司股权转让纠纷案中，法院就基于上述思路使行政规章影响了合同效力。但是该方式在逻辑上也存在问题。一方面，从广义上来说，几乎所有的行政规章均可以作为某项行政法规授权下的产物，这可能造成部门规章对合同效力判断的普遍适用；另一方面，从狭义上来说，尽管有部分规章是基于法规的明确授权所制定，但也有部分行政规章不是，对于后者仍无法进行适用。[2]故而，此项路径实际上存在不足。

第二种是通过公共利益将金融规章引入合同效力的判断。在福州天策实业有限公司信托纠纷案中，法院认为，尽管《保险公司股权管理办法》在法律规范的效力位阶上属于部门规章，并非法律、行政法规，但原中国保监会是依据《保险法》第 134 条的明确授权，为保持保险公司经营稳定，保护投资人和被保险人的合法权益，加强保险公司股权监管而制定。对于违反《保险公司股权管理办法》有关禁止代持保险公司股权规定的行为，在一定程度上具有和直接违反《保险法》等法律、行政法规一样的法律后果，同时还将出现破坏国家金融管理秩序、损害包括众多保险法律关系主体在内的社会公共利益的危害后果。[3]基于此，法院认为可适用原《合同法》第 52 条第 4 项中关于违反公共利益无效的审判路径。该路径也在之后的《全国法院民商事审判工作会议纪要》第 31 条[4]中得到确认，其将涉及金融安全的规章认定为了涉及“公序良俗”的规章，对其的违反就会导致对公共利益的违反，进而适用原《合同法》第 52 条第 4 项。

综上，在对通道类信托的类案处理中，一方面应认可其信托的本质，另一方面，可以通过“不得违反公序良俗”的原理，将部分金融规章引入到对该类信托的效力判断中，进行更为合理的认定。

---

〔1〕 参见刘进一：《从新沃基金案看通道的含义与监管》，载《金融法苑》2018 年第 2 期。

〔2〕 参见李建伟：《行政规章影响商事合同效力的司法进路》，载《法学》2019 年第 9 期。

〔3〕（2017）最高法民终 529 号福州天策实业有限公司诉福建伟杰投资有限公司、君康人寿保险股份有限公司营业信托纠纷上诉案。

〔4〕《全国法院民商事审判工作会议纪要》第 31 条规定，违反规章一般情况下不影响合同效力，但该规章的内容涉及金融安全、市场秩序、国家宏观政策等公序良俗的，应当认定合同无效。人民法院在认定规章是否涉及公序良俗时，要在考察规范对象基础上，兼顾监管强度、交易安全保护以及社会影响等方面进行慎重考量，并在裁判文书中进行充分说理。

保理外衣下的借贷风波

——“硕信保理公司与裕川干粉公司等合同纠纷案”法律分析

王梦茹

【案情介绍】〔1〕

（一）保理合同之订立

2014 年 2 月 22 日至 2015 年 6 月 11 日，天津市裕川干粉砂浆有限公司（以下简称裕川干粉公司）与案外人共签订了 5 份合同，累计应收账款金额为 10 511 110 元，累计实际发生额为 6 185 000 元。这 5 份合同均约定裕川干粉公司向案外人提供砂浆，但未明确约定供应砂浆的实际发生量、结算价格、价款支付时间等要素信息。

2015 年 11 月 10 日，硕信（天津）商业保理有限公司（以下简称硕信保理公司）与裕川干粉公司签订编号为 2015 年保字第 111 号《国内保理业务合同（有追索权公开型）》，约定裕川干粉公司将其对商务合同买方享有的尚未到期的应收账款债权转让给硕信保理公司，硕信保理公司支付给裕川干粉公司约定的融资额受让该债权。

保理合同中所转让的“商务合同”具体就是上述累计应收账款金额为 10 511 110元的 5 份合同。基于所转让的 10 511 110 元应收账款，硕信保理公司向裕川干粉公司提供的收购款（转让价）为所转让应收账款的48%，即 5 000 000 元

〔1〕 参见硕信天津商业保理有限公司、天津市裕川干粉砂浆有限公司等合同纠纷民事二审民事判决书［（2021）津 03 民终 4185 号］。

整，硕信保理公司视所受让应收账款回收情况有权自行决定是否向裕川干粉公司发放追加收购款。裕川干粉公司授权硕信保理公司在此金额内收取裕川干粉公司应付硕信保理公司全部融资费900 000元，硕信保理公司支付基本收购款后，本合同转让价视为支付完毕。融资费为裕川干粉公司应承担之费用，硕信保理公司扣除上述款项视为裕川干粉公司向硕信保理公司缴纳相关费用的行为，硕信保理公司向裕川干粉公司发放的基本收购款仍应视为5 000 000元。裕川干粉公司对此无任何异议。融资费由裕川干粉公司按实际已发生的费用在融资款发放日一次性支付。融资费自基本收购款发放到裕川干粉公司账户之日起按实际天数计算至逐笔国内保理期间届满日止。

2015年11月10日，刘成林、刘晶、杨晨分别向硕信保理公司出具《保证承诺书》，承诺自愿为裕川干粉公司向硕信保理公司办理的保理业务（合同编号：2015年保字第111号），合同金额5 000 000元，用自己的全部资产承担无限连带责任。

2015年11月13日，裕川干粉公司向硕信保理公司出具《情况说明》，委托天津市裕川置业集团有限公司（以下简称裕川置业公司）收取案涉合同的保理融资款。2015年11月13日，硕信保理公司通过银行转账形式向裕川置业公司分两次分别转账支付1 708 750元、2 000 000元，转账用途均备注为“借款”。

硕信保理公司和裕川干粉公司协商后约定还款方式为分期付款。裕川干粉公司决定选用前九期还款200 000元/月，第十期还清剩余本金3 200 000元的还款方式，具体为裕川干粉公司分别自2015年12月13日起至2016年8月13日止每月13日向硕信保理公司还款200 000元，2016年9月13日裕川干粉公司还款3 200 000元。

（二）催收无果诉至法院

2017年8月14日和12月14日，硕信保理公司两次向裕川干粉公司、裕川置业公司、刘成林、刘晶、杨晨发送《还款通知书》，载明：上述《国内保理业务合同》的保理期间已经届满，裕川干粉公司拖欠保理融资款和逾期支付违约金的金额，以及各债务人、保证人应还款的金额和时间。上述各方亦在两次的《还款通知书》回执中确认：已收到提述编号为2015年保字第111号《国内保理业务合同》的《还款通知书》，该通知书载明的事实属实，我们将积极筹措资金，按照贵公司要求履行还款义务/连带清偿责任。

2019年5月20日，裕川置业公司与硕信保理公司签订《保证担保合同》，约定为确保硕信保理公司与裕川干粉公司签订的2015年保字第111号国内保理业务合同履行，在债务人不履行债务时，裕川置业公司愿意按照约定履行债务承担连带责任。保证担保范围为主债权及利息、债务人应支付的违约金（包括罚息）和损害赔偿金以及实现债权的费用（包括但不限于诉讼费、律师费等），保证方式为连带责任保证。保证期间自合同生效之日起至主合同履行期限届满之日后5年止。

2020年8月，硕信保理公司多次催收无果后，在天津市滨海新区人民法院提起诉讼，诉请判令裕川干粉公司支付硕信保理公司融资款以及相应的逾期违约金。一审法院作出判决后，硕信保理公司不服，提起上诉。

（三）法院定性实为借贷

1. 一审案件定性为民间借贷

本案一审由天津市滨海新区人民法院审理。首先，一审法院认为保理合同是应收账款债权人将现有的或者将有的应收账款转让给保理人，保理人提供资金融通、应收账款管理或者催收、应收账款债务人付款担保等服务的合同。保理合同成立应以特定、明确的应收账款为前提。本案中硕信保理公司提供的 5 份基础交易合同未明确约定裕川干粉公司向案外人供应砂浆的实际发生量、结算价格、结算总价款及价款支付时间等基本信息。尽管硕信保理公司提交了 14 份天津增值税普通发票进行佐证，但是依然无法充分证实上述基本信息。因此，硕信保理公司所受让的应收账款不符合特定、明确的成立要件，进而一审法院认为双方之间并不构成保理合同法律关系。其次，一审法院认为双方实际构成的是民间借贷法律关系。从合同约定的权利义务看，案涉合同径行约定裕川干粉公司按照前九期每月还款 200 000 元，第十期还清剩余本金 3 200 000 元的还款方式向硕信保理公司还款。据此约定可知，保理融资期限与应收账款履行与否及履行期限并不具有关联性，裕川干粉公司实际上依照固定的融资期限向硕信保理公司还本付息，双方实际构成民间借贷法律关系。硕信保理公司向裕川置业公司转账支付保理融资款时用途备注为“借款”，进一步佐证双方实际系民间借贷法律关系。据此，一审法院将本案案由从保理合同纠纷相应调整为民间借贷纠纷。

2. 二审维持原判

硕信保理公司不服一审判决，依法向天津市第三中级人民法院提起上诉。二审法院认为，保理法律关系的重要特性是保理融资的第一还款来源为债务人支付应收账款，而非债权人直接归还保理融资款。首先，案涉保理合同项下的五份基础交易合同没有明确的应收账款付款期，保理融资款的还款方式是硕信保理公司与裕川干粉公司协商后确定的固定还款日期和还款金额，而非在应收账款到期后无法收回时归还。裕川干粉公司实际上是依照固定的融资额度期限而非依照应收账款的履行期限偿还保理融资款，还款期限与基础债权债务关系的履行期限不具有关联性。在应收账款到期与否不确定而约定的还款日期届满时，裕川干粉公司即负有向硕信保理公司归还保理融资款的义务。其次，5 份基础交易合同虽然载明了合同的实际发生金额，但硕信保理公司并未举证证明其真实性，也未举证证明无法从债务人处收回。最后，在裕川干粉公司未按照保理合同约定将债务人签收的《应收账款债权转让通知书》回执交由硕信保理公司时，亦没有证据证明硕信保理公司对此提出过异议。故二审法院维持了原判。

虽然二审维持了原判，但是对借款基数的认定说理上与一审法院按照实际支付的金额计算的方式略有不同。硕信保理公司在向裕川干粉公司发放案涉保理合同所约定的 5 000 000

元融资款时，首先扣除了900 000元融资费，又扣除了所谓另一笔保理合同项下的欠付逾期利息391 250元。因双方实际构成民间借贷法律关系，所谓融资费应视为预先在本金中扣除的利息，硕信保理公司又未能举证证明另一笔保理合同项下的欠付款项真实存在，所以本金扣除了以上两部分款项，共计3 708 750元。

【法律分析】

（一）商业保理抑或民间借贷？——案涉法律关系的性质厘定

法院将双方的法律关系定性为保理法律关系还是民间借贷法律关系，对硕信保理公司来说意义重大。若被认定实为借贷，这意味着案涉合同将不能适用《民法典》保理合同专章及《最高人民法院关于适用〈中华人民共和国民法典〉有关担保制度的解释》等相关规定，使得保理人因保理获得的保理服务费、单证费用等将被统一认定为利息、罚息或者违约金，最终导致保理人提供的资金融通以外的服务费用无法得偿。具体到本案来说，就是硕信保理公司在发放融资款时预先扣除的900 000元融资费最后被法院视为预先在本金中扣除的利息。本案的争议焦点是案涉保理合同的性质认定问题，即硕信保理公司和裕川干粉公司之间究竟是否存在保理法律关系。

《民法典》第761条确立了保理合同的定义，保理合同是应收账款债权人将现有的或者将有的应收账款转让给保理人，保理人提供资金融通、应收账款管理或催收、应收账款债务人付款担保等服务的合同。根据法条，在保理合同中至少存在三方主体及三种合同法律关系，一种是应收账款债务人与债权人之间基于货物（服务）买卖合同形成的基础合同关系，另外两种是应收账款债权人与保理人建立的债权转让与融资服务关系、保理人受让应收账款债权与应收账款债务人之间继得的债权债务关系。商业保理是以受让应收账款作为媒介向应收账款债权人提供融资在内的一系列保理服务，因此应收账款的转让是保理合同的前提和核心，也是其区别于其他法律关系的根本特征。因此硕信保理公司与裕川干粉公司之间如果成立保理法律关系，就要求应收账款债权特定、明确存在，且双方实际转让了该债权。

1. 应收账款不明确、不特定

应收账款的真实性、特定性对保理合同的定性判断密不可分，缺少这两种要素，保理法律关系则不能成立。《民法典》第763条明确了虚构应收账款对保理合同效力的影响。[1]根据此规定，保理商知情与否在确定虚构应收账款对保理合同效力方面有重要意义。而判断保理商是否对虚构应收账款知情，则要考虑保理商基本义务的履行情况。由于保理人并非基础

---

〔1〕《民法典》第763条规定，应收账款债权人与债务人虚构应收账款作为转让标的，与保理人订立保理合同的，应收账款债务人不得以应收账款不存在为由对抗保理人，但是保理人明知虚构的除外。

合同的当事人，其在确定应收账款真实性上存在现实障碍，因此司法实践中保理人一般仅为形式审查，做到合理的审慎检查的义务即可，例如，要求债权人提供基础货物或服务合同，经核实与原件无误的发票、证明基础合同确已履行的文件证明以及签订《应收账款债权转让通知书》等。

本案中硕信保理公司虽然向法院提供了5份基础合同，但是5份基础合同中均未明确约定裕川干粉公司向案外人供应砂浆的实际发生量、结算价格、结算总价款及价款支付时间等基本信息，这明显不符合商事交易的一般情况。当基础交易合同约定的基本要素模糊，将造成基础交易合同项下的应收账款无法与保理合同中的应收账款一一对应，也将导致应收账款不具有特定性，在保理融资期限届满时，保理商无法据此向债务人追索权利。硕信保理公司作为专业的金融机构，面对这样5份具体内容约定不明的基础合同应当产生合理怀疑，但硕信保理公司并未要求债权人提供其他证明基础合同确已履行的文件证明，如贸易往来过程中形成的发货单、货运单、签收单等。并且当裕川干粉公司并未按照约定将债务人签收的《应收账款债权转让通知书》回执交由硕信保理公司时，硕信保理公司也没有证据证明自己对此提出过任何异议。硕信保理公司在上诉时提出5份基础合同已在中国人民银行征信中心进行了动产权属统一登记，并由中国人民银行征信中心出具了《初始登记证书》。但根据中国人民银行令〔2021〕第7号《动产和权利担保统一登记办法》第4条的规定，[1]登记债权的真实性不是中国人民银行征信中心审查范围，在基础合同约定的基本要素十分模糊的前提下，硕信保理公司不能仅凭《初始登记证书》认定登记的应收账款具备确定性和合理期待性。据此，可认为硕信保理公司在此次交易过程中并没有做到合理的审慎注意义务，且其无法提出具有信服力的证据证明应收账款的真实性，故应收账款的真实性存疑，即使应收账款真实，其也不满足特定、明确的要求。

2. 应收账款未有效转让

保理业务发源于商业贸易中，融合了资金融通、账务管理、应收账款收取等综合性金融服务，故商业保理业务必须要有效转让真实应收账款。当前主流的保理法律观点一致认为：保理第一还款来源是债务人对应收账款的支付。硕信保理公司在整个交易流程中只是提供了融资款项，并没有其他任何证据证明受让了应收债款。硕信保理公司在对裕川置业公司转账支付保理融资款时用途备注为“借款”，这一行为说明双方主观上并无转让应收账款的真实意思。从合同约定的权利义务看，案涉合同径行约定裕川干粉公司按照前九期每月还款200 000元，第十期还清剩余本金3 200 000元的还款方式向硕信保理公司还款，履行过程中也完全不以应收账款回款作为还款来源，保理融资期限与应收账款履行期限并不具有关联性，而是以固定的融资期限要求裕川干粉公司还款。硕信保理公司在上诉时辩称，双方此项

〔1〕《动产和权利担保统一登记办法》第4条规定，中国人民银行征信中心是动产和权利担保的登记机构，具体承担服务性登记工作，不开展事前审批性登记，不对登记内容进行实质审查。

约定是为了保证硕信保理公司在保理期限届满时能够收回案涉债权，以10期还款的方式来督促裕川干粉公司通知应收账款债务人清偿债权。在保理法律关系中，一般情况下保理人提供的保理服务主要为资金融通及应收账款管理或催收。而回收保理款的第一来源是债务人应支付的账款，因此无论保理商主观上是否愿意及客观上是否积极履行，其都有管理、催收应收账款的义务。在这样的约定之下，硕信保理公司并未提供保理服务，与裕川干粉公司之间的法律关系也就更不像是保理。

通过上述分析，因为硕信保理公司与裕川干粉公司之间的保理合同所涉及的应收账款并不满足特定、明确的条件，且双方只是搭建了形式上的保理合同而未转让应收账款，因此并不成立保理法律关系。

3. 合同效力受质疑

本案中的法律关系实际并不涉及保理人和债权人之外的第三人，案涉资金由债权人在固定还款日期直接归还，因此属于名为保理、实为借贷的情形，构成民间借贷法律关系。法院亦是按虚假意思表示所隐藏的真实的借款法律关系对本案作出了判决。但实践中对借款合同是否有效仍存在争议。

2019年4月24日天津市地方金融监管局发布的《天津市商业保理试点管理办法（试行）》中规定，从事商业保理业务的企业不得从事下列活动：发放贷款或受托发放贷款。实务中，有相关司法裁判也认为保理公司开展此种名为保理实为借贷之业务已违反类似强制性管理规定，据此应认定案涉合同双方当事人间借款关系无效。对此，也有学者持反对观点，认为合同双方并非违反了法律、行政法规的效力性强制性规范，不能作为无效认定依据。[1]《民法典》也未将违反国家限制经营、特许经营规定的经营行为直接纳入合同无效的行列，而是仍需结合《民法典》中民事法律行为效力的规则来判断该类合同的效力。对此，笔者认为，对于金融类的合同，尽管部门规章或行业规章不能作为直接的裁判依据，但金融业属于一国的关键性行业，往往事关国家金融安全和金融秩序，而根据《全国法院民商事审判工作会议纪要》第31条的规定，违反规章在一般情况下不影响合同效力，但该规章涉及金融安全、市场秩序、国家宏观政策等公序良俗的除外。因此，由于保理和贷款均具有融资属性上的同质性，保理人的业务通常具有针对不特定融资者需求的经营性特征，加之对维护金融管理秩序、防范金融风险等因素的考虑，应对该类合同效力持反对态度。[2]在《民法典》的框架下，可以《民法典》第153条第2款中“违背公序良俗的民事行为无效”为法律依据，将“名保实贷”的合同认为无效。

---

〔1〕 参见田浩为：《保理法律问题研究》，载《法律适用》2015年第5期。

〔2〕 参见王鑫、顾天翔：《涉上海自贸区商业保理案件的审判实践：理念、现状与路径——基于472件商业保理案件的实证分析》，载《法律适用》2020年第12期。

（二）对再保理之拓展思考

本案二审期间，硕信保理公司称与案外人宜信（天津）国际融资租赁有限公司（以下简称宜信公司）签订了《应收账款转让协议》，将案涉保理合同项下的应收账款1 600 000元再转让给宜信公司，并通知了裕川干粉公司。如若案涉合同成立保理法律关系，则此时产生了再保理。

此时，原保理商将基于保理关系所获得的“应收账款”转让给再保理商，再保理商为原保理商提供应收账款催收、管理、保理融资等服务，再保理商享有向基础合同的债务人主张债权的权利。在通常的再保理业务中，原保理商主要负责筛选合格的应收账款资产，再保理商主要负责提供资金。因不同类型的保理公司在资金成本、行业资源等方面存在较大差距，这种差距为保理公司之间合作开展再保理业务提供了契机，能充分发挥各自优势，在一定程度上畅通了商业保理企业的融资渠道。但由于再保理涉及多层嵌套问题，因此再保理商要审查保理合同项下原有应收账款的履行情况，确保应收账款符合保理业务要求，并处理好保理融资期限与应收账款期限之间的关系，以免导致再保理业务被认定为借贷等其他法律关系（见图1）。

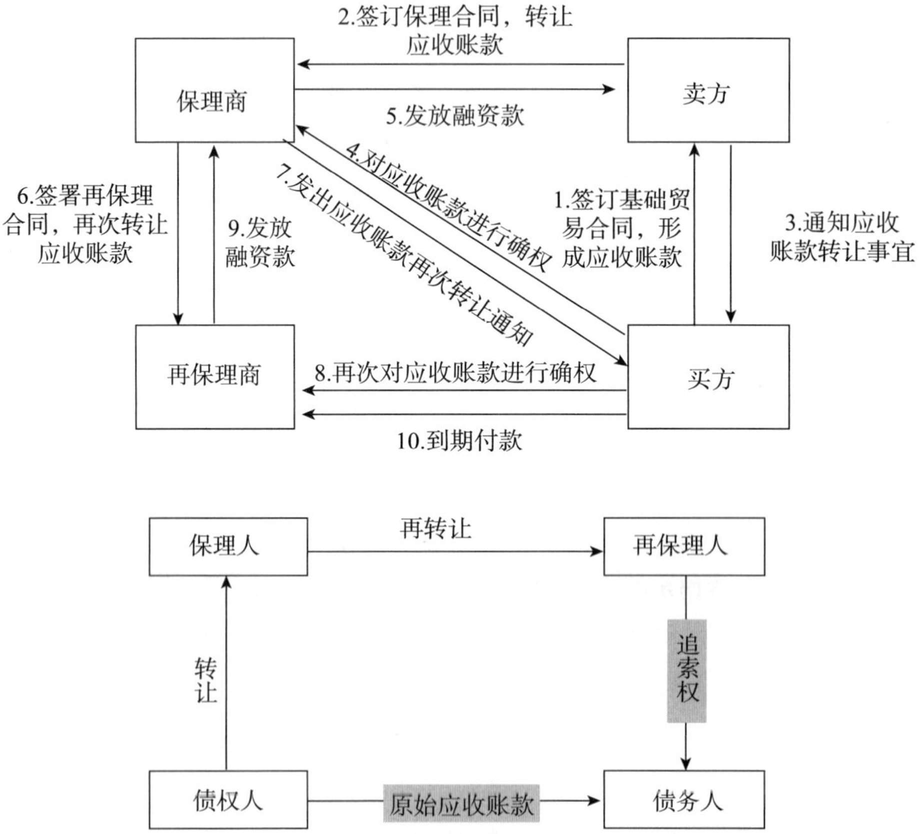

图1　再保理交易架构

能否走好“利益平衡木”

——“北大方正集团破产重整引入信托计划”法律分析

沈潇逸

【案情介绍】[1]

北大方正集团有限公司成立逾35年，业务涵盖了信息技术、医疗医药、金融产业、大宗商品贸易与地产五大板块，其中包括方正科技、北大医药、方正证券、方正控股、中国高科和北大资源六家上市公司。2019年12月2日，方正集团20亿元超短融到期未能兑付，拉开其债务危机序幕。

（一）破产重整过程

2020年2月19日，北京一中院裁定受理对方正集团的重整申请，并指定方正集团清算组担任北大方正集团有限公司管理人。

2020年7月17日，方正集团管理人以方正产业控股有限公司、北大医疗产业集团有限公司、北大方正信息产业集团有限公司、北大资源集团有限公司与方正集团存在高度的关联性且财务严重混同，区分方正集团与四家公司财产的成本过高，对方正集团单独实施重整将严重损害债权人的公平清偿利益为由，申请将四家公司与方正集团实质合并重整。

2020年7月31日，北京一中院裁定对方正集团、方正产业控股有限公司、北大医疗产业集团有限公司、北大方正信息产业集团有限公司、北大资源集团有限

---

〔1〕 根据北京市第一中级人民法院2020年7月31日作出的民事裁定书（京01破申530号）、2021年7月5日送达的民事裁定书（京01破13号之五）和上海证券交易所发布的公开信息等整理所得。

公司实质合并重整，并指定方正集团管理人担任实质合并重整管理人。

2021年1月29日，经过多轮竞争性选拔，管理人最终确定由华发集团（代表珠海国资）、平安集团、特发集团组成的联合体作为方正集团重整投资者。

2021年4月30日，平安人寿与相关方签署《重整投资协议》。

2021年5月28日，北大方正集团有限公司等五家公司重整计划草案经方正集团及其子公司方正产业控股有限公司、北大医疗产业集团有限公司、北大方正信息产业集团有限公司、北大资源集团有限公司等五家公司实质合并重整第二次债权人会议暨出资人组会议表决通过。

2021年6月28日，《北大方正集团有限公司等五家公司重整计划》经北京一中院作出的民事裁定书［（2020）京01破13号之五］依法批准并生效，民事裁定书于2021年7月5日送达北大方正集团有限公司管理人。

2021年9月30日，方正信息产业完成设立并取得营业执照。根据经法院裁定的重整计划，方正信息产业将用于承接包括方正科技在内的相关资产，后续股权过户后方正信息产业的股东将变更为新方正集团，新方正集团将持有方正信息产业100.0%的股权。

2021年10月21日，方正集团等五家公司根据重整计划完成新方正集团的设立并取得《营业执照》。重整计划执行完毕后，平安人寿、华发集团（代表珠海国资）和转股债权人持股平台将分别持有新方正集团66.507%、28.503%和4.99%的股权。

2022年1月30日，平安人寿收到《中国银保监会关于中国平安人寿保险股份有限公司股权投资新方正集团的批复》（银保监复〔2022〕81号）。银保监会同意平安人寿投资新方正集团（见图1）。

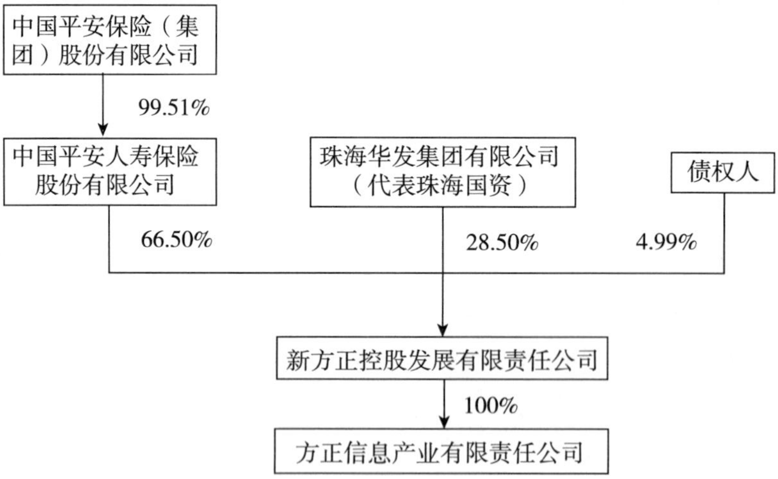

图1 前述股权过户后，方正信息产业的具体股权结构

注：方正科技集团股份有限公司详式权益变动报告书（方正信息产业）第7页。重整计划执行完毕后，平安人寿及华发集团（代表珠海国资）将分别通过设立的SPV、债权人将通过持股平台分别持股新方正集团。

（二）重整方案设计

1. 重整投资者选择

管理人从重整模式、交易结构安排、未来经营计划、债权清偿方案、职工权益保护、后续风险控制、监管整改计划等方面优选投资人，最终确定华发集团（代表珠海国资）、平安集团、特发集团组成的联合体作为方正集团重整投资者。[1]

2. 以“整体重整”为原则

方正集团业务板块多元，各板块的资产价值差异大，投资者最感兴趣的板块又高度相同。如果对方正集团的各项实体业务进行切割，分板块对企业实施重整，将出现投资者围猎投资优质板块，债权人为在优质板块内获得清偿而博弈等复杂局面，显著增加重整难度和未来重整计划执行的不确定性。主业分拆重整还可能出现资产处置风险难以管控、处置时间无法确定、处置价值缺乏保障的被动局面。因此，管理人坚持集团“整体重整”优先原则，要求投资者整体承接集团及其关联企业的资产，“一揽子”化解风险，最大限度维护集团企业营运价值，公平维护全体债权人的整体权益。

3. 确定“出售式重整 + 他益财产权信托”的基本方案

重整计划以“出售式重整 + 他益财产权信托”的方案设计应对企业存续式重整中的各种难题。该方案的运转逻辑是：管理人将其重整企业的资产分为保留资产和待处置资产，保留资产出资设立新方正集团和各业务平台公司，作为收购公司，同时也是投资者持股和运营平台，并承接相应业务和职工就业。根据普通债权人对清偿方案的选择情况，新方正集团主要股权由投资者有条件受让，剩余股权全部抵偿债权。待处置资产将由平安信托设立财产权信托，处置所得在优先支付相关费用后对受益人补充分配。投资者拟收购的是新方正集团的股权，其他待处置资产留在重整主体内，按照重整计划的规定处理，避免或有风险传给新方正集团以实现风险隔离。

4. 重整资产的切割和处置

保留资产作为三家战略投资者挑选的有价值资产，被一分为三：“保留资产 1”主要是除方正证券、方正人寿、方正微电子之外的股权类资产，“保留资产 2”则是方正证券和方正人寿的股权、方正微电子之外的其他债权类资产等，“保留资产 1”和“保留资产 2”将打包装入新方正，“保留资产 3”即方正微电子，全部权益单独由深超科技承接。

保留资产之外即为待处置资产。待处置资产包括三类：一是存在权属瑕疵或划转障碍且无实际经营价值的股权类资产，包括吊销未注销企业、全民所有制企业等；二是因权属存在争议而诉讼未决的资产；三是账面虽有记载但重整期间经调查发现严重缺乏回收性、因历史

---

〔1〕 上海证券交易所：《方正科技集团股份有限公司关于北大方正集团有限公司重整的进展公告》，公告编号：临 2021 -013。

原因形成的应收账款等。

在他益财产权信托中，平安信托作为受托人，对此次财产权信托计划的管理和处置是采用分层决策机制，区分对受益权权益影响的情况、时效要求的程度来划分决策层级。[1]待处置财产交付后，可成为独立信托财产。财产权信托的落点在于资产清收、盘活与经营。比如：对于债权部分，需要通过诉讼、非诉讼的方式进行清收；对于股权部分，需要确认股东权益；还有一些实体资产，由受托人实际进行管理和经营；以及后续一些资产需要找到好的投资者转让。在此过程中，作为受托人的平安信托的收入主要来源于：一方面，作为受托人提供事务性受托管理服务；另一方面，提供对资产的经营、处置、清收等服务，这些环节若产生收益，即收取一定报酬。[2]

【法律分析】

（一）以信托计划处理待处置资产的方式是否变相免除破产管理人的职责

1. 信托计划的框架设计

根据《企业破产法》第 25 条规定，破产管理人负有管理和处分债务人财产的职责。破产管理人在接手债务人的财产、账簿等资料，调查债务人的财产状况以后，制订了重整计划草案。以北大方正集团作为委托人，平安信托作为受托人设立信托，依据重整计划未获全额清偿的债权人为受益人，以待处置资产为信托财产，以清偿债务为信托目的构建了信托计划的框架，由受托人对信托财产进行清收、盘活和经营，从而获得收益，处置所得在优先支付相关费用后向受益人补充分配。

2. 重整计划引入信托的现实需求

越来越多的大型或超大型企业集团，因“多元化经营，分散经营风险”的思路，大举扩张，导致负债过高，短债长用等问题，最终面临破产的结局，如渤钢集团、天津物产、方正集团、海航集团等。此类债务人主体存续时间长、债务体量大，故而重整方案主要采用出售式重整，即除核心资产外，尚存在大量非主业，具有权属不清、低能低效等特点的非核心资产留存在债务人主体内。该等巨无霸级破产重整项目存在以下痛点：（1）对于投资人而言，投资人不希望全盘收购所有资产，希望部分非核心资产被剥离；（2）对于管理人而言，破产主体资产的处置受整体破产重整的时效限制，希望及时且妥善处置非核心资产；（3）对于债权人而言，非核心资产若仓促拍卖、变卖，可能导致资产价值贬损严重，难以实现债权人利益最大化。

---

〔1〕《改了数十版方案，北大方正重整中引入的服务信托长什么样?》，载《第一财经》2021 年 8 月 6 日。

〔2〕《信托公司如何参与方正集团重整?》，载《21 世纪经济报道》2021 年 8 月 6 日。

通过信托计划参与大企业的破产重整，可以在“风险隔离、换取时间、中立地位、补充分配”四个方面发挥信托优势，能够确保债务人现有的资产和架构不受严重冲击，较快使债务人恢复正常的生产经营，从而使债权人的债权得到较好清偿。[1]

3. 采用信托计划管理待处置财产的合法性

（1）法律法规的许可

从《企业破产法》的基本原则和立法精神出发，以及《信托法》作为私法允许具有完全民事行为能力的民事主体在法律法规未明确禁止的范围内自由设立信托来看，我国为企业重整运用信托提供了一个开放且自由的法律基础。例如，《企业破产法》第八章第二节“重整计划的制定和批准”中只原则地规定了重整计划草案应当包括的内容，并没有硬性地规定重整计划草案必须采用何种方式保证债务人未来的经营或债权清偿，这为管理人或者重整债务人灵活制订重整计划草案奠定了基础，也为运用信托计划处置资产预留了空间。

在现行的《企业破产法》规则下，判断一个重整计划草案是否应当获得法律批准的最基本标准是其合法、合理且具备可行性，而判断该重整计划草案的优劣则是看它是否最大限度地“公平清理债权债务、保护债权人和债务人的合法权益”，而这也是企业重整是否应当运用信托应当考虑的问题。从现行《信托法》的规定上看，本文认为在我国现行《信托法》第1条、第2条、第5条规定的信托原则下，重整企业为合法目的运用信托也并不违反《信托法》的立法精神，而且从现有的法律条文规定看，在企业重整中设立信托也未被明确列举在《信托法》规定的无效情形范围内[2]，因此基于“法不禁止皆自由”的私法精神，在企业重整中设立的信托应当获得现行《信托法》的法律支持，相关的信托当事人的权利义务也应当遵守《信托法》的有关规定。

（2）政策环境

我国的信托政策趋势也鼓励信托行业对重整资产类管理信托进行创新尝试。例如，2016年3月18日，原中国银监会办公厅发布了《关于进一步加强信托公司风险监管工作的意见》（银监办发〔2016〕58号文，以下简称意见），主要就信托行业风险的化解、风险底线及监管思路做出说明。该意见第二项中提到了各银监局要督促信托公司将承担信用风险的固有非信贷资产、表外资产及信托资产纳入资产质量管理体系。固有业务不仅要加强贷款五级分类管理，还要重点关注与接盘信托风险项目相关的表内各项投资、应收款项和表外担保等资产风险分类情况。意见中提到的“接盘信托风险项目”和“事务管理类融资性信托产品”与企业重整中的信托运用具有一定的联系，在企业重整中设立信托可以说就是该意见所指的

---

〔1〕 参见《财产权信托破解“大企业”重整难题》，载《中国经营报》2021年11月27日。

〔2〕《信托法》第11条规定，信托无效的情形包括：信托目的违反法律、行政法规或损害社会公共利益；信托财产不能确定；委托人以非法财产或本法规定不得设立信托的财产设立信托；专以诉讼或者讨债为目的设立信托；受益人或受益人范围不能确定；法律、行政法规规定的其他情形。

“接盘的信托项目”的一种情形。

4. 是否免除了破产管理人的职责

作为重整计划一部分的信托计划是破产管理人审慎思量作出决定后，提交债权人会议表决，并由法院审议通过的。这也正是管理人履行完管理和处分债务人财产职责的结果。我国《企业破产法》第64条规定，债权人会议的决议，对于全体债权人均有约束力。

之所以会产生“是否免除了管理人职责”这样的质疑，是因为两点：一是管理人没有亲自管理和处分这部分财产，而是通过将其设定信托由受托人来管理和处分。仔细分析可知，在管理人和受托人均为善意，即以清偿债权人债权为目的的信托前提下，将评估价值不高、几乎没有投资人愿意接受的劣质资产设立信托，由专业的信托机构作为受托人管理该部分不良资产所产生的经济效益很可能大于由管理人亲自管理和处分的结果。因而，不应将其视为管理人未尽责。二是债权人常常担心重整企业不是为了全体债权人的利益，而只是利用信托形式转移责任财产，或者受托人自身管理财产不当使得原本清偿债权人债务的目的落空。对于这类风险的解决，应当是加强对信托设定的合理性、受托人的义务履行情况进行监督，而与破产管理人是否履职并无因果关系，不应据此认为管理人逃离了职责。

（二）如何对破产重整中的信托计划实施有效监督

虽说在企业重整中设立信托具有诸多优势，但考虑到设立信托可能存在的风险，例如重整企业并非为了全体债权人的利益，而只是利用信托形式转移责任财产，为保证信托受托人忠实履行信托义务，受托人在对基于重整这一特殊目的设立的信托进行管理时，不仅需要受到信托文件的限制，同时还应受到委托人和受益人的监督。[1]此外，考虑到在企业重整中设立的信托的特殊性，为防止重整企业对信托事务的不当干预，还应对重整企业作为信托委托人享有的信托权利进行一定限制。

1. 在信托设立阶段

在重整计划通过后，委托人以重整企业的名义与信托机构共同设立信托。我国《企业破产法》和《信托法》的相关规定均赋予了重整企业（信托委托人）的管理人或债权人对债务人恶意诈害债权人利益的行为享有撤销权。例如，《企业破产法》第31条和第32条规定了管理人享有撤销权，第33条对债务人实施的其他可能损害债权人利益的行为认定无效，以此保护债权人的合法权益。这里债务人恶意诈害债权人利益的行为当然包括重整企业以诈害债权人为目的设立信托的行为。具体而言，《企业破产法》规定的撤销权针对的是企业在进入破产或重整程序前一段时间内转移、减损责任财产或个别清偿的行为，不论该行为是否属于设立信托的行为，管理人都可行使撤销权。虽然我国《企业破产法》并未直接规定禁止

〔1〕 参见胡旭鹏：《信托财产独立性与交易安全之平衡机制研究——以信托外部法律关系为视角》，华东政法大学2014年博士学位论文，第118～120页。

债务人企业在进入重整或破产程序前一段时间内设立信托，但如果债务人在进入程序前设立信托的行为目的是转移责任财产或对个别债权人进行清偿，即债务人企业不是为了整体债权人利益而设立信托时，根据《企业破产法》有关规定，这种设立信托的行为应落入《企业破产法》撤销权范围内。

我国《信托法》第12条规定了委托人的债权人对损害其权益的信托享有撤销权。该撤销权主要针对的是委托人出于欺诈意图设立信托而导致委托人的债权人利益受损的行为，因此不论该债务人是否已经进入了破产或重整程序，未在重整计划获得全部清偿的债权人，也即信托受益人都可行使该《信托法》上的撤销权。

2. 在信托成立之后

信托制度源起于古罗马遗产信托，在英美法系中，委托人将完整的信托财产所有权转移给受托人之后，应由受托人作为财产所有人名正言顺地履行受托义务，管理和处分信托财产。但我国《信托法》第2条规定委托人将其“财产权”委托“给”受托人，既无法明确信托财产的归属，也无法明确信托的性质，而且，我国《信托法》还显然突出和扩大了委托人的权利，这集中体现在《信托法》第20～23条，尤其是第22条赋予了委托人撤销权。撤销权赋予何人与信托财产的法律性质息息相关，信托财产利益的最终归属为受益人，但撤销权却归属于委托人，这也是在重整计划中未获全部清偿的受益人的不安全感的主要原因。

为此，建议在破产重整中，当委托人和受益人出现利益冲突或意见分歧时，以“受益人集体的意见优先”〔1〕原则处理委托人与受益人的权利冲突。在不设立信托的情况下，重整企业处分其重要资产时尚需经过债权人大会或法院的同意，在设立信托的情况下，这种限制也应当有所体现，否则信托的设立有规避法律的嫌疑；在不设立信托的情况下，重整企业处分责任财产是以债权人大会意见为优先的，因此在设立信托的情况下重整企业仍需要优先尊重债权人大会意见，只是在设立信托的情况下，债权人大会的意见体现为信托受益人集体〔2〕的意见。另外，从保证受托人独立管理信托财产的角度看，限制重整企业以委托人身份行使相关权利也是为了保证信托受托人能充分发挥独立经营、管理运用信托财产的能力从而实现信托目的。如果受托人缺乏独立自主管理信托财产的权限，那么这种信托的设立只是虚有其表，受托人也无法发挥其专业独立的管理能力实现信托财产的保值增值。从这个角度理解，重整企业作为信托委托人的相关权利也应当受到一定的限制。

---

〔1〕 参见黄怡梦:《在企业重整中信托的运用与限制》，中国政法大学2018年硕士学位论文，第38页。

〔2〕 之所以强调的是受益人“集体”的意见而不是个别受益人的意见，是因为在信托受益人为复数的情况下，信托应当公平对待所有的受益人，因此受益人的意见应当以集体决议、多数决的方式作出。

【案外思考】

方正集团作为我国知名校企，资产债务规模巨大，职工人数众多，在进入司法重整前已发生大规模债务违约，不仅对相关行业企业以及出资人产生重大影响，而且容易引发系统性金融风险，国内外高度关注该企业集团的困境解决。就方正集团自身而言，其业务涵盖多个板块，关联企业资产类型复杂，涉及融资融券、境内外债券、结构性融资等复杂问题，同时债权人人数众多、利益诉求多元，在司法重整中面临如何有效妥善处置各类资产，平衡各方主体利益，满足不同类型债权人的诉求等多重问题。

通过设立信托计划作为重整中清偿债权的一种手段，重整企业可以实现转移偿债资产和清偿责任，以此进行债务清理和剥离，为不受干扰地开始重生经营奠定基础；重整债权人则可通过信托受益权从独立的信托财产上持续获得收益用作债权清偿，债权人也可以通过转让信托受益权的方式转移风险、实现退出重整的目的。灵活多变的信托设计能够使重整企业和债权人双方都能受益。

由于信托财产独立性带来的破产隔离功能，以及信托财产所有权和受益权相互分离的权利特征等特征，越来越多的企业在破产重整计划中引入信托计划。而我国信托法对于诸如信托财产归属、信托的性质、受托人义务和委托人的地位等一系列重大议题还有待进一步研究，这些问题在目前尚由投资人兼为委托人和受益人的自益信托主导的市场中，也许还并不显尖锐，但是随着民事信托、他益信托占比逐渐增加，如何搭建破产重整和信托计划的桥梁以及如何完善我国的信托法律建设就尤为重要。